General Finance Series

通用财经类系列

现代商业银行经营管理

⊙ 薛誉华 郑晓玲 主编

复旦大学出版社

内 容 提 要

本书立足于市场经济经营环境，围绕主要业务与主要管理手段，从资产业务、负债业务、中间业务、新兴的表外业务以及商业银行的管理活动等方面，全面系统地探讨现代商业银行经营管理的基本理论与方法，并联系当前商业银行经营管理发展环境的新变化，对商业银行未来经营管理发展趋势作了分析和展望。

本书是金融专业本科生系统学习和掌握现代商业银行经营管理知识的教材，也可以作为金融业研究人员、金融从业人员了解商业银行经营管理理论的参考书。

前 言

·现·代·商·业·银·行·经·营·管·理·

在当今全球金融快速发展的背景下,银行业已经成为各国金融体系的核心。近年来,伴随着金融动荡,全球银行业的发展表现出更多新的发展趋势,银行全球化、综合化、电子化、规模化日益深入,银行业已经成为全球各国经济体系中最引人关注的金融机构。

改革开放以来,特别是在 2006 年后,我国政府大力推进金融业改革深化,果断推出了一系列重大金融改革措施,实施国有商业银行股份制改造,积极推动城市、农村商业银行的建立和发展,有力推动了我国现代金融体制的建设进程。立足市场经济,全面推动银行业金融服务水平的提高,鼓励中国大型商业银行实施国际化发展战略,全面推动银行业内部各项制度的改革,抓住西方大型银行深陷金融动荡难以自拔带来的机遇迅猛发展,中国银行业已经取得了历史性转变。当前,区域性股份制商业银行快速扩张,城市商业银行、农村商业(合作)银行快速发展,外资银行经营范围扩大,我国银行业已经形成了以国有控股大型商业银行为主体,区域性股份制商业银行、城市商业银行、农村商业(合作)银行、外资银行相互竞争,共同发展的新型格局。

本书立足于市场经济运行环境,以现代商业银行经营管理为研究对象,围绕商业银行主要业务与管理手段,从资产业务、负债业务、中间业务、新兴的表外业务以及商业银行的管理活动等方面,全面系统地探讨现代商业银行经营管理的基本理论与方法,并联系当前商业银行经营管理发展环境的新变化,对商业银行未来经营管理发展趋势作了分析和展望。

在本书编著的过程中,主要突出以下特点:一是突出市场经济运行环境,强调遵循市场运行规律,体现市场经济行为,探讨银行业经营管理的目标与动因,排除政府对商业银行经营管理的不恰当干预;二是突出金融监管当局最新监管要求,认真研究当前监管机构相关政策法规,力争反映当前金融监管的最新要求;三是突出研究当前全球银行业发展的最新趋势,通过对全球银行业在经营管理方面最新发展动向的研究,为我国银行业提高经营管理水平提供借鉴;四是突出体现我国银行业在改革开放中取得的成就,总结经验,发现问题,研究探讨我国银行业的发展方向。

本书作为商业银行经营管理领域的教材,其体系主要包括了三篇十六章。第一篇为现代商业银行经营管理导论(第一、二章),主要阐述商业银行的产生与发展历程,商业银行的基本特征、职能,商业银行经营管理的目标,以及经营管理思想的发展脉络;第二篇为现代商业银行经营(第三至九章),主要包括商业银行资产业务、负债业务、中间业务、表外业务、投资业务、信托业务、国际业务等经营行为;第三篇为现代商业银行管理(第十至十六章),主要包括资本管理、资产负债综合管理、财务管理、风险管理、营销管理、战略管理、内控管理等管理问题。

本书由薛誉华、郑晓玲主编,各章节撰稿人如下:第一章、第二章、第七章,薛誉华;第四章,赵玲玲、鲍苗苗;第三章、第十章、第十一章、第十二章,郑晓玲;第五章、第六章、第九章,王怡;第八章,曹辉;第十三章、第十四章、第十五章、第十六章,常巍。全书由薛誉华、郑晓玲负责总撰与定稿。

在本书的编著过程中,我们参考了国内外大量的教材与著作,也参考了部分学者公开发表的研究成果,在此特别表示感谢。对于书中的遗漏与错误之处,作者愿意负全部责任。

薛誉华

2012 年 7 月 2 日

目录

·现·代·商·业·银·行·经·营·管·理·

第一章 商业银行概论 ... 001

第一节 商业银行的性质与职能 ... 001
一、商业银行的概念 ... 001
二、商业银行的性质 ... 001
三、商业银行的职能 ... 002

第二节 商业银行的种类 ... 004
一、商业银行的种类 ... 004
二、我国商业银行体系 ... 006

第三节 商业银行的组织结构 ... 007
一、外部组织结构 ... 007
二、内部组织结构 ... 010

第四节 商业银行的经营管理原则 ... 012
一、"三性"原则 ... 012
二、"三性"原则之间的协调 ... 014

第五节　商业银行的经营管理理论　　　　　　　　　　　014
　　一、资产管理理论及评价　　　　　　　　　　　　　014
　　二、负债管理理论与评价　　　　　　　　　　　　　017
　　三、资产负债综合管理理论及评价　　　　　　　　　019

第六节　商业银行的经营管理方法　　　　　　　　　　　020
　　一、资产管理方法　　　　　　　　　　　　　　　　021
　　二、负债管理方法　　　　　　　　　　　　　　　　024

本章小结　　　　　　　　　　　　　　　　　　　　　　025
复习思考题　　　　　　　　　　　　　　　　　　　　　025

第二章　商业银行的产生与发展　　　　　　　　　　　026

第一节　商业银行的产生与发展　　　　　　　　　　　　026
　　一、早期银行业的产生与发展　　　　　　　　　　　026
　　二、现代商业银行业的产生与发展　　　　　　　　　027

第二节　我国商业银行的产生与发展　　　　　　　　　　028
　　一、1949年以前的商业银行　　　　　　　　　　　　028
　　二、1949～1979年的国家银行体制　　　　　　　　　029
　　三、1979年以来我国多层次的商业银行体系　　　　　030

第三节　现代商业银行发展环境变化及发展趋势　　　　　031
　　一、主要外部经营环境　　　　　　　　　　　　　　032
　　二、当前商业银行经营环境的变化　　　　　　　　　032
　　三、优化商业银行经营管理环境　　　　　　　　　　035
　　四、西方商业银行发展的趋势　　　　　　　　　　　036

第四节　我国商业银行经营环境的改变及发展趋势　　　　038
　　一、我国当前商业银行经营环境的改变　　　　　　　038
　　二、对我国商业银行经营的影响　　　　　　　　　　040
　　三、我国商业银行的发展趋势　　　　　　　　　　　040

本章小结　　　　　　　　　　　　　　　　　　　　　　042

复习思考题 　　　　　　　　　　　　　　　　　　　　　　　043

第三章　商业银行资产业务　　　　　　　　　　　044

第一节　资产业务概述　　　　　　　　　　　　044
一、资产业务的概念和功能　　　　　　　　　044
二、资产业务的构成　　　　　　　　　　　　044

第二节　现金资产管理　　　　　　　　　　　　046
一、现金资产管理的原则　　　　　　　　　　046
二、商业银行头寸调度　　　　　　　　　　　047
三、库存现金管理　　　　　　　　　　　　　048
四、同业存款管理　　　　　　　　　　　　　050

第三节　贷款资产管理　　　　　　　　　　　　051
一、贷款种类　　　　　　　　　　　　　　　051
二、贷款政策　　　　　　　　　　　　　　　053
三、贷款步骤　　　　　　　　　　　　　　　056
四、贷款定价　　　　　　　　　　　　　　　057

第四节　问题贷款的成因与对策　　　　　　　　063
一、问题贷款的界定　　　　　　　　　　　　063
二、问题贷款的成因　　　　　　　　　　　　063
三、问题贷款的防范　　　　　　　　　　　　064
四、问题贷款的处置　　　　　　　　　　　　064

第五节　几种贷款业务操作要点　　　　　　　　065
一、信用贷款的操作要点　　　　　　　　　　065
二、担保贷款的操作要点　　　　　　　　　　066
三、质押贷款的操作要点　　　　　　　　　　068
四、抵押贷款的操作要点　　　　　　　　　　068

第六节　资产业务的新发展　　　　　　　　　　070
一、贷款合同转让　　　　　　　　　　　　　070
二、贷款参与　　　　　　　　　　　　　　　071

三、贷款证券化　　071
　　四、贷款出售　　073

本章小结　　075
复习思考题　　075

第四章　商业银行负债业务　　076

第一节　负债业务概述　　076
　　一、负债业务的概念与功能　　076
　　二、负债业务的构成　　077
　　三、负债业务的经营目标　　078
　　四、负债业务的经营原则　　079

第二节　存款性负债业务　　080
　　一、传统的存款业务　　080
　　二、创新的存款业务　　083
　　三、影响存款变动的因素　　087

第三节　非存款性负债业务　　088
　　一、短期借入负债　　088
　　二、长期借入负债　　091

第四节　存款性负债业务管理　　092
　　一、存款成本构成与定价　　092
　　二、存款负债的风险管理　　096
　　三、存款业务的经营策略　　098

第五节　非存款性负债业务管理　　099
　　一、非存款性短期负债的管理　　099
　　二、非存款性长期负债的管理　　100

第六节　负债业务的最新发展　　102
　　一、利率市场化　　102
　　二、金融产品创新　　102

三、我国商业银行负债业务的发展趋势　　103

本章小结　　104
复习思考题　　104

第五章　商业银行中间业务　　105

第一节　中间业务概述　　105
　　一、中间业务的概念与功能　　105
　　二、中间业务的种类　　106
　　三、中间业务的特点　　108

第二节　主要中间业务介绍　　108
　　一、结算业务　　108
　　二、代理业务　　111
　　三、咨询业务　　113
　　四、租赁业务　　114
　　五、信用卡业务　　117

第三节　中间业务的最新趋势　　119
　　一、发达国家银行中间业务发展情况　　119
　　二、我国商业银行中间业务的发展现状　　121
　　三、发展我国商业银行中间业务的对策　　122

本章小结　　123
复习思考题　　124

第六章　商业银行表外业务　　125

第一节　表外业务概述　　125
　　一、表外业务的概念和动因　　125
　　二、表外业务的特点　　126
　　三、表外业务发展的影响　　127
　　四、表外业务的分类　　128

第二节　主要表外业务介绍	129
一、贷款承诺业务	129
二、资产证券化	130
三、贷款出售	133
四、金融衍生工具	135
第三节　表外业务的风险和管理	138
一、表外业务的风险种类	138
二、表外业务风险的管理	140
三、改进表外业务风险管理的方法	142
第四节　我国商业银行的表外业务	143
一、我国商业银行表外业务的现状	143
二、我国商业银行发展表外业务的思考	144
本章小结	145
复习思考题	146

第七章　商业银行信托业务　　147

第一节　信托业务概述	147
一、信托业务的概念与职能	147
二、信托业务的构成要素	148
三、信托的特点	149
第二节　信托业务的种类	150
一、信托业务的种类	150
二、资金信托	151
第三节　信托业务管理	155
一、信托的业务管理	155
二、信托机构的风险管理	157
第四节　信托业务的最新发展	159

一、世界信托业的发展趋势　　159
　　二、主要的新兴信托业务　　161
　　三、我国商业银行信托业务的发展展望　　165

本章小结　　166
复习思考题　　166

第八章　商业银行投资业务　　167

第一节　投资业务概述　　167
　　一、投资业务的概念与功能　　167
　　二、投资业务的特点　　168
　　三、投资业务的目的　　169
　　四、投资业务的主要方式　　169

第二节　商业银行投资业务类型　　170
　　一、货币市场工具　　170
　　二、资本市场工具　　171
　　三、我国商业银行投资业务对象　　172

第三节　投资业务管理　　173
　　一、投资业务开展的原则　　173
　　二、投资业务的收益　　174
　　三、投资业务的风险　　174
　　四、投资业务收益与风险的关系　　176
　　五、投资业务管理策略　　177

第四节　投资业务的最新发展　　179
　　一、投资业务创新工具　　179
　　二、投资业务监管政策的新变化　　181
　　三、商业银行投资业务风险管理的新发展　　181

本章小结　　182
复习思考题　　183

第九章　商业银行国际业务　184

第一节　国际业务概述　184
一、国际业务的含义与特点　184
二、国际业务的组织形式　184

第二节　主要国际业务介绍　186
一、国际结算业务　186
二、贸易融资业务　190
三、国际借贷业务　192
四、贸易担保业务　193
五、外汇买卖业务　194

第三节　国际业务的管理　197
一、国际业务风险的种类　197
二、国家风险的分析和管理　198
三、银行外汇买卖风险的防范与管理　199

第四节　我国商业银行业国际化拓展战略　201
一、我国商业银行国际化的现状　201
二、我国银行国际化的地域扩展战略　201
三、我国银行国际化的业务拓展战略　202

本章小结　203
复习思考题　203

第十章　商业银行资本管理　204

第一节　资本充足性　204
一、银行资本的用途　204
二、资本充足性的概念　204
三、资本充足性衡量标准的演变　205
四、资本充足率的影响因素　209

第二节　巴塞尔协议发展历程　210
　　一、《巴塞尔协议Ⅰ》：背景与内容　210
　　二、《巴塞尔协议Ⅱ》：背景与内容　214
　　三、《巴塞尔协议Ⅲ》：背景与内容　217
　　四、《巴塞尔协议Ⅲ》的特点与评价　222

第三节　银行资本计划与筹集　224
　　一、资本需要量的预测　224
　　二、资本的内部筹集　225
　　三、资本的外部筹集　226

第四节　《巴塞尔协议Ⅲ》对中国银行业的影响　229
　　一、对我国银行业的影响　229
　　二、我国实施《巴塞尔协议Ⅲ》的安排　231

本章小结　232
复习思考题　232

第十一章　商业银行资产负债综合管理　233

第一节　资产负债综合管理概述　233
　　一、资产负债综合管理产生的背景　233
　　二、资产负债综合管理的发展过程　234
　　三、资产负债综合管理的组织机构及其职能　236

第二节　利率敏感性缺口管理　238
　　一、利率敏感性缺口的概念　238
　　二、利率敏感性缺口与净利息收入变动的关系　239
　　三、利率敏感性缺口的计算方法　239
　　四、利率敏感性缺口管理　241
　　五、利率敏感性缺口管理评价　242

第三节　持续期缺口管理　243
　　一、持续期的概念　243

二、持续期缺口 246
三、持续期缺口管理应用 247
四、持续期缺口管理的评价 250

本章小结 251
复习思考题 252

第十二章 商业银行财务管理 253

第一节 财务管理概述 253
一、财务管理的作用 253
二、财务管理的步骤 254
三、财务管理的主要内容 255

第二节 主要财务报表 256
一、资产负债表 257
二、利润表与利润分配表 259
三、现金流量表 260

第三节 收入管理 262
一、收入的构成 262
二、营业收入的管理原则 264
三、增加收入的途径 264

第四节 成本费用管理 265
一、成本费用的含义与构成 265
二、成本控制 267

第五节 利润及利润分配的管理 272
一、利润的组成与计算 272
二、利润分配的管理 274

第六节 财务分析 276
一、财务比率分析法 277

二、商业银行财务的比较分析法　　280
　　三、财务指标的综合分析法　　284

本章小结　　286
复习思考题　　286

第十三章　商业银行的风险管理　　287

第一节　风险管理概述　　287
　　一、商业银行风险的概念及特征　　287
　　二、银行风险的种类　　288
　　三、银行风险管理的程序　　290

第二节　信用风险的度量与管理　　292
　　一、信用风险的内涵　　292
　　二、信用风险的度量　　293
　　三、信用风险的管理　　297

第三节　利率风险的度量与管理　　298
　　一、利率风险概述　　298
　　二、利率风险的度量　　298
　　三、利率风险的管理　　300

第四节　操作风险的度量与管理　　302
　　一、操作风险概述　　302
　　二、操作风险的资本分配　　303
　　三、操作风险管理　　305

第五节　银行风险管理的新发展　　306
　　一、银行业风险管理的新特点　　307
　　二、我国商业银行风险管理的新方向　　308

本章小结　　309
复习思考题　　309

第十四章　商业银行营销管理　310

第一节　银行营销管理概述　310
一、市场营销与银行营销　310
二、商业银行营销管理发展历程　311
三、西方商业银行营销管理的特点　312

第二节　产品策略　313
一、银行产品概述　313
二、银行品牌的作用　314
三、银行产品品牌的建立和发展　315
四、银行新产品及产品开发途径和程序　316
五、商业银行产品组合管理　319

第三节　定价策略　321
一、银行产品价格构成　321
二、影响产品定价的主要因素　322
三、银行产品定价策略　323

第四节　分销策略　323
一、商业银行分销渠道结构　324
二、影响商业银行分销渠道选择的因素　324

第五节　促销策略　325
一、银行促销概述　325
二、人员促销　325
三、广告宣传　326
四、公共关系　327
五、营业推广　328

第六节　营销管理最新发展　328
一、银行营销管理的新趋势　328
二、我国商业银行营销策略新选择　329

本章小结 330
复习思考题 331

第十五章　商业银行战略管理　332

第一节　战略管理概述 332
　一、企业战略和战略管理 332
　二、银行战略 333
　三、银行战略管理过程 333
　四、银行战略设计原则 334

第二节　并购战略管理 335
　一、银行并购概述 336
　二、银行并购的效应 337
　三、银行反并购策略 339

第三节　人力资源开发与管理 342
　一、人才 343
　二、人力资源开发与管理 343

第四节　最新发展 345

本章小结 347
复习思考题 348

第十六章　商业银行内部控制　349

第一节　内部控制概述 349
　一、内部控制的概念与发展 349
　二、对内部控制定义的理解 351
　三、内部控制的组成要素 351
　四、内部控制的特征 354

第二节　内部控制的构建 355

一、商业银行内部控制的目标与原则　　355
　　二、商业银行内部控制的主要内容　　356
　　三、商业银行内部控制的构建　　359

第三节　内部控制的评价　　362
　　一、商业银行内部控制的评价标准　　362
　　二、内部控制评价程序　　366
　　三、内部控制评价方法　　369
　　四、商业银行内部控制的评级　　370

第四节　内部控制与内部审计　　372
　　一、商业银行内部审计概念　　372
　　二、商业银行内部控制与内部审计的关系　　374
　　三、商业银行内部审计风险及其防范　　374

第五节　内部控制的最新发展　　376
　　一、内部控制的国际发展趋势　　376
　　二、国际银行业内部审计的趋势　　377
　　三、我国内部控制管理的发展趋势　　378

本章小结　　380
复习思考题　　380

主要参考文献　　381

第一章 商业银行概论

长期以来,随着市场经济和信用制度的发展,商业银行作为各国金融体系的主要组成部分,其功能不断完善,业务范围不断扩大,已经成为各国经济活动中最主要的资金集散机构和综合性的金融服务组织,在各国经济发展中发挥着越来越重要的作用。

第一节 商业银行的性质与职能

商业银行经过几百年的发展演变,现在已经成为世界各国经济活动中最主要的金融机构,对经济活动的影响力远胜于其他金融机构。

一、商业银行的概念

最初使用"商业银行"这个概念,是因为这类银行在发展初期只承做"商业"短期放贷业务。放款期限一般不超过一年,放款对象一般为商人和进出口贸易商。人们将这种主要以吸收短期存款、发放短期商业贷款为基本业务的金融机构,称为商业银行。从目前各国银行业的发展现状看,我们可以将这种机构称为"传统的商业银行"。

在我国,商业银行是指依照《中华人民共和国商业银行法》和《中和人民共和国公司法》设立的,吸收公众存款、发放贷款、办理结算等业务的企业法人。

随着各国金融管制的放松和金融活动自由化的发展,现代商业银行的业务经营早已超出早期商业银行的业务范围,走向综合化、多功能的金融服务发展方向。近年来西方各国商业银行的发展出现了零售业务、公司业务、中间业务、风险管理、金融创新等新趋势。

因此,现代商业银行是以追求最大利润为目标,以多种金融负债和金融资产为经营对象,能够利用负债进行信用创造,全方位经营各类金融业务的综合性、多功能的金融服务企业。

二、商业银行的性质

从商业银行的定义可以看出,商业银行具有以下性质。

1. 商业银行是普通企业,具有普通企业的属性

与一般企业相比,商业银行具有现代企业的基本特征,无论经营目标还是经营原则,都与一般企业相同,都以营利为目的,追逐利润的最大化;它具有从事业务经营所需要的自有资本;它必须依法经营,照章纳税;它具有法人资格,有自己独立的财产、名称、经营场所。追求盈利或利润最大化是商业银行经营与发展的基本前提,也是商业银行发展的内在动力。

2. 商业银行是特殊企业,是以金融资产为经营对象的金融企业

首先,与一般的工商企业相比,商业银行的经营对象不是普通商品,而是货币资金,商业银行业务活动的范围不是生产流通领域,而是货币信用领域,从事包括货币收付、借贷及各种与货币有关的或与之相联系的金融服务,其收益来源于经营货币所取得的利息,而不是经营商品的价值增值。

其次,它与一般工商企业之间关系特殊,工商企业依靠商业银行的资金,而商业银行依靠工商企业在经营中游离出来的闲置资金,吸收存款,发放贷款,从而获得利润;工商企业的经营是商业银行经营的基础,只有企业经营发展壮大,资金周转顺畅,银行的收益才能得到保证。

最后,商业银行作为金融企业,对整个社会经济的影响要远远大于任何一个工商企业,同时,商业银行受整个社会经济的影响也较任何一个工商企业更为明显。此外,商业银行社会责任具有特殊性。商业银行除了对股东和客户负责之外,还必须对整个社会负责。它有义务配合国家的货币政策和财政政策,共同维护社会经济的持续、健康、稳定发展。

3. 商业银行区别于其他金融机构,是一种特殊的金融企业

商业银行作为特殊的银行,一方面不同于中央银行、政策性银行,商业银行以营利为目的,在经营过程中以营利性、安全性和流动性为原则,不受政府行政干预;另一方面不同于各类专业银行、非银行金融机构,商业银行的业务范围广泛、功能齐全、综合性强,尤其是商业银行能够经营活期存款业务,它可以借助于支票及转账结算制度创造存款货币,使其具有信用创造的功能。而专业银行和其他金融机构的业务范围则有明显的限制,尽管近年来各机构的业务范围有扩大的趋势,但与商业银行相比,其差距仍然很大。

三、商业银行的职能

商业银行的职能是由商业银行的性质所决定的,商业银行作为经营货币信用业务的金融中介机构,在一国经济发展中,具有不可替代的作用,其职能表现在以下四个方面。

1. 信用中介职能

信用中介职能是商业银行最基本、最能反映其经营活动特征的职能。这一职能的实质是通过商业银行的负债业务(如吸收存款),把社会上各种闲散资金集中到银

行,再通过商业银行的资产业务(如发放贷款),将资金投向社会经济各部门。即在资金借贷中充当中间人的角色,在不改变货币资本的所有权前提下,通过资本盈余与短缺之间的调剂,实现货币资本的融通,而改变的只是资金的使用权。

信用中介职能的具体表现如下:第一,变小额资本为大额资本。把暂时从再生产过程中游离出来的闲置资金转化为可用资金,从而在不改变社会资本总量的条件下,通过改变资本的使用量,为实现扩大再生产提供融资支持。第二,将用于消费的资金转化为能带来货币收入的投资,扩大社会资本总量,加速经济增长。第三,变短期资本为长期资本,推动社会经济的发展,把货币资本从效益低的部门或行业引向效益高的部门或行业,形成对经济结构的调节。

2. 支付中介职能

商业银行除了作为信用中介融通货币资本以外,还执行着货币经营业的职能。这一职能实质上是商业银行在经营过程中,通过存款在账户上转移,为客户办理支付交易款项,在支付双方中间扮演中介人的角色,发挥支付交易中介的职能。

作为整个社会信用链的枢纽,商业银行支付中介职能的发挥,可以大大减少现金的使用,节约社会流通费用,加速资金结算过程和周转速度,促进社会经济的发展,也使得银行获得相对稳定和低成本的资金来源,有利于降低银行的资金成本。

近年来,一些国家放松了金融管制,部分专业银行和其他金融机构也设立了类似于支票账户的账户,发挥支付中介职能,但与商业银行相比,仍然有明显的差距。

3. 信用创造职能

商业银行信用创造职能是在信用中介与支付中介职能基础之上产生的,是区别于其他金融机构的一个特点。商业银行利用吸收来的存款向客户发放贷款,在支票流通和转账结算的基础上,贷款又转化为商业银行的存款(派生存款),在这种存款不提取或不完全提现的情况下,就增加了商业银行的资金来源,银行又可以据此发放贷款,从而衍生出更多的存款,扩大了货币的供应总量。

如果仅考虑存款准备金率:创造出的货币 $= \dfrac{1}{R} \times$ 存款金额

如果有现金漏损时:创造出的货币 $= \dfrac{1}{R+L} \times$ 存款金额

其中,R 为存款准备金比率,L 为现金漏损率。

商业银行通过信用创造的职能:一方面大大提高了全社会的货币供应总量,刺激宏观经济运行;另一方面也为中央银行实施货币政策提供了有效的途径。但是,商业银行也不能无限制地创造信用,其信用创造职能的发挥要受到以下因素的影响。首先,商业银行信用创造要以原始存款为基础。就每一个商业银行而言,要根据存款发放贷款和投资;就整个商业银行体系而言,也要在原始存款的基础上进行信用创造。因此,信用创造的限度取决于原始存款的规模。其次,商业银行信用创造要受中央银行法定存款准备金率及现金漏损率的制约,创造能力与其成正比。最后,创造信用的条件是要有贷款需求,如果没有足够的贷款需求,存款贷不出去,就谈不上信用创造,因为有贷款才有派生存款;相反,如果归还贷款,就会相应地收缩派生存款,收缩程度与派生程度一致。因此,对商业银行来说,吸收存款的多少具有非常重要的意义。此外,影响商业银行信用创造功能发挥的因素还有很多,如公众的流动性偏好、市场利率预期等。

4. 金融服务职能

随着金融业的不断发展,银行间的业务竞争更为激烈,商业银行联系面广,信息较为灵通,特别是计算机在银行业务中的广泛应用,使银行具备了为客户提供多种金融服务的条件。这些金融服务主要有财务咨询、代理融通、信托、租赁、计算机服务和现金管理等。通过这些服务银行在获取一定费用的同时,还加强了与现有客户以及潜在客户的联系,有利于提高市场占有率。

此外,现代化的社会生活,也从多方面给商业银行提出了金融创新的要求。不断开发新的业务领域和业务品种,使银行在激烈的竞争环境中保持竞争优势,已逐步成为各国商业银行面临的一个新的挑战。

第二节 商业银行的种类

目前,全球各国或地区的金融体系中,商业银行都占据重要地位。各国商业银行的数量也是从几十家到上万家不等。因此,有必要对如此多的商业银行加以区分。

一、商业银行的种类

按不同的划分标准,可以将商业银行分为各种不同的类型。

(1) 按资本所有权不同,可将商业银行划分为私有银行、合股银行以及国有银行。

私有银行是指由自然人投资设立或由自然人控股的商业银行;国有银行是指国家控股的商业银行;合股银行是指由自然人或法人和国家共同出资筹建的商业银行。在我国,商业银行的产权形式也呈现多样化,大致有国有控股商业银行(如工商银行、农业银行、中国银行、中国建设银行和交通银行)、企业集团所有的银行(如招商银行、光大银行、华夏银行、中信银行等)和股份公司制银行。

(2) 按照服务对象划分,可以分为批发性银行、零售性银行和批发与零售兼营性银行。

《英汉国际金融大词典》对"Whole Sale Banking"的释义是:批发银行业务是指银行之间巨额款项的借入与贷出,区别于银行与其顾客之间以传统方式构成的零售银行业,相应地把"零售银行"定义为主要向家庭和小企业提供服务的面向消费者的银行;零售性银行和批发与零售兼营性银行是指既向家庭和小企业提供服务也从事银行之间巨额款项的借入与贷出业务的商业银行。

（3）按其所在的地域和经营范围划分，可以分为地方性银行、区域性银行、全国性银行和国际性银行。

地方性银行是指业务范围受地域限制的银行。在我国地方性银行主要是指各城市商业银行和农村信用合作社、城市信用合作社；区域性银行是指业务开展限制在一定区域的银行；相反，全国性银行是指可以在全国范围内开展业务的商业银行；国际性银行则是指业务开展不受国界限制，如汇丰银行、荷兰银行、瑞士信贷银行、瑞士银行、德意志银行、英国汇丰银行和美国花旗银行等。

（4）按业务经营范围来分，商业银行可分为分离型（传统型）和全能型。

分离型传统银行是指银行只能从事自身分营业务，证券公司经营证券业务，保险业务由保险公司经营，相互之间不能互相渗透交叉。全能型银行不仅经营银行业务，而且还经营证券、保险、金融衍生业务以及其他新兴金融业务，有的还能持有非金融企业的股权。

目前，主要存在三种全能银行形式，即纯粹型金融控股公司、经营型金融控股公司和内部综合经营型全能银行（如图1-1所示）。纯粹型金融控股公司是指控股母公司主要从事股权投资收益活动，掌握子公司的股份，但很少直接参与其子公司的日常经营管理，美国商业银行的经营模式以纯粹型金融控股公司为主；与纯粹型金融控股公司相比，经营型控股公司的特点是母公司既从事股权控制又介入实际业务经营，英国母子公司型金融集团是此类型的代表；内部综合经营型全能银行最重要的标志就是内部金融服务部门的一级法人管理，按金融服务、产品、业务和职能划分部门，对各部门进行集权式管理，德国全能银行是内部综合经营型全能银行的典型。

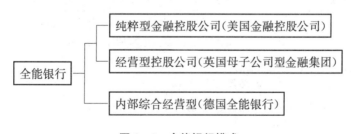

图1-1 全能银行模式

（5）按其组织形式不同可划分为单一银行制、总分行制、控股公司制、连锁银行制和跨国银行制等。

单一银行制是指银行业务由各自独立的商业银行经营，不设立或者不许设立分支机构；总分行制是指在商业银行总行之下，在本地区及跨地区可以普遍设立分支机构；控股公司制是由一个集团成立股份公司，再由该公司控制或收购两家以上的银行；连锁银行制是一种变相的分支行制，是指若干家银行互相持有对方股票，以互相成为对方股东的方式结成连锁；跨国银行制是指由不同国家的大型商业银行合资组建成银行财团的一种商业银行组织形式。关于各种组织形式的优缺点和比较将在下一节具体阐述。

二、我国商业银行体系

我国的商业银行体系主要包括国有控股商业银行、股份制商业银行、城市商业银行、农村商业银行,还有一些外资银行。从区域上可以分为全国性商业银行(中国建设银行、中国农业银行等)、区域性商业银行(深圳发展银行、广东发展银行等)、地方性商业银行(各地城市商业银行)。

1978年12月,中国共产党十一届三中全会召开,拉开了改革开放的帷幕,中国银行业的改革开放也由此启动。三十多年以来,我国银行业坚持深化改革,不断扩大开放,呈现出加速发展特征。

三十年前,中国的金融体系和外界脱节,而现在中国的商业银行已在海外广泛设立分支机构,正在向全球一流的跨国大型银行转型发展。在美国次贷危机后的全球金融动荡的大环境下,我国部分银行评级调升,既是对我国银行业评级偏低的历史问题的修正,也是近年来改革发展成果的集中体现。据统计数据显示,截至2011年年末,我国银行业金融机构资产总额达113.3万亿元,是1978年的587倍。

截至2011年年底,我国商业银行体系包括5家大型国有控股商业银行,12家全国性股份制商业银行,1家中国邮政储蓄银行,5家合资银行,31家外资银行,7家港资银行,8家台资银行,137家城市商业银行和188家农村商业银行(具体见表1-1,城市商业银行和农村商业银行因篇幅所限未全部列出)。

表1-1 我国商业银行体系

国有控股商业银行(5家)	工商银行、农业银行、中国银行、建设银行、交通银行
全国性股份制商业银行(12家)	中信银行、中国光大银行、华夏银行、中国民生银行、广发银行、深圳发展银行、招商银行、兴业银行、上海浦东发展银行、恒丰银行、浙商银行、渤海银行
邮政储蓄(1家)	中国邮政储蓄银行
合资银行(5家)	中德住房储蓄银行、厦门国际银行、华一银行、华商银行、中信嘉华银行(中国)
外资银行(31家)	花旗银行(中国)、渣打银行(中国)、瑞穗实业银行(中国)、三井住友银行(中国)、星展银行(中国)、三菱东京日联银行(中国)、苏格兰皇家银行(原荷兰银行)(中国)、华侨银行(中国)、摩根士丹利国际银行(中国)、摩根大通银行(中国)、韩国友利银行(中国)、大华银行(中国)、韩亚银行(中国)、韩国企业银行(中国)、德意志银行(中国)、东方汇理银行(中国)、宁波国际银行、华美银行(中国)、法国巴黎银行(中国)、东方汇理银行(中国)、新韩银行(中国)、韩国外换银行(中国)、泰国盘谷银行(中国)、菲律宾首都银行(中国)、正信银行、法国兴业银行(中国)、澳新银行(中国)、山口银行、横滨银行、名古屋银行、瑞士宝盛银行
港资银行(7家)	汇丰银行、东亚银行、恒生银行、永亨银行、南洋商业银行、协和银行、大新银行

续　表

台资银行(8家)	台湾永丰银行、台湾土地银行、国泰世华银行、彰化商业银行、台湾第一银行、合作金库银行、台湾工业银行、台北富邦银行
城市商业银行(137家)	北京银行、天津银行、河北银行、邢台银行、唐山市商业银行、沧州银行、保定市商业银行、廊坊银行，等等
农村商业银行(188家)	北京农商银行、上海农村商业银行、重庆农村商业银行、天津农村商业银行、天津滨海农村商业银行，等等

资料来源：根据公开资料整理而得。

第三节　商业银行的组织结构

商业银行组织形式是指商业银行在社会经济生活中的存在形式，是对完成银行组织目标的人员、工作、技术和信息所做的制度性安排，是银行职能和效率的统一体，也是银行实现其经营战略和目标的组织保证，并直接影响商业银行的经营效率。

一般把商业银行组织结构分为外部组织结构和内部组织结构。外部组织结构也称外部组织形式，一般是指商业银行机构在空间上的分布和管理层次；而内部组织结构是指商业银行总行的内部管理部门和经营部门的设置。

一、外部组织结构

由于各国政治、经济状况不同，各国商业银行依据不同的标准可以分为不同的层次或类型。目前，商业银行制度模式主要有单一银行制、总分行制以及银行控股公司制、连锁银行制和跨国银行制等。

1. 单一银行制

单一银行制也称独家银行制或单元制，是指银行业务由各自独立的商业银行经营，不设立或者不许设立分支机构的商业银行组织形式(见图1-2)。美国的商业银行就采用这种银行制度。这种单一银行制度是由美国特殊的历史背景和政治制度决定的，由于美国是各州独立性较强的联邦制国家，在历史上经济发展很不均衡，东西部发展差距较大。为了适应经济均衡发展的需要，保护本地的信贷资源和本地的中

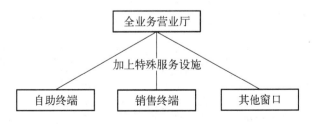

图1-2　单一银行制银行组织形式

小银行,特别是适应中小企业发展的需要,反对金融权力的集中,反对银行吞并以及在各州的相互渗透,各州都立法禁止或限制商业银行开设分支机构,特别是跨州设立分支机构。但是,从 20 世纪末开始,美国商业银行业的外部组织形式在不断演变,关于开设分支机构的限制已大大放松。

这种银行制度的优势是:(1)银行在各自区域内独立经营,符合企业自由竞争的原则,并防止银行业垄断的发生;(2)有利于银行与当地政府协调,能集中更多资金服务于本地区,有利于地方经济的发展;(3)商业银行在经营决策上自主性强,灵活性大,管理亦较灵活;(4)银行层次少,有利于中央银行货币政策的贯彻执行,有利于货币当局的管理和控制。

这种制度也有明显的劣势,这表现在:(1)它使银行业务集中于某一地区或某一行业,易受该地或该行业经济情况变动的影响,从而使得商业银行的风险集中;(2)单一制下,银行规模小,经营成本高,盈利水平低,不易取得规模经济和范围经济;(3)银行业务局限于一地,其业务发展和金融创新受到限制,且难以筹措大量资金,一旦资金不足,特别是遇到挤兑时,便孤立无援,而当资本过剩时,又缺乏适当的出路,不利于提高资本的使用效率。

2. 总分行制

总分行制又称分支行制,是西方国家普遍采用的一种商业银行组织形式,它是指在商业银行总行之下,在本地区及跨地区普遍设立分支机构的组织形式(见图 1-3)。商业银行的总行一般设在各大中心城市,而所有的分支行统一由总行领导指挥。英国是实行总分行制度的典型,这种制度的形成主要由英国银行业发展过程中合股银行发展和银行合并运动这两大趋势所致。

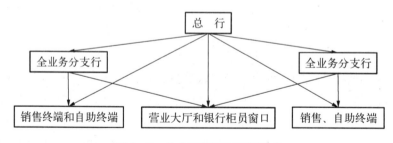

图 1-3　总分行制银行组织形式

目前,大多数国家都实行总分行制,我国银行组织制度主要采取总分行制,法律允许商业银行在全国范围或一定区域内设立分支行,各分支行不具有独立法人资格,整个银行对外是一个独立法人。商业银行法规定,商业银行在中国境内不得从事信托投资和股票业务,不得投资于非自用不动产,不得向非银行金融机构和企业投资,属于分业经营的金融体制。我国目前商业银行的主要类型有:国有银行、股份制商业银行、中国邮政储蓄银行、外资银行、城市商业银行和农村商业银行。

按总行职能的不同,总分行制又可分为总行制和总管理处制。总行制是指总行除管理和控制各分支行外,本身也对外营业。总管理处制是指总行只负责控制各分支行,不对外营业,总行所在地另外设立对外营业的分支行或营业部。

和单一银行制相比,总分行制有以下明显的优点:(1)采用此种组织方式的银行一般是规模较大的银行,可以实现规模效益。同时,银行数少,也便于金融监管当局监管。(2)由于遍设分支机构,所以银行易于吸收存款,便于调剂和转移资本,可以有效运用资本;另外,银行业务的分散化有利于银行分散和降低各种风险。(3)由于总分行之间和各分行之间超额现金准备的调度非常容易,故其资金的流动性较大。(4)分支机构多,业务成本较低,效率高。(5)内部可实行高度的分工,易于培养专门的优秀人才,提高工作效率,降低运行成本。

总分行制也有一定的缺点,这表现在:(1)在总分行制下,设立在地方的分支行,其兴衰存亡往往取决于总行所在地的大城市的发展状况,这种情况容易造成对地方经济发展的忽视,而且地方分支机构吸收的资本往往不在当地使用,而是调往总行,贷给大企业,牺牲了地方利益;(2)这种体制要求总行对分支机构具有较强的控制能力、完善的信息系统和有效的成本控制手段;(3)容易加速形成银行的垄断;(4)总分行制不利于根据各地的不同经营条件,因地制宜地开展业务工作,同时,内部层次较多,增加银行管理的难度。

所以,即使是采取总分行制的国家,对银行设置分支机构也要进行比较严格的审批。无论是单一银行制还是总分行制,都有各自的优势和劣势。任何一种组织形式的银行,能否取得较好的经营效果,关键在于商业银行在各自的管理能力和经营水平的基础上,能否最大限度地扬长避短。

3. 控股公司制

控股公司制亦称集团银行制,即由一个集团成立股份公司,专门负责收购其他独立银行的具有决定性表决权的股份,这些独立银行的业务和经营决策权属于股权公司控制。控股公司对银行的有效控制权是指能控制一家银行25%以上的投票权。这种持股公司在集团内部可以实行单一银行制的银行,也可以实行分支行制的银行,是回避限制开设分支行的一种策略。这样既维持了一银行体制的总体格局,实际上又实行的是分支银行,迎合了美国许多银行摆脱州政府关于限制设立分支机构法令的要求。

银行控股公司有两种类型,即非银行性控股公司和银行性控股公司。前者指由非银行的其他大企业通过控制银行的大部分股份而组织起来,后者指大银行通过控制小银行的大部分股份而组成大的银行集团。图1-4为多银行控股公司组织形式。

持股公司制的优点有:能有效地扩大资本总量,做到地区分散化、业务多样化,提高抵御风险和竞争的能力,可以更高效地配置资源,降低成本。但是,这种制度的缺点主要是容易形成银行业的集中和垄断,限制了银行经营的自主性,不利于银行之间开展竞争,妨碍了金融创新。

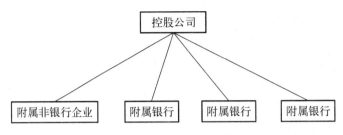

图 1-4 多银行控股公司组织形式

4. 连锁银行制

连锁银行制是一种变相的分支行制,连锁银行制不需要成立股份公司,而通过若干家银行互相持有对方股票,以互相成为对方股东的方式结成连锁关系。连锁银行只是表面上的独立,其控制权往往掌握在同一财团的手中,成为事实上的分支银行。连锁银行最早出现在19世纪90年代的美国,在20世纪初达到顶峰,以后逐渐衰落,许多连锁制银行相继转为银行分支机构或者组成控股公司。主要原因是资产缺乏多样化、风险集中,在世界经济大危机中,倒闭的比例较高。

5. 跨国银行制

跨国银行制又称国际财团制,它是指由不同国家的大型商业银行合资组建成银行财团的一种商业银行组织形式。其主要经营国际资金存贷业务,开展大规模的投资活动。在经济金融全球化和跨国公司发展的背景下,跨国银行制这种组织形式也日益增多。

二、内部组织结构

大多数商业银行都是股份公司形式,所以,以股份制银行为例,商业银行的内部组织结构由三个部分组成:决策机构、执行机构、监督机构(见图1-5)。

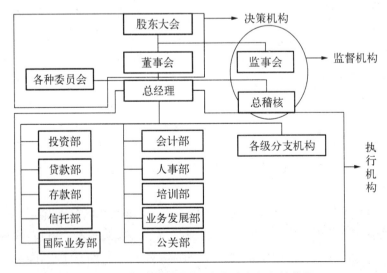

图 1-5 典型股份制商业银行内部组织结构图

1. 决策机构

商业银行的决策机构主要由股东大会、董事会及董事会下设置的各种委员会构成。

(1) 股东大会。

股东大会是商业银行的最高权力机构,谁控制了股东大会,谁便实际上控制了商业银行,股东大会每年召开一次或者数次。在股东大会上,股东有权听取银行的各项业务报告,有权对银行业务经营提出质询,有权对银行的经营方针、管理决策和各种重大议案进行表决,并且拥有选举董事会的权力。由于商业银行股票发行量大,而且比较分散,所以少数人只要拥有一家银行10%甚至更少数量的股票,就能参与该银行的经营决策。

(2) 董事会。

商业银行董事会是由股东大会选举产生的决策机构,董事会代表股东大会执行股东大会的决议,对股东大会负责。董事会一般为5~25人,董事的任期一般为1~3年,可以连选连任,商业银行董事长的选任由董事会决定。在股东大会休会期间,银行的决策机构实际上就是董事会。董事会由董事长召集,董事会的主要权力有以下几个方面:

① 确定银行的经营决策,董事会一般不直接参与银行的日常工作,但银行经营的重大问题要与董事商议,由董事会作出决策;

② 董事会有权任免银行管理人员,选择熟悉银行业务的高级管理人员来具体管理银行;

③ 设立各种委员会或附属机构,如执行委员会、贷款委员会、信托委员会、考证委员会等,以贯彻董事会决议,监督银行的业务经营活动。

④ 定期听取总经理、各级主管人员以及各委员会对商业银行经营状况的报告,要根据经济环境的变化对商业银行经营目标和方针随时加以调整。

(3) 董事会下设的各种委员会。

董事会通常会设立一些委员会,以贯彻董事会决议,发挥董事会职能,常见的委员会主要是:

① 执行委员会,又称常务委员会。这是决策机构中最重要的部门,负责研究和考察商业银行各大政策方针,并向董事会提出报告和方案。

② 贷款委员会,美国有的银行叫贴现委员会。其主要任务是决定银行利率水平、确定各种贷款规模和审批大额贷款。

③ 信托委员会,主要负责信托基金的投放及相关事宜。

④ 考证委员会,它是商业银行各级机构经营状况和人员工作状况的评估机构,主要负责定期或不定期地考核各级部门的工作成绩,并向董事会提出报告。

2. 执行机构

商业银行的执行机构由总经理(行长)和副总经理(副行长)以及各业务部门组成。

（1）总经理（行长）。

总经理（行长）是商业银行的最高行政首脑。银行总经理（行长）一般由具有经营和管理银行的专门理论知识和实践知识，有良好资信的银行家担任。总经理（行长）的职责是执行董事会的决定，组织银行的业务经营活动。也有些商业银行实行董事长制，即董事长既是董事会首脑又是银行内部的首脑，总经理（行长）只是董事长的助手。

（2）副总经理（副行长）及各业务、职能部门。

在总经理（行长）的领导下，商业银行一般设置若干个副总经理（副行长）以及业务、职能部门。副总经理是总经理的业务助手，负责银行某个方面的具体业务和经营方面的管理工作；业务部门一般是指专门经办各项银行业务，直接面对客户、提供服务的部门，如贷款、信托与投资、营业、会计等部门；职能部门一般是指主要负责内部管理，协助业务部门开展经营活动的部门，如商业银行的人事、公共关系等部门。

3. 监督机构

通常，商业银行的监督机构由股东大会推选产生的监事会及银行的稽核部门组成。

（1）监事会。

监事会独立于董事会直接向股东大会负责。监事会的职责是代表股东大会对全部经营管理活动进行监督和检查。监事会比董事会下设的稽核机构的权威性更大，它不仅检查银行业务经营和内部管理，而且还有权对董事会制定的经营方针、经营政策和执行情况进行检查，对发现的问题具有督促限期改正的权力。

（2）总稽核。

总稽核的主要任务是持续地对银行的各项工作进行检查，确保银行会计、信贷及其他业务按照董事会的方针、纪律和程序进行，并符合金融当局的有关规定。总稽核是由董事会直接领导的，目的在于防止篡改账目、挪用公款和浪费，以确保资金安全。通过定期向董事会汇报工作，指出发现的各种问题并提出可行性意见和建议。

第四节　商业银行的经营管理原则

商业银行的经营目标是指流动性、安全性和盈利性目标，即我们通常所说的"三性"目标。在我国，《商业银行法》将其概括为"安全性、流动性、效益性"经营原则。三性目标是商业银行进行日常管理的三个原则，是由其经营的特殊商品——货币的特殊要求以及商业银行在社会经济活动中的特殊地位所决定的。

一、"三性"原则

1. 安全性原则

安全性原则要求商业银行在经营活动中必须保持足够的清偿能力，经得起重大的风险和损失,能随时应付客户提取存款的要求,使客户对商业银行保持坚定的信任。

商业银行之所以必须坚持安全性原则,是因为:

(1)商业银行自有资本较少,经受不住较大的损失。

(2)商业银行经营条件的特殊性,尤其需要强调它的安全性。

(3)商业银行在经营过程中会面临各种风险,如国家风险、信用风险、利率风险、汇率风险或市场风险、经营风险或管理风险和法律风险,等等。

因此,为了保证商业银行经营管理的安全性,应该做到:第一,合理安排资产规模和结构,注重资产质量。通过保持一定比例的现金资产和持有一定比例的优质有价证券来改善银行的资产结构。第二,提高自有资本在全部负债中比重,提高银行抗风险的能力。第三,必须遵纪守法,合法经营,一旦发生风险便可以得到中央银行的援助而免受更大风险的打击。

2. 流动性原则

流动性是指商业银行能够随时满足客户提取存款等要求的能力,它包括资产的流动性和负债的流动性两重含义。资产的流动性是指资产在不发生损失的情况下迅速变现的能力,它既包括速动资产又包括在速动资产不足时,其他资产在不发生损失的情况下转变为速动资产的能力。衡量资产流动性标准有两个:一是资产变现的成本,某项资产变现的成本越低,则该资产的流动性就越强;二是资产变现的速度,某项资产变现的速度越快,即越容易变现,则该项资产的流动性就越强。

同时,由于商业银行负债经营的特征,其资金来源的主体部分是客户的存款和借入款。为了能够随时满足客户提取存款的要求,商业银行的资金运用(即资产)必须保持相应的流动性。商业银行主要通过主动性负债来提高其流动性。

3. 盈利性原则

盈利性原则是指商业银行的经营管理者在可能的情况下,不断地追求利润最大化。盈利性是商业银行经营活动的最终目标。商业银行的利润是收入与经营成本的差额。商业银行的收入大致可分为资产收入与服务费收入两部分:资产收入是指从投资与贷款等业务中获取的收入,例如,贷款利息收入、证券投资收入、同业存款收入、外汇交易收入等,这是商业银行业务收入的主要部分;服务费收入则是指商业银行从事咨询、代理、租赁、信托等业务获取的收入。20 世纪末以来,服务费收入在商业银行业务收入中所占的比重有逐渐增大的趋势。业务支出则包括利息支出、同业拆借利息支出、职员工资支出、业务费用支出、固定资产折旧等。

因此,商业银行实现盈利的途径主要有:(1)尽量减少现金资产,扩大盈利资产的比重;(2)以尽可能低的成本,获得更多的资金;(3)减少贷款和投资损失;(4)加强内部经济核算,提高银行职工的劳动收入,节约管理费用开支;(5)严格操作规程,完善监管机制,减少事故和差错,防止内部人员因违法和犯罪活动造成银行的重大损失。

衡量商业银行盈利水平高低的指标主要包括利润率、资本收益率、资产收益率等。此外，各种外部的因素对商业银行的利润也有很大影响，如一国宏观经济形势、货币政策的松紧、证券市场行情、金融业的竞争情况等。因此，必须注意处理长期利润与短期利益、收益与风险的关系问题。不能单从利润率的高低来评判银行管理的质量，银行管理者也不能仅着眼于短期盈利，还要考虑长远发展。

二、"三性"原则之间的协调

1．"三性"原则之间的统一

从根本上说，商业银行经营管理的"三性"原则是统一的，它们共同保证了商业银行正常有效的商业活动。这主要表现在以下三个方面：（1）安全性是基础，只有保证了资金的安全性，才能获得正常的盈利；（2）流动性是手段，只有保证了资金的正常流动，才能确立商业银行信用中介的地位，银行的各项活动才能顺利地进行；（3）盈利性是目的，商业银行之所以要保持安全性和流动性，目的就是为了盈利。所以，安全性是基础，流动性是手段，盈利性是目的，三者缺一不可。

2．"三性"原则之间的矛盾

商业银行是经营货币信用的特殊企业，这使得商业银行在实现这个目标的过程中又要受到流动性与安全性的制约。如果单纯追求盈利，商业银行的经营必然陷入混乱。现代商业银行在追求盈利性目标的同时，必须兼顾安全性和流动性。没有流动性，银行就没有了安全性；没有盈利性，银行就不存在；没有了安全性，商业银行就不能获得源源不断的生息资金。

同时，商业银行经营管理的安全性、流动性和盈利性三者之间又是相互矛盾的。流动性较大的资产，风险就小，安全性也就高，但盈利性低；而盈利性较高的资产，由于时间一般较长，风险相对较高，因此流动性和安全性就比较差。如何协调这个矛盾体，使商业银行经营管理的"三性"达到最佳组合，在保持流动性、保证安全性的前提下，实现商业银行的盈利性，需要银行家的智慧和能力，关键是把握好一个"度"。

第五节　商业银行的经营管理理论

西方商业银行经营管理理论在不断变化和创新的过程中大致经历了三个阶段：资产管理（20世纪60年代前）、负债管理（20世纪60—80年代）和资产负债综合管理（20世纪80年代后）。

一、资产管理理论及评价

资产管理理论产生于商业银行建立初期，一直到20世纪60年代，它都在银行管理领域中占据着统治地位。随着经济环境的变化和银行业务的发展，资产管理理论的演进经历了三个阶段,即商业贷款理论、资产转移理论和预期收入理论。后期还产生了超货币供给理论与资产结构选择理论。

1. 商业贷款理论

商业贷款理论又称真实票据理论,是一种确定银行资金运用方向的理论。源自亚当·斯密1776年发表的《国民财富的性质及其原因的研究》。

商业性贷款理论认为,银行的业务应集中于短期自偿性贷款,即基于商业行为而能自动清偿的贷款。具体地说就是发放短期流动资金贷款,因为这类贷款能随着商品周转、产销过程的完成,从销售收入中得到偿还。其理由是,银行大多数存款是活期存款,客户随存随取,只有发放短期自偿性贷款才能保证银行资产的高度流动性,从而不致出现挤兑风险。因此,银行不宜发放长期贷款和消费者贷款,即使有十分必要发放,其数量也应严格限制在银行自有资本和储蓄存款范围之内。同时,这种理论强调,办理短期贷款一定要以真实的交易作基础,要用真实的商业票据作抵押,以保证银行资产安全。

商业性贷款理论为保持银行的流动性与安全性找到了依据,有了这一理论,银行可以减少资金运用的盲目性,从而避免或降低因流动性不足或安全性不够带来的风险。而且,由于这种理论强调以真实商品交易为基础,它能使银行信贷资金投入能够随商品交易的变化而自动伸缩,即当社会生产扩大、商品交易增加时,银行信贷会自动增加;当生产缩小,商品交易减少时,银行信贷会自动减少。这样既不会产生通货膨胀,也不会产生通货紧缩,因而这种理论对中央银行也具有吸引力,在相当长的时期内,一直占据主流地位,成为一些国家的中央银行制定和执行货币政策的基础。

由于商业贷款理论产生在商业银行发展的初期,时代的背景使它存在着诸多的缺陷:一方面没有把贷款需求的多样化、存款的相对稳定性、贷款清偿的外部制约条件等因素充分考虑进去,这不仅制约了银行业务的延伸,而且也使短期贷款的清偿机制显得单一;另一方面,商业贷款理论有可能加剧经济波动,如果银行发放贷款完全依据商品需求而自动伸缩,在经济景气时,信贷会自动膨胀并刺激物价上涨;反之,在经济不景气时,银行信贷会自动收缩,这无疑是加剧了经济波动的幅度,与中央银行的逆周期货币政策相悖。

2. 资产转移理论

资产转移理论又称资产转换能力理论,是一种保持资产流动性的理论。最早是由美国的莫尔顿于1918年在《政治经济学》杂志上发表的"商业银行及资本形成"一文中提出的。

资产转移理论认为,保持银行资产流动性的最好办法是购买那些可以随时出售的资产,只要银行持有能随时在市场上变现的资产,它的流动性就有较大的保证。这类资产一般具备以下条件:信誉好、期限短、易于出售,政府发行的短期债券就是符合这些要求的理想资产。

这一理论与短期证券市场的发展密切相关。以前,西方国家不存在短期证券市场,银行除依靠现金保持流动性外,还要求贷款具有一定流动性,以满足流动性需要。20世纪30年代的世界经济危机和第二次世界大战后,一方面,各国政府竞相发行短期政府债券;另一方面,客户对银行贷款的需求削弱,这就为银行以短期债券代替短期贷款作为资产流动性的主要来源创造了条件。

资产转移理论的重要意义在于找到了保持银行流动性的新方法。根据这个理论,银行购入一部分短期证券来保持流动性,这一方面消除了依靠贷款保持流动性的压力,可腾出一部分资金作长期贷款;另一方面又可减少持有非盈利的现金资产,将一部分现金转为有价证券,不仅保证了流动性,还增加了银行收益。正因为如此,资产转移理论得到广泛推行。在第二次世界大战后的一段时间内,西方商业银行持有的证券曾一度超过了贷款,成为银行资产的重要支柱。但是,在实践中,银行一方面难以确定短期证券的合理持有量;另一方面,银行资产能否变现、证券转让能否实现,要取决于银行之外的市场,即依赖于第三者的购买。如果证券市场需求不旺,转移就成了问题,资产流动性也无法保证。因此,在经济停滞或出现危机时,短期证券市场往往萧条。如果中央银行不出面干预,商业银行的流动性就很难保证,即使证券勉强变现,也要以重大损失为代价。

3. 预期收入理论

预期收入理论是1949年普鲁克诺在《定期放款与银行流动性理论》一书提出的一种关于银行资产投向选择的理论。

这种理论认为,贷款并不能自动清偿,贷款的清偿依赖于借款人与第三者交易时获得的收益。贷款的安全性和流动性取决于借款人的预期收入。如果一项贷款的预期收入有保证,即使期限较长,银行仍然可以接受。根据这一理论,商业银行不仅可以发放短期商业性贷款,也可以发放中长期贷款,还可以发放非生产性的消费贷款,只要借款人的预期收入可靠,还款来源有保证。

预期收入理论深化了对贷款清偿的认识,明确提出了贷款清偿来源于借款人的预期收入,这是商业银行经营管理理论的一个重大进步,这与那种粗略地依靠贷款期限来认识资产安全性和流动性的商业性贷款理论相比,无疑更为深刻、更为具体。同时,预期收入理论促进了贷款形式的多样化,加深了银行对经济的渗透和控制,这种格局既强化了商业银行自身的阵地,也是对其他金融机构力量的一种抗衡。预期收入理论的最大问题在于,预期收入难以把握,或者说难以预期。由于客观经济条件变化或突发事件,借款人将来收益的实际情况往往与银行的预期有一定的差距,甚至相差甚远,这种情况在长期贷款中表现尤为突出。因此,按照这种理论经营贷款,往往会增加银行信贷风险。

4. 超货币供给理论

20世纪60年代以来,超货币供给理论作为一种新的银行资产管理理论悄然兴起。该理论认为,银行信贷提供货币只是它达到经营目标的手段之一,除此之外,它不仅有多种可供选择的手段,而且有广泛的、可同时兼达的目标,因此银行资产管理应超越货币的狭隘空间,提供更多的服务。

根据超货币供给理论,银行在购买证券和发放贷款以提供货币的同时,应积极开展投资咨询、项目评估、市场调查、信息分析、财务顾问、电脑服务、委托代理等多方面、全方位的配套服务,使银行的资产管理达到一个相当的广度和深度。在非银行金融机构侵入金融竞争领域的时候,超货币供给理论使银行获得了可与之相抗衡的新武器,从而改善了银行的竞争地位。但是,这一理论容易产生两种偏向:一是诱使银行涉足过于宽泛的业务范围,导致集中和垄断;二是加大了银行在自己不熟悉的领域遭受挫折的可能性。

5. 资产结构选择理论

资产结构选择理论以托宾和阿罗两人的倡导而闻名于世,而后者同赫尔希弗莱合作倡导的状态偏好分析,尤其对银行资产管理理论具有深远的影响。

阿罗理论的基本概念是"世界状态"和"不确定性"。"世界状态"是指外部世界某种表象的实际状况,"不确定性"是指人们并不了解事实会出现什么样的"世界状态"。这两个概念贯穿于整个资产结构选择理论,认为任何证券都可被看做一组由它可能得到的收益的集合,即其中的各种资产在不同世界状态下所得到的收益组成的矩阵。为进行资产选择的决策,必须把那些最能决定世界状态的经济变量筛选出来,进行预测和估算,如果实际证券的种类越接近于世界未来状态的数目,证券市场就越完全。银行资产应当反映尽可能多的世界状态,银行资产结构的总收益取决于各种世界状态的概率分布,这也表示出人们对不同世界状态收益的偏好程度。根据资产结构选择理论,银行资产管理应当在尽量多样化的前提下,尤其注重分析把握最可能出现的收益高的"世界状态",并设计出相应的资产形式。

资产结构选择理论目前尚停留在较抽象的理论分析上,其实践的具体含义还不很清晰,对银行资产管理的实际要求也较模糊。但从理论上讲,它为不确定状态下解决银行选择和社会均衡间的关系提供了一种新的分析框架。

二、负债管理理论与评价

负债管理其实早就产生了,但是早期始终没有成为商业银行管理的核心与重点。到 20 世纪 50 年代后,西方资本主义经济逐渐进入快速发展阶段,企业偿债能力明显提升,此时银行业的重点是如何才能有更多的资金满足银行放款需要。该理论认为:银行保持流动性不需要完全靠建立多层次的流动性储备资产,一旦有资金需求就可以向外借款,只要能借款,就可通过增加贷款获利。

1. 负债管理理论产生的动因

负债管理理论产生的动因主要有以下两个方面。

(1) 竞争的激烈与利润的驱使。随着经济的发展,商业银行之间、商业银行与其他众多非银行金融机构之间为争夺客户而展开了日趋激烈的竞争,竞争必然使利润下降,在这样一个外在竞争压力和内在利润的驱动下,商业银行必然要寻求一种能够指引其在竞争的环境中获得利润的理论,而负债理论的产生恰恰在很大程度上缓和了商业银行流动性与盈利性之间的矛盾。

(2) 通货膨胀加剧与严格的管制。到20世纪60年代,通货膨胀成了困扰各国经济发展的难题,受到利率限制的商业银行,使用存款利息来吸引存款的能力非常有限;同时,经济的发展又使得商业银行对资金需求加大,单靠传统的存款方式已经不能满足需要,客观上要求商业银行采取负债多样化。

2. 负债管理理论的发展

(1) 存款理论。

存款理论曾经是商业银行负债的主要正统理论。其基本观点是:① 存款是商业银行最主要的资金来源,是银行各项业务经营活动的基础,没有存款,商业银行的经营就成了无源之水,无本之木。② 银行在吸收存款过程中是被动的,为保证银行经营的安全性和稳定性,银行的资金运用必须以其吸收存款沉淀的余额为限。③ 存款应当支付利息,作为对存款者放弃流动性的报酬,付出的利息构成了银行的成本。

这一理论的主要特征是它的稳健性和保守性,强调应按照存款的流动性来组织贷款,将安全性原则摆在首位,反对盲目存款和贷款,反对冒险谋取利润。存款理论的缺陷在于它没有认识到银行在扩大存款或其他负债方面的能动性,也没有认识到负债结构、资产结构以及资产负债综合关系的改善对于保证银行资产的流动性、提高银行盈利性等方面的作用。

(2) 购买理论。

购买理论是在西方国家出现了经济滞胀局面的条件下出现的,它与存款理论完全相反,标志着银行负债管理思想的重大转变。该理论认为,银行可以主动负债,主动购买外界资金。银行购买资金的目的是增强流动性,购买对象即资金供给者的范围十分广泛。在存款利率管制的条件下,直接或间接地抬高资金价格来吸收存款,是购买资金的有效手段。商业银行吸收资金的适宜时机是在通货膨胀的情况下,这也符合我国近年来的特征。

购买理论产生于西方发达国家发生经济滞胀的年代,它对于促进商业银行更加主动地吸收资金,刺激信用扩张和经济增长,以及增强商业银行的竞争能力,具有积极的意义。但是,其缺陷在于助长了商业银行片面扩大负债,加重了债务危机,导致了银行业的恶性竞争,加重经济通货膨胀的负担。

(3) 销售理论。

销售理论产生于20世纪80年代。以往的负债管理理论无论是银行券理论、存款理论还是购买理论,都是单纯地着眼于资金;而销售理论则不同,它认为银行是金融产品的制造企业,银行负债管理的中心任务是推销这些产品,以获得所需的资金和所期待的收益。

该理论是金融改革和金融创新的产物,它给银行负债管理注入现代企业的营销观念,即围绕客户的需要来设计资产类或负债类产品及金融服务,并通过不断改善金融产品的销售方式来完善服务。它反映了20世纪80年代以来金融业和非金融业相互竞争和渗透的情况，标志着金融机构正朝着多元化和综合化发展。

三、资产负债综合管理理论及评价

20世纪70年代后期，金融创新不断，市场利率大幅上升，使得负债管理理论的缺陷越来越明显地暴露出来，单纯的负债管理已经不能满足银行经营管理的需要。西方金融自由化浪潮的涌现，商业银行在金融市场上主动融资的权力增加，吸收存款的压力减少。这一切使商业银行由单纯的负债管理转向资产负债综合管理。

1. 资产负债综合管理理论的含义

资产负债综合管理理论（The Assets and Liabilities Management Theory）不像资产管理理论和负债管理理论那样，只将资产负债管理的重点放在资产方或负债方，也不是对资产管理理论、负债管理理论的否定，而是吸收了前两种管理理论的合理内容，并对其进行了深化和发展。商业银行追求的目标是财富最大化，或者说是预期净值的最大化，而银行的净值是资产和负债的差额，因此，资产负债综合管理理论认为，单靠资产管理或负债管理都难以达到流动性、安全性、效益性的最优均衡，只有兼顾了银行的资产方和负债方，强调资产和负债两者之间的整体规划和协调搭配，通过资产结构和负债结构的共同调整以及协调统一管理，才能控制市场利率波动的风险，保持资产的流动性，实现利润最大化的经营目标。这就是资产负债综合管理理论的主要思想。

2. 资产负债综合管理理论基础

从资产负债综合管理理论基础来看，主要是依据以下三条基本原理：

（1）偿还期对称原理。

偿还期对称是指银行资产与负债的偿还期应在一定程度上保持对称关系。偿还期极短的负债应和流动性极强的资产搭配；反之，偿还期较长的负债应和流动性较差的资产搭配，如活期存款和资金资产对应、定期存款应和证券投资对应等，以此来安排资产运用，避免流动性风险，保证银行的正常盈利。但是，偿还期对称并不是绝对的对称，原因如下。一是偿还期可以转化。即大量的较短期负债以一段时间来考察，实际上总是能保留一个较长期的负债余额。但它不能实现彻底的过渡，且还有外部环境的影响，如战争、严重的通货膨胀等会引起负债余额下降。二是在资产结构较完善、资产的流动性可以通过市场互换实现的条件下，从某种程度上可以避免要求偿还期绝对对称，即可根据负债偿还期长短的具体变化，通过市场转换资产的流动性以适应负债偿还期的要求。因此，从静态上看，并非偿还期绝对对称。

偿还期是否对称是以平均流动率，即资产平均到期日和负债平均到期日之比 K 来判断的。

$$K = \frac{\text{全部资产平均到期日}}{\text{全部负债平均到期日}} \qquad (1-1)$$

当 $K=1$ 时,说明资产和负债的偿还期基本对称;当 $K>1$ 时,说明长期资产运用大于长期负债来源,应减少长期资产,增加长期负债;当 $K<1$ 时,说明资产运用不足,可以延长资金运用的期限。这里也有特殊情况,即当资产和负债期限结构极不对称时,它们的平均到期日也可能相同,因此先考察 K 值大小,接着要对资产负债期限结构进行分析,再回过头来看 K 值。

(2) 目标替代原理。

目标替代原理,即认为银行经营三性原则中存在一种共同的东西——效用,它们的效用之和就是银行的总效用。因此,可以对这三个目标进行比较和相加,也可使它们相互替代,即流动性和安全的降低可通过盈利提高来补偿,这时银行的总效用可以不变;反过来,盈利减少也可由流动性或安全性的提高来补偿,从而不致降低银行总效用。这种关系可用图 1-6 来说明。

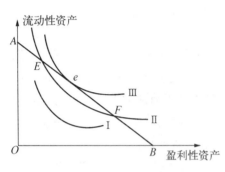

图 1-6 无差异曲线

以资产流动性与安全性的关系为例,图 1-6 中,Ⅰ、Ⅱ、Ⅲ 为无差异曲线,表示流动性资产和盈利性资产不同数量的组合,对银行经营者所带来的满足程度相同,AB 线为资产可能性。图中 E、F 两个资产分配方案中盈利资产和流动资产持有的数量大不一样,盈利性和安全性所达到的程度也就不同。在同一流动性需求和盈利性需求条件下,e 点是资产组合的均衡点。

(3) 分散化原理。

分散化原理指银行资产要在种类和客户两个方面适当分散,避免信用风险,减少坏账损失。在资产负债综合管理的形式上,西方商业银行虽然稍有差别,但目标与任务大体一致,主要有以下几个方面:通过有效地管理资产与负债,努力抑制各种经营风险,以谋求收益的稳定增长;对收益性的评价基础是注重考察资产收益率与资本收益;维持适当的流动性,并明确规定自有资本的比例;建立资产负债管理委员会,由该委员会制定银行经营的策略和资金运用,以及筹资的具体方针,并对已经决定的策略和方针进行跟踪调查,发现问题,研究问题,研究对策,改进和完善资产负债综合管理。

资产负债综合管理理论吸取了资产管理理论和负债管理理论的精华,又克服了其缺陷,从资产负债平衡的角度去协调银行安全性、流动性、盈利性之间的矛盾,使银行经营管理更为科学。资产负债综合管理已成为当今银行业经营管理的主导方式。

第六节 商业银行的经营管理方法

伴随着商业银行资产负债经营管理思想的改变,商业银行资产负债管理的方法也在逐步由资产管理逐步向负债管理和资产负债综合管理转变。本节将重点讨论资产管理方法与负债管理方法的内容,有关资产负债综合管理的内容将在本教材第十一章详细分析,在此不再赘述。

一、资产管理方法

1. 资金总库法

资金总库法是资金分配的一种方法。该方法将商业银行的各种负债汇合成一个资金库,看作单一的资金来源而加以利用。资金库的大小不是由银行的决策而是由外部市场因素(如企业活动、人口增长、货币政策)所决定的。资金总库法如图1-7所示。

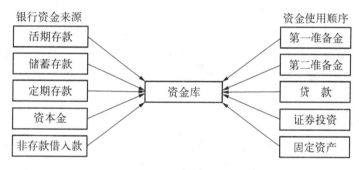

图 1-7 资金总库法

其基本做法可分成以下五个步骤。

(1) 确定银行的总流动性标准。一般来讲,这一标准主要基于经验、判断和管理者的意图,也可以参考同规模银行所公布的财务比率而加以确定。

(2) 根据银行所估算的流动性条件,分配用作第一准备金的资金,包括库存现金、在中央银行的存款、在其他机构的存款余额以及收款过程中的现金项目。将第一准备金看得如此优先的原因在于:法律或政策要求商业银行的存款总额中有一定额度以第一准备金形式存于中央银行中;银行日常支付和支票结算中需要现金准备;大量的准备金将为抵御意外的存款外流或未能预见到的贷款需求增加提供第一道防线。

(3) 将资金库中的一部分资金分配用作第二准备金,为防范所预见的现金需求和未预见到的意外提供流动性。第二准备金主要由短期公开市场证券构成,如短期国库券和票据、机构债券、银行承兑票据等。与第一准备金相比,第二准备金能赚取收入,因而能提高银行的盈利能力。第二准备金中的证券的平均期限由各银行自行确定,互不相同,大多低于一年,通常不超过三年,且要求违约风险低,其市场价值对利率的敏感性弱。在资金总库法下,第二准备金中的这类证券因流通性高而为银行提供了首要的流动性资金来源。

(4) 银行拥有了充足的流动性之后,其余资金就可以考虑分配用于客户信贷需要。所有合理贷款要求都应在可贷资金限度内解决。资金总库法并没给出贷款账户的相对构成标准,信贷的分配反映了银行市场上的经济力量。此外,在资金总库法中,贷款构成并不当作流动性来源。

(5) 银行在满足了信贷需要后所剩余的资金可分配用于购买长期公开证券。投资账户的目标主要有二:一是创造收入;二是在这些证券接近到期时补充第二准备金。

这种方法也存在一些缺点:第一,资金总库法为银行资金的分配提供了一般原则,但在实际操作中,按什么比例分配并没有作明确规定,因而分配比例需靠银行决策者根据不同的经济环境而具体判断决定。一般将新增资金的14%左右留作第一准备金,新增资金的7%左右用作第二准备金。第二,该方法没有具体分析个别存款账户的易变性。第三,该方法也忽略了贷款组合中还本付息形成的连续不断的资金流所带来的流动性。这是由于仅从清偿价值角度而不是从动态经营角度考虑银行业务会不可避免地带来片面性。第四,该方法掩盖了一个事实,那就是任何银行的长期安全性在于其足够的盈利能力,并且忽视了银行资产和负债在季节性和周期性流动中的相互作用。

2. 资金转换法

资金转换法将资金总库法作了改进,将银行的各类资金来源予以区别看待,认为银行所需要的流动性资金的数量与其获得资金的来源有着直接的关系,银行应根据不同资金来源的流动性和法定准备金的要求,来决定银行的资产分配。资金转换法的要点如图1-8所示。

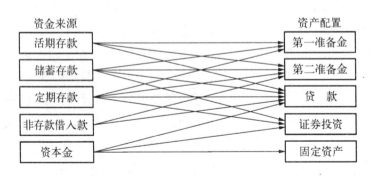

图1-8 资金转换法

在运用资金转换法时,银行须首先根据资产负债表负债方各科目周转特点和准备要求将这些科目细分为子科目,再将每一个科目假定为单一银行资金来源而分配于众多类型资产上。换言之,流动性、获利性决策是通过将每一来源资金假定为微型银行而分别作出的。既然活期存款年周转最快,准备金比率要求最高,因而这类资金更多的分配于第一准备和第二准备;相反,次级票据和债券不需要有准备金要求,其偿还或再融资要经过多年,因而这类来源的资金就分配于长期贷款、公开市场投资和固定资产。

资金转换法的主要优点是将组合管理的重点由流动性转移到盈利性上,这样做的结果是降低银行持有的流动准备金平均数量,将更多的贷款用于贷款和投资。当然,这种方法也存在一些缺点。第一,在此方法之中,流动性决策是基于存款周转而不是基于存款的实际易变性。这样,高估了流动性需求就会降低盈利。第二,该方法将贷款组合当作完全不流动来对待。事实上,贷款的还本付息所形成的资金流量也具有流动性。第三,该方法没有明确给定银行的目标。第四,该方法假定资产决策与负债决策相互独立地做出。例如,有关信贷额度中的补偿余额要求之类的重要银行业务关系没能加以明确计量。因此,在运用资金转换法时,还应扬长避短,结合其他因素作具体的分析处理。

3. 线性规划法

线性规划法是利用线性规划中在一定的约束条件下选取使目标函数最大或最小化的某些特定目标变量的值的数学程序方法,确定在既定的流动性和管理约束条件下为使银行利润最大化而必需的资产负债数量指标。其基本做法是先确定资产管理目标,然后根据各种资产与目标的关系建立目标函数,再确定对各种目标函数的限制因素,最后根据目标函数与约束变量求出线性规划模型的解。下面举一个简单的例子来说明线性规划法的应用。

假设某银行的资金来源为 1 亿元,可用于贷款(X_1)和短期证券投资(X_2),贷款收益率是 12%,短期证券投资收益率是 8%,银行的经营目标是利息收入(R)最大化,则目标函数设定为:

$$\text{Max} R = 0.12 X_1 + 0.08 X_2$$

在银行业务的经营过程中要受到以下条件的限制:

● 资产规模最多不得超过 1 亿元,即 $X_1 + X_2 \leqslant 1$ 亿元。

● 为了维持与客户的关系,银行至少要提供 3 000 万元的贷款,即 $X_1 \geqslant 3\ 000$ 万元。

● 商业银行资产要保持足够的流动性,投资于短期证券的资金假定不少于总资产的 1/4,即 $X_2 \geqslant 0.25(X_1 + X_2)$。

根据以上条件,该银行的线性规划模型设计为:

$$\text{Max} R = 0.12 X_1 + 0.08 X_2$$
$$\text{s.t.} \begin{array}{l} X_1 + X_2 \leqslant 1 \text{ 亿元} \\ X_1 \geqslant 3\ 000 \text{ 万元} \\ X_2 \geqslant 0.25(X_1 + X_2) \end{array}$$

通过线性规划求解,得到

$$X_1 = 7\ 500 \text{ 万元}$$
$$X_2 = 2\ 500 \text{ 万元}$$

该银行的利息收入最大化目标值为：
$$\mathrm{Max}R = 0.12X_1 + 0.08X_2 = 1\,100 \text{ 万元}$$

事实上，在银行资产管理中，往往存在多个以上的目标函数，各目标之间可能互相冲突，此消彼长。这就需要运用多目标线性规划法来求出一组可行优化解。例如，银行经理可能希望求得在一定条件下使利润最大化以及流动性、资本充足度和风险最低的组合。

运用多目标线性规划产生一组优化，其中任何一个解都不可能占最优地位，即没有一个目标值的增加不以另一目标值或另几个目标值的减少为代价，没有一个目标值的降低不以另一目标值或另几个目标值的增加为代价。这时，银行经理可根据其主观偏好而从中选择最接近其意愿的资产组合。可见，线性规划本身并不解决管理问题，而是为银行管理者提供有关各财务目标之间权衡选择的信息，最后决策则有赖于经理们的经验、判断以及银行目前实现长期利润目标的状况。

线性规划法为银行的资产管理从定性分析到定量分析的转变和两者的结合提供了新的思路和手段，使银行资产组合策略的制定具有更高的精确度。当然，这种方法也存在一些不足之处：第一，银行对约束条件值的评价可能在短期内就有大幅度摆动，从而使方程式的优化解前后大相径庭；第二，用以建立模型的各种数据的质量往往并不可靠；第三，对一些非量化因素如银行职员业务能力与素质等可以直接影响资产分配的方面基本上没有考虑到；第四，为反映因经济环境的变化而对目标、约束条件和参数作相应调整往往成本高昂；第五，如果预测不准，这种方法的有效性就大打折扣。此外，许多银行发现很难将线性规划模型与决策结合起来。

二、负债管理方法

银行通过从市场借入资金，调整负债流动性来满足资产的需要，以此来扩大负债与资产的规模。负债管理方法主要包括两种，即储备头寸管理方法和全面负债管理方法。

1. 储备头寸管理方法

储备头寸管理方法是指银行借入资金补足一级储备，以满足存款提取和贷款要求，通过营运头寸调度来保持高收益、低流动性的资产。

储备头寸管理可以在提高资金使用效率的同时减缓银行因储备减少而带来的流动性不足，从而缓解对银行经营带来的震荡。但是，该方法存在着当金融动荡来临时，各机构借不到资金和借入资金成本不能确定等风险。

2. 全面负债管理方法

全面负债管理方法又称纯负债管理方法，是银行通过借入外来资金持续扩大资产负债规模的方法。

这种方法的前提是借入资金具有较大的供给弹性，即市场上有足够的参与者和足够的资金。风险是有时得不到足够的资金来源,一旦中央银行采取紧缩的货币政策,就会导致一些小银行负债管理结构崩溃。

本 章 小 结

> 现代商业银行是以获取利润为经营目标、以多种金融资产和金融负债为经营对象、具有综合性服务功能的金融企业。
>
> 各国商业银行依据不同的标准可以分为不同的层次或类型。目前,商业银行制度模式主要有单一银行制、总分行制以及控股公司制、连锁银行制和跨国银行制等。我国传统银行业采用的是以行政区划为标准设置分支机构的总分行制。随着改革开放的深入,我国商业银行组织结构模式正在进行以市场为导向的外部分支机构调整和以客户为中心的内设部门结构调整。
>
> 现代商业银行一般都是按照公司治理形式组建的股份制企业,其内部组织结构通常由决策、执行和监督等三个组织层次构成,其中决策层由股东大会、董事会以及董事会下设的有关委员会组成,执行层由总经理(或行长)及其所领导的有关职能部门组成,监督层则由监事会、总稽核组成。
>
> 商业银行在经营管理中应遵循盈利性、安全性、流动性的经营原则。随着经济全球化、金融自由化,商业银行将面临更多外部和内部的挑战,我们应该重新认识商业银行"三性"的关系,在保持流动性、保证安全性的前提下,实现商业银行的盈利性。

复习思考题

1. 商业银行的含义是什么?
2. 商业银行的外部组织形式可分为哪几种?
3. 单一银行制与总分行制各有什么优缺点?
4. 商业银行内部组织结构包括哪些内容?
5. 商业银行的性质是什么?具有哪些职能?
6. 商业银行的经营原则有哪些?
7. 如何理解商业银行经营管理目标?
8. 商业银行经营管理原则之间有什么关系?
9. 资金总库法与资金转换法有哪些异同?
10. 商业银行经营管理思想的演变背景如何?

第二章 商业银行的产生与发展

商业银行自产生到现在已经有数百年的历史,是各国金融体系重要的组成部分,在社会经济成长和发展过程中发挥了重大的作用。近年来,银行业发展出现了新的趋势,主要表现为竞争更为激烈、管制放松、综合化、全球化、电子化、规模化扩张趋势加快,这些都导致商业银行面临更大的风险,银行业正面临着前所未有的挑战。

第一节 商业银行的产生与发展

银行的产生和发展是同货币商品经济的发展相联系的,资本主义社会前期的货币兑换业是银行业形成的基础。货币兑换业起初只经营铸币兑换业务,以后又代商人保管货币、收付现金、办理汇兑等。这样,兑换商人手中就逐渐聚集起大量货币资金。当货币兑换商从事放款业务,货币兑换业就发展成为银行业。

一、早期银行业的产生与发展

早期商业银行的产生大体可以分为以下三个阶段。

第一阶段:货币兑换业和兑换商的出现。11世纪,威尼斯是重要的国际贸易中心,各国商人云集,相互之间的贸易活动使用不同种类的货币,十分不便,为适应贸易的需要,经营货币兑换业务的商人随之出现。

第二阶段:货币兑换业演变成货币经营业。许多商人将自己的货币交给货币兑换商保管,货币兑换商开出的收据演变成早期的"汇票"。货币兑换商在货币兑换业务基础上增加了货币保管和收付业务,出现了货币经营业。货币经营业被认为是银行早期的萌芽。

第三阶段:银行业与商业银行的产生。"银行"一词就始于意大利语"Banco",意为长凳、椅子,其英文为"Bank",原意是指存放钱财的柜子,后来就泛指专门从事货币存、贷和办理汇兑、结算业务的金融机构。此时,货币经营商开始不满足于只在经营中收取手续费,而是想获得更多的收益,当他们利用积聚起来的暂时闲置的货币开展放贷等其他业务时,货币经营业便发展为银行业。16世纪,西欧进入资本主义发展时期,为了满足大规模的生产和扩张全球贸易市场的需要,产生了对新的支付手段和信贷方式的需要,银行在这一时期得到了飞速的发展。1587年意大利诞生了著名的威尼斯银行。此后,各国贸易中心相继出现了米兰银行(1593年)、阿姆斯特丹银行(1609年)、纽伦堡银行(1621年)、汉堡银行(1629年)等。当时这些银行主要的放款对象是政府,并带有高利贷性质。

在英国,早期银行是由金匠业发展而来的。17世纪中叶,随着美洲大陆的发现,大量金银流入英国,人们将金银货币委托给金匠业保管,金匠业代客户办理汇兑业务,并以自有资本发放贷款。随着英国经济的发展,金匠业的业务发生了重大变化,保管凭条演变为银行券;保管业务中的划拨凭证演变为银行支票;十足准备制度变为部分准备制度。早期银行虽得到空前的发展,但是规模不大、贷款利率较高,不能适应资本主义工商业的发展需要。

二、现代商业银行业的产生与发展

现代商业银行是在17世纪末开始逐渐发展起来的。随着资本主义经济的发展和国际贸易的进一步扩大,形成了现代商业银行的雏形。资本主义的扩大再生产客观上要求建立一种新型的商业银行。现代商业银行主要是通过两条途径产生的。一是由高利贷银行转变为现代银行。17世纪以前银行的主要贷款对象是政府,同时也贷款给个人,但利率很高,在漫长的历史发展过程中,高利贷性质的银行适应了新的生产方式逐渐转变为现代银行。二是在与高利贷的斗争中建立起来的股份制商业银行。1694年在英国伦敦创建的英格兰银行,标志着现代银行的产生,为商品经济的发展创造了条件。

到18世纪末19世纪初,规模巨大的股份银行纷纷建立,成为资本主义银行的主要形式。随着资本主义商品经济的迅速发展,经济危机的频繁发生,银行信用的普遍化和集中化,既为中央银行的产生奠定了经济基础,又为中央银行的产生提供了客观要求,主要表现在以下四个方面。

(1)统一货币发行。在银行业发展初期,几乎每家银行都有发行银行券的权力,但随着经济的发展、市场的扩大和银行机构增多,银行券分散发行的弊病就越来越明显,客观上要求有一个资力雄厚并在全国范围内享有权威的银行来统一发行银行券。

(2)统一票据交换和清算。随着银行业务的扩大,商业银行收受票据的数量迅速增加,银行之间债权债务关系日益复杂,不仅异地清算矛盾突出,同城结算也很困难,这在客观上产生了建立统一的、有权威的、公正的清算中心的需要。

(3)稳定金融。商业银行经常会发生营运资金不足、头寸调度不灵等问题,这就从客观上要求中央银行的产生,为银行充当最后的贷款人。

(4)稳定经济的要求。银行业和金融市场的发展,需要政府出面进行必要的管理,这要求产生隶属于政府的中央银行这一专门机构来实施政府对银行业和金融市场的管理。

1844年,英国国会通过《银行特许条例》(即《比尔条例》),规定英格兰银行分为发行部与银行部,垄断了全国的货币发行权,至此英格兰银行成为第一家私有中央银行。到 19 世纪后半期,西方各国都相继设立了中央银行。早期的银行以办理工商企业存款、短期抵押贷款和贴现等为主要业务。现在,西方国家银行的业务已扩展到证券投资、黄金买卖、中长期贷款、租赁、信托、保险、咨询、信息服务以及电子计算机服务等各个方面。随着经济发展对资金需求的多元化,客户对金融服务需求也向高层次发展。技术革命的进步、金融机构之间的激烈竞争以及各国金融管制的放松,都促使现代商业银行经营范围不断扩大、活动领域不断拓宽、管理方式等不断创新。

20 世纪以来,随着国际贸易和国际金融的迅速发展,在世界各地陆续建立起一批世界性的或地区性的银行组织,如 1930 年成立的国际清算银行、1945 年成立的国际复兴开发银行(即世界银行)、1956 年成立的国际金融公司、1964 年成立的非洲开发银行、1966 年成立的亚洲开发银行等,在跨越国界和更广泛的领域里发挥着重要作用。

总体而言,现代商业银行在资产运用方面,还形成了以下两大主流发展模式。

(1) 以融通短期商业资金为营运重点的英国式经营模式。其理论依据是真实票据理论,认为商业银行的业务应当集中于自偿性贷款,因为自偿性贷款期限短、流动性强,银行资产的安全性大。自偿性贷款是依据商品生产和流通发放的,不会造成货币量过多和信用量的膨胀。英国是股份制发展最早的国家,发达的资本市场解决了企业长期资本来源,银行只限于短期资金的融通。然而,历史证明这种模式也有其自身的缺点,对短期商业性贷款的偏重使得商业银行难以促进一国经济的持续高速增长,不利于央行对宏观经济的调控,甚至是加剧物价的下跌和经济周期的波动。

(2) 德国综合性资产运用经营模式。德国、瑞士、奥地利等少数国家,采取综合银行的模式。为了满足工业革命的需要,以德国为代表的这些国家商业银行的业务较为广泛,银行除了向企业提供短期商业性放款以外,还提供中长期贷款并直接投资于企业债券和股票,包销证券和提供财务便利、咨询服务等。这种模式有利于商业银行根据经营需要全方位地开展业务活动,充分发挥银行在国民经济中的作用。但是,这种模式下银行经营风险较大,对银行经营管理技术要求较高,而且极易形成银行的垄断。

第二节 我国商业银行的产生与发展

中国的商业银行已有 100 多年的发展历史。我国明朝末年出现了类似银行的钱庄和票号。鸦片战争后,一些外商银行纷纷进入我国开展金融业务,并凭借其特权攫取了巨额的利润。

一、1949 年以前的商业银行

我国境内第一家银行是 1845 年英国人设立的丽如银行。1897 年中国通商银行作为中国人自办的第一家银行开始营业,它的成立标志着中国现代银行业的开始。中国通商银行是商办银行,也是中国第一家股份制银行,形式上虽然以商办的民族资本银行面目出现,但实际上是受控于官僚、买办的银行。此后,一些官商合办、股份集资和私人独资兴办的商业银行纷纷建立起来。1904年成立的官商合办的户部银行,是清末最大的一家商业银行。

民国政府时期,我国逐步建立了以中央银行(1924年成立)、中国银行(1912年由户部银行改组成立)、交通银行(1908年成立)、中国农民银行(1935年改组成立)、中央信托局(1935年成立)、邮政储金汇业局(1930年由邮政局改编)和中央合作金库(1946年成立)的"四行二局一库"为主体,包括省、市、县银行及官商合办银行在内的金融体系。此外,还有一批民族资本家兴办的私营银行及钱庄,其中约1/3集中在上海,但多半规模不大且投机性强,在经济运行中所起的作用十分有限。旧中国规模较大的民族资本商业银行主要有全城银行、盐业银行、中南银行和大陆银行,即"北四行",还有浙江兴业银行、浙江实业银行、上海商业储蓄银行和新华银行,即"浦四行"。1935年,全国有164家商业银行,到1945年8月全国共有银行总行416家,分支行达到2575个。

二、1949～1979年的国家银行体制

随着中国人民解放战争的节节胜利,在解放区的华北银行、北海银行、西北农业银行的基础上,1948年12月1日中国人民银行在石家庄成立,并开始发行人民币,1949年中国人民银行迁至北京。1949年9月,《中华人民共和国中央人民政府组织法》明确将中国人民银行纳入政务院的直属单位,确立了其作为国家银行的法定地位。这一时期中国人民银行的主要任务为:一是发行人民币,支援解放战争;二是建立独立统一的货币体系和统一的国家银行组织体系;三是接管官僚资本银行和整顿金融业;四是积极开展存款、贷款、汇兑和外汇等银行业务,促进国民经济恢复,为迎接大规模经济建设做准备。

"一五"期间,为全面动员社会资源进行大规模经济建设,国家实行高度集中的计划经济管理体制,银行业则实行信用集中原则,中国人民银行编制的综合信贷计划被纳入国家经济计划。1956年公私合营银行被纳入中国人民银行体系,形成了"大一统"的银行体制。此时,社会信用集中于国家银行,各级银行吸引的存款全部集中于人民银行总行,由人民银行统一支配,贷款也由人民银行总行统一核批指标,银行在经济管理中担负着保证经济计划实现及组织调节现金流通的功能。"大一统"的银行体制,其根本特征是集肩负政府管理职能的银行与经营商业金融的银行于一身,全国只存在一家中国人民银行,它既是政府管理金融的国家机关,又是经办商业银行业务的银行机构。

在1966～1976年"文化大革命"期间,银行的制度被废除,业务活动无法正常开展,银行的作用被削弱,货币被批判,商业性金融机构被撤销,中国人民银行被并入财

政部。

三、1979年以来我国多层次的商业银行体系

1978年12月召开的中国共产党十一届三中全会开始全面纠正"文化大革命"及其以前的"左"倾错误,使我国进入了改革开放的新时期。我国的银行业逐步走上了改革开放的道路。银行业也开始从僵化的计划经济制度转向企业化、商业化、市场化的道路。

1. 1979年起,我国银行业得到逐步恢复

1979年,先是中国农业银行,继而是中国银行从中国人民银行分设出来。这两家被中国人民银行长期兼并的银行终于又恢复了独立地位。随后,中国人民建设银行(后改名为中国建设银行)也从财政部独立出来,被纳入银行体系。1982年9月,国务院下达的文件明确指出,中国人民银行是我国的中央银行,各专业银行按照指定的5个方面受中国人民银行领导。

2. 1984年,设立中央银行,形成中央银行—国有专业银行体系的"二级银行体系"

1983年9月,国务院下达了《关于中国人民银行专门行使中央银行职能的决定》文件,决定自1984年1月1日起中国人民银行作为国务院领导和管理全国金融事业的国家机关,专门行使中央银行职能,另行成立中国工商银行,办理工商信贷和储蓄业务。

至此,中国人民银行的商业性业务基本剥离,正式成为我国的中央银行;中国工商银行则成为规模最大的专业银行,负责工商企业贷款;作为配套措施,中国建设银行从财政部分离,负责基本建设贷款;中国农业银行则负责农村服务贷款。同年,我国又批准设立了众多的城市信用社,并在全国普遍发展了农村信用社。

3. 1994年,国有专业银行商业化改革,形成中央银行—国有商业银行的"二级体系"

随着1994年中国农业发展银行、中国进出口银行、国家开发银行三家政策性银行的成立,国有商业银行体制逐步完善。1995年,正式实施《中国人民银行法》和《中华人民共和国商业银行法》,整个银行业改革发展步入了法制轨道。1997年11月,我国召开第一次全国金融工作会议,明确指出国有商业银行改革的重要性,提出必须加强信贷管理,降低不良贷款比例,明确将四大专业银行改造为四大商业银行。

与此同时,股份制商业银行也相继成立。1987年作为新中国成立以后的第一家股份制商业银行——交通银行恢复成立。此后,陆续成立了中信实业银行、中国光大银行、华夏银行、招商银行、广东发展银行、深圳发展银行、兴业银行、上海浦东发展银行、中国民生银行等全国性或区域性股份制商业银行。另外,将原有的城市信用合作社改组为城市商业银行,农村信用合作社改组为农村商业银行也取得了进展。这样便构成了我国包括国有商业银行、股份制商业银行、中国邮政储蓄银行、外资银行和合资银行、城市商业银行、农村商业银行在内的商业银行体系。

4. 2004年，全面启动国有银行的股份制改革

2003年以后，先后经历了银监会成立以及国有银行股份制改造和上市，对外全面开放人民币零售业务，彻底改变了我国银行业的体制和机制，中国银行业逐步走入市场化、多元化、国际化、综合化经营的真正意义上的现代商业银行体系形成时期。表2-1为国有银行完成股份制改革后的上市方式。

表2-1 国有银行完成股份制改造后的上市方式

	上市地点与时间	发行数量	发行价格
工商银行	H股(2006年10月27日) A股(2006年10月27日)	354亿H股 130亿A股	3.07港元 3.12元
建设银行	H股(2005年10月27日) A股(2007年9月25日)	264.86亿H股 90亿A股	2.35港元 6.45元
中国银行	H股(2006年6月1日) A股(2006年7月5日)	255.69亿H股 64.94亿A股	2.95港元 3.08元
农业银行	H股(2011年7月16日) A股(2011年7月15日)	292.2亿H股 222.35亿A股	3.20港元 2.68元
交通银行	H股(2005年6月23日) A股(2007年7月5日)	58.5562亿H股 31.9亿A股	2.5港元 7.90元

资料来源：WIND资讯。

2008年后，在由次贷危机引发的全球范围的金融海啸当中，中国的银行业却是一枝独秀。截至2011年年底，在全球市值十大银行榜上，中资银行已有中国工商银行、中国建设银行、中国农业银行以及中国银行4家位列其中，工商银行更是列为全球市值十强公司榜首。此外，按银行的一级资本实力排名，更有3家国有控股商业银行跻身全球十大银行之列，分别是工商银行、建设银行和中国银行。中国工商银行2011年净利润多达325亿美元，成为全球赢利最多的银行；中国建设银行净利润多达264亿美元，赢利能力全球排名第二；排在第三位的是美国摩根银行，净利润为249亿美元。

第三节 现代商业银行发展环境变化及发展趋势

商业银行的经营环境是指其开展业务活动的制约条件和影响因素。简言之，是指对商业银行经营有影响作用的外部环境。商业银行外部经营管理环境是在不断变化的，其中有些变化是可以事先预料的，但大多数是难以预料的；有些变化是短期性、局部的，而有些变化则是长期性、全局的。因此，加强商业银行经营管理环境的分析，

对提高商业银行的经营管理水平,防范金融风险,提高经营效益等方面都是十分重要的。

一、主要外部经营环境

1. 宏观经济状况

宏观经济状况包括国家经济发展水平、通货膨胀率、汇率制度、利率的波动、经济周期等。宏观经济变动使得价格、利率和汇率大幅度波动,而价格、利率和汇率均为对银行经营成本和利润有直接影响的变量,当这些变量大幅度波动,且变化趋势又无法准确预测时,经济的不确定性就增大了,银行业所面临的风险也就随之增加。经济周期分为四个阶段:繁荣、衰退、萧条、复苏。当经济处于繁荣时期,银行业整体的经营状况就会比较好;反之,经济处于严重的衰退之中,那么银行业整体上也难以保持健康。

2. 政府宏观调控

政府宏观调控包括货币政策、税收政策、产业政策,以及政府和银行的关系是否实现了正常化等政府行为。政府作为社会经济的管理者,肩负着维护社会经济秩序、稳定经济运行的责任。商业银行作为金融企业,是市场的主体,必然接受政府的行政管理,政府的税收政策、产业政策等都影响着商业银行的经营环境。

3. 法律、法规环境

法律、法规环境是指与金融业相关的法律、法规。这些法律体系确定了一国银行业的经营运行和政府对银行业的监管模式。国家制定的金融法律、法规,既是国家以法律手段对商业银行实施管理的具体体现,同时也构成了商业银行经营管理所必需的法律环境。商业银行的经营管理者应将自己的各项业务经营活动置于政府的法律框架内,任何超越法律规范的金融违法行为,都将受到法律的严惩。

4. 银行业的监督管理

银行是高风险行业,对银行业的监督管理是为了保护公众利益和维护金融体系的稳定,保障银行体系的安全稳定,为银行业创造一个公平的竞争环境。中央银行主要利用货币政策工具(如法定存款准备金率、再贴现率、公开市场业务及其他货币政策工具),通过影响商业银行的存款准备金和贴现成本,进而影响商业银行的信贷规模,最终达到控制货币供应量、稳定货币币值的目的;而金融监管当局主要是受国家或政府的授权,对商业银行等金融机构的经营管理活动实施日常的监督管理,以维护金融体系的安全与稳定。

二、当前商业银行经营环境的变化

1. 经济全球化带来的全球经济波动

随着现代科学技术的进步与发展,国与国之间的联系越来越紧密,经济全球化、经济一体化已经成为当今世界一大特征,主要表现在以下三个方面。

(1) 市场经济成为世界性的经济体制。整个世界市场趋于统一,商品、劳务、技术、信息、知识等都出现了全球化的趋势。

(2) 区域经济集团化发展趋势。它是指相邻的若干国家结合成一个范围较大的经济区,通过签订某种条约、协议而形成区域性一体化的国际经济组织。目的是为了增强和扩大集团内部的经济实力,提高集团在国际经济中的竞争力,为集团成员国争得更大的经济利益。

(3) 跨国公司的主导作用增强。跨国公司使世界各国的经济联系更加紧密,使国际竞争在更大的规模上得到开展,使经济全球化向纵深发展。2007年美国次贷危机爆发后,实体经济创新发展受到重视,全球性企业并购和产业重组将再次兴起。

当今世界,一个国家经济发展的过程中,不仅要受本国各种条件的影响和制约,而且越来越受到世界其他国家的影响。由于各国经济基础、经济发展水平上的差异,经济全球化不能从根本上克服各国垄断资本之间的矛盾,甚至造成发展中国家经济畸形发展和严重的依赖性,经济波动、金融动荡和危机的国际传染成为经常性的而且是不可避免的事情。

2. 金融全球化使银行业面临更加激烈的竞争

(1) 受经济全球化的影响,许多国家在金融创新浪潮的冲击下,先后放松了金融管制,实行金融自由化政策。而现代科学技术的发展又使原本处于分散状态的金融市场连成一片,出现了金融市场全球化的局面。

(2) 金融全球化还使全球金融机构之间的竞争更加激烈。金融业的全面自由化,使银行业的竞争不再是行业内的竞争,不再是国内同业的竞争,不再是服务质量和价格的竞争,而是来自行业之间的相互渗透导致的竞争,来自国外同业的竞争,来自金融创新的竞争。

3. 金融创新速度加快导致银行业面临新的挑战

信息和高科技产业突飞猛进的发展,有力地刺激了金融创新。同时,新兴市场的迅速崛起,也为商业银行在全球范围内寻求发展创造了有利的环境,资产证券化、金融业务表外化、金融衍生产品多样化等都是金融创新的典型特征。金融创新正从根本上改变着银行业的面貌。一方面,金融创新给创新主体带来了可观的净收益,从而增强了银行的市场竞争力,提高了业务效率;另一方面,金融创新在总体上提高了金融资产的流动性和金融资产之间的替代性,从而推动了全球金融市场一体化进程,在金融创新的推动下,银行交易品种的不断丰富,大大增强了商业银行的吸引力。同时,我们还需要充分注意到,金融创新给银行业发展带来机遇的同时,也产生了众多的新型金融风险,银行业也不得不面临众多新的挑战。

进入21世纪以后,随着低碳经济的兴起和美国次贷危机的爆发,商业银行的经营环境主要发生了以下的新变化。

(1) 低碳经济发展,已成为新的经济增长点。

随着世界工业经济的发展、人口的剧增、人类欲望的无限上升和生产生活方式的无节制,世界气候面临越来越严重的问题,二氧化碳排放量愈来愈大,地球臭氧层正遭受前所未有的危机,全球灾难性气候变化屡屡出现,已经严重危害到人类的生存环境和健康安全。建立低碳社会已成为人类社会的一种共识,"低碳经济"是以低能耗、低污染、低排放为基础的经济模式,是人类社会继农业文明、工业文明之后的又一次重大进步,其实质是提高能源利用效率和改善清洁能源结构问题,其核心是能源技术创新、制度创新和人类生存发展观念的根本性转变。低碳经济的发展模式是实现可持续经济发展的必由之路,商业银行要正确把握发展低碳的方向和途径,并带领其他金融机构共同努力,支持低碳经济的发展。

(2) 次贷危机后,全球金融版图发生变化。

一方面,美国金融体系在全球的霸主地位逐渐下降,美元的霸权时代终结,新的国际货币体系逐步形成,以美元、欧元、日元、人民币等多种货币相互制衡的国际货币格局将逐步形成。另一方面,发展中国家在国际金融体系中的地位和作用有所增强,世界经济非均衡的格局将得到改善。G20 的形成本身就说明以 G8 为代表的发达国家在处理全球性金融危机时已经感到力不从心。2009 年 G20 峰会上发表的《领导人声明》中,二十国集团领导人同意将新兴市场和发展中国家在国际货币基金组织的份额至少增加 5%,将发展中国家和转轨经济体在世界银行的投票权至少增加 3%。随着金融危机爆发,西方发达经济体纷纷进入衰退期,世界经济重心将持续向新兴经济体转移。

(3) 金融风险加大,金融监管力度增强。

在金融全球化的今天,金融创新给金融业带来了活力,使得各发展中国家迅速引进各种新的金融工具,特别是在新兴的市场经济国家,金融市场的发展非常快,金融业不仅要冒信用风险、利率风险,还要冒通货膨胀风险、汇率风险、金融衍生工具风险、政治风险等。同时也导致金融风险不断升级,金融危机不时爆发。从 1997 年爆发的东南亚金融危机到 2008 年美国次贷危机,每一次危机都比上一次危机更加严重和具有突发性,危机对世界经济和金融业的影响也越加明显,而且在国际传递的速度之快、范围之广、影响之深,至今人们都还记忆犹新。

最新通过的《巴塞尔协议Ⅲ》受到了 2008 年全球金融危机的直接催生,新协议影响最大的地方在于大幅度提高了对银行一级资本充足率的要求。新协议规定,截止到 2015 年 1 月,全球各商业银行的一级资本充足率下限将从现行的 4% 上调至 6%,由普通股构成的"核心"一级资本占银行风险资产的下限将从现行的 2% 提高至 4.5%。另外,各家银行应设立"资本防护缓冲资金",总额不得低于银行风险资产的 2.5%。

2008 年的次贷危机表明,在金融市场日益全球化、金融创新日益活跃、金融产品日益复杂的今天,传统金融子市场之间的界限已经淡化,跨市场金融产品日益普遍,跨部门的监管协调和监管合作显得日趋重要。商业银行的监管向着综合经营的模式方向发展,以消除监管空白,降低监管重叠,提高监管效率。监管的重心从过去的合规性监管向风险性监管转变,扩大了金融监管范围,重要的金融机构、金融市场、金融工具以及第三方服务机构被纳入监管,金融监管约束力度加强,如提高金融交易信息披露、限制过度杠杆、反避税等;加强国内监管协调,在国际上加强各国监管机构的合作等。

三、优化商业银行经营管理环境

1. 优化商业银行经营管理环境的原则

(1) 竞争与效率相一致的原则。竞争机制可以使资源得到充分利用,商业银行作为特殊的金融企业,通过竞争可以促进商业银行为社会提供优质的金融服务,使货币资金得到充分有效地使用,推动金融创新,降低经营成本,提高整个行业的经营效率,有利于促进金融与经济的健康稳定的发展。

(2) 安全与稳健相一致的原则。竞争是必要的,但要防止和限制过度的竞争,以保障商业银行经营管理的安全与稳定,以降低商业银行经营风险,减少商业银行倒闭的可能性。

(3) 金融与经济相统一的原则。从一个国家经济发展需要出发,都要求商业银行等金融机构必须积极贯彻国家的宏观经济金融政策,以促进国民经济的快速发展。但是,由于各商业银行作为金融企业受到利润最大化的利益驱动,就有可能出现微观金融与宏观经济的要求不相适应的状况,这就要求国家通过建立完善良好的金融制度与监管环境,把商业银行等金融机构的业务活动统一到宏观经济的政策与目标上来。

(4) 规模与效益相适应的原则。商业银行作为经济实体,也必须具有适度规模。这里的规模是指商业银行投入的人力、物力、资本、技术以及所达到的业务量。在适度的规模下,商业银行的经营成本最低,其服务质量也容易达到最优,获得的利润最大。商业银行必须根据自身业务发展的实际状况和经营环境的变化,制定业务发展规划,确定合理的规模,以获取最佳的经济效益。

2. 优化商业银行经营管理环境的措施

(1) 挖掘潜力,补充自有资本金。我国国有银行的资本金,主要来源于财政部门拨付的信贷基金、专项基金和利润返还。目前,依靠国家财政对银行增拨资本金是不现实的。因此,必须多途径、多办法地予以解决。一方面,银行可以挖掘潜力,盘活已核销的呆、坏账资金,补充自有资金,增强银行经营实力;另一方面,股份制之路也是商业银行充实资本的有效途径,这样既可以改善商业银行的资本结构,又可以减轻国家的财政压力。同时,积极推进国有商业银行的股份制改造,也可以促进形成有效的企业经营机制和法人治理结构。

(2) 建立健全金融创新机制,提升商业银行的竞争力。外部环境的巨大挑战,同时也是学习开办金融新业务的机会。为适应金融全球化,商业银行必须吸收国外先进的银行管理经验,紧紧跟踪金融新业务、新技术的发展,并结合本国的实际,不断地进行金融业务品种和服务手段的创新,实现与国际接轨,在全球范围内开展业务竞争。

(3) 发挥商业银行优势,营造良好的外部经济环境。随着金融业的发展,金融已经成为现代经济的核心,对经济的发展具有重要的推动作用。商业银行必须充分发挥自身优势,积极支持国民经济的发展,以创造良好的外部经济环境。首先,商业银行应积极贯彻中央银行的货币政策,确保货币政策目标的实现,以促进国民经济健康稳定的发展;其次,商业银行应发挥对经济的调节功能,运用资金、利率等经济杠杆,引导资金流向,促进经济结构的调整,实现国民经济协调发展;最后,商业银行应加强为经济服务的功能,保证社会资金的安全流动,加速资金周转,节约资金使用,提高资金的使用效益,促进全社会经济效益的提高。

(4) 促进商业银行由分业经营向混业经营发展,增强商业银行的发展后劲。分业经营虽然使得商业银行避免了某些风险,保证了投资银行在一定空间内获得发展,但也使商业银行在金融市场大发展的时候,没有充分的手段来获取丰厚的利润,也不能适应市场和客户的需求,而且在投资银行和商业银行分离后,也在一定程度上限制了其进一步发展,很难和资本实力雄厚的商业银行抗衡。

与分业经营相比,混业经营可以分散银行的经营风险,增加银行的效益渠道,使得银行的经营更具有稳定性,它是适应国际银行业的管理方式,是增强国内商行竞争能力的客观需要,也是有效分散商业银行经营风险的必然选择。

后危机时代既给商业银行提供了机遇,又提出了挑战,商业银行要提升竞争力,树立正确的经营观念,坚持特色定位,塑造特色品牌,强化风险管理意识和手段,真正把我国商业银行打造成国际一流的、能抵御各种风险的金融机构。

四、西方商业银行发展的趋势

进入 21 世纪以来,全球银行业的发展受外部环境的影响,发生了巨大的变化,逐步向全球化和区域化发展,银行业正在从劳动密集型、可变成本型行业向资本密集型、成本固定型行业转变,朝着综合化、全球化、电子化、集团化、虚拟化的全能服务机构的方向发展。同时,也面临着现代信息技术、客户需求多样化、金融风险控制、管理效率、人力资源等多方面的挑战。

西方商业银行发展的新趋势表现在以下五个方面。

1. 商业银行的业务创新

(1) 零售业务发展的重点从资产业务(如住房抵押贷款、耐用消费品贷款等)转向中间业务(如代理外汇投资、股票投资、基金投资等),以拓展银行非利息收入。其服务方式从分支机构转向电子银行服务[电子银行服务包括自动柜员机(ATM)、电话银行及网上银行等],零售业务将越来越趋于网上交易与 ATM 的交易。

(2) 为企业提供财务管理服务等公司业务成为今后银行公司业务的重心,其重点是现金管理。高附加值的财务管理服务主要包括:确定和量化风险敞口,建立避险策略;衍生产品交易;为公司的现金集中、轧差等流动性管理提供技术支持及相关服务;信息、咨询相关的服务等。许多银行开发了保理和福费廷等公司财务管理产品,将流动性管理和资产风险管理结合,不仅增强了客户资产的流动性和赢利性,也增强了安全性。

(3) 商业银行中间业务的进一步拓展。商业银行与非银行金融机构的界限日益模糊,中间业务的发展多已涉及证券、保险、管理、担保、融资、承诺、衍生金融工具等众多领域,以规避风险、增强资产流动性和提高竞争能力。商业银行在办理信用签证、承兑、押汇等业务时,开始提供银行信用,收取手续费,不仅拓展了中间业务收费来源,也体现了银行经营管理效益。

2. 商业银行的风险管理

金融危机时代,商业银行从信用风险管理逐步转向全面风险管理。2010年通过的《巴塞尔协议Ⅲ》明确提出将操作风险、市场风险纳入资本监管的范畴,并对信用风险、操作风险提出了不同的测算方法。

新协议在操作风险的量化上提出了三个具体方案:基本指标法、标准法和高级计量法;在信息披露方面,协议还特别强调了信息披露的重要性,并在适用范围、资本构成、风险披露的评估和管理程序、资本充足率等四个方面制定了具体定性定量的信息披露内容;此外,在风险评级方面,协议强调了银行要建立内部风险评估体系。

3. 商业银行的金融创新

西方商业银行的金融创新主要包括金融衍生产品、银行资产证券化和表内业务创新三方面。金融衍生品的发展诸如浮动利率债券、远期、期权、利率掉期、资产转让合同、可转换为公司股票的贷款等;而证券化金融工具已从传统的表内证券化(如抵押债券)发展到表外证券化(抵押保证或资产保证的证券);表内业务创新包括存款工具、支付工具、资产业务和融资工具的创新,如货币市场互助基金、NOW账户、可转让贷款证券、分享股权贷款、弹性偿还贷款、信托工具与组合融资工具等。

4. 商业银行经营规模化

在未来的金融市场竞争中,随着竞争的加剧,各银行为增强竞争实力,提高抗风险能力,降低经营成本,必然向大型化、规模化扩展,以满足客户对金融产品和服务提出的新的需求,提高技术创新和使用新技术的能力,为股东带来更丰厚的利润。银行机构将日益通过兼并、重组、扩张等实现规模化、集中化和国际化。此外,不同国家、不同类型的商业银行的业务合作,不同类型的金融机构的业务合作与兼容,也使得商业银行实现市场开发、优势互补和规模发展。

5. 商业银行竞争多元化

现代商业银行的竞争,除了传统的银行同业竞争、国内竞争、服务质量和价格竞争以外,还面临全球范围内日趋激烈的银行业与非银行业、国内金融与国外金融、网上金融与一般金融等的多元化竞争,银行活动跨越了国界、行业,日益多元化。其面临的金融风险也不仅是信用风险,还扩大到利率风险、通货膨胀风险、通货紧缩风险、汇率风险、金融衍生工具风险、政治风险、经营管理风险等。

第四节 我国商业银行经营环境的改变及发展趋势

一、我国当前商业银行经营环境的改变

1. 市场经济日益完善

从高度集中的计划经济体制到充满活力的社会主义市场经济体制，打开了我国经济、政治、文化、社会发展的崭新局面，中国经济驶入发展的快行道，实现了经济总量跃居世界前列的历史性跨越，在国际舞台日益发挥着不可替代的重要作用。现阶段，社会主义市场经济体制已经初步建立，市场在资源配置中的基础作用显著增强，宏观调控体系日趋完善，国企改革深入推进，企业的竞争力、控制力、带动力不断增强，统一内外资企业所得税、扩大增值税转型试点范围等工作有序推进。金融改革逐步深化，国有商业银行经过股份制改革，现已成为国际资本市场上的"明星"。

同时，我们也应该清楚地认识到，我国的经济体制改革是在传统二元经济结构向现代经济结构转变、经济增长方式由数量扩张型向质量效益型转变的进程中展开的，其中各种经济问题和社会矛盾盘根错节。完善市场经济体制是一个长期的过程，需要继续付出艰辛的努力。实践表明，深化改革开放、推进体制创新是解决经济社会发展诸多矛盾的必由之路，也是贯彻落实科学发展观的必然要求。

2. 经济结构转型升级

经济结构转型升级，是指一个国家或地区在一定时期内的经济结构和经济制度在运行状态上的发展。具体来说，经济结构转型升级是经济体制的更新，是经济增长方式的转变，是经济结构的提升，是经济体制和结构发生的一个由量变到质变的过程，发展经济的方式由低效而粗放向集约而高效转变。

经济转型升级从表象上看集中反映在一个国家或地区在一定时期内产业结构的转型和升级。事实证明，每一次社会分工的进步，不仅促进了产业结构的调整，解放了社会生产力，推动了经济的发展；同时它还意味着经济发展模式的变化、经济增长方式的改变。产业结构的调整必然会引起经济转型。从这方面讲，产业结构调整也是经济转型升级的内在原因和动力。各银行应该加大对市场前景好、成长性好的新兴产业的支持力度，充分发挥金融引导作用，在做强自身实力的同时促进地方经济加快转型升级。

3. 区域经济差距扩大

改革开放以后，我国以"效率优先"为政策目标，采取东部优先、中部次之的区域发展策略，这种政策虽然使得沿海各地区经济高速发展增长并带动国民经济快速增

长,但同时也使地区间的经济发展出现明显的分化,使我国的经济发展出现了不平衡,形成了东部经济发展快、西部经济发展相对缓慢的局面。现阶段,我国区域经济发展不平衡的特征十分突出。但是,在我国转变经济增长方式的过程中,区域经济将在互动中促进协调,在各区域主体功能强化的基础上,大幅度提高整体发展水平。

城市商业银行扎根于地方经济,对当地产业有较深入的了解,掌握着大量的第一手信息,应当努力发挥其智囊和参谋作用,积极探索参股保险公司、发起设立金融租赁公司、汽车金融公司等综合化经营道路。经济发展离不开金融的大力支持,同时经济的发展也为金融业创造了难得的机遇。目前,国内城市商业银行群体中,探索综合化经营步伐比较快的有北京银行、南京银行等。2010年,北京银行成立了全国首家"北京文化创意产业金融服务中心",实行风险单独授权,简化贷款审批流程,集中企业营销、审批和贷后管理,提高融资效率。

4. 中小企业快速发展

目前,我国中小企业数量占全国企业总数的99%,提供了全国80%的城镇就业岗位,上缴的税收约为国家税收总额的50%。中小企业是推动经济增长、促进就业的重要力量,是科技创新的重要源泉,是地方发展的重要支撑,是经济体制改革的基本力量,中小企业已成为我国经济和社会发展的重要推动力,发挥着不可替代的作用。但是,中小企业经济在蓬勃发展的同时,也面临了一系列的问题。从中小企业所处的经济大环境看,目前令其裹足不前的原因主要有:全球经济增速放缓;原材料、能源等成本大幅度提升,利润空间被大幅压缩;劳动力成本上升,低劳动力成本优势被削弱;紧缩的宏观调控政策造成融资困难,中小企业资金链面临压力等。

各类银行应切实落实国家支持中小企业特别是小微企业发展的信贷政策,完善激励约束机制,鼓励各类金融机构改进对小微企业的金融服务,强化银行特别是大中型银行的社会责任。现阶段,商业银行对中小企业服务市场的争夺已初露端倪,从长期来看,开拓中小企业银行服务市场,是商业银行保持长期稳定发展的目标。

5. 境外商业银行全面进入

1995年7月8日,东京银行北京分行作为我国首家外资银行在北京开业。国内现在主要的几家外资银行是花旗银行、东亚银行、恒生银行、渣打银行、美国银行、汇丰银行、华侨银行和满地可银行,这些银行的存在形式主要是开设分行及与国内银行进行项目合作。外资银行在中国未来的发展,主要集中在规避国外风险,大力发展中国业务。

外资银行的全面进入,必然会对我国金融业的发展格局带来深刻的影响。从短期来看,外资银行在理财、信用卡、资产管理等高端中介服务上具有竞争优势,而这恰恰是中资银行的弱项。国内中小商业银行经过近几年的改革,在经营理念、公司治理、风险控制、信息技术和创新能力方面已经有了很大的改观,在应对外资方面也已经具备一定的基础和条件。

二、对我国商业银行经营的影响

1. 商业银行经营面临着新的挑战

经济增长模式的转变,倒逼着中国加速进行深层次的制度性和结构性改革,内需成为中国经济增长的基础,依靠对外贸易出口为主导的增长模式将得到改变,以发展战略性新兴产业为主体的经济结构调整和产业升级,将是未来中国经济发展的重点。后危机时代中国银行业将面临更加复杂的国际和国内经济环境,处于全球经济存在诸多不确定性和剧烈变革时期的中国银行业挑战与机遇并存。

2. 商业银行抗风险能力面临挑战

国际商业银行规模的扩大,使得我国商业银行的自有资本金不足的问题更为凸显,从而影响到我国商业银行的抗风险能力。现代银行业的竞争,首要的是资产质量和资本实力的竞争,它是银行承担经营风险以及赖以存在和发展的基础。目前,我国商业银行资产结构单一、质量低下、资本充足率不达标。与国外银行规模不断扩大、资产质量不断提高相比,我国银行的这些问题又必然导致发展后劲乏力的不良后果。

3. 分业经营模式的局限逐步暴露

在混业经营的趋势下,分业经营模式抑制了我国银行业的发展壮大。我国金融市场还不够规范,金融监管体制和监管水平远未达到混业监管的要求,分业经营模式确有其存在的合理性。然而,在全球商业银行混业经营的趋势下,以往的分业经营模式已逐渐不能适应全球化发展的需要。首先,国际资本市场迅速扩大,银行业竞争日趋激烈,商业银行传统存贷款业务优势逐渐丧失,靠传统存款业务的利润增长不断萎缩,迫使商业银行寻求新的发展途径。其次,分业经营限制了商业银行拓展业务的范围,使商业银行无法满足客户不断变化的金融服务需求。在华外资银行的综合经营与在华中资银行的分业经营格局,形成了中外银行业务经营的明显不对称,必将对中国分业经营的金融制度产生冲击和影响。

4. 商业银行创新能力明显不足

与国外商业银行相比,我国商业银行业务创新能力不足,限制了业务的多样化,从而影响到我国银行的国际竞争能力。为适应全球化发展趋势,近年来我国商业银行加快了业务结构调整与创新。但是,从其现状来看仍然存在着开办的新业务品种少、规模小、收益低等问题,而且业务创新步伐较慢,创新产品技术含量低,没有各自的特色,难以达到优化结构、提高整体效益的初衷。与国外"金融百货公司"式的商业银行相比,我国商业银行可谓是相形见绌,吸引力和竞争力存在明显不足。

三、我国商业银行的发展趋势

1. 综合化经营趋势

混业经营很容易使中国金融的发展陷入一种盲目的、简单的混业状态,而放弃追求银行、证券、保险、信托等业务之间的相互合作效应;也容易使大家片面强调放松业务限制,忽视对金融业进行有效的监管,从而酝酿出巨大的金融风险。因此,在中国金融业发展模式的选择中采用"综合经营"这一名词来说明。实行综合经营,任何一家银行都可以兼营商业银行与证券公司业务,加强了银行业的竞争,有利于优胜劣汰,降低银行自身的风险,提高商业银行效益。

2. 集团化经营趋势

虽然金融混业经营是世界范围内的发展趋势,但目前我国还不具备混业经营的条件,作为中间模式的金融控股集团化综合经营将是现实选择。不远的将来,我国的商业银行集团可从事银行、证券投资、信托、保险、咨询、信息服务的业务,这样以银行业务为核心,依托商业银行网络优势,完善多元化业务平台,以满足客户多元化需求为目标,实现商业银行、保险、投行联动发展,商业银行就成为一个"大型连锁的金融超市"。

3. 合作化经营趋势

在国际化背景下,我国商业银行面临的竞争日趋激烈,面临的风险也日趋增大。为避免竞争造成的两败俱伤,也为了分散较大的风险,商业银行将采取合作经营的方式,采用跨经济区域的合作经营方式,或者国内数家商业银行进行合作,共同走出国门,在国际上寻求合作伙伴,开办真正的国际业务,比如"银团贷款"等,寻求利润的国际转化,将是全世界商业银行发展的共同趋势。另外,商业银行可以通过参股的形式参与到产业资本的利润分配中,这也将是我国商业银行的发展趋势。

4. 市场化经营趋势

我国商业银行垄断的局面将会逐步改观。改革开放以来,我国银行的数量在增加,银行业除了五大国有控股商业银行之外,还有几十家股份制银行,几百家城市商业银行和农村商业银行,还有许多外资银行,竞争在逐步加剧,激烈的竞争会消除垄断;另外,我国也在制定出台类似反垄断的政策法规,鼓励自由竞争是市场经济中监管的主要方向。我国银行业中的一家独大的现象不会出现,几家垄断的局面也不允许产生。

5. 电子化经营趋势

飞速发展的网络经济、电子支付环境的改善以及新兴渠道的建立,为电子银行的发展带来大量的业务需求和价值增长机会,电子银行将成为现代商业银行新的战略性业务和利润增长点。

根据2006年工行的有关统计数据,网点单笔业务的平均成本约为3.06元人民币,而网上银行的单笔业务成本仅为0.49元。另外,根据美国银行业对单笔交易成本的统计,网点为1.07美元,电话为0.55美元,ATM为0.27美元,网上银行仅为0.1美元,网上银行的运营成本远远低于网点。目前,包括个人网上银行、企业网上银行、手机银行、电话银行、电子支付、自助银行等的电子渠道已经成为各大银行竞争的新热点。

6. 国际化经营趋势

面对大举进入的外资银行挑战,以及在金融危机后全球金融格局发生重大变化的背景下,为全面提升国际竞争力,我国商业银行有必要通过推动国际化经营和发展,来加快银行组织架构、业务结构和公司治理的转型与完善,以期实现在全球范围内寻求更长远的增长与盈利的机会。

截至2009年,我国共在170多个国家(地区)设立了14 000多家企业,当年我国对外直接投资(FDI)流出量约为480亿美元,而对外投资存量已达3 000亿美元。根据预测,2013年时我国对外直接投资流出量有望突破千亿美元大关。为了更好地服务越来越多的走出去的中国企业,我国商业银行也必须同时加快国际化发展步伐,通过增设海外业务网点,增开相关业务,甚至以并购海外已有全面业务的银行等方式,为我国走出去的众多企业提供必要的金融支持。

随着我国成为全球第二大经济体,毋庸置疑的是我国未来的商业银行仍会在国内乃至世界经济发展中起着举足轻重的作用。

本 章 小 结

本章主要介绍了商业银行的早期发展和现代商业银行的产生和发展。早期的银行是从货币兑换业演变而来的,起源于文艺复兴时期的意大利。1407年,在意大利集贸中心热那亚出现了世界上第一家存款银行——圣乔治银行。早期银行虽得到空前的发展,但是规模不大,贷款利率较高,不能适应资本主义工商业的发展需要。1694年,第一家股份制资本主义商业银行英格兰银行成立,这标志着现代商业银行制度的正式建立及高利贷在信用领域统治地位的根本动摇。之后,西欧各国纷纷成立股份制商业银行,大大推动了资本主义经济的发展。我国商业银行体系包括国有商业银行、股份制商业银行、中国邮政储蓄银行、外资银行和合资银行、城市商业银行、农村商业银行等。

商业银行的经营环境是指对商业银行经营有影响作用的外部环境,主要是指宏观经济状况、政府行为、法律环境、对银行业的监管等。商业银行外部经营管理环境是在不断变化的,加强商业银行经营管理环境的分析,对提高商业银行的经营管理水平,防范金融风险,提高经营效益等方面都是十分重要的。

进入21世纪以来,全球银行业的发展受外部环境的影响,发生了巨大的变化,逐步向全球化和区域化发展,银行业正在从劳动密集型、可变成本型行业向资本密集型、成本固定型行业转变。

近年来,银行业的发展在业务、风险管理、金融创新、商业银行竞争和商业银行集中化等方面出现了新的趋势。银行业正朝着综合化、集团化、市场化、电子化、国际化的金融服务机构方向发展。同时,也面临着现代信息技术、客户需求多样化、金融风险控制、管理效率、人力资源等多方面的挑战。

复习思考题

1. 现代商业银行是如何产生的?
2. 现代商业银行业务发生了哪些变化?
3. 现代商业银行的发展趋势是什么?
4. 试简述当前我国的商业银行体系。
5. 现代商业银行经营发展环境的变化体现在哪些方面?
6. 简述改革开放以后我国银行体系的发展历程。
7. 简述我国国有商业银行的上市方式和意义。
8. 在资产运用方面,商业银行发展的两大主流模式是什么?
9. 以融通短期商业资金为营运重点的英国式经营模式的内容是什么?
10. 结合当前经济金融形势,谈谈我国商业银行的发展趋势。

第三章 商业银行资产业务

资产业务是商业银行业务中最核心和最重要的业务,资产管理是商业银行经营管理的中心环节。通过资产业务,银行不仅获得了自身生存和发展的根本条件,而且对国民经济产生着举足轻重的影响。商业银行在社会经济生活中的地位和影响力,主要依赖其资产业务的水平。本章主要介绍现金资产、贷款资产业务,证券投资资产业务将在后面专章介绍。

第一节 资产业务概述

一、资产业务的概念和功能

资产业务是指商业银行运用其资金从事各种信用活动,主要有贷款、投资等业务。资产管理是指商业银行运用各种管理手段通过对资产总量和资产结构的合理的调配,以达到经营目标的过程。

商业银行资产业务的主要功能如下。

(1) 银行的资产是商业银行获得收入的主要来源。

(2) 资产的规模是衡量一家商业银行实力和地位的重要标志,商业银行的信用高低直接与其资产的规模大小有关。

(3) 资产质量是银行前景的重要预测指标,一家银行的资产分布情况、贷款的对象和期限都影响着银行的资产质量,对资产质量进行分析可以使人们对商业银行的经营前景做出科学的预测,从而促使银行进一步提高经营管理,为银行的股东增加利润。

(4) 资产管理不善是导致银行倒闭、破产的重要原因之一。由于银行资产管理在整个银行管理中处于非常重要的地位。银行资产管理不善会导致银行出现流动性危机,不能够及时、足额地支付存款人的需要和融资人的融资要求,严重的话会出现银行倒闭现象。

二、资产业务的构成

1. 现金资产

现金资产是银行资产中最富流动性的部分,基本上不能给银行带来直接的收入。它包括库存现金、交存中央银行的存款准备金、同业存款及托收中的款项等项目。银行是高负债运营的金融企业,对其存款客户负有完全债务责任。从银行安全性角度来看,其流动性满足得越好,安全性就越有保障。如果银行的现金资产不足以应付客户的提现要求,就会加大银行的流动性风险,引发挤兑风险,甚至导致银行破产,进而出现货币供给的收缩效应,削弱商业银行创造存款货币的能力,弱化商业银行的社会信用职能,这是商业银行经营过程中应极力避免的情况。

库存现金是指商业银行保存在金库中的现钞和硬币,其作用是应付客户提现和银行本身的日常零星开支,因此任何一家营业性的金融机构都必须保持一定数量的现金。

在中央银行的专门准备金由两部分构成:一是法定存款准备金,二是超额准备金。法定存款准备金管理主要是准确计算法定存款准备金的需要量和及时上缴应缴的准备金。在现代商业银行中法定存款准备金率政策已经成为中央银行货币政策的基本工具之一。超额存款准备金是指在中央银行超出了法定存款准备金的那部分存款,银行可以用来进行日常的各种支付和放贷活动。超额存款准备金是商业银行最重要的可用头寸,在存款准备金总量一定的情况下,超额存款准备金与法定存款准备金有此消彼长的关系。

同业存款是银行之间和其他金融机构之间的相互存款,目的是为了能够顺利办理支票与票据交换、托收、汇款等事宜,资产项目下的同业存款账户指的是本银行存于其他银行的款项。

托收中的现金是指银行间确认与转账过程中的支票金额,也称在途资金或浮存。当个人、企业和政府部门将其收到的支票转入银行时,不能立即调动该款项,而必须在银行经过一定时间确认后方可提现使用。

2. 贷款业务

贷款是商业银行资产中最重要的组成部分,也是银行最主要的盈利资产。贷款分为工商业贷款、消费贷款、农业贷款、不动产贷款等。银行的盈利来源是借款人根据与银行签订的借款合同上规定的固定或浮动利率,到期支付给银行的利息。

3. 投资业务

商业银行的投资主要指的是证券投资。投资与贷款相比,具有较强的主动性、独立性,而且由于投资证券的流动性较强,加上购买证券时银行不是唯一的债权人,风险较小。以上种种特点符合商业银行经营的流动性、安全性、盈利性的原则,使得商业银行乐于进行证券的投资。

4. 其他资产

其他资产包括银行拥有的一些不动产和设备等,商业银行的房地产一般规定只能自用。

第二节　现金资产管理

现金资产是商业银行维持其流动性而必须持有的资产，它是银行信誉的基本保证，因此对现金的合理运营与管理是商业银行健康经营的重要任务。

一、现金资产管理的原则

现金资产是一种无利或微利的资产，因持有现金资产而失去的利息收入构成持有现金资产的机会成本。现金资产占全部资产的比重越高，银行的盈利性资产就越少，因此现金资产保留过多，不利于银行盈利水平的提高。尤其是在通货膨胀或利率水平上升的时期，银行保有现金资产的机会成本也会随之上升。银行从盈利性出发，有保有最低额度现金资产的内在动机。现金资产管理的目的就是要在确保银行流动性需要的前提下，尽可能地降低现金资产占总资产的比重，使现金资产保持适度规模。

适度的流动性是银行经营成败的关键环节，同时也是银行盈利性与安全性的平衡杠杆。现金资产管理就是着力于流动性需求的预测与满足，解决盈利性与安全性之间的矛盾，在保有现金资产机会成本和现金资产不足的成本之间做出权衡，在具体操作中应当坚持以下三项基本原则。

1. 适度存量控制原则

按照存量管理理论，微观个体应使其非盈利性资产保持在最低的水平上，以保证利润最大化目标的实现。就商业银行的现金资产而言，其存量的大小直接影响其盈利能力。存量过大，银行付出的机会成本就会增加，从而影响银行盈利性目标的实现；存量过小，客户的流动性需求得不到满足，则会导致流动性风险增加，直接威胁银行经营的安全。因此，将现金资产控制在适度的规模上是现金资产管理的首要目标。除总量控制外，合理安排现金资产的存量结构也具有非常重要的意义。银行现金资产由库存现金、同业存款、在中央银行存款和托收中的现金组成，这四类资产从功能和作用上看各有不同的特点，其合理的结构有利于存量最优。因此，在控制适度存量的同时也要注意其结构的合理性。

2. 适时流量调节原则

商业银行的资金始终处于动态过程之中。随着银行各项业务的进行，银行的经营资金不断流进流出，最初的存量适度状态就会被新的不适度状态所替代。银行必须根据业务过程中现金流量变化的情况，适时调节现金资产流量，以确保现金资产规模适度。具体来讲，当一定时期内现金资产流入大于流出时，银行的现金资产存量就会上升，此时须及时调整资金头寸，将多余的资金头寸运用出去；当一定时期内现金资产流入小于流出时，银行的现金资产存量就会减少，银行应及时筹措资金补足头寸。因此,适时灵活地调节现金资产流量是银行维持适度现金资产存量的必要保障。

3. 确保现金安全原则

库存现金是银行现金资产中的重要组成部分,用于银行日常营业支付,是现金资产中唯一以现钞形态存在的资产。库存现金是商业银行业务经营过程中必要的支付周转金,它分布于银行的各个营业网点。银行在现金资产特别是库存现金的管理中,一定要健全安全保卫制度,严格业务操作规程,确保资金的安全无损。

二、商业银行头寸调度

商业银行现金资产管理的核心任务是保证银行经营过程中的适度流动性,也就是说,银行一方面要保证其现金资产能够满足正常的和非正常的现金支出需要,另一方面又要追求利润的最大化。为此,需要银行管理者准确地计算和预测资金头寸,为流动性管理提供依据。商业银行的头寸调度是指在正确预测资金头寸变化趋势的基础上,及时灵活地调节头寸余缺,以保证在资金短缺时能以最低的成本和最快的速度调入所需的资金头寸;反之,在资金头寸多余时,能及时调出头寸,并保证调出资金的收入能高于筹资成本,从而获取较高的收益。

资金头寸调度有以下五个方面。

1. 同业拆借

商业银行灵活调度头寸的最主要渠道或方式是同业拆借。任何一家经营有方的银行都应当建立起广泛的短期资金融通网络,在本行出现资金短缺时可以及时地拆入资金;而当本行资金暂时剩余时,则可以及时地将多余资金运用出去获得利润。

2. 短期证券回购及商业票据交易

短期证券和商业票据是商业银行的二级准备,也是商业银行头寸调度的重要渠道。当商业银行头寸不足时,可以通过在市场上出售证券回购协议的方式补足头寸;而当头寸多余时,则可以通过买入证券回购协议的方式将资金调出。另外,商业银行也可以通过短期商业票据的买卖来调节现金头寸的余缺。

3. 通过中央银行融资

中央银行是金融体系的最后贷款人。当商业银行在经营过程中出现暂时性资金头寸不足时,可以通过再贷款或再贴现的方式,向中央银行融资。但是,由于中央银行再贷款和再贴现是货币政策的操作手段,商业银行能否获得中央银行的贷款,在很大程度上取决于货币政策的需要和商业银行的经营状况。当中央银行的货币政策偏紧或商业银行经营状况不是很好时,从中央银行融通资金就比较困难。

4. 商业银行系统内的资金调度

商业银行实行的是一级法人体制。为了加强银行内资金调度能力,各商业银行都实行二级准备制度。这样,各级银行在日常经营活动中,如果出现头寸不足或剩余,可以在系统内通过本行内的资金调度来调剂余缺。如当某个分支头寸不足时,可以向上级行要求调入资金;而当分支行头寸多余时,则可以上存资金。

5. 出售其他资产

当商业银行通过以上渠道或方式仍不能满足头寸调度的需要时,还可以通过出售中长期证券、贷款甚至固定资产来获得资金。通常情况下,中长期证券和贷款是商业银行盈利的主要来源,固定资产是商业银行经营的基本条件,如果仅仅从资金调度的角度来讲,只要银行通过其他渠道可以获得所需资金,一般不出售这些资产。但是,如果商业银行通过上述几种方式不足以满足资金调度的需要,银行也可以通过出售中长期证券或固定资产的方式来融通资金。

三、库存现金管理

银行库存现金集中反映了银行经营的资产流动性和盈利性状况。库存现金越多,流动性越强,盈利性越差。为了保证在必要的流动性前提下,实现更多的盈利,就需要把库存现金压缩到最低程度。为此,银行必须在分析影响库存现金数量变动的各种因素的情况下,准确测算库存现金需要量,及时调节库存现金的存量,同时加强各项管理措施以确保库存现金的安全。

1. 影响银行库存现金的因素

影响银行库存现金的因素比较复杂,其中主要有以下五种。

（1）现金收支规律。

银行的现金收支在数量上和时间上都有一定的规律性。例如,对公出纳业务一般是上午大量支出现金,而下午则大量收进现金。在一个年度当中,由于季节性因素的影响,有的季节银行现金收入多而支出少,而有的季节则支出多而收入少。银行可以根据历年的现金收支情况,认真寻找其变化规律,为资金头寸的预测提供依据。

（2）营业网点的多少。

银行经营业务的每一个营业网点都需要有一定的铺底现金,银行营业网点越多,其对库存现金的需要量也越多。因此,从一般情况来说,银行对库存现金的需要量与营业网点的数量成正比。

（3）后勤保障的条件。

银行库存现金数量与银行的后勤保障条件也有密切关系。一般说来,如果银行后勤保障条件较好,运送现金的车辆、保安充足且服务周到,则在每个营业性机构就没有必要存放太多的现金;否则,会增加占压现金费用。

（4）与中央银行的距离、交通条件及发行库的规定。

如果商业银行营业网点与中央银行发行库距离较近,交通运输条件较好,商业银行就可以尽量压缩库存现金的规模。而中央银行发行库的营业时间、出入库时间的规定,也对商业银行的库存现金产生重要影响。如果中央银行发行库的营业时间短,规定的出入库时间和次数少,就势必增加商业银行库存现金。

（5）商业银行内部管理问题。

除上述因素外,商业银行内部管理,如银行内部是否将库存现金指标作为员工工作业绩的考核指标,是否与员工的经济利益挂钩,银行内部各专业岗位的配合程度,出纳、储蓄柜组的劳动组合等,都会影响库存现金数量的变化。

2. 银行库存现金规模的确定

在实际工作中,要确定一个十分合理的库存现金规模显然是比较困难的。但在理论上,我们仍然可以做一些定量分析,以便为实际操作提供理论依据或指导。

(1) 库存现金需要量的匡算。

银行库存现金是为了完成每天现金收支活动而需要持有的即期周转金。匡算库存现金需要量主要应考虑以下两个因素。

① 库存现金周转时间。银行库存现金周转时间的长短受多种因素的影响,主要有:银行营业网点的分布状况和距离;交通运输工具的先进程度和经办人员的配置;出入库制度与营业时间的相互衔接情况等。同时,银行的库存现金是分系统、按层次供给的,因此上级行库存现金的周转也包含了下级行库存现金的周转时间,因而管理层次多的银行与管理层次较少的银行相比,其库存现金周转的时间也长一些。

② 库存现金支出水平的确定。在银行业务活动中,既有现金支出又有现金收入,从理论上讲,现金支出和现金收入都会影响现金库存。但是,在测算库存现金需要量时,我们主要考虑作为支付准备的现金需要量,不考虑所有的现金收支,因此银行通常只需要考察现金支出水平。另外,也要考虑一些季节性和临时性因素的影响。

(2) 最适度送钞量的测算。

为了保持适度的库存现金规模,商业银行在营业时间里需要经常性调度现金头寸,及时运送现金。但是,运送现金需要花费一定的费用,如果这种费用过大,超过了占压较多现金而付出的成本,就得不偿失了。因此,银行有必要对运送现金的成本收益进行比较,以决定最适度的送钞量。在这个最适度的送钞量上,银行为占用库存现金和运送现金所花费的费用之和应当是最小的。

(3) 现金调拨临界点的确定。

由于银行从提出现金调拨申请到实际收到现金需要有一个或长或短的过程,特别是对于那些离中心库较远的营业网点,必须有一个时间的提前量,而不能等现金库用完才申请调拨。同时,为了应付一些临时性的大额现金支出也需要一个保险库存量。于是,就存在一个应当在什么时候、在多大的库存量调拨现金的问题。这就是现金调拨的临界点问题。

(4) 银行保持现金适度量的措施。

在测算了最适度运钞量和现金调拨临界点之后,银行保持适度现金库存已经有了一个客观依据。但要切实管好库存现金,使库存现金规模经常保持在一个适度规模上,还需要银行内部加强管理,提高管理水平。

3. 严格库存现金管理措施

从经营的角度讲,银行的库存现金是最为安全的资产,库存现金也有其特有的风险。这种风险主要来自被盗、被抢和自然灾害的损失,以及业务人员清点、包装过程中的差错,还可能来自银行内部不法分子的贪污、挪用。因此,银行在加强库存现金适度性管理的同时,还应当严格库房的安全管理,在现金清点、包装、入库、安全保卫、出库、现金运送等环节,采取严密的责任制度、监测制度、保卫制度和有效的风险防范措施,确保库房现金的安全。

四、同业存款管理

1. 同业存款的目的

由于业务特点和人力、物力的限制,任何一家银行不可能在其业务触及的每一个地方都设立分支机构,它在没有分支机构的地区的一些金融业务就需要委托当地的银行等金融机构代理。那些较大的银行一般都是双重角色,一方面作为其他代理银行的代理行而接受其他银行存放的同业存款;另一方面,它又是被代理行,将一部分资金以活期存款的形式存放代理行。这就形成了银行之间的代理行业务。银行之间开展代理行业务需要花费一定成本,商业银行在其代理行保持一定数量的活期存款,主要目的就是为了支付代理行代办业务的手续费。代理行可以将同业存款用于投资,以投资的收入补偿其成本,并获得利润。由于这部分存款随时可以使用,与库存现金和在中央银行的超额准备金没有什么区别,因此也成为商业银行现金资产的组成部分。

按照银行现金资产管理的原则,同业存款也应当保持一个适当的量。同业存款过多,会使银行付出一定的机会成本;而同业存款过少,又会影响银行委托他行代理业务的开展,甚至影响本行在同业市场上的声誉。因此,银行在同业存款的管理过程中,需要准确地预测同业存款的需要量。

2. 同业存款的测算

商业银行在同业的存款需要量,主要取决于以下三个因素。

(1) 使用代理行的服务数量和项目。

银行将款项存放同业的主要目的是支付代理行代理本行业务的成本,因此本行使用代理行服务的数量和项目,就成为影响同业存款需要量的最基本因素。如果使用代理行的数量和项目较多,同业存款需要量也较多;反之,同业存款的需要量较少。

(2) 代理行的收费标准。

在使用代理行的服务数量和项目一定的情况下,代理行的收费标准就成为影响同业存款需要量的主要因素。收费标准越高,同业存款的需要量就越大。

(3) 可投资余额的收益率。

通常情况下,代理行是通过对同业存款的投资获得收益来弥补其为他行代理业务支付的成本的,因此同业存款中的可投资余额的收益率的高低,也直接影响着同业存款的需要量。如果同业存款中可投资余额的收益率较高,同业存款的需要量就少一些;否则,同业存款的需要量就较多。

第三节 贷款资产管理

一、贷款种类

从银行经营管理的需要出发,可以按照不同的标准对银行贷款进行分类。而不同的分类方法,对银行业务的经营与管理又有不同的意义。

1. 按贷款的期限分类

商业银行贷款按期限可分为活期贷款、定期贷款和透支三类。

(1) 活期贷款在贷款时不确定偿还期限,可以随时由银行发出收回贷款的通知。这种贷款比定期贷款更灵活主动,在银行资金宽裕时,可以任由客户使用借以获利;而在银行需要资金时,又可以随时通知收回贷款。

(2) 定期贷款是指具有固定偿还期限的贷款。按照偿还期限的长短,又可分为短期贷款、中期贷款和长期贷款。短期贷款是指期限在 1 年以内(含 1 年)的各项贷款;中期贷款是指期限在 1 年以上 5 年(含 5 年)以下的各项贷款;长期贷款是指期限在 5 年以上(不含 5 年)的各项贷款。定期贷款因其定明还款期限,一般不能提前收回,因此形式比较呆板,但利率较高。近年来,商业银行中长期贷款发放量增加很快,这虽然可以使银行获得较多的利息收入,但由于资金被长期占用,流动性差,风险也较大。

(3) 透支是指活期存款户依照合同向银行透支的款项,它实质上是银行的一种贷款。在透支业务中,虽然不是所有签订透支合同的客户都会透支,通常是有人透支、有人还存,但经常会出现在银根紧时客户均透支,而银根松时客户均还存的情况,使银行难以有效控制。

以贷款期限为标准划分贷款种类:一方面有利于监控贷款的流动性和资金周转状况,使银行长短期贷款保持适当比例;另一方面,也有利于银行按资金偿还期限的长短安排贷款顺序,保证银行信贷资金的安全。

2. 按贷款的保障条件分类

按银行贷款的保障条件来分类,银行贷款可以分为信用贷款、担保贷款和票据贴现。

(1) 信用贷款是指银行完全凭借客户的信誉而无须提供抵押物或第三者保证而发放的贷款。这类贷款从理论上讲风险较大,银行要收取较高的利息,而且一般只向银行熟悉的较大的公司借款人提供,对借款人的条件要求较高。

(2) 担保贷款是指以一定财产或信用作为还款保证的贷款。根据还款保证的不同,具体分为抵押贷款、质押贷款和保证贷款。担保贷款由于有财产或第三者承诺作为还款的保证,所以贷款风险相对较小。但是,担保贷款手续复杂,且需要花费抵押物(质物)的评估、保管以及审核费用,贷款成本也比较高。

(3)票据贴现是一种特殊的贷款方式。它是指银行应客户的要求,以现金或活期存款买进客户持有的未到期的商业票据的方式发放贷款。票据贴现实行预扣利息,票据到期后,银行可向票据载明的付款人收取票款。如果票据合格,且由具有良好信誉的承兑人承兑,这种贷款的安全性和流动性就比较好。

依据提供的保障程度划分贷款种类,可以使银行依据借款人的财务状况和经营发展业绩选择不同的贷款方式,提高贷款的安全系数。

3. 按贷款的用途分类

银行贷款的用途非常复杂,涉及再生产的各个环节、各类产业、各个部门、各个企业,与多种生产要素相关。贷款用途本身也可以按不同标准进行划分,例如,各国的商业银行通常按贷款的目的将贷款分为七大类:房地产贷款、金融机构贷款、农业贷款、商业和工业贷款、个人贷款、杂项贷款以及应收账款融资租赁。

在我国,商业银行贷款按用途来划分,通常有两种方法:一是按照贷款对象的部门来分类,分为工业贷款、商业贷款、农业贷款、科技贷款和消费贷款;二是按照贷款的具体用途来划分,一般分为流动资金贷款和固定资金贷款。

按照贷款的用途或目的划分贷款种类:一是有利于银行根据资金的不同使用性质安排贷款顺序;二是有利于银行监控贷款的部门分布结构,以使银行合理安排贷款结构,防范贷款风险。

4. 按贷款的质量和风险程度分类

按照贷款的质量和风险程度划分,银行贷款可以分为正常贷款、关注贷款、次级贷款、可疑贷款和损失贷款五类。1998年4月,中国人民银行在比较了各国商业银行在信贷资产风险分类做法的基础上,结合我国的国情,制定了《贷款风险分类指导原则》,该原则规定:中国人民银行将正式采用新的贷款风险分类方法,按风险程度将贷款划分为五类,即正常、关注、次级、可疑、损失,后三种为不良贷款。

(1)正常贷款是指借款人能够履行借款合同,有充分把握按时足额偿还本息的贷款。这类贷款的借款人财务状况无懈可击,没有任何理由怀疑贷款的本息偿还会发生任何问题。

(2)关注贷款是指贷款的本息偿还仍然正常,但是发生了一些可能会影响贷款偿还的不利因素。如果这些因素继续存在下去,有可能影响贷款的偿还,因此,需要对其进行关注,或对其进行监控。

(3)次级贷款是指借款人依靠其正常的经营收入已经无法偿还贷款的本息,而不得不通过重新融资或拆东墙补西墙的办法来归还贷款,表明借款人的还款能力出现了明显的问题。

(4)可疑贷款是指借款人无法足额偿还贷款本息,即使执行抵押或担保,也肯定要造成一部分损失。这类贷款具备了次级贷款的所有特征,而且程度更加严重。

(5)损失贷款是指在采取了所有可能的措施和一切必要的法律程序后,本息仍然无法收回,或只能收回极少部分。这类贷款银行已没有意义将其继续保留在资产账面上,应当在履行必要的内部程序之后,立即予以冲销。

按照贷款的质量或风险程度划分贷款的种类,有利于加强贷款的风险管理,提高贷款质量;有助于发现信贷管理、内部控制中存在的问题,从而提高银行信贷管理水平,最终有利于银行的稳健运行,使金融监管当局对商业银行进行有效的监管。

5. 按银行发放贷款的自主程度分类

按银行发放贷款的自主程度划分,银行贷款可以分为自营贷款、委托贷款和特定贷款三种。

(1) 自营贷款是指银行以合法方式筹集的资金自主发放的贷款,是商业银行最主要的贷款。由于是自主放贷,因此贷款风险及贷款本金和利息的回收责任都由银行自己承担。

(2) 委托贷款是指由政府部门、企事业单位及个人等委托人提供资金,由银行(受托人)根据委托人确定的贷款对象、用途、金额、期限、利率等代为发放、监督、使用并协助收回的贷款。对于这类贷款银行不承担风险,通常只收取委托人付给的手续费。

(3) 特定贷款在我国是指经国务院批准并对可能造成的损失采取相应的补救措施后,责成国有独资银行发放的贷款。这类贷款由于事先已经确定了风险损失的补偿,银行也不承担风险。

按照银行发放贷款的自主程度划分贷款种类,有利于银行根据不同的贷款性质实行不同的管理办法;同时,也有利于考核银行信贷人员的工作质量,加强信贷人员的责任心。

6. 按贷款的偿还方式分类

银行贷款按照偿还方式的不同,可以分为一次性偿还和分期偿还两种。

(1) 一次性偿还是指借款人在贷款到期日一次性还清贷款本金的贷款,其利息可以分期支付,也可以在归还本金时一次性付清。一般来说,短期的临时性、周转性贷款都采取一次性偿还方式。

(2) 分期偿还贷款是指借款人按规定的期限分次偿还本金和支付利息的贷款。这种贷款的期限通常按月、季、年确定,中长期贷款大都采用这种方式,其利息的计算方法常见的有加息平均法、利随本减法等。

按贷款偿还方式划分贷款种类:一方面有利于银行监测贷款到期和贷款收回情况,准确测算银行头寸的变动趋势;另一方面,也有利于银行考核收息率,加强对应收利息的管理。

二、贷款政策

1. 贷款政策的内容

贷款政策是指商业银行指导和规范贷款业务、管理和控制贷款风险的各项方针、措施和程序的总和。商业银行的贷款政策由于经营品种、方式、规模、所处的市场环境的不同而各有差别,但其基本内容主要有以下九个方面。

(1) 贷款业务发展战略。

银行贷款政策首先应当明确银行的发展战略,包括开展业务应当遵循的原则,银行希望开展业务的行业、区域及业务品种和希望达到的业务开展规模与速度。

(2) 贷款工作规程及权限划分。

为了保证贷款业务操作过程的规范化,贷款政策必须明确规定贷款业务的工作规程。贷款工作规程是指贷款业务操作的规范化程序。贷款程序通常包含三个阶段:第一阶段是贷前的推销、调查及信用分析;第二阶段是银行接受贷款申请以后的评估、审查及贷款发放;第三阶段是贷款发放以后的监督检查、风险监测及贷款本息收回。

(3) 贷款的规模和比率控制。

商业银行在贷款政策中应当为自己确定一个合理的贷款规模,以利于银行制订详细而周密的年度贷款计划。虽然影响贷款规模的因素十分复杂,但商业银行在贷款政策中还是有必要做出有关的说明和规定。通常银行根据贷款资金情况及其稳定性状况,以及中央银行规定的存款准备金比率、资本金状况、银行自身流动性准备比率、银行经营环境状况、贷款需求情况和银行经营管理水平等因素,来确定计划的贷款规模,这个贷款规模既要符合银行稳健经营的原则,又要最大限度地满足客户的贷款需求。

(4) 贷款的种类及地区。

贷款的种类及其构成形成银行的贷款结构,而贷款结构对商业银行信贷资产的安全性、流动性、盈利性具有十分重要的影响。因此,银行贷款政策必须对本行的贷款种类及其结构做出明确的规定。银行管理部门通常必须决定本行承做哪几种贷款最为有利。银行在考虑了诸如贷款的风险、保持流动性、银行所要服务的客户类型、银行工作人员的能力等因素后,应在企业贷款、消费贷款、农业贷款等贷款领域中分配贷款总额。当然,受地区经济发展制约,贷款也可能集中在某一个领域。

(5) 贷款人的担保。

贷款政策中,应根据有关法律确立贷款的担保政策。贷款担保政策一般应包括以下内容:① 明确担保的方式,《中华人民共和国担保法》规定的担保方式有保证人担保、抵押担保、质押担保、留置以及定金;② 规定抵押品的鉴定、评估方法和程序;③ 确定贷款与抵押品估值的比率、贷款与质押品价值的比率;④ 确定担保人的资格和还款能力的评估方法与程序等。在贷款政策中明确上述担保政策,是为了在贷款中能够完善贷款的还款保障,确保贷款的安全性。

(6) 贷款定价。

在市场经济条件下,贷款定价是一个复杂的过程,银行贷款政策应当对此进行明确的规定。银行贷款的价格一般包括贷款利率、贷款补偿性余额(回存余额)和对某些贷款收取的费用(如承诺费、手续费等),因此贷款定价也不仅仅是一个确定贷款利率的过程。在贷款定价过程中,银行必须考虑资金成本、贷款的风险程度、贷款的期限、贷款管理费用、存款余额、还款方式、银行与借款人之间的关系、资产收益率目标等多种因素。

(7) 贷款档案管理政策。

贷款档案是银行贷款管理过程的详细记录,体现银行经营管理水平和信贷人员的素质,可直接反映贷款的质量,在某些情况下,甚至可以决定贷款的质量。贷款档案管理政策是贷款政策的重要内容,银行应该建立科学、完整的贷款档案管理制度。

(8) 贷款的日常管理和催收制度。

贷款发放以后,贷款的日常管理对保证贷款的质量尤为重要,应在贷款政策中加以规定。贷款发放后,信贷人员应保持与借款人的密切联系,定期或不定期地走访借款人,了解借款人的业务经营情况和财务状况,定期进行信贷分析,并形成信贷分析报告存档。

(9) 不良贷款的管理。

对不良贷款的管理是商业银行贷款政策的重要组成部分。贷款发放以后,如在贷后检查中发现不良贷款的预警信号,或在贷款质量评估中被列入关注级以下的贷款,都应当引起充分重视。

2. 制定贷款政策时应考虑的因素

通常,商业银行的经营管理者在制定贷款政策时应考虑以下四个方面因素。

(1) 经济条件和经济周期。

经济决定金融,银行所在地区的经济发展状况对银行贷款政策有着直接影响。在贷款政策文件中,应根据经济发展地区现实条件的变化,及时、不断地调整贷款的结构、投向,以确保贷款为经济发展服务。同时,银行贷款政策应充分考虑经济周期的影响:在经济萧条、市场不景气时,银行大量发放中长期贷款往往要承受较大的风险;在经济结构调整时期,银行贷款的流向要特别注意与国家产业政策相协调。

(2) 法律、法规和宏观政策。

任何商业银行的贷款业务都是在国家有关法律、法规的规范下,在一定时期国家宏观经济政策的指导下开展的。因此,在制定贷款政策时,商业银行的高层管理者首先必须了解并掌握国家有关的法律和法规,熟悉国家在一定时期的财政政策和货币政策,使商业银行的贷款业务既合法又合理;既体现国家法律和政策的要求又能取得较好的经济效益。

(3) 银行的资本金状况和负债结构。

商业银行的资本金状况对贷款政策有重要影响。资本的构成、核心资本与附属资本的比例、资本与加权风险资产的比率、资本与存款的比率、贷款呆账准备金与贷款的比率等都会影响银行承担贷款风险的能力。资本实力较强、资本构成中核心资本比率较高、呆账准备金较充裕,银行承担贷款风险的能力就较强;反之,如果资本实力较弱,资本结构脆弱,呆账准备金较低,银行承担风险的能力就低,在发放高风险贷款时应十分谨慎。商业银行的负债结构和负债的稳定性状况也是影响银行贷款政策的一个重要因素。在制定贷款政策时,银行管理者必须从本行负债结构及稳定性状况的现实和可能性出发,合理安排贷款的期限结构、用途结构和利率结构。

(4) 银行信贷人员的素质和能力。

信贷人员的素质包括知识水平、能力、经验、责任心等。一般情况下,如果本行信贷人员素质较高,银行信贷业务可以更多地向具有较高风险和收益的领域拓展。反之,如果本行信贷人员总体上素质较低,在制定贷款政策时,不仅要对贷款各个环节的工作实施更加严格的控制,而且应尽量避免涉及高风险领域,以免由于信贷人员的知识、能力、经验不足和责任心不强而给银行贷款带来不应有的损失。

三、贷款步骤

商业银行在发放任何一笔贷款时,都必须在"三性原则"的指导下,按一定的步骤进行操作。下面以我国《贷款通则》为依据说明贷款的一般步骤。

1. 贷款申请

符合借款条件的借款人向银行提出申请,借款人填写以借款用途、偿还能力、还款计划、还款方式为主要内容的《借款申请书》,并提交以下材料:(1) 借款人及保证人基本情况;(2) 财政部门或会计(审计)事务所核准的上年度财务报告,以及申请借款前一期的财务报告;(3) 原有不合理占用的贷款的纠正情况;(4) 抵押物、质物清单和有处分权人的同意抵押、质押的证明及保证人拟同意保证的有关证明文件;(5) 项目建议书和可行性报告;(6) 贷款人认为需要提供的其他材料。

2. 信用评级

应当根据借款人的领导者素质、经济实力、资金结构、履约情况、经营效益和发展前景等因素,评定借款人的信用等级。对借款人的信用评级既可由银行自己进行,也可由有关部门批准的评估机构进行。

3. 贷款调查

贷款人受理借款人申请后,应当对借款人的信用等级、借款的合法性、安全性、盈利性等情况进行调查,核实抵押物、质物、保证人情况,测定贷款的风险度。

4. 贷款审批

在贷款调查基础上,审批人员对借款申请进行审批,决定贷与不贷、贷多贷少、期限长短、利率高低、条件宽严。审查人员应对调查人员提供的材料进行核实、评定,复测贷款风险度,提出意见,按规定权限报批。我国目前实行的是审贷分离、分级审批的贷款管理制度。所谓审贷分离是指贷款业务中不同阶段的工作由不同人员负责,各司其职。贷款调查人员负责贷款调查评估,承担调查失误、评估失准的责任。贷款审查人员负责贷款风险的审查,承担审查失误的责任。贷款发放人员负责贷款的检查和清收,承担检查失误、清收不力的责任。分级审批是指贷款人应根据业务量大小、管理水平、贷款风险度等一些指标确定各级分支机构的审批权限,超过部分的贷款应当上报上级行审批。

5. 签订借款合同

所有贷款应当按合同法的规定由贷款人与借款人签订借款合同。合同的主要内容包括约定借款种类、借款用途、金额、利率、借款期限、还款方式、借贷双方权利、义务、违约责任和双方认为需要载明的其他事项。

保证贷款应当由保证人与贷款人签订保证合同,或保证人在借款合同上载明与贷款人商议一致的保证条款,加盖保证人的法人公章,并由保证人的法定代表人或授权代理人签名。

抵押贷款、质押贷款应当由抵押人、出质人与贷款人签订抵押合同、质押合同。抵押物需要办理登记的应依担保法的规定依法登记。贷款人与借款人、抵押人、出质人签订的借款合同、抵押合同、质押合同应做到合法、严密、公平、规范,并办理必要的公证或登记手续。

6. 贷款发放

贷款人要按借款合同的规定按期发放贷款,贷款人不按合同约定按期发放贷款的,应偿付违约金。借款人不按合同约定用款的,应付违约金。

7. 贷后检查

贷后检查是确保贷款本金和利息安全性的重要环节。贷款发放后,贷款人应当对借款人执行借款合同情况及借款人的经营情况进行追踪调查和检查。其中重点检查借款人是否按合同规定使用贷款,有无挪用或套用银行贷款的现象,借款企业的生产经营情况是否出现管理不善、环境恶化、效益不佳等导致贷款安全下降的情况。检查人员要深入企业经常了解情况,通过检查及时发现问题,帮助和督促借款人改进,采取必要的措施。

8. 贷款归还

借款人应当按借款合同的规定按时、足额归还贷款本息。贷款人在短期贷款到期一个星期之前,中长期贷款到期一个月之前,应当向借款人发送还本付息通知单,借款人应及时筹措资金,按时还本付息。贷款到期由于客观情况发生变化,借款人经过主观努力仍不能还清贷款的,可向贷款人提交书面申请要求展期,说明展期的原因、展期金额和到期日,经贷款人同意可适当展期。

四、贷款定价

贷款是商业银行最主要的业务之一,是银行利润的重要来源,贷款定价将直接影响银行的盈利性。对贷款定价犹如确定普通商品的销售价格,其目的是保证银行可取得预期的收益率,其中核心是确定贷款利率的高低。

1. 贷款定价原理

银行提供的产品绝大部分是有偿的,向客户收取费用的高低主要取决于开发和提供产品的成本、产品的竞争力、产品的垄断性或可替换性和预期利润的高低。就贷款而言,贷款市场看似高度垄断的(由于市场准入的限制),但实际上竞争仍很激烈。因此,贷款市场并非是一个卖方市场。单从银行方面来看,存在希望提高贷款利率的强烈愿望;而从借款方来看,借款人却希望利率越低越好。

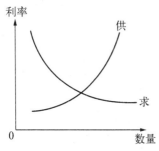

图 3-1 贷款供求曲线图

在一个竞争的借贷市场中,尽管银行是产品生产者和销售商,但银行并不能漫天要价,贷款利率高低是由借(需)、贷(供)双方决定的,供给曲线与需求曲线的交点即是双方可接受的价格(如图3-1所示)。

一旦其中任何一方的力量发生变化,贷款供给曲线或需求曲线将随之移动,贷款利率将随之变化。在供给不变的情况下,当贷款需求增加时,图3-1中的需求曲线将向右方移动,贷款利率上升;而在需求不变的情况下,当贷款能力增加时,图中供给曲线向右方移动,供求曲线的交点随之移动,变得更低,从而贷款利率下降。

2. 影响贷款定价的因素

在一个竞争的贷款市场,供求是影响贷款定价的最根本因素,除此之外,对不同时期、不同的贷款定价,还受其他许多因素的影响。

(1) 存款及其他资金来源的成本。

银行贷款是靠存款等资金来源支撑的,银行通过负债形成资金来源(资本可看作银行对自己的特殊负债),再通过贷款形成资金运用。从这个意义上讲,银行是一个销售商,其"进货"成本是决定其"出货"价格的主要因素。负债成本低,贷款价格就低;反之,负债成本高,贷款价格就高。因此,银行贷款定价实行的是"高进高出,低进低出"策略,也就是所谓的"水涨船高,水跌船落"。

(2) 非利息手续费收入。

在市场条件下,贷款利率是贷款价格的主要成分,但并不是唯一因素。银行除从贷款业务获取收益利息外,还有其他许多非利息收入,主要包括:① 开户费。这是银行对借款人开立账户收取的费用。② 承诺费。在循环信贷方式中,银行对借款人最高借款限额内可使用而没有使用的贷款额度要收取一定比例的费用,称为承诺费,它并不是贷款利息。③ 补偿余额。这是银行要求借款人在贷款前或贷款后,存入一定的资金,作为取得贷款的前提条件。对借款人而言,他不能全额使用资金;对银行来讲,在贷款的同时,又获得可运用的资金来源,可以获得盈利。这种方式变相提高了借款人的实际借款成本,或等价降低了银行的实际贷款成本。④ 利润分享。这是银行对借款人由于使用贷款而增加的利润或增值进行分享。这是西方国家中长期贷款合同的条文之一,经常运用。⑤ 其他费用。如信用评估、抵押物评估、保管、收贷等费用。在贷款收益目标一定的情况下,贷款利率高,贷款非利息收入就低;反之,则升高。

(3) 业务费用。

业务费用也就是银行对于为贷款而筹集资金,以及贷款本身所投入的人力、物力、财力等消耗进行的补偿,包括开展业务有关的所有开支,如员工工资、办公用品、交通、通信等费用。

(4) 管理政策。

对贷款利率进行管制,如规定贷款利率上限,是许多国家在经济恢复时期的通行做法,商业银行贷款利率只能在上限以下浮动,上限便成为贷款的最高限价。

(5) 借款人的信用等级。

借款人信用等级高低是影响每笔贷款的具体因素。一般来讲,对于同一类贷款,借款人信用等级高,贷款人的风险就小,从而利率(或定价)就低;反之,借款人信用等级低,意味着贷款人风险高,因此银行要收取更高的利率作为补偿。

(6) 贷款期限和方式。

贷款期限短,流动性高,风险小,利率一般就低;反之,则高。贷款方式也是决定贷款风险高低的重要因素,一般来讲,担保贷款风险低,贷款利率就低;信用贷款风险高,利率也就高。这实际上反映了收益与风险互补的关系。

(7) 通货膨胀水平。

贷款合同所定利率实际上只是名义利率,合同利率高,并不意味着银行的实际贷款收入就高,关键还看当期通货膨胀。银行为保证目标收益,当通货膨胀率高时,贷款利率就高;反之,可低些。

(8) 中央银行基准利率。

中央银行基准利率变化将直接引起商业银行融资成本的变化,从而使商业银行贷款定价发生变动。

3. 贷款定价法

(1) 成本加成贷款定价法(The Cost Plus Loan Pricing Method)。

这是根据银行贷款的成本来确定贷款价格的方法。在商业性贷款的定价中,银行管理人员首先要考虑贷款金额所耗费的成本以及银行的管理费用。这就意味着银行必须首先了解其贷款成本的构成状况,从而对各种类型的贷款制定出切实可行的价格。

成本加成贷款定价法认为,任何商业性贷款均应包括四个部分:① 银行筹集可贷资金的成本;② 银行的非资金性经营成本(包括贷款人员的工资以及发放和管理贷款时使用的设备、工具等成本);③ 对银行由于贷款可能发生的违约风险做出的必要补偿;④ 为银行股东提供一定的资本收益率所必需的每一贷款项目的预期利润水平。成本加成贷款定价法的公式如下:

$$贷款利率 = 筹集放贷资金的边际成本 + 非资金性银行经营成本 \\ + 预计补偿违约风险的边际成本 + 银行预计利润水平$$

公式中的每部分可以用贷款总额的年度百分比表示。

例 3-1：假设有一钢铁制造公司要求银行给予 500 万美元的银行贷款，如果银行为了筹款必须在货币市场上以 10% 的利率卖出大额可转让存单，筹集资金的边际成本就是 10%。银行分析、发放及监管这项贷款的非资金性经营成本大约为 500 万美元的 2%，银行信贷部门建议为了补偿贷款不能及时全额偿付的风险再加上 500 万美元的 2%。最后，银行要求在该项贷款的财务、经营和风险成本之上再加上 1% 的利润水平。这样，这家银行就以 15%（10%+2%+2%+1%=15%）的利率水平来发放这笔贷款。

(2) 价格领导模型定价法（The Price Leadership Model）。

成本加成贷款定价法是假设银行能够精确地计算其成本，并将其分摊到各项业务中去，但这种定价方法以银行为核心，未考虑竞争因素。事实上，这种可能性较小，于是价格领导模型定价法便产生了。这种方法是以若干大银行统一的优惠利率为基础，考虑违约风险补偿和期限风险补偿所制定的利率。对于某个特定的顾客来说，其贷款的利率公式为：

$$贷款利率 = 优惠利率（包括各种成本和银行预期利润）+ 加成部分$$

或：
$$贷款利率 = 优惠利率 + 违约风险溢价 + 期限风险溢价$$

公式中，优惠利率是对信用等级最高的大公司提供的短期流动资金贷款的最低利率；违约风险溢价是对非基准利率借款人收取的费用；期限风险溢价则是对长期贷款的借款人所收取的费用。

在利率自由化之后，优惠利率（或基准利率）定价法就产生了两个公式：优惠利率加数法和优惠利率乘数法。前者是用优惠利率加上一个比率构成贷款利率，后者是用优惠利率乘以一个数值得到贷款利率。表 3-1 就是这两种方法的比较。

表 3-1　优惠利率加数法和优惠利率乘数法的比较　　　　单位：%

优惠利率	加数利率（优惠利率+2%）	乘数利率（优惠利率×1.2%）
10	12	12.0
11	13	13.2
12	14	14.4
13	15	15.6
14	16	16.8
15	17	18.0

(3) 成本—收益定价法（Cost-Benefit Loan Pricing Method）。

尽管大多数贷款以优惠利率、伦敦同业银行拆借利率或其他货币市场基准利率为基础拟定价格，许多银行还是开发了更为复杂的贷款定价系统，通过这一系统定价可以看出银行是否对贷款征收了足够的利息以补偿其成本和风险。在这些复杂的贷款定价系统中,最突出的就是成本—收益贷款定价法。在成本—收益定价法下,需考虑的因素有三个:贷款产生的总收入;借款人实际使用的资金额;贷款总收入与借款人实际使用的资金额之间的比率(即银行贷款的税前收益率)。

例 3-2: 假设一个客户要求一年 500 万美元的信用额度,贷款合同规定的年利率为 20%,客户实际使用 400 万美元。按规定,客户对其未使用的信用额度要支付 1% 的承诺费,同时,银行要求客户必须存入相当于实际贷款额 20% 和未使用额度 5% 的存款数(补偿余额)。假定中央银行要求的存款准备金率为 10%。根据这些条件,我们可得到:

估算的贷款总收入 = 400(贷款的使用部分)× 0.20 + 100(贷款的未使用部分)× 0.01 = 81(万美元)

借款人实际使用的资金额 = 400 − (400 × 0.20 + 100 × 0.05) = 315(万美元)

缴纳的存款准备金 = 0.10 × (400 × 0.20 + 100 × 0.05) = 8.5(万美元)

银行贷款估算的税前收益率 = 81 ÷ (315 + 8.5) = 81 ÷ 323.5 = 25%

由此,银行的管理层必须判定该笔贷款 25% 的税前收益率是否足够补偿银行的筹资成本、贷款风险以及除去各种费用(包括税收)之后的银行预期利润率。

(4) 客户盈利性分析定价法(Customer Profitability Analysis, CPA)。

前面我们所谈的成本—收益定价法实际上是客户盈利性分析定价法的一个简化形式。客户盈利性分析定价法首先假设银行在对每笔贷款申请定价时考虑银行与客户的整体关系,具体来说,客户盈利性分析定价法注重银行从与客户的整体关系中获得收益率,其收益率的计算公式如下:

银行从整个客户关系中获得的净税前收益率

= (对某一客户提供贷款和其他服务的收入 − 对该客户提供贷款和其他服务的费用) / 可用于超出该客户存款的净贷放资金

这里,客户付给银行的收入包括贷款利息、承诺费、现金管理服务费用和数据处理费用等。银行为客户服务所引起的费用包括银行雇员的工资和报酬、信用调查费用、存款利息、账户调整和处理费用(包括支付的支票、贷款和存款记录的保持和收集费用、保险箱服务等)、筹集可贷放款资金成本。可贷资金净额是客户使用的信用额度减去该客户存入该银行所有存款的平均数(经过法定准备金调整)的资金额。

实际上,客户盈利性分析方法就是银行对每位客户所使用的超过其向该行所提供资金的那部分银行资金的定价。如果从客户的所有关系中得到的净收益为正,那么这项贷款就有可能被批准,因为银行在所有费用支出之后仍有盈余;如果算出的净收益为负数,则银行可能否决该笔贷款申请,或者可能提高贷款利率,或者提高该客户所要求的其他服务收费价格以便能在盈利的基础上继续与该客户维持往来。

例 3-3: 假设银行正在考虑向一家制造企业发放一笔 9 个月期的 300 万美元的

贷款。如果这家制造企业完全使用这笔贷款额度并在银行存放 20% 的补偿性存款，那么银行与该客户的这笔信贷交易将会产生以下的收入和费用(单位：美元)：

该客户可能提供的收入来源	
贷款的利息收入(12%,9 个月)	270 000
贷款承诺费(1%)	30 000
客户存款的管理费用	6 000
资金转账费用	2 000
信托服务和记录保持费用	13 000
预期年度收入总额	321 000
对该客户提供服务引致的预期成本	
应付该客户的存款利息(10%)	45 000
对该客户放款的筹资成本	160 000
客户账户的运营成本	25 000
客户资本调动成本	1 000
处理贷款成本	3 000
簿记成本	1 000
年度总费用	235 000
对顾客承诺的贷款平均额	3 000 000
减：该顾客在银行的存款均额(减去准备金要求)	−540 000
对该顾客承诺的可放贷储备净额	2 460 000

由公式计算可得

$$\text{从客户的整体关系中得到的不含成本的年度税前收益率} = \frac{\text{预期收入} - \text{预期成本}}{\text{能提供的可贷资金净额}} = \frac{321\,000 - 235\,000}{2\,460\,000} = 3.5\%$$

对该项案例可有如下解释：如果银行从银行与客户的整体关系中获得的净收益率为正，该项贷款就可以接受，因为这时银行所有费用均得到了补偿；如果算出的净收益率为负，就银行而言，这项贷款和其他服务的定价就是不合理的。顾客所要求的贷款风险越大，银行要求的净收益率就应越高。

客户盈利性分析定价法近年来在西方商业银行的应用中变得越来越复杂且包罗万象。银行业已推出了表明对每一客户发生的收入和费用情况的明细账户说明书。银行通常将借款公司本身、其附属公司、主要股东、高层管理人员合并在一起作统一的盈利性分析，这样可使银行管理人员综合掌握银行和客户的整体关系。这种综合方法的好处是可以说明对某一账户服务的损失是否可由银行和客户关系中的另一账户所抵补。目前，西方商业银行自动盈利性分析系统(Automated CPA Systems)允许客户输入各种贷款和存款定价方案，来决定哪一种方法对银行和客户都更有利。

客户盈利性分析定价法还可以用来判定盈利最大的贷款和客户种类,以及哪位信贷客户做得最好。

第四节　问题贷款的成因与对策

一、问题贷款的界定

所谓问题贷款是指不能按合同规定的日期或其他可接受的方式归还的贷款。贷款一旦出现问题,贷款损失就有可能发生。问题贷款的存在使贷款损失不能完全被避免,因为它从根本上源于借款人所固有的信用风险,即偿还全部债务的意愿和能力。

目前,国际上通行五级贷款分类法,但不同的国家也有细微的差别,以下仅以美国和我国为例来进行说明。美国国民银行通常采取下列统一标准来界定问题贷款。(1) 不正常贷款(Substandard Loan),指那些存在流动性和偿还能力缺陷,或担保品的担保能力稍有不足的贷款。对于此类贷款,若不采取有效措施,贷款者将会遭受损失,而这种损失可能已经发生在利息部分,但本金发生损失的可能性不大。(2) 可疑贷款(Doubtful Loan),指那些无法确定借款人能否偿还本金和利息,且预计一部分损失将不可避免的贷款。此类贷款除了具有不正常贷款的所有特征外,还存在一些信用缺陷,使整个贷款无法收回的可能性很大。(3) 损失贷款(Loss Loan),指最终无法收回的贷款,以至于被作为无保证的银行资产。此类贷款并不一定没有残值,但即使将来可能收回部分贷款,推迟冲销该项基本无价值的贷款是不现实或不必要的。(4) 需要特别提及的贷款(Special Mention),指那些具有潜在缺陷,但风险比不正常贷款小的贷款。当银行不能准确监测贷款、没有充足的文件(如文件丢失)或偏离可接受和谨慎的贷款惯例时,贷款将被评列为需要特别提及的资产,这类资产反映的是管理、服务或回收上的缺陷,而不是信用缺陷。

在我国,问题贷款也被称为不良贷款。1998 年 4 月,中国人民银行在比较了各国商业银行在信贷资产风险分类做法的基础上,结合我国的国情,制定了《贷款风险分类指导原则》,该原则规定:中国人民银行将正式采用新的贷款风险分类方法,按风险程度将贷款划分为五类,即正常、关注、次级、可疑、损失,后三种为不良贷款。

二、问题贷款的成因

引起问题贷款的原因很多,而且随经济环境的不同有很大的差异,因而无法将这些原因一一罗列,但基本上可以从贷款人和借款人两个方面来考察。

1. 商业银行方面的原因

(1) 贷款程序不完善。例如,信用分析不完整,或者资料收集不充分;对于那些与商业银行有私人关系的借款人，容易忽略其真实条件。

(2) 贷款条件有缺陷。例如，没有在合同中制定明确、积极的偿还条款。

(3) 过分强调商业银行的利润和增长。例如，为了发放比竞争对手更大规模的贷款和获得超过合理贷款的收益，商业银行经常出现超贷现象，即发放超过借款人偿还能力的贷款，同时向边际借款人增加贷款，即贷款用于贷款人员不太了解的领域。

(4) 风险管理意识淡薄。例如，对新客户采取过于宽松的贷款政策；对购买证券和商品等投机性活动发放贷款；发放担保品不足的贷款；对品质有问题的借款人发放贷款。

(5) 商业银行对借款人的监督不力。这可能是因为商业银行缺乏有关借款人业务的知识，也可能是因为商业银行过于谨慎，不敢要求借款人切实履行合同。

2. 借款人方面的原因

从借款人来看，问题贷款有其主观原因，也有其客观原因。

(1) 主观原因，即借款人不愿偿还贷款。虽然许多借款人都存在赖账动机，但很少有人一开始就不愿偿还贷款，因为如果是那样的话，借款人不仅会被告上法庭，而且将给以后的融资带来困难。同时，很难确定借款人在多大程度上不愿偿还贷款，它通常出现在经济萧条、失业增加及利润下降时期，这些时期借款人的信用品质将面临严峻考验。

(2) 客观原因，即借款人没有能力偿还贷款。这是导致问题贷款的主要原因，而影响偿还能力的因素包括：管理上的缺陷、创业资本不足、财务杠杆率过高、竞争激烈、经济不景气等。

三、问题贷款的防范

彻底杜绝问题贷款实际上是不可能的。但是，如果在完善的贷款政策指导下进行完整的信用分析，则可以减少贷款出现问题的频率和程度。贷款的两条原则仍要坚持：(1) 商业银行应集中对其擅长的领域提供贷款，商业银行的贷款不应超过其经营范围；(2) 贷款规模的增加应以贷款质量的提高为基础。

如果商业银行管理人员制定并坚持贷款政策准则，限制不规范的贷款行为，贷款的难度就可以减少。这些准则规定了贷款的数量目标以及与之相对应的质量目标，提出了实现这些目标的程序。这些程序包括获得贷款申请、划分贷款等级、批准贷款以及系统地评价贷款执行和质量。当贷款政策被弃之不顾，信贷员违背信贷分析程序时，问题贷款就会增加。

四、问题贷款的处置

一旦商业银行确认某笔贷款有问题，它就必须采取适当的措施，尽可能减少损失。商业银行处理问题贷款的方法有两类，每一类中又有多种可能的选择。

1. 贷款重新设计

贷款重新设计是指商业银行和借款人共同努力以部分或全部收回贷款的过程。这类方法对借款双方都有利：借款人的好处是维持对生产性资产的长期所有权和控制权，使借款人有时间纠正临时性的问题，并在商业银行的帮助下走出困境；商业银行也可以得到利益，因为借款人修改了经营方针，增加了贷款偿还的可能性，同时，可以使商业银行处于主动地位，以防借款人彻底违约。

贷款重新设计可以采取与特定环境相适应的一切措施，例如：修改贷款条款，如延长到期日、减少每月偿付额，甚至免去一段时期的本息偿付及增加贷款金额；向企业提供咨询，提出一系列关于生产、销售、财务方面的建议；限制借款人的经营活动，如增加资本和担保品、不准进行设备和厂房投资、要求借款人裁减人员和减少薪金以节省开支；帮助借款人管理企业，如商业银行的高层管理人员参加企业的董事会、商业银行特派员充当审计员，甚至撤换企业现有的管理班子。

2. 贷款清算

贷款清算是采取法律手段强制实现贷款偿还的过程。这类方法是一种不可替代和最后的处理手段，它通常包括以下措施。

(1) 清偿抵押品，即将抵押资产变成现金，偿付商业银行贷款。清算抵押品可以缩短还款的时间，但对商业银行来说却有难以预料的困难。因为商业银行在处理那些不动产、私人财产及其他财产时，可能要花费大量的精力和时间才能脱手，一般情况下，商业银行廉价出售这些资产，只能获得其一部分原始价值；而借款人得知他们将最终失去抵押品时，往往滥用抵押品，以至于当商业银行迅速没收抵押品时，它可能只能得到抵押品价值的一部分。

(2) 诉诸法庭，依法收贷。商业银行可以对借款人或担保人提起上诉，要求法庭判决。判决之后，形成法律文本，规定当事人对贷款的义务和权利，明确借款人所欠本息的处理方案。

(3) 破产清算。债务人可以主动申请破产，以减轻债务负担，贷款人也可以为债务人提出被动破产的申请，请求处理债务。如果债务人不是一无所有，那么破产之后，其债务就可以按一定的顺序偿还。而一旦提出破产申请，债权人对债务人就应暂缓采取措施。

第五节 几种贷款业务操作要点

一、信用贷款的操作要点

信用贷款以借款人的信用作为还款保证，从广义上讲，它也是一种担保贷款，只不过是以借款人本身的信用作为担保。与其他贷款相比，信用贷款具有以下三个特点：(1) 以借款人信用和未来的现金流量作为还款保证；(2) 风险大，利率高；(3) 手续简便。

信用贷款有以下四个操作程序。

1. 对借款人进行信用评估，正确选择贷款对象

借款人向银行提出借款申请后，银行首先应对借款人的资信状况进行全面而科学的分析。同时，对借款人的借款申请书进行审查核实。由于信用贷款是凭借借款人的信用发放的，因此对客户的信用分析就具有特别重要的意义。在对借款人进行信用分析的基础上，银行应根据本行的贷款政策、原则和条件，正确选择信用贷款对象。通常，银行只对那些与本行有着长期借贷交往历史，而且信誉度高、经营好、经济实力强、无不良信用记录、预期未来现金流量足以偿还贷款本身的客户发放信用贷款。

2. 合理确定贷款额度和期限

银行确定以信用贷款方式发放贷款后，应根据企业的合理资金需求和银行的资金可供能力，做出贷款额度和利率的决策。信用贷款虽以借款人信用为贷款依据，但借款人的信用状况不可能成为确定贷款额度和期限的直接依据。

银行确定贷款额度的直接依据通常有三：一是企业的合理资金需求；二是可作为偿还贷款来源的企业未来现金流量；三是银行的信贷资金可供量。这三个因素同时成为制约贷款额度的上限。确定贷款期限的直接依据是银行贷款制度的规定和企业正常资金周转期限或贷款项目投资回收期限。

3. 贷款的发放与监督使用

银行经审查确定贷款额度和期限后，便可与借款人签订借款合同，随后将贷款按合同划入企业账户。贷款发放后，银行应定期检查贷款使用情况，分析企业资产负债结构变化情况，发现问题及时纠正，消除贷款风险隐患。如果发现借款人在使用贷款中有违反合同的行为，银行应及时发出警告并予以制止；如果警告和制止无效，银行有权停止贷款，并提前收回已发放的贷款。

4. 贷款到期收回

贷款到期，银行应提前向借款人发出收贷通知。如果借款人因客观原因不能按时还贷，应提前向银行提出展期申请。贷款合同期满，借款人应主动出具结算凭证还款，也可由银行直接从借款人账户中扣收贷款。借款人不能按期还款，银行应将其转入逾期账户，加收罚息，同时应要求借款人订出切实可行的还款计划，督促其尽早还款。

二、担保贷款的操作要点

银行在对借款人进行信用分析后，如果借款人不符合发放信用贷款的条件，银行可对其发放担保贷款。担保贷款是指银行要求借款人根据规定的担保方式提供贷款担保而发放的贷款。通常在以下情况银行应要求借款人提供贷款担保：借款人的负

债率较高,财力脆弱;借款人没有建立起令人满意的、稳定的收益记录;借款人发行的股票未能销售出去;借款人是新客户;借款人的经营环境恶化;通常,贷款的期限也较长。

1. 保证与保证贷款

保证是指保证人与银行约定,当债务人不履行债务时,保证人按照约定履行或承担责任的行为。银行根据《担保法》中的保证方式向借款人发放的贷款称为保证贷款。《担保法》中规定的保证方式包括一般保证和连带责任保证。当事人在保证合同中约定,债务人不能履行债务时,由保证人承担保证责任的,为一般保证。当事人在保证合同中约定保证人与债务人对债务承担连带责任的,为连带责任保证。银行发放保证贷款,贷款保证人就应当按照法律规定承担债务的一般保证或连带责任保证;当债务人不能履行还款责任时,由保证人负责偿还。

2. 保证贷款的操作要点

保证贷款由于有保证人对贷款提供担保,体现了一种多边的信用关系,并使银行贷款具有双重的信用保证,即除了作为借款人的相应保证外,还获得了保证人的信用保证。要真正落实保证责任,避免出现空头担保现象,还需要在贷款过程中严格审核保证人情况。在保证贷款的操作过程中,应重点把握以下四个环节。

(1) 借款人找保。

借款人向银行提出贷款申请,银行审查同意贷款并要求借款人提供贷款担保时,借款人应根据贷款的金额、期限寻找贷款保证人。贷款保证人应是具有法人地位并有经济承保能力的经济实体、其他组织和公民。根据我国法律规定,国家机关(经国务院批准为使用外国政府或者国际经济组织贷款进行转贷的除外),以公益为目的的事业单位、社会团体、企业法人及公共机构和职能部门(有法人书面授权者除外)等均不得作为保证人。保证人承担贷款的保证责任后,应开具贷款保证意向书,交借款人转送银行。

(2) 银行核保。

银行接到保证人的贷款保证意向书后,须对保证人的资格和经济承保能力进行审核。审核的主要内容包括:验证保证人的营业执照,审核保证人是否具有合法的地位;验证保证人和法人代表的印鉴是否与预留银行印鉴相符;审阅保证人的财务报表和有关文件,审查贷款保证意向书中所填情况是否真实;审查保证人的承保能力,看其资产净值是否大于其担保的债务额,避免因"皮包公司"之类的企业充当保证人而成为空头担保;审查保证人的财产是否已经作为债务抵押或用于对其他借款人的担保,防止因多头担保或相互担保而成为空头担保;审查保证人的生产经营、经济效益和信用履行情况,以避免因保证人无力担保或无意承担保证责任而使贷款产生损失。

(3) 银行审批。

银行审核上述情况以后,通过计算确定保证人能够提供有效担保的金额,然后根据核保结果,按程序审批贷款。如果保证人不是本行开户的企业,还要与保证人的开户银行取得联系,了解保证人的资信情况,请求协助审查保证人的承保资格和能力。随后,银行要与借款人、保证人三方签订合法完整的借款合同、保证合同,以明确各自责任。

(4) 贷款的发放与收回。

签订贷款合同和保证合同后,银行应及时按合同将贷款拨付给借款人使用,银行和保证人应共同监督借款人按合同使用贷款和按期偿还贷款。贷款到期后,如果借款人按时归还本息,借款合同和保证合同随即失效。如果借款人无力偿还贷款本息,银行就应通知保证人主动承担担保责任,银行有权从保证人账户上扣收所担保的贷款本息。待贷款本息全部扣收完毕,保证合同随即失效。

三、质押贷款的操作要点

质押权是一种特别授予的所有权。在质押方式下,受质押人在债务全部清偿以前拥有债务人用做抵押财产的占有权,而且在某些情况下,受质押人还有权出卖该财产。以《担保法》中规定的质押方式发放的贷款被称为质押贷款。

质押方式与抵押方式的不同点在于:在出现不良质押贷款时,借款人应将质押财产作法定移交,但可以不作实际的实物交付,只交付储放货物的仓库钥匙或货物的可转让储单。我国《担保法》中规定的质押包括动产质押和权利质押两种。动产质押是指债务人或第三人将其动产移交债权人占有,将该动产作为债权的担保;权利质押包括的质物有以下四类:(1) 汇票、本票、支票、债券、存款单、仓单、提单;(2) 依法可以转让的股份、股票;(3) 依法可以转让的商标专用权、专利权、著作权中的财产权;(4) 依法可以质押的其他权利。在银行发放质押贷款的情况下,债务人不能履行还款责任时,银行可以按照《担保法》的规定将质物折价或者以拍卖、变卖质物的价款优先受偿。

四、抵押贷款的操作要点

抵押是指债务人或者第三人不转移抵押财产的占有,将该财产作为债权的担保。银行以抵押方式作担保而发放的贷款被称为抵押贷款。

根据我国《担保法》的规定,可以作为贷款抵押的财产包括以下六类:(1) 抵押人所有的房屋和其他地上定着物;(2) 抵押人所有的机器、交通运输工具和其他财产;(3) 抵押人依法有权处分的国有的土地使用权、房屋和其他地上定着物;(4) 抵押人依法有权处分的国有的机器、交通运输工具和其他财产;(5) 抵押人依法承包并经发包方同意抵押的荒山、荒沟、荒丘、荒滩等荒地的土地使用权;(6) 依法可以抵押的其他财产。以抵押担保的方式发放贷款,当债务人不履行债务时,债权人有权按《担保法》的规定以抵押财产折价或者以拍卖、变卖抵押财产的贷款优先受偿。

1. 抵押物的选择

借款人的贷款申请经银行审查确认需要以财产作抵押时,借款人应向银行提供拟作贷款抵押物的财产清单,银行从中选择符合要求的财产作为贷款的抵押。

银行在选择抵押物时必须坚持以下四个原则:一是合法性原则,即贷款抵押物必须是法律允许设定抵押权的财产,因为只有法律允许设定抵押权的财产才能最终履行抵押责任,保证贷款安全;二是易售性原则,即抵押物的市场需求相对稳定,一旦处分抵押物时,能够迅速出售,且不必花费太多的处分费用;三是稳定性原则,即抵押物的价格和性能相对稳定,市场风险小,同时也易于保管,不易变质;四是易测性原则,即抵押物的品质和价值易于测定。

按照上述原则选择好抵押物后,还要对抵押物进行法律审查和技术鉴定。具体内容主要包括:一是审查借款人对抵押物的权利是否真实充分,对共同所有的财产,看其是否有各方同意设押的书面证明;二是审查抵押人提供的抵押物是否需要有关部门批准,如果需要有关部门批准,看其是否经过批准;三是审查租赁经营企业的设押物是否属于企业自有资产,如果是租赁资产,银行不得接受抵押;四是审查抵押物有无重复抵押的现象;五是审查抵押物实物的真实、完好性;六是审查抵押物有无保险。抵押物保险期通常要求长于抵押期限1—2个月,以便为处分抵押物留出足够的时间。

2. 抵押物的估价

抵押物估价是对抵押物将来处分时的市场价格的估算。对抵押物的科学、合理的估价,是抵押贷款管理过程中一个十分关键的环节。价过高,拍卖所得资金不足以补偿贷款资金,银行会受损失;估价过低,又会损害抵押人利益。因此,银行在对抵押物估价时必须坚持科学性、公正性和防范风险原则,科学、合理地测定抵押物的价值。

对抵押物估价是一项技术性很强的工作,不同的抵押物估价方法也不同。对有价证券的估价主要应预测未来市场利率的走势、证券债务人的经营状况和国家宏观经济政策和形势的变化;对不动产的估价主要看其所处地理位置以及其取得的经济效益的大小,在此基础上,考虑外部配套环境和交通、通讯便利程度以及不动产的新旧程度、造价、维护费用等因素;对机器设备的估价首先要确定其价值损耗(包括有形损耗和无形损耗),然后根据一定的折旧方法估计出该设备未来的会计净值,最后预测未来技术的发展趋势,据以判断技术损耗,用会计净值减去技术损耗就是机器重估价值。

3. 确定抵押率

抵押率又称垫头,是抵押贷款本金利息之和与抵押物估价之比。合理确定抵押率,是抵押贷款管理中的一项重要内容。通常,银行在确定抵押率时,应当考虑以下因素。

(1) 贷款风险。贷款人对贷款风险的估计与抵押率成反向变化,风险越大,抵押率通常越低;风险越小,抵押率可相对高些。

(2) 借款人的信誉。一般情况下,对那些资产实力匮乏、结构不当、信誉较差的借款人,抵押率应低些;反之,抵押率可高些。

(3) 抵押物的品种。由于抵押物品种不同,它们的占管风险和处分风险也不同。按照风险补偿原则,抵押那些占管风险和处分风险都比较大的抵押物,抵押率应当低一些;反之,则可定得高一些。

(4) 贷款期限。贷款期限越长,抵押期也越长,在抵押期内承受的风险也越大,因此抵押率应当低一些;而抵押期较短,风险较小,抵押率可高一些。

4. 抵押物的产权设定与登记

所谓产权设定,是指银行要证实并取得处分抵押物以作抵偿债务的权利。借款人要将财产契约交指定机构登记过户,明确银行为产权所有者和保险受益人。

5. 抵押物的占管、处分

占管包括占有和保管两层意思。占有和保管两者密不可分,占有包含了保管的责任,否则不称其为占有;而保管则以占有、持有为前提。抵押物的占管方式有两种:一是抵押人占管,二是抵押权人占管。根据《担保法》中规定的抵押方式设定抵押的财产一般由抵押人占管,即抵押人不转移财产的占有;根据《担保法》中规定的质押方式设定的质物,一般由抵押权人占管。无论是抵押人占管还是抵押权人占管,都应当承担相应的占管责任,保证抵押物的完好、无损。

贷款期满,借款人如果如期偿还贷款本息,银行应将抵押物及有关证明文件及时退回抵押人,抵押合同也随即中止。如果借款人不能偿还本息,就需要通过处分抵押物来清偿贷款。抵押物的处分是指通过法律行为对抵押物进行处置的一种权利。处分抵押物必须具备一定的条件,包括:抵押合同期满,借款人不能履行还款;抵押期间抵押人宣告解散或破产;个体工商户作为抵押人在抵押期间死亡、失踪,其继承人或受遗赠人不能偿还其债务。

抵押物处分方式主要有三种:一是拍卖,即以公开竞价的方式把标的物卖给出价最高者的一种行为。拍卖所得价款,首先用于支付处分抵押物的费用,再扣缴抵押物应纳税款,然后支付抵押物保管费用,最后偿还贷款本息,余额交还抵押人。二是转让,即通过合法方式将产权属己的财产所有权出让给他人。这种方式适用于证券和无形资产的处分,转让价款除支付转让公证费用外,主要用于清偿贷款本息。三是兑现,这是指有价证券到期,持券人向证券市场或承兑银行要求兑现,由证券机构或承兑银行按票面记载利率将有价证券兑成现金支付给持券人。兑现的有价证券本身应首先用于清偿贷款。

第六节 资产业务的新发展

一、贷款合同转让

为了加强贷款资产的流动性,西方国家早在多年前就已开始了贷款合同转让业务。贷款合同转让是指银行把已发放的贷款合同转让给其他银行,从其他银行获得让渡的信贷资金,提前收回贷款的一种业务。

贷款合同转让为商业银行经营管理带来了许多有利条件:第一,提高了贷款资产的流动性;第二,为银行流动性管理创造了新的手段;第三,有利于银行改善资产结构;第四,有利于缓和资金的矛盾。

二、贷款参与

贷款参与是近些年出现的一种新型贷款业务,它是指在大额贷款中,将贷款数额分为若干标准的份额进行售卖,购得份额的银行即为贷款参与银行。

在过去,大额贷款的通常做法是银团贷款,由牵头银行承诺并负责组织资金。而贷款参与则不同,比如某借款人需要 8 000 万美元贷款,分解为 8 个 1 000 万美元的贷款份额(也可以有其他组合形式,如 500 万美元为一个单位),再组织几家银行购买这 8 个贷款份额。在每个贷款份额中,贷款对象、金额、利率及风险相同。这种贷款参与证书是标准化的,并且可在二级市场上流通转让。在美国,大中型银行、保险公司、信用社、基金都是贷款份额的购买者。

贷款参与与银团贷款的最大区别在于,贷款参与业务中的牵头银行只须承诺而不必筹集那么多资金,而且购买份额的机构可以将其转让,这为参加贷款参与的银行的资产提供了很大的流动性。银团贷款则不同,牵头银行必须在贷款前组织银行团,并筹集足额资金,而且银行团成员承担的部分无法转让。因此,贷款参与这种形式在国际金融市场上发展得非常快。

三、贷款证券化

银行贷款证券化,或更广义的银行资产证券化,是在金融创新背景下的产物,它使银行贷款(资产)与证券市场有机组合在一起,成为一种全新的融资技术。资产担保证券(Asset-backed Security,ABS)是 20 世纪 70 年代以来融资方式和金融工具创新的具体体现。ABS 最早出现在美国 20 世纪 70 年代的住房抵押贷款市场,1985 年后在美国迅速发展。之后,英国、法国等也开办了这一业务。

所谓资产证券化,是指由各种金融机构创始和安排的融通资金的过程,即金融机构将其资产——各种贷款和应收债权汇集起来,经过信用加强,并以这些资产为担保发行证券出售给投资者的过程,从而实现贷款债权的流动化和市场化。除贷款外,许多资产都可以证券化,任何产生现金流量的应收债权都可被用作证券化筹资。

1. 资产证券化迅速发展的原因

资产证券化是一个比较复杂的过程,涉及创始资产的银行、中介机构、投资者,他(它)们都是证券化的受益者。

对银行来讲,资产证券化之所以迅速发展的原因有以下六个方面。第一,证券化能降低和分散风险,能有效地转移创始者的利率和信用风险。作为贷款的创始者,银行往往要承担浮动利率、固定利率搭配不当所带来的利率风险。通过证券化,这种利率风险将被转移给投资者。第二,证券化能提高银行资产的流动性。通常贷款不能提前收回,加之贷款二级市场不发达,使银行在需要资金时难以从贷款本身得到流动性,尤其是一些期限较长的分期付款贷款更是如此,而贷款证券化可以使不具流动性的贷款流动起来。第三,证券化能降低融资成本,提高净资产收益率。证券化也是一种融资技术,与传统的债券相比较,ABS与应收债权创始者的资信评定机构进行监督,并由信用较高的金融机构提供信用加强,ABS的风险被大大降低,因而其利率比传统的债券利率要低,由于有这种信用等级转换的机制,使资信较低(如A级)的创始者可在AAA等级上获得成本较低的资金。第四,证券化能为银行提供稳定的服务费收入。在证券化过程中,创始者在出售其创始的资产后,要负责收回由他创始的到期债权本息,不过此时,银行与原借款人(或债务人)之间已不存在债权债务关系,而只是一种纯粹的服务关系,即银行按一定比例收取手续费。第五,证券化能更好地满足资本金充足率的要求。第六,证券化有利于改善银行的资产结构。

对投资者来讲,资产证券化之所以发展迅速的原因有以下四个方面。第一,购买的ABS是以应收债权作担保的,并有信用加强者担保,使ABS具有双重保险,从而投资者的风险很低。第二,利率较高。以美国为例,到目前为止发行的ABS大部分获得AAA级,而利率比美国公债高出0.4个百分点。第三,ABS发行透明度高,投资者能在广泛了解的基础上进行投资决策。第四,使投资者资产多元化,有效改善期限、利率、数量错配(Mismatch)造成的风险,所以许多大的基金组织、银行、保险公司都热衷于投资ABS。对投资银行等中介机构来讲,可从ABS中获得各种收益。

2. 资产证券化的参与各方

资产证券过程涉及出售资产的金融中介机构(即资产创始者)、特殊目的中介公司、投资银行、信用加强者和投资者。

(1) 资产创始者。

资产证券化过程中被出售的资产是由金融机构创始的应收债权组合而成的,金融机构因此被称为资产创始者。创始者负责按期收回卖出的债权本息,扣除服务费后,再通过受托人向投资者支付。创始者在出售资产后,即与原债务人终止债权债务关系,但并不表明创始者就与后续业务不发生任何联系。创始者有责任收回其创始的债权。因此,创始者又被称为服务者。

(2) 特殊目的中介公司(Special Purpose Vehicle,SPV)。

SPV是为了使投资者和创始者的信用风险相分离而设立的一种法人公司或信托公司,它是资产的购买者,其购买资产的资金是发行ABS筹得的。创始者将资产出售给SPV时,是按照"真正出售"(True Sale)的原则进行,即卖断。在资产出售后,如遇创始者破产,创始者的债权人无权对已被出售的资产提出追索要求权,SPV在证券化过程中,实际上是联系创始者和投资者的中介,其主要作用是购进资产并以此为担保制作和发行ABS。

(3) 投资银行。

投资银行是 ABS 的销售者,负责将 ABS 出售给投资者,采用承销还是包销由协议规定。

(4) 信用加强者。

信用加强者的作用是强化信用,使投资者利益不受损害。事实上,尽管 ABS 有应收债权作担保,但投资者仍可能受到应收债权现金流量不稳定造成的风险,如因债务人违约,创始者发放的贷款本息不能如期归还,或者借款人提前偿还贷款,或遇到严重的通货膨胀。为了增加 ABS 对投资者的吸引力,在证券过程中就引入了一种信用加强机制。信用加强者通常由政府机构或信誉好的大金融机构充当,其作用是为投资者应得的预定收益作担保。

2007 年 8 月,美国次级住房抵押贷款市场爆发了震惊世界的金融危机。随后,危机迅速传导到包括资本市场在内的整个金融系统,并由美国传导至世界上许多国家和地区,形成了一次席卷全球的金融风暴。在本次危机中,资产证券化扮演了重要的角色。但是,资产证券化并非次贷危机的罪魁祸首,作为商业银行业务的一大创新,资产证券化本身有利于分散银行系统的风险。次贷危机爆发的根源在于金融机构降低信贷标准,信用风险控制不严,对不具备条件的借款人发放贷款。在资本市场信息不对称的情况下,导致巨额国际资本投资于实际信用等级不高的证券,导致金融风险蔓延。如果说,引起本次危机爆发的直接原因是美国利率的上升和住房市场持续降温,那么,资产证券化监管的缺失则是风险放大,乃至蔓延至全球的根本原因。因此,本次危机折射出了美国金融监管存在的漏洞,也对全球谋求金融监管协作提出了要求。

四、贷款出售

1. 贷款出售的概念

贷款出售(Loan Sale)或贷款的二次参与(Secondary Loan Participation)是商业银行通过协议或合约,将特定贷款的现金流转让给第三方的一种交易形式,通常现金流的转让没有追索权。出售贷款的银行一般保留对已售贷款的服务权(Service Rights),如替贷款购买者收取本息并转交给购买者,从贷款购买、出售者的利益出发对借款进行监督,以确保借款人遵守贷款合同规定还款等。出售贷款的银行通过这些服务可以收取贷款总额 0.25% 或 0.375% 的服务费。

2. 贷款出售的原因

商业银行参与贷款出售的主要原因有以下四个方面:第一是随着市场利率波动频率加快和波动幅度加大,在利率较高时商业银行需要将其原有的一些低收益贷款加以处理,以获取投资较高收益资产的资金;第二是通过出售贷款,特别是一些质量不佳的贷款,并将其换成国债等流动性资产,既可以使银行资产更加多样化,增强抵抗风险的能力,还可以扩大银行资产的流动性;第三是出售贷款可以减少资产负债表中的利率敏感性资产,降低银行的利率风险,使商业银行的资本资产比例关系等维持在较高的水平上,减轻管理方面的压力;第四是通过为贷款购买方提供多样化的服务,可以在不承担利率风险等风险的同时,增加商业银行的手续费收入等。

3. 贷款出售的方式

贷款出售主要有三种方式:一是参与式贷款(Participation Loans);二是贷款分派(Assignments);三是贷款拆分(Loan Strip)。

(1) 在参与式贷款中,贷款的买方是局外人,即处于贷款者和借款之外的第三方,只有贷款的买方提出对贷款方和借款方间的初始合同条件改动时,贷款的买方才对贷款活动本身构成影响。这样,贷款的购买者就必须同时面对借款方和贷款方两方面违约的风险,所以当前贷款出售主要是通过贷款分派方式进行,而不是参与式方式。

(2) 在贷款分派过程中,原贷款债权人直接将贷款债权转移给贷款的购买人,从而贷款购买人具有对债权权利的直接要求权,而不需要再通过原贷款人。与参与式贷款相比,购买人就可以避开原贷款违约的风险了。由于涉及债权权利的直接转移,在贷款出售或贷款时,原贷款银行通常需要征得借款人关于转让债权权利的同意。

(3) 贷款拆分是将长期贷款拆成一系列的短期(几天、几周不等)贷款出售的方式。拆分贷款的购买者有获得部分贷款回收资金的权利,在拆分贷款出售方式中,借款人违约的风险仍然在贷款银行,而且商业银行有时还需要动用其他资金以应付贷款未到期前的还款问题。

在有些情况下,贷款的出售银行常给贷款的买方部分或全额的追索权,即如果贷款买方在贷款到期后得不到偿付,可以向贷款的出售方要求付款。这实际上相当于向贷款的买方提供了一种追索权。不过,有追索权的贷款出售较少,因为管理部门要求如果贷款出售有追索权时,这些贷款将仍算为银行的资产,商业银行必须为这些资产提留储备金和资本金。现实中,虽然很多贷款出售都未附追索权,但如果贷款出现风险时,出售方仍然会协助贷款的购买方解决具体问题,即使法律本身并无这方面的要求。贷款出售方之所以这么做的主要原因是为了维护与客户间的关系。还有一种情况是,贷款本身不出售,而是出售贷款回收时的现金流,且购买这些现金流对贷款人和借款人都没有追索权,即如果贷款不能按计划归还时,现金流的购买人无权对贷款人和借款人提出还款请求。

通过贷款出售融资,使部分银行不必先有存款再贷款成为可能,或者在存款人提存时,只需要出售贷款即可融得资金偿还,如果贷款出售市场进一步发展,则商业银行对存款保险及对中央银行的贴现业务的需要也会下降。由于贷款出售与发行证券非常相似,商业银行出售贷款使其与投资银行及其他金融机构间的界限变得越来越模糊。不过,有美国学者已经对贷款出售是否应列入表外业务提出了质疑,商业银行将贷款用于出售,与商业银行作为社会经济中提供非转让性资产的角色相矛盾,并认为只有当商业银行所出售的贷款附有追索权时,贷款出售才能作为表外业务处理,因为只有在这种情况下,贷款出售才是一种或有负债业务。否则,贷款出售应作为实际的资产出售处理,因为没有追索权。

本 章 小 结

资产业务是商业银行运用其资金的业务,主要由现金资产业务、贷款业务、投资业务等构成。资产管理的基本目标是通过不同的银行资产组合来满足流动性需求、提高盈利水平与降低违约损失。资产管理是商业银行经营管理的中心环节。

商业银行的现金资产一般包括库存现金、在中央银行的存款、存放同业存款和托收中的现金等。现金资产管理的目的是在确保银行流动性需要的前提下,尽可能地降低现金资产占总资产的比重,使现金资产达到适度的规模。

贷款是商业银行的传统核心业务,也是商业银行主要的盈利性资产。合理的贷款价格既能为银行取得满意的利润,又能为客户所接受,这是贷款管理的重要内容。贷款又是一种风险较大的资产,对贷款进行风险分类管理是提高贷款质量管理和防范贷款损失的重要方法。

在商业银行的金融创新的浪潮中,资产业务的创新和发展主要表现在贷款合同转让、贷款参与、贷款(资产)证券化、贷款出售等。

复习思考题

1. 商业银行的现金资产有哪些种类?
2. 商业银行现金资产管理的原则是什么?
3. 商业银行匡算库存现金需要量时要考虑哪些因素?
4. 贷款政策的基本内容有哪些?
5. 影响贷款定价的因素有哪些? 如何进行贷款定价?
6. 实行贷款风险分类管理有何意义?
7. 如何实行贷款风险分类?
8. 我国国有商业银行的不良贷款的成因是什么?
9. 化解和控制不良贷款的对策有哪些?
10. 贷款证券化对商业银行有何意义? 其运作过程如何?

第四章　商业银行负债业务

负债业务是商业银行发挥社会资金融通功能的起点,是商业银行最基本、最重要的业务。其中,商业银行负债的规模不仅决定了商业银行的资产规模,而且在很大程度上决定了商业银行的盈利规模;商业银行负债业务的开展,不仅决定着商业银行资产业务的开展,而且决定着与客户即社会公众之间的密切联系。所以,了解商业银行的负债业务是深入了解商业银行的重要前提。

第一节　负债业务概述

商业银行是经济活动中的重要经济主体,其最基本的职能就是信用中介和支付中介职能,而信用和支付职能都必须以客户的存款为基础。负债业务是商业银行资产业务和中间业务的基础,是商业银行得以和社会各界建立联系的前提。

一、负债业务的概念与功能

商业银行的负债业务是指商业银行按照经营的流动性、安全性和盈利性的要求,对银行负债及其结构进行有效的配置和调节,从而达到降低经营成本、适应资产业务营运的需要,创造良好的自身经济效益和社会效益。

商业银行的负债业务有以下四个方面的功能。

1. 开展经营活动的先决条件

商业银行作为信用中介,是通过负债业务的经营,将全社会各种闲散资金和待用资金有效地聚集起来,然后再将集中起来的资金贷给需要的个人和机构。负债业务是商业银行开展资产业务的基础和前提,集中表现在商业银行负债规模的大小决定着资产规模的大小,商业银行负债的结构决定了其资产运用的结构;商业银行负债的性质决定了其经营的特征。商业银行作为支付中介,也必须以存款为前提,为客户办理资金的收付、转账结算等服务,可见,商业银行的负债业务也是银行中间业务的前提。

2. 银行业竞争的焦点

由于负债业务是商业银行其他业务的起点,对于商业银行的经营活动有着巨大的影响,因此各家商业银行都企图通过扩大负债业务规模达到拓展经营范围、扩大信贷规模的目的。但是,社会上闲置资金和待用货币总是有限的,此增彼减是必然的,因此各家银行都力求在规模、信誉、服务质量、效率以及开办业务的种类上有所优势,为自己的生存与发展创造条件,造成银行之间的激烈竞争。

3. 同社会各界联系的渠道

商业银行作为国民经济的综合部门和资金运动的枢纽,成了社会资金活动的集散地。通过负债业务,商业银行将社会闲散资金收集起来,一方面为资金的供应者提供了金融投资场所及有关服务,增强了货币资金保管的安全性和投资的增值性;另一方面也为资金的需求者提供了投资建设所需要的资金,将资金流向经营领域。商业银行的转账结算和资金划拨业务,既可加速货币资金的周转,还可以大大减少现金的使用,节省清点、整理保管、运输现金等流通费用;同时,通过商业银行存款账面上的变动情况,银行可以对其资金规模、资金流向以及经营活动了如指掌,使商业银行正常发挥其金融服务和金融监督的作用。

4. 社会经济发展的强大推动力

商业银行通过负债业务把社会各部门、各单位以及居民个人的暂时闲置资金聚集起来,为国民经济的发展提供了强大的资金支持,有利于实现国民经济的良好运行和经济结构的优化调整。首先,通过把暂时闲置的资金组织起来,使之流向经营领域,增加社会投资,促使国民经济更快地发展;其次,把居民个人的闲散资金集中起来,变消费基金为积累基金,扩大了社会资金的总规模,从而能够在现有生产水平上创造出更高的生产能力,生产出更多的为市场所需的商品;最后,通过商业银行筹集资金和再分配资金的活动,有利于引导资金流向,实现国民经济的良好运行和经济结构的优化调整。

二、负债业务的构成

1. 商业银行负债的构成

商业银行的负债有广义和狭义之分。广义的负债除包含商业银行对他人负债外,还包含商业银行自有的资本金;而狭义的负债仅包括商业银行对他人的债务。狭义的银行负债又由被动型负债、主动型负债和其他负债构成。一般而言,存款性负债为被动性负债,占银行负债规模的75%—80%,这是商业银行的主要负债方式。商业银行在金融市场上发行各种债务凭证进行融资,如发行金融债券、签发银行票据、发行可转让定期存单等,称之为主动型负债。其他负债主要是指一些结算负债、向中央银行的借款以及同业拆借所形成的负债等。

2. 我国商业银行负债构成的特点

(1) 负债规模呈较快增长态势,以被动型负债为主。近年来,我国商业银行的负债规模呈较快增长态势,无论在总量上还是质量上都有跨越式的发展,其中被动型负债银行存款仍占绝对的比重。在我国银行业急剧发展的今天,各家上市银行都注意到了筹集资金的多元化将是未来的发展趋势,其他负债因此也有所增长,但是由于各种机制还不完善,主动负债业务的开发和运行都受到了一定的阻碍,主动负债的比例仍然较低。

(2) 活期存款增长速度大于定期存款增长速度。由于利率的再调整、证券市场的发展以及人们消费倾向的改变,我国大型商业银行的各项存款中,活期存款的增长速度要大于定期存款的增长速度,定期存款的比重有所下降。这就导致银行存款负债的平均偿还期缩短,稳定性下降。

(3) 不同资产规模的商业银行之间负债结构有较大区别。首先,总资产规模越大,银行的信誉越好,客户存款占总负债的比例就越大。具体来讲,就是在资产规模较大的银行中,客户存款中的个人客户存款比例较大;而在资产规模较小的银行,企业客户的存款比例较大。其次,我国小型上市商业银行的负债结构要比大型国有上市银行更加合理。小型商业银行由于发展时间较短,在吸收公众存款的方面处于劣势,为了寻求自身发展,只好通过不断的金融工具创新来扩大资金的来源,实现负债结构多元化。

3. 我国商业银行负债结构的变化

(1) 负债结构日趋多样化。随着我国金融体制改革的不断深化,金融资产结构与金融服务不断走向综合化,商业银行的负债结构也发生了很大的变化,主动性负债与其他发债的额度有所加大,无论是存款性负债还是非存款性负债都有所创新。如回购协议、大额可转让定期存单、信用卡存款等存款性负债,各种可转让债券以及次级债等非存款性负债。

(2) 负债持有的市场份额不均衡。在不同的银行之间,负债持有的市场份额是不均衡的。这主要是由于长期以来,相对于股份制商业银行,我国大型商业银行在金融领域占据得天独厚的地位,使其在金融业务中尤其是在存款吸收方面占有绝对的优势。

(3) 负债业务经营国际化。随着全球经济的联系越来越紧密,以及我国改革开放的不断深入,银行业的开放程度不断提高、银行的对外业务逐渐放开,商业银行面对着国内外更多更强大的竞争对手,必须加快发展现有人民币负债业务,利用营业网点的优势,积极开展国际业务,在国际金融市场上吸收资金,增强实力,同国内外的商业银行平等竞争,谋求发展。

三、负债业务的经营目标

商业银行负债经营的基本目标是在风险一定的条件下,以尽可能低的成本筹集所需要的资金。其具体的经营目标包括降低负债的成本、扩大负债的规模、合理把握负债结构、增强负债的稳定性、确保负债效益性等。

1. 不断扩大负债规模,维持银行负债的稳定增长

商业银行是一个典型的高负债经营的金融企业,负债规模的大小在很大程度上决定了商业银行经营实力与竞争能力的强弱。自从 1998 年我国取消了信贷规模控

制,全面实行资产负债比例管理后,各家商业银行都把如何扩大负债规模、维持负债的稳定增长放在经营的重要位置。

2. 建立合理的负债结构,提高负债的稳定性

合理的负债结构是指着眼于银行资产业务的资金需求,根据主动负债、被动负债和其他负债的易得程度、成本高低以及期限的长短进行组合选择,使负债结构一方面能够与资产的需要相匹配,另一方面又能保持一定的流动性,以利于盈利性目标的实现。首先,就负债期限结构而言,要将短期负债与长期负债进行综合考虑,需找科学合理的组合,在保证稳定性的前提下寻求成本的降低以及流动性的增强。其次,就负债的客户结构而言,商业银行要充分了解自己的客户性质,并就不同的客户群体实施不同的管理方式,在积极争取存款大户的同时,不忽视存款散户和小户,以保持合理的客户结构,增强负债的稳定性。最后,就负债的种类结构而言,商业银行要从客户的角度出发,根据客户多样化的需求,积极研发负债品种,开拓潜在的负债市场,进一步扩大资金的来源,增强商业银行资金实力,提高负债的稳定性。

3. 降低负债成本,确保负债的效益型

商业银行经营目标的基本要求就是实现利润的最大化,因此必须进行负债成本控制。商业银行的负债成本主要是由利息支出和非利息支出组成,非利息支出主要是一些相关费用的支出。对于不同的负债,其利息支出和非利息支出各不相同,而随着负债规模的扩大,有些费用支出即固定成本有逐渐下降的特性。因此,商业银行可以通过扩大负债规模、调整负债结构、减少非利息支出等措施,降低负债成本率,不断提高银行的盈利水平,更好地为银行的生存和发展创造条件。

四、负债业务的经营原则

商业银行的负债业务是一项基础工作,政策性强、复杂、要求高,既要满足业务发展的需要,尽可能以较低的成本筹集经营所需要的资金,又要考虑宏观的法律环境,这就需要商业银行在经营负债的时候必须遵守一定的原则,以期顺利取得预期的收益,实现经营目标。

1. 依法筹资原则

依法筹资原则是指商业银行在筹集资金的过程中,不论采取何种筹资方式和筹集渠道,都必须严格遵守有关的法律、法规,不得进行违法违规筹资。依法筹资原则有两重重要含义:一是商业银行的筹资必须符合有关法律如《商业银行法》的规定,不得超越范围筹集资金;二是商业银行筹集资金应当按照中国人民银行规定的存款利率上下限,确定合法的存款利率,并予以公告,严禁高息揽存。由于商业银行的资产规模决定了商业银行的经营与竞争实力,各个银行都将扩大筹资规模作为自己的重要任务,为保证商业银行之间的合理公平竞争,维护正常的金融市场秩序,就必须建立金融法规政策,以法律形式来规范商业银行的筹资行为。一旦商业银行违法违规筹资,就会受到法律的制裁和中央银行的严格监控。

2. 适度规模原则

适度规模原则，是指商业银行在筹资活动中要根据业务发展需要，特别是资产规模扩张的要求来筹措资金，避免过度负债引起支付困难。由于商业银行具有高负债、高风险的特点，客观上要求商业银行严格遵守资产负债比例的规定，保持负债规模的适度性，才能够保证经营的安全性，提高经营信誉，避免经营亏损甚至破产倒闭。

3. 成本控制原则

成本控制原则，是指商业银行在筹集资金的活动中，要采取各种方法、手段降低筹资成本，努力提高盈利水平。利润最大化是商业银行追求的最终经营目标，而商业银行盈利水平的高低取决于收入与成本之间的比例，筹资成本直接影响到商业银行的盈利水平，所以商业银行积极进行成本控制，以求获得尽可能高的利润水平。控制商业银行的资本成本有两个基本途径：一是通过扩大筹资规模，降低平均固定成本，获得规模效应；二是选择合理的筹资结构，使利息高低不同、期限不同的负债相互组合，以降低负债总和平均成本。

4. 结构合理原则

结构合理原则是指商业银行在筹集资金的活动中，通过保持合理的负债结构，提高负债的相对稳定性，维持商业银行资金流动性。商业银行负债结构是否合理没有绝对的标准，可以通过负债的综合平均成本和筹资来源是否稳定这两个方面来反映。商业银行在经营过程中，要努力降低负债的平均成本，实行多样化的筹资方式，积极进行产品创新，扩大筹资渠道。

第二节 存款性负债业务

存款是社会公众基于对银行的信任而将资金存入银行并可以随时或按约定时间支取款项的一种信用行为。存款是银行负债业务中最重要的业务，是商业银行资金的主要来源。吸收存款是商业银行赖以生存和发展的基础，占到负债总额的70%以上。从古至今，存款都是商业银行开展资产业务和其他业务的基础，直接影响商业银行的竞争力，关系到商业银行的生存与发展。

一、传统的存款业务

商业银行的存款按不同的标准可以划分为不同的种类。通常，按存款的所有者划分，可分为工商企业存款、个人存款、财政存款、机关团体存款、同业存款和其他存款；按存款支取方式划分，可分为活期存款、定期存款和储蓄存款等；按存款的来源和性质可以分为原始存款和派生存款；按存款的货币形式划分，可分为人民币存款和外汇存款。其具体划分依研究角度和实际需要而自主决定。

1. 按存款的所有者划分

(1) 企业存款。

企业存款是指工商企业把在生产流通过程中的支付准备金和部分扩大再生产的积累基金存放在商业银行所形成的银行负债。按存款期限可以分为活期存款和定期存款。它是银行信贷资金的重要来源,一般要占存款总额的25%以上。

(2) 财政性存款。

财政性存款主要是指财政金库款项和政府财政拨给机关单位的经费以及其他特种公款等。各级财政部门代表本级政府掌管和支配的一种财政资产,包括国库存款和其他财政存款。国库存款是指在国库的预算资金存款;其他财政存款是指未列入国库存款的各项财政在专业银行的预算资金存款以及部分由财政部指定存入专业银行的专用基金存款等。

(3) 同业存款。

同业存款是指信用社以及财务公司、信托公司等非银行金融机构开办的存款业务,也就是其他非银行金融机构存入商业银行的存款,属于对公存款种类,一般情况都会对其进行利率浮动,浮动比例与银行协商。

同业存款可分为国内同业存款和国外同业存款两方面。国内同业存款,是指国内各银行以及其他金融机构为了方便结算,在各自有关的结算地点开立存款账户,是对于接纳该笔存款的银行和金融机构而言的。国外同业存款,是指各国经营外汇业务的银行,为了便于国际业务的收付,在某种货币的结算地点开立的该货币的存款账户,也是对于接纳该存款的银行和金融机构而言的。

(4) 个人存款。

个人存款是指存款人为自然人,具有货币资产储蓄性质的存款。我国个人存款实行实名制,凭存款人的身份证开设储蓄和结算这两种账户。商业银行应该为储户的存款保密,除司法机关要求,不容许其他人查询,不得任意冻结和划扣个人存款。当商业银行破产,进行清算的时候应该首先支付个人储蓄存款中的本金和利息。

2. 按存款的支取方式划分

(1) 活期存款。

活期存款是指无需任何事先通知,存款户即可随时存取和转让的一种银行存款。这种存款是主要用于交易和支付用途的款项,支用时需要使用银行规定的支票,因而又称为支票存款。其形式有支票存款账户、保付支票、本票、旅行支票和信用证等。活期存款能满足存款户存取方便、运用灵活的需要,也是客户从银行取得贷款和服务的重要条件。因此,政府、社会团体、公司、合伙企业及个人等都在商业银行开立活期存款账户。但是,由于该类存款存取频繁,手续复杂,所费成本较高,因此西方国家商业银行一般都不支付利息,有时甚至还要收取一定的手续费。

虽然活期存款的经营成本较高,但是活期存款是商业银行重要的资金来源,对商业银行有着重要意义。首先,由于活期存款在筹集过程中会形成一笔相对稳定、数量可观的余额,因此活期存款不仅可以用于短期贷款和投资,还可以将这部分稳定的资金用于中长期贷款和投资。其次,活期存款具有较强的信用创造能力。当存款人以使用支票的形式提取现金,并将支票进行多次转让而并不提现,这便使商业银行具有信用创造和扩张能力。最后,活期存款业务有利于密切银行和客户的关系。

(2) 定期存款。

定期存款是一种由存户与银行预先约定期限,到期偿还本金并支付一定利息的存款。期限通常为三个月、六个月、一年或一年以上不等,并根据不同的期限制定不同的利率,长期存款的利率要高于短期存款,但是无论期限多长,其利率都要高于活期存款。定期存款一般要到期才能提取,对于未到期而提前提取的存款,商业银行将对此进行一定的罚息,在我国,定期存款可提前支取一次,对于提取部分按活期存款利率计息,对未提取部分仍按原利率不变。

定期存款是货币所有者获取利息收入的重要金融资产,也是银行获取资金的重要渠道,它对于银行而言也有着特殊重要的意义。首先,定期存款是银行稳定的资金来源。这是因为定期存款的期限较长,按规定一般不能提前支取,这样银行就可将这部分资金用于中长期投资或放款而无流动性风险之忧。其次,定期存款的资金利用率高于活期存款。定期存款由于提取有时间的限制,故稳定性较强,存款准备金率较低,银行可以把吸收的绝大部分资金都贷出去用以获取收益。最后,定期存款的营业成本低于活期存款。因为定期存款只需开具一张定期存单即可,在存款期间银行几乎不提供任何服务,除了利息之外,银行为定期存款所支付的各种费用很低,有利于提高银行的收益。

(3) 储蓄存款。

储蓄存款是指为居民个人积蓄货币和获取利息而设定的一种存款业务,通常由银行发给客户存折以作为存款和提现的凭证,其存取没有一定期限,只凭存折便可提现。储蓄存款一般不能据此签发支票,不能透支,支用时只能提取现金或转入存款人的活期存款账户。由于它的流动性介于活期存款和定期存款之间,因此,其利率也介于两者之间,高于活期存款而低于定期存款。

活期存款通常可分为定期储蓄存款、活期储蓄存款和定活两便储蓄存款三种。活期储蓄是指开户时不约定期限,存取款数目不受限制,储户可随时存取的一种储蓄方式。活期储蓄存款来源于人们生活待用款项和滞留时间较短的手持现金。活期储蓄具有存取方便、灵活、适应性强、流动性大的特点。活期储蓄分活期存折储蓄、活期存单储蓄和活期支票储蓄三种。定期储蓄存款是指储户在存款时事先约定存期,一次或分次存入,一次或多次支取本金或利息的一种储蓄方式。一般来说,定期储蓄的存期与利率成正比。定期储蓄又分别设置了整存整取、零存整取和存本取息三种。定活两便储蓄存款是开户时不确定存款,存款可以随时提取,利率随实际存期长短而变动的一种储蓄存款。这种存款集合了定期储蓄存款和活期储蓄存款两者的优势,既可以像活期储蓄存款那样随时提取,又可以获得定期储蓄存款利率按一定比例折扣后的优惠利率。

3. 按存款的来源和性质划分

(1) 原始存款。

原始存款是指银行吸收的现金存款或中央银行对商业银行再贷款、再贴现而形成的存款，是银行从事资产业务的基础。这部分存款不会引起货币供给总量的变化，仅仅是流通中的现金变成了银行的活期存款，存款的增加正好抵消了流通中现金的减少。原始存款对于银行而言是现金的初次注入，是银行扩张信用创造存款通货的基础。由于现金和中央银行签发的支票都属于中央银行向流通中投入的货币量，所以商业银行能吸收到多少原始存款，首先取决于中央银行发行多少货币，其次取决于商业银行对中央银行发行货币的吸收程度。

(2) 派生存款。

派生存款是原始存款的对称，是原始存款的派生和扩大，是由商业银行发放贷款、办理贴现或投资等业务活动引申而来的存款。派生存款产生的过程，就是商业银行吸收存款、发放贷款，形成新的存款额，最终导致银行体系存款总量增加的过程。

派生存款并非再生产过程中资金或货币的真实转移，而是社会购买力的扩大，因此不增加银行的清偿能力。

4. 按存款的货币形式划分

(1) 本币存款。

本币存款是指存款货币和提款货币均是本国货币的一种存款，我国的本币存款为人民币存款，由商业银行和经过批准的财务公司、信用社等金融机构经营。

(2) 外汇存款。

外汇存款是指以可兑换外国货币表示的银行各种存款，主要有外币的活期存款、储蓄存款和定期存款等。它是外汇价值的主要表现形式。银行通过对外汇存款的运用可以带来丰厚的利润。在我国它是指商业银行的外国货币存款。

二、创新的存款业务

近年来，随着世界经济的迅速发展，同业竞争的不断加剧以及金融风险的日益加大，各个国家的各大银行为了在激烈的竞争中立于不败之地，纷纷推出了许多金融产品，特别是进入 20 世纪 80 年代以后更是掀起了金融创新的高潮。随着社会经济的不断发展，传统的银行存款业务已不能满足社会的需求，这都促使商业银行不断创新存款产品种类。另外，中央银行等政府管理部门过时的管理规定也束缚着商业银行存款创新的手脚，突破这些限制成为历史发展的必然。

存款业务创新是指商业银行为达到规避管制、增加同业竞争能力和开辟新的资金来源的目的，以客户的动机和需求为主要依据，不断推出新型存款类别的活动。存款业务创新不是针对某一种风险设立的，主要是从市场经济和合法竞争的角度来考虑的,目的是减少风险,稳定存款。特别是在金融市场迅速发展、存款利率面临管制的情况下,银行存款由于其他金融工具的严峻挑战而面临流失的风险。商业银行必须不断地创新存款工具,以更加优质、方便、灵活的服务和具有竞争力的价格来迎接挑战。国外商业银行的存款业务创新主要有以下三类。

1. 活期存款工具的创新

主要的新型活期存款品种有 NOW 账户、超级 NOW 账户、货币市场存款账户、协定账户和货币市场共同基金等。

(1) NOW 账户。

NOW 账户是可转让支付命令账户(Negotiable Order of Withdrawal Account)的简称,是由美国的储蓄贷款协会于 1972 年创办的。它是一种计息的新型支票账户(活期存款账户),既可用于转账结算又可支付利息,年利率略低于储蓄存款,提款使用规定的支付命令,和支票一样可自由转让流通。NOW 账户的开放产生了兼具储蓄存款和活期存款优点的新式存款工具,在客户中颇具吸引力。通过这种账户,商业银行既可以为客户提供支付上的便利又可支付利息,从而吸引客户,扩大存款。

(2) 超级 NOW 账户。

超级 NOW 账户是超级可转让支付命令账户(Super Negotiable Order of Withdrawal Account)的简称。它是 NOW 账户的延伸,是 1983 年年初在商业银行的争取下,美国当局批准商业银行开办的另一种新型账户。超级 NOW 账户较 NOW 账户的先进之处在于它不存在利率上限,而是由银行根据货币市场利率变动每周进行调整。但是,超级 NOW 账户对存款底限有所限制,规定开户的最低存款金额必须达到 2 500 美元,而且账户的日常平均余额不得低于存数,否则按类似普通 NOW 账户的利率水平计息。由于存款金额较大,超级 NOW 账户的利率要高于 NOW 账户。

(3) 货币市场存款账户。

货币市场存款账户(Money Market Deposit Account,MMDA),该账户由美国货币市场基金会于 1972 年首创,是一种储蓄和投资相结合的账户。开户时的最低金额为 2 500 美元,平均余额(每月、每旬或每周的平均余额由各银行自定)不低于 2 500 美元。对利率没有最高限;如果存款余额低于 2 500 美元,利率按储蓄存款利率办理,每人调整,每天复利;每月使用这一账户不能超过 6 次,其中支票付款不能超过 3 次;同时,这一存款的个人账户不需缴纳法定存款准备金,非个人账户只要上缴 3% 的存款准备金。货币市场存款账户由于能有条件地使用支票,且银行向其提供的利率能迅速反映利率变动并否决利率上限,故颇具竞争力,帮助商业银行夺回了被货币市场基金所掠走的存款。

(4) 协定账户。

协定账户(Agreement Account),是一种可以在活期存款账户、NOW 账户和货币市场存款账户三者之间自动转账的新型活期存款账户。它是银行与客户达成一种协议,即存户授权银行可将款项存在活期存款账户、NOW 账户或货币市场存款账户中的任何一个账户上。银行开立这三种账户,对前两个账户都规定一个最低余额,超过最低余额的款项由银行自动转入同一存户的货币市场共同基金上,以便取得较高的利息;若最低余额不足,也可由银行自动将同一存户在货币市场共同基金账户上的一定款项转入活期存款账户或可转让支付命令账户,以补足其最低余额。

(5) 货币市场共同基金。

货币市场共同基金(Money Market Mutual Funds,MMMFs),是美国在20世纪70年代初创立的一种小额信托投资,其目的在于广泛吸收社会闲散资金用于社会投资。货币市场共同基金是一种特殊类型的共同基金,购买者按固定价格(通常为1美元)购入若干个基金股份,货币市场共同基金的管理者就利用这些资金投资于可获利的短期货币市场工具(例如,国库券和商业票据等)。此外,购买者还能对其在基金中以股份形式持有的资金签发支票。

2. 定期存款工具的创新

主要的新型定期存款品种有可转让大额定期存单、新型期日指定定期存款、货币市场存单和定活两便存款账户等。各类新型定期存款的发展使定期存款占商业银行资金来源的比重有所提高。

(1) 可转让大额定期存单。

可转让大额定期存单(Negotiable Certificates of Deposits,CDs),是由商业银行发行的、可以在市场上转让的存款凭证。它是由美国花旗银行于1961年首创,原本是为了逃避最高利率限制("Q字条例")与存款准备金规定("D字条例"),亦是银行对相对市场份额下降所做出的竞争性反应。它的主要特点是流通性和投资性,具体表现在:CDs具有自由流通的能力,可以自由转让流通,有活跃的二级市场;CDs存款面额固定且一般金额较大;存单不记名,便于流通;可自由转让;存款期限为3—12个月不等,以3个月居多,最短的14天。

(2) 新型期日指定定期存款。

新型期日指定定期存款在日本银行界颇为流行,是指一种存入期限为1年以上、最长为3年的定期存款,在存入1年后只要提前1个月指定支取日期,任何时候都能支取。该存款的对象为享受税收优惠的个人。根据存入的期限不同,其利率采用一般定期存款的利率的复利计算,若中途解约,则与定期存款相同。

(3) 货币市场存单。

货币市场存单(Money Market Certificate of Deposit,MMCD),是一种浮动利率存单,它的利率以某种货币市场的指标利率为基础,按约定的时间间隔浮动。它是由美国储蓄机构于1987年首创的一种不可转让的新型定期存单。货币市场存单期限为半年,最低面额为1万美元,银行可向这种存单支付相当于半年期国库券平均贴现率水平的最高利率,但不得高于"Q字条例"规定的银行利率上限的0.25%。其储户对象是各类个人投资者。按存入的最低金额要求不同分为大额货币市场存单、中额货币市场存单和小额货币市场存单。

(4) 定活两便存款账户。

定活两便存款账户是一种预先规定基本期限但又含有某些活期存款性质的定期存款账户。定活两便体现在该存单可在定期存款和活期存款之间自由转换，存户没有义务按期提款，但在基本期限之前提取的依活期存款计息，超过基本期限提款的则按基本存款和定期存款利率计息。定活两便存款账户不能完全代替活期支票账户，因为它只可作提款凭证而不像支票那样具有转账和流通功能。

3. 储蓄存款的创新

新型储蓄存款的主要品种有电话转账服务和自动转账服务账户、股金提款单账户以及个人退休金账户等。

(1) 自动转账服务账户。

自动转账服务账户(Automatic Transfer Service Account, ATS)，是一种存款可以在储蓄存款账户和支票存款账户之间按照约定自动转换的存款账户。它开办于1987年，是在电话转账服务账户的基础上发展起来的。存户首先需要在银行同时开立活期存款和储蓄存款两个账户，活期存款账户余额可只保持1美元，其余款项全部存入储蓄存款账户，以取得利息收入。银行根据客户授权，在收到存户支票需要付款时，随即将支付款项从储蓄账户转移到活期存款账户上，以完成自动转账或提现。客户为此要支付一定的手续费，同时银行也要向中央银行缴存准备金。

(2) 股金提款单账户。

股金提款单账户(Share Draft Account, SDA)，是专为划转股金收入而创立的一种储蓄存款账户，是一种支付利息的支票账户，由美国信贷协会于1974年首创，是逃避利率管制的一种创新。该种储蓄账户兼具支票账户功能，存款人可以随时开出类似支票的提款单，取现和转账实现前，存户资金可取得相当于储蓄存款的利息收入。

(3) 个人退休金账户。

个人退休金账户(Individual Retirement Account, IRA)，于1974年首创，是一种个人自愿投资性退休账户，所有工资收入者都可开立，它为未参加"职工退休计划"的工薪层提供了便利。个人退休账户属于享有缓税(Tax Deferred，也译作延税)优惠的个人长期储蓄养老账户，允许个人在该账户内存入限定额度的资金以获取利息或投资收益，并可以延缓缴纳资本利得税(Capital Gain Tax)，直到退休(美国目前法定退休年龄为65岁半)后提取资金时才缴纳相应的所得税。该种账户的存款因为存期长，其利率略高于一般的储蓄存款。

通过以上存款业务创新产品的介绍，可见存款产品创新时其创新的理念表现在以下三个方面：一是增强存款业务产品的流动性，即增强存款方式的流动性、变现性和可转让性；二是增加存款业务产品的服务便利性，即增加各种附加服务，便于客户存取款；三是增加存款业务产品的收益性，即在相关政策法规下采取措施保障客户存款尽可能获得合法利益。

三、影响存款变动的因素

要保持存款的稳定增长,首先应弄清影响存款变动的因素。分析影响存款变动的因素可以从内部和外部两个方面进行。

1. 影响商业银行存款变动的内部因素

(1) 存款利率。对单个银行来说,提高存款利率有利于吸引存款客户,扩大存款的规模。但对整个银行体系而言,如果所有的商业银行都竞相提高存款利率,就会使存款的平均成本增加,在贷款利率不变情况下,银行无法获取利润,甚至导致银行亏损,因此以提高存款利率来增加存款的作用往往是有限的。

(2) 银行服务质量与数量。增加服务项目、提高服务质量是银行争取存款的一个重要手段。银行不断推出新的服务项目,提供高质量的服务内容,以增强对客户的吸引力,稳定存款来源。

(3) 银行的实力和信誉。在其他条件相同的情况下,客户往往愿意将资金存入那些具有雄厚经济实力、良好信誉的商业银行。

(4) 银行对客户的贷款支持。商业银行能否在客户需要的时候为其提供贷款,是客户选择的一个重要条件。如果商业银行能够提供贷款,则对客户的吸引力就加大;反之则会受到很大影响。

(5) 存款种类。能否根据客户的需要积极推出新的存款产品,是影响商业银行存款数量的重要因素。商业银行应该以市场为导向,以客户的需求为中心,积极研发新的存款产品,以吸引更多的存款客户,增加资金来源。

(6) 商业银行与社会各界的关系。银行与社会各界的关系主要包括业务关系和人事关系。业务关系是指银行与企业界、个人及同业之间的业务关系。人际关系是指银行与其他组织或个人发生联系的另一种形式,具有一定的感情色彩。商业银行的业务关系和人事关系越多,越能吸收更多的存款。

2. 影响商业银行存款变动的外部因素

(1) 社会经济发展水平和经济周期。一般说来,一个国家和地区的商品生产和经济发展的水平,决定银行存款的规模。经济发达、货币信用关系深化的国家和地区,商业银行的存款规模大;经济欠发达、信用关系简单的国家和地区,商业银行存款规模也相应的较小。在经济周期的不同阶段,银行吸引存款的难易程度也有很大的差别。经济繁荣阶段,企业资金规模大、周转快,银行存款增加;相反,在经济衰退时期,一些企业甚至破产倒闭,企业和个人收入减少,银行吸收存款也相应减少。

(2) 政府的法律、法规。一般来说,政府对商业银行的业务范围、机构设置等方面的限制越少,使之具有更多的自主性,可以根据市场的变化和客户的需求,积极开发新产品,增加新服务,那么商业银行便能以最大的限度获得存款;反之则相反。

(3) 中央银行的货币政策。中央银行货币政策的调整,会直接或间接地影响商业银行的存款。如中央银行实行紧缩的货币政策,提高法定存款准备金率、减少再贷款的规模、提高再贴现率,会使商业银行存款减少;反之则相反。

(4) 个人收入的变化。当个人收入增加的时候,人们往往有多余的资金存入银行,银行存款相应增加;当个人收入减少的时候,人们不仅没有余钱存入银行,甚至还会提取银行存款来缓解当前的资金紧张,银行存款相应下降。

第三节 非存款性负债业务

商业银行的非存款性负债又叫做借入负债,是指商业银行主动通过金融市场或直接向中央银行融通资金,是商业银行除存款以外的又一重要资金来源。由于非存款性负债大部分无准备金要求,降低了非存款筹资成本,且筹资速度快,近年来发展迅速。一般来说,商业银行规模越大,越愿意用非存款性负债。

商业银行的非存款性负债在期限上有短期和长期之分。短期借入负债是指在一年以内的一个营业周期必须偿还的债务,长期借入负债是指偿还期在一年以上的债务,两者具有不同的特点和内容。

一、短期借入负债

短期借入负债是指期限在一年以内的借入负债。商业银行的短期借入负债主要包括同业借款、向中央银行借款、回购协议、出售大额可转让定期存单、票据市场借款、欧洲短期信贷市场借款等。

1. 短期借入负债的特点

(1) 对流动性需要的集中性。

相对于存款性负债,短期借入负债比较集中,因而短期负债的流动性需要在时间上和金额上相对集中,如果不能如期还款,商业银行就会丧失信誉,从这方面说,其流动性风险要高于存款性负债。

(2) 主动性。

活期存款的余额随时随地都在发生着变化,定期存款也存在着提前支取的限制,因此对于存款性负债商业银行难以主动控制和把握。相比较而言,商业银行对于短期借入负债在某一时点上的存款余额能够较为准确地把握,具有充分的主动性,可以进行有计划地选择和控制,以加强对负债的管理。

(3) 较高的利率风险。

短期借入负债的利率与市场资金的关系密切,极易受到市场利率变动的影响。当市场上的资金需求大于资金供给,短期借入负债的利率有可能随之上升,导致商业银行负债成本的提高,给商业银行的经营造成损失。因此,商业银行要加强对短期借款负债的成本分析和控制,降低利率风险。

(4) 主要用于弥补短期头寸的不足。

短期借入负债由于期限较短,因而只能用于商业银行的头寸的调剂,解决临时性资金不足和周转需要。虽然短期借入负债也会有一定稳定的余额,可以被用于中长期投资,但是绝不能优先用短期借入负债来满足盈利性资产的资金需要。

2. 短期借入负债的意义

(1) 短期借入负债是商业银行重要的非存款资金来源。

在商业银行的负债业务中,存款始终是最主要的资金来源,但是随着商业银行的发展,非存款性负债不断增长,同业拆借、向中央银行借款等短期负债,已经成为商业银行重要的非存款资金来源。

(2) 短期借入负债有利于提高资金的管理效率。

短期借款是主动性负债,商业银行可以对其在某一时点上的余额进行准确把握,因此银行可以依据对安全性、盈利性和流动性的需要,对不同的短期借款进行有效组合,提高资金的管理效率。

(3) 短期借入负债是用来满足商业银行资金周转的主要形式。

在商业银行的经营中,只有持有足够的周转金才能应对可能出现的支付需求。传统商业银行以现金为主要的资金周转形式,现代银行则倾向于通过短期负债来满足资金周转的需要。

商业银行可以通过金融市场上的同业拆借、向中央银行借款等方式来满足资金周转的需要,同时也降低存款波动的不良影响,在一定程度上兼顾了盈利性的要求。

(4) 短期借入负债有利于商业银行加强同外部的联系与往来。

非存款短期负债数量的增加意味着商业银行资金规模的增多,同时也为资产业务的开展创造了条件,使得银行经营规模随之不断扩大。同时,短期负债也加强了商业银行与同业间、中央银行等外部机构的联系与往来,便于了解各种信息,形成统一的国际金融市场。

3. 短期借入负债的方式

(1) 同业借款。

同业借款是指商业银行与其他金融机构之间开展的4个月至3年(含3年)的银行间借贷,是同业拆借和转贴现、转抵押的统称。

① 同业拆借是指金融机构(中央银行除外)之间为调剂资金头寸、支持日常性的资金周转而进行的短期借贷,是同业借款的主要形式,也是商业银行传统的、主要的短期借入负债业务。

② 转贴现是指商业银行在资金临时不足时,将已经贴现但仍未到期的票据,交给其他商业银行或贴现机构给予贴现,以取得资金融通。

③ 转抵押是指商业银行在临时性资金短缺、周转不畅的情况下,通过转抵押的方式向中央银行之外的金融机构办理的贷款。转抵押贷款的程序与工商企业向商业银行申请抵押贷款的程序基本相同,手续较复杂,技术性也较强。

(2) 向中央银行借款。

中央银行是一国金融机构体系的领导和核心,作为"最后贷款人",中央银行的重要职能之一就是充当整个金融机构体系的最后贷款人,即当商业银行等金融机构在经营过程中出现头寸不足或资金周转不灵时,可以向中央银行申请借款。商业银行向中央银行借款主要有两种形式:一是再贴现,二是再贷款。

① 再贴现是指商业银行将其从工商企业那里以贴现方式买进的未到期的商业票据再向中央银行进行贴现,也称间接借款。再贴现是中央银行三大传统的货币政策工具之一,中央银行通过调整再贴现利率、票据的质量、期限及种类等,可以影响商业银行的筹资成本,起到影响基础利率的作用。再贴现利率一般略低于再贷款利率。

② 再贷款是指商业银行向中央银行的直接借款,是商业银行除存款之外最重要的资金来源,是中央银行控制货币供应量的主要途径之一,分为信用贷款、抵押贷款两种。信用贷款是指一家信誉较好的商业银行可以仅以自己的信用作为保证,不需要提供任何抵押品就可以从中央银行那里取得一定的借款;抵押贷款是指商业银行将其持有的各种有价证券和票据或其企业客户的贷款抵押品再抵押给中央银行而取得的借款。这种抵押贷款融资方式较再贴现更简便、更灵活。

(3) 回购协议。

回购协议指的是在出售证券的同时,与证券的购买商达成协议,约定在一定期限后按预定的价格购回所卖证券,从而获取即时可用资金的一种交易行为。此种协议实际上是由卖方提供抵押品给买方,就卖方而言,回购协议即为一种抵押贷款形式;对于买方而言,回购协议又称"逆回购协议"或"反回购协议",即资金供给者在签订协议时交割资金、买回证券等金融资产,而在合同期满时"再卖出"证券等金融资产换回资金。回购协议可以是隔夜交易,也可以期限长达几个月,大部分回购协议的期限是几天。根据双方协定日期划分,回购协议又可分为双方协定的日期为1天的隔夜回购、超过1天的定期回购、未规定期限的开放式回购。我国规定回购协议的期限最长不得超过3个月。

(4) 出售大额可转让定期存单。

大额可转让定期存单是由商业银行发行的、可以在市场上转让的存款凭证。大额可转让定期存单的期限一般为14天到1年,金额较大,美国为10万美元。大额可转让定期存单是绝对不能提前支取的,如果持有者急需资金,只能将其在二级市场上出售,其转让价格随行就市。大额可转让定期存单的销售对商业银行主要客户的影响是在同一商业银行的存款账户间简单的资金转移,这一简单的转账也可以使商业银行获得新的可贷资金。

(5) 票据市场借款。

当商业银行面临资金周转困难或者需要资金时,可以通过票据市场发行商业票据筹措资金。商业票款按承兑人的不同,可分为银行承兑汇票(Commercial Acceptance Bill)和商业承兑汇票(Bank's Acceptance Bill)两种。银行承兑汇票是商业银行承诺保证到期支付的远期票据。银行可以在其到期之前将其出售,换取所需要的短期资金。商业票据是指由金融公司或某些信用较高的企业开出的无担保短期票据,面值一般为10万美元,期限有三四天至9个月不等。

(6) 欧洲短期信贷市场借款。

欧洲信贷市场产生于20世纪50年代,是一种特殊类型的国际商业贷款。它是指设在货币发行国国境以外的银行经营的该种货币的贷款,也称离岸金融市场。欧洲信贷市场按其业务可分为欧洲短期信贷市场、欧洲中长期信贷市场和欧洲债券市场。其中,欧洲短期信贷市场形成最早、规模最大,其余两个市场都是在欧洲短期信贷市场发展的基础上衍生形成的。在当前经济全球化、国际金融市场一体化的进程中,商业银行可以利用这种国际金融市场来获取所需的短期资金。信用工具包括固定利率的定期存单、欧洲美元存单、浮动利率的欧洲美元存单和本票等。短期资金信贷的期限一般为1天至1年,借款金额一般以100万美元为起点。

二、长期借入负债

长期借入负债是指期限在一年以上的借入负债。商业银行长期借入负债一般采用发行金融债券的形式,主要包括资本性金融债券、一般性金融债券、国际性金融债券等。

1. 长期借入负债的意义

商业银行借助于发行一般性、资本性、国际性金融债券筹集资金具有十分积极的意义。

(1) 长期借入负债有助于商业银行扩大存贷范围。

金融债券是面向全社会发行的,筹集范围广泛,不受商业银行所在地区的资金状况、营业网点和人员数量等因素的限制,可以对商业银行原有存贷关系进行突破。

(2) 长期借入负债有利于迅速增加商业银行的筹资数量。

由于长期债券的利率较高,对存款客户有较强的吸引力,有利于提高商业银行筹资的速度,增加商业银行筹资的数量。

(3) 长期借入负债有助于增强商业银行对资金的利用率。

通过发行债券的方式筹集资金无需缴纳准备金,这样有助于提高商业银行对筹集资金的利用率。

(4) 长期借入负债有助于调整商业银行的负债结构。

商业银行可以依据资金使用的情况,有针对性地发行长期债券,使资金来源与资金运用保持一致,有利于优化商业银行资产负债结构。

2. 长期借入负债的方式

(1) 资本性金融债券。

资本性债券是为弥补银行资本不足而发行的,介于存款负债和股票资本之间的一种债务,《巴赛尔协议》称之为附属资本或次级长期债务。它的利息以及对银行收益的资产分配要求权优先于普通股和优先股,次于银行存款和其他负债。

(2) 一般性金融债券。

一般性金融债券是指商业银行为筹集用于长期贷款、投资等业务资金而发行的债券,主要有担保债券和信用债券。担保债券是指由一定保证人作担保而发行的债券。当企业没有足够的资金偿还债券时,债权人可要求保证人偿还。信用债券是指没有抵押品,完全靠公司良好的信誉而发行的债券,也称无担保债券,通常只有经济实力雄厚、信誉较高的企业才有能力发行这种债券。

(3) 国际性金融债券。

国际金融债券是指商业银行在国际金融市场上发行的、面额以外币表示的金融债券,主要有欧洲金融债券、外国金融债券等。

① 外国金融债券是指商业银行所在国与发行市场所在国具有不同的国籍并以发行市场所在国的货币为面值货币发行的债券。该债券的特点是发行债券的商业银行在一个国家,而债券的面值则用另一个国家的货币表示,如我国在日本金融市场上发行的日元债券。

② 欧洲金融债券是指商业银行通过其他的金融机构,在债券面值表示所用的货币所在国以外的第三个国家发行的金融债券。如我国在伦敦市场上发行的美元债券就是一种欧洲债券,又称为欧洲美元债券。

第四节 存款性负债业务管理

负债业务是商业银行资金的主要来源,是其他各项业务展开的基础,因此银行的负债管理对商业银行的发展有很大的影响,在很大的程度上决定了商业银行的发展命运。商业银行的管理者在进行负债管理的时候,应该遵循一定的原则,在可承受的风险范围内,合理地控制成本,科学、有效地组织商业银行的负债规模与结构,尽可能地避免决策管理的失误,实现商业银行的持续发展与有效盈利。

商业银行的负债的经营管理分为对存款性负债业务的经营管理和对非存款性负债业务的经营管理,本节主要介绍负债管理理论和对存款性负债业务的经营管理,对非存款性负债业务的经营管理将在下一节进行介绍。

一、存款成本构成与定价

1. 存款负债的成本构成

存款负债成本是商业银行在组织存款的过程中所需要花费的各种开支,包括利息成本、营业成本和其他成本三个部分。

(1) 利息成本。

利息成本是指银行按约定的存款利率,以货币形式的报酬付给存款人的开支,是银行存款成本的重要组成部分。影响商业银行利息成本的主要因素有存款利率、存款结构与存款平均余额。存款利率有固定利率和浮动利率之分,利息成本的计算方式也分为以固定利率计息和以浮动利率计息。固定利率是指在存款负债发生时确定好的利率以后不再进行调整的利率,利息额按照负债余额乘以规定的利率及存期而得,按照此方法计息,当利率下降时就会使商业银行蒙受损失,而当利率上升时则会对存款人带来损失;浮动利率计息是指存款负债在发生时不规定具体的利率,而是确定一个基点,加上某一具体数额作为该存款负债的利率,这一存款利率与市场利率挂钩,随着市场的变化而变化,对商业银行和存款人都有抵御风险的效果,但是由于利率的不确定,给商业银行计算成本带来了困难。我国的存款一般都按固定利率计息;西方国家普遍使用浮动利率计息办法。

(2) 营业成本。

营业成本是指商业银行在组织存款过程中所花费的除了利息以外的其他一切费用开支。这些费用开支包括人员工资、广告宣传费、存款所需要的设备、设备折旧费、各种办公服务费等。营业成本又可进一步分为变动成本和固定成本,变动成本是商业银行在营业成本支出中随着业务量变动的成本,实际代表了商业银行支付的除利息以外的一切报酬;固定成本是商业银行在营业成本支出中不随着业务量变动的成本,如管理、广告等费用。我国商业银行的存款利率是由国家统一规定的,因此各商业银行为了吸引更多的客户存款,往往通过提供更多的服务以争取竞争优势,从而导致非利息成本的快速上升,所以营业成本也就成了商业银行成本控制的关键所在。

(3) 其他成本。

其他成本是指与商业银行经营有关而未包含在上述成本之中的成本,具体包括连锁反应成本和风险成本。连锁反应成本是指商业银行为吸收新的存款而增加的服务和利息所引起的对原有存款支出的改变所增加的成本;风险成本是一种虚拟成本,指的是因存款规模的增加而引起的商业银行潜在的经营风险增加的成本。这两种成本是一种可能成本,不一定会发生,连锁反应成本只在商业银行对原有存款采取具体措施时产生,风险成本只当这种风险真实发生的时候才产生。

2. 存款负债的成本定价

在金融市场较为发达的西方国家,实行浮动利率的体制决定了商业银行必须拥有自主的资金定价权。它们必须根据市场利率变动,根据一定的原则合理地进行存款的定价,最大限度地增加银行利润。

现阶段我国由于利率管制,存款负债是由国家统一定价的,各家银行只有一定的浮动权。国家根据国民经济发展的客观要求、企业利润水平、物价水平、资金供求状况等因素,对不同种类的存款统一定价。随着我国市场经济的不断发展,体制的不断完善,利率管制必然有一天会被市场化所取代,商业银行将逐步被赋予存款负债的自主定价权。

(1) 以成本为基础的定价。

以成本为基础的定价，是以商业银行各项费用成本之和作为定价的基础。这种定价法不考虑外部的竞争形势和在不同细分市场客户愿意接受的收益水平，完全以商业银行的经营状况对存款负债进行定价。但是，这种定价法比较复杂，难以进行沟通和有意义的价格比较。其计算步骤如下：① 计算每种资金的成本比率；② 每一成本比率乘以每种资金来源占银行总资金来源的相对比重；③ 加总各项乘积，得出银行存款资金的加权平均成本。

(2) 边际成本定价。

边际成本定价是指使用新增加资金所增加的边际成本来进行存款负债的定价，即通过比较存款的边际成本与边际收益孰高来决定是否吸引新的存款，只有当边际成本小于边际收益时，商业银行制定新的存款利率才是可行的。这里需要把握两个关键因素，即边际成本与边际成本率。知道了边际成本率以后，我们就可以计算投资新存款的边际收益。

其计算公式为：

边际成本 = 总成本变动额
 = 新利率 × 新利率下的存款量 − 原利率 × 原利率下的存款量

边际成本率 = 总成本变动额 / 新增存款额

边际收益 = 新贷款与投资的收益率 × 新利率下的存款量
 − 原贷款与投资的预期收益率 × 原利率下的存款量

这种方法从某种意义上说要优于加权平均成本定价法。因为在浮动汇率制度下，利率的频繁变化会使得平均成本定价变得不切实际。例如，如果利率下降，筹集新资金的边际成本可能大大低于银行所筹全部资金的平均成本，某些可以盈利的贷款和投资根据平均成本法判断是不盈利的。反之，如果利率上升，新资金的边际成本可能大大超过银行的平均资金成本，依据平均成本来判断应发放新贷款，但是按目前市场中较高的边际成本来评判，贷款则可能是无利可图的。

(3) 关系定价法。

关系定价法是指以商业银行和客户之间的关系为标准来进行存款负债定价的方法。商业银行和客户之间关系的好坏是根据存款客户所使用的商业银行的服务数量来衡量的，关系越好，客户对商业银行的依赖性也就越强，因此商业银行会对那些购买两项以上服务的客户在提供服务时收取较低的费用甚至免费提供服务，这一方面增强了客户对银行的依赖，另一方面也提高了银行存款的稳定性。

(4) 为不同的客户制定不同的价格。

20 世纪 70 年代以来，银行业对吸收存款的竞争日益加剧，为了吸引存款客户，银行建立了一个费率表，按照客户在银行存款的平均余额以及客户对其存款的运用情况安排不同的价格。也就是说，商业银行为客户规定一个存款的平均余额最低限，只要客户存款数量保持在最低限以上,客户在使用存款时只需支付很低的费用甚至不付费;但当平均余额下降到商业银行规定的最低水平以下时,就需支付较高的费用。这种存款定价方法实际上是为了鼓励大额存户和存款使用频率低的客户,一方面使商业银行可以获得稳定的、大额的资金来源,另一方面也为存款人自由选择存款组合提供了参考。

(5) 市场渗透定价法。

市场渗透定价法也称渐取定价法,是指以一个较低的产品价格打入市场,目的是在短期内加速市场成长,牺牲高毛利以期获得较高的销售量及市场占有率,进而产生显著的成本经济效益,使成本和价格得以不断降低。渗透价格并不意味着绝对的便宜,而是相对于价值来讲比较低。它的基本思路是商业银行为客户提供一个远高于市场平均水平的利率和远低于市场标准的服务费,以尽可能吸收更多的客户,占领更多的市场份额。

3. 存款负债的成本控制

商业银行的最终目的是追求利润的最大化,而成本是影响利润的关键因素,因此商业银行在经营管理中一定要善于控制和降低负债成本,以尽可能少的投入,获取尽可能多的收益。

(1) 存款负债结构与存款负债成本控制。

在一般的情况下,负债的期限越长,利率就越高,其成本也就越大;反之亦然,但是实际情况并非一定如此。例如,活期存款的利率虽然比较低,但其营业成本较高,因而活期存款的总成本并不一定就低。所以,在研究存款负债成本与存款结构的关系时,不仅要注重利息成本,还应该对营业成本加以重视。又如,我国商业银行的居民储蓄存款的成本通常要高于企业存款。但是,由于储蓄存款具有派生功能,能够派生出数倍的派生存款,而派生存款又都是低息的,所以商业银行在经营过程中不应片面地认为储蓄存款好或是企业存款好。在经营的实践中,在进行成本控制时,需要处理好以下四个关系:① 正确处理低、中、高息存款占全部存款的比重,注重增加低、中息存款,降低利息成本的相对数;② 正确处理不同种类存款利息成本与营业成本占总成本的比例关系,努力降低营业成本;③ 正确处理存款总量与存款可用量之间的关系,在努力扩大存款总量的同时,不能忽视存款的可用量;④ 正确处理定期存款与信用存款之间的关系,从成本控制角度来说,增加定期存款的意义在于通过贷款创造更多的活期存款,以提高银行的收益水平,所以银行组织定期存款的规模应与其派生能力相适应。

(2) 存款负债总量与存款负债成本控制。

存款负债总量与存款负债成本之间有三种关系:逆向组合形式,即随着存款负债总量增长,存款负债成本下降;同向组合形式,即随着存款负债总量增长,存款负债成本提高;特殊组合形式,即存款负债总量增加,存款负债成本不变,或存款负债总量不变,存款负债成本却增加。出现逆向组合是因为存款负债平均成本的高低,不但与存款负债总量有关，而且与存款负债结构、单位成本内固定成本与变动成本占总成本的比重、利息成本与营业成本占总成本的比重也有着密切的关系，而这些组合因素的变动与存款负债总额变动的方向、幅度、范围不一定一致。出现同向组合主要是由于增加网点、提高利率、吸引存款的措施不但增加了存款负债的总量，而且也使得利息成本和营业成本同时上升。出现特殊组合形式则是由于银行内部管理的变动趋于效率化或者相反。

通过存款负债与存款总量的关系可以看出，商业银行不能单纯靠提高存款利率、增加储户存款来扩大存款负债，而要遵循一定的原则进行成本控制，处理好总量、结构与成本的关系，在不增加或少增加成本的基础上争取更多的存款，赚取更多的利润。

二、存款负债的风险管理

1. 存款负债风险的分类

商业银行是通过负债筹集资金，因而会面临各种各样的风险，而银行承担风险的回报就是收益。因此，银行经营其实就是要在风险和收益之间达到平衡。这些风险主要有以下四个方面。

(1) 清偿性风险。

清偿性风险是指商业银行间负债规模过大，自有资金比重过小及经营过于扩张、不够稳健引起的总体风险，具体是指当存款人、借款人等债权人提出清偿债务的要求时，商业银行不能按时满足其债务清偿导致的风险。这种可能性一般以以下两种形式出现。

① 实际清偿性风险。实际清偿风险是指尽管商业银行的资产总值足够偿还所有债务，但不能按时偿还目前要求清偿的债务的可能性，即由流动性不足而引致的清偿性风险。商业银行为满足流动性需求可采取增加存款和借款、出售其金融资产、增加资本金等措施。

② 绝对清偿性风险。绝对清偿性风险是指商业银行的资产总值低于负债总值，而且在任何情况下都不能全部偿还所有债务。对绝对清偿风险的防范，可以采取建立存款保险制度、增加商业银行的资本金等措施。

(2) 利率风险。

利率风险是指市场利率变动的不确定性给商业银行造成损失的可能性。巴塞尔委员会在1997年发布的《利率风险管理原则》中将利率风险定义为：利率变化使商业银行的实际收益与预期收益或实际成本与预期成本发生背离，使其实际收益低于预期收益，或实际成本高于预期成本，从而使商业银行遭受损失的可能性。它是指原本投资于固定利率的金融工具，当市场利率上升时，可能导致其价格下跌的风险。对利率风险的防范可以通过以下四种途径来实现：① 科学地预测未来市场利率的变动；② 运用远期利率协议避免风险；③ 购买利率期权；④ 进行利率掉期。

(3) 信用风险。

信用风险又称违约风险,通常是指商业银行在经营过程中,由于债务人违约而导致贷款、债券等资产丧失偿付能力所引起的风险。商业银行为获取更多的收益将资金投资于高风险的投资项目,一旦这些项目出现意外,将无法履行还款义务,影响银行的营运能力和偿付能力,导致信用风险。银行不同资产的风险程度是不同的,在所有的资产中,贷款业务的信用风险最大。

(4) 资本金风险。

银行的资本包括权益资本和长期债务资本。银行资金来源对资本风险及资本杠杆有着极为重要的影响。在经营管理中,银行总是倾向于不断提高资本的杠杆作用,在既定的资本规模下,加大负债比例,吸引更多的负债资金,以达到降低资金成本、增加银行盈利、扩张资产的目的。但是,过高的杠杆率使得银行资本与资产的比例急剧下降,使资本充足率受到考验,在资本充足率不足时会导致较高的资本金风险。

2. 存款负债的风险控制

(1) 存款准备金制度。

存款准备金是指金融机构为保证客户提取存款和资金清算需要而准备的在中央银行的存款,中央银行要求的存款准备金占其存款总额的比例就是存款准备金率。商业银行需要根据其存款余额,按照法定比例向中央银行上缴存款准备金,并且根据存款的变化状况进行调整。存款准备金的存在,在一定程度上有助于商业银行降低经营风险,较多的准备金也增加了银行的资金成本。

存款准备金率是中央银行调节货币供应总量的工具,也是促进金融机构稳健运行、防范支付风险的有效手段。目前,绝大多数国家金融当局都规定存款类金融机构严格遵守最低资本充足率8%的要求。我国由于金融改革还不彻底,部分金融机构难以达到8%的最低资本充足率要求,因此我国实行的是差别存款准备金率制度,即金融机构适用的存款准备金率与其资本充足率、资产质量状况等指标挂钩。金融机构资本充足率越低、资产质量越高,适用的存款准备金率就越高;反之,金融机构资本充足率越高、资产质量越低,适用的存款准备金率就越低。差别存款准备金率制度的整体框架和扶优限劣的激励机制将为金融企业的改革提出明确的方向和可操作的标准,金融机构,特别是实行较高存款准备金率的机构,将在此制度约束下保持不断改进的动力。同时,差别存款准备金制度也为完善货币政策传导机制和提高货币政策的有效性奠定了基础,使这一政策的运用更具有灵活性。

(2) 存款保险制度。

存款保险制度作为一种金融保障制度,是指由符合条件的各类存款性金融机构集中起来建立一个保险机构,各存款机构作为投保人按一定存款比例向其缴纳保险费,建立存款保险准备金,当成员机构发生经营危机或面临破产倒闭时,存款保险机构向其提供财务救助或直接向存款人支付部分或全部存款,从而保护存款人利益,维护银行信用,稳定金融秩序。

商业银行在经营过程中会涉及多种风险,如信用风险、利率风险、市场风险等,这些将影响到商业银行经营的安全性。一旦商业银行经营管理出现问题,会使银行存款人感到自身的利益受到威胁,有可能发生疯狂挤兑,使银行处境更加窘迫。存款保险制度的建立,极大地提高了社会大众,尤其是小额存款户对商业银行的信心,是商业银行加强清偿性管理的一个重要手段,化解了金融风险,防止了风险的蔓延,缓冲因银行倒闭可能导致的剧烈金融震荡。

(3)利率风险的控制。

对利率进行风险控制,首先要对利率进行科学、合理的预测,准确把握其未来走势,做出正确决策,并采取相应的利率风险控制工具。商业银行进行利率风险控制的工具主要有利率期货、远期利率协议、利率期权、利率互换等。

三、存款业务的经营策略

在激烈的银行同业竞争环境中,商业银行要想保持存款业务的持续、稳健、健康的发展,就必须采取适当的存款业务经营策略。

1. 存款创新策略

商业银行只有根据市场的变化和客户的需求变化,不断研发新的产品,才能在激烈的竞争环境中吸引客户,提高盈利。商业银行在进行存款创新的时候应该根据服务种类匹配、服务功能匹配、服务结构匹配、服务期限匹配等原理进行具体的产品设计和组合。

2. 金融服务项目的增加和质量的提高

增加金融服务项目,完善配套设施,是商业银行提高银行竞争存款的一种能力。能够提供高质量的全面服务的商业银行对同时在几家银行和存款机构间犹豫徘徊的企业客户尤具吸引力。这些服务项目包括向存户提供代收代付、自动转账、投资咨询、代理、个人财务计划项目的规划设计、公证人服务、档案保管、工资发放、机票代购、旅行支票、每月电脑报表显示、夜间寄存箱、方便的保险箱、银行邮寄业务等诸多服务项目。

3. 公共关系策略

公共关系是指有意识、有计划、持续地建立和保持银行与公众之间的相互沟通,树立良好的商业银行形象,赢得社会公众的好感、信任和支持,以增强竞争能力的一种现代交往艺术。银行的公共关系包括商业银行与客户的关系、与政府的关系以及与银行同业的关系。其中与客户的关系尤其重要,商业银行在维护与客户关系时应遵循以下四个原则:(1)把握好每一次机会。客户经理在与客户的每一次交往中,都应该认真对待,并根据不同的情况采取不同的客户关系维护策略。(2)凸显个性化服务。客户关系管理人员要根据客户的需求、行业特征及偏好,提供与此相符合的产品及服务方式,对客户关系进行实质性的维护。(3)确保有计划和规范。客户经理在进行客户关系维护的过程中,应定期保持与客户的联络,收集客户情况,回顾客户服务规划的执行情况,适时地向客户提供亲情问候、关注等内容。(4)保持完整的信息。客户经理应该保持完整的客户信息档案,及时、真实、有效地记录每一次交往的信息。

4. 资金源头开发策略

资金源头是指存款客户资金循环的起点和终点。资金源头开发策略就是通过广泛收集社会经济信息,发现公司客户资金的源头,从源头进行营销。资金源头在总行所在地的,由总行直接开发;资金源头在省会城市的,由省级分行或管辖分行直接开发;资金源头在地市级的,由二级分行直接开发;资金源头在县级的,由县市支行进行开发,形成上下联动的开发格局。

5. 树立良好的银行形象和雇员形象的策略

处于某个社区的银行若要在该社区中吸引更多的存款业务,就首先应在该社区中建立良好的银行形象。在社区中建立良好的形象可以形成与其他竞争银行的差别,有助于银行开拓存款源泉,保持负债潜力。良好的银行形象离不开良好的雇员形象,高效、礼貌、热忱的雇员体现着银行良好的管理素质和经营素质。

第五节 非存款性负债业务管理

非存款性负债包括非存款性短期负债和非存款性长期负债,因此对非存款性负债的经营管理的探讨也将从这两部分分别进行。

一、非存款性短期负债的管理

1. 非存款性短期借款的经营策略

(1) 选择恰当的借款时机。

虽然商业银行的短期借款可以在一定程度上不依赖资产结构的调整来增加银行自身的流动性,但是在短期借款的利用上有一个选择时机问题。首先,商业银行要根据自身在一定时期的资产结构及其变动趋势来确定是否利用和在多大程度上利用非存款性短期负债。其次,商业银行应该根据中央银行的货币政策变化来控制对短期借款的利用程度。最后,商业银行应根据一定时期金融市场的状况,如利率的高低等来选择负债时机。在市场利率较高的时候不借或少借资金,在市场利率较低的时候多借资金。

(2) 控制适度的借款规模。

非存款性短期负债是商业银行实现流动性、盈利性目标所必需的,但并不是越多越有利。商业银行在进行负债安排时,应该权衡所得收益与负债成本的大小,如果利用短期借款所形成的利润小于所要付出的成本,则得不偿失。商业银行应该根据自身的结构变化、规模需要、成本与收益之间的关系测算出一个适度的负债规模。

（3）安排合理的借款结构。

从成本结构来看，商业银行在一般情况下应当先利用低息负债，不用或者少用高息负债，以降低负债的借入成本，提高商业银行的利润；此外，商业银行应该积极扩展借款渠道，利用国际市场借入可能的便宜资金；并根据中央银行的利息政策，选择是否从中央银行借款。

2. 非存款性短期借款的管理重点

短期借款的借款时间比较集中、期限较短等特点决定了银行进行短期借款的管理要点，主要有以下四个方面。

（1）主动把握借款期限和金额。

进行短期借款时，应该控制借款金额的规模和借款的期限，有计划地将各种非存款性负债的金额和到期时间分散化，进行合理的组合，以减轻对商业银行流动性需要的压力。

（2）将短期借款的到期时间、金额与存款的增长规律相协调。

通过对短期负债的到期时间、金额与存款增长规律的协调，把借款控制在自身承受能力允许的范围之内，并争取利用存款的增长来解决一部分流动性需要。

（3）分散非存款性负债的借款对象和金额。

商业银行应该尽可能地通过多头拆借的办法将借款对象和金额分散化，变短期资金为长期运用，力求形成一部分可以长期占用的借款余额，以获取更高的收益。

（4）准确统计借款到期的时间和金额。

商业银行在经营管理的过程中，应该正确统计借款到期的时间和金额，保证到期借款的偿还与衔接，事先筹措好资金，以满足对流动性的需要。

二、非存款性长期负债的管理

1. 非存款性长期借款的管理重点

商业银行主要是通过发行长期债券的方式获得长期借入款的，对发行长期债券的管理要注意以下四点。

（1）做好债券发行和资金使用的衔接工作。

商业银行应根据自身资金的平衡要求，制定好相应的债券发行计划、用款计划和还款计划，尤其要注重发行债券所筹得的资金在数量上、效益上与用款项目的衔接。

（2）确定合理的债券利率和期限。

金融债券的发行应根据利率变化的趋势决定计息方式和偿还年限。例如，若预测利率未来将会上升，则采取固定利率的计息方式，并尽可能地延长债券偿还期限；反之，则采取浮动利率的计息方式，尽可能地缩短债券偿还期限。

(3) 寻找最佳的发行时机。

发行债券的商业银行应选择市场资金供应充裕、利率较低的时机发行债券。

(4) 研究投资者心理。

能否顺利推销金融债券，在很大程度上取决于投资者的购买心理。因此，商业银行必须认真研究和充分了解投资者对所购买的金融债券的收益性、安全性、流动性方面的需求，并以客户的需求为导向，积极研发新的债券品种。

2. 非存款性长期借款的管理

(1) 发行的申报与注册。

商业银行必须按有关法律规定向主管机关申报核准或注册之后才能发行债券。发达国家对商业银行发行金融债券一般是采用注册制，而发展中国家大多采用核准制。

(2) 发行机构和信用评级。

世界各国大多通过限制性法律条文对可以发行金融债券的商业银行的资格加以明确的规定。世界各国为向投资者的投资决策提供依据，保证债券市场秩序的稳定，大多对金融债券从盈利能力、资本充足率和资产质量等方面对发行者的偿还能力进行评价，这就是债券的信用评级。

(3) 发行规模和使用范围。

世界各国对商业银行发行金融债券的数量都有一定的规定，通常的做法是规定发行总规模不能超过银行资本金与法定准备金之和的一定倍数。在此范围内商业银行就根据实际需要合理确定发行规模。对所筹资金的使用范围有的国家规定只能用于专项贷款或投资，有的国家则没有明确的要求。

(4) 发行价格和发行费用。

金融债券的发行价格通常有平价发行、溢价发行和折价发行三种。商业银行应综合金融债券的种类和当时的市场利率水平合理确定发行价格。商业银行发行债券除必须向持有人支付利息外，还要承担一定的发行费用，主要包括发行手续费、印制费、上市费、律师费、付息手续费、还本手续费、其他服务费等。

(5) 发行利率和计值货币。

金融债券的利率通常高于同期限的银行存款利率。在具体计息方式的把握上，如预期利率水平呈上升趋势，应选择固定利率；反之，则应选择浮动利率。商业银行在发行国际债券时，必须综合考虑国际金融市场上的利率、汇率的变化来选择计值货币，做到既能降低成本，又易于销售。

(6) 发行期限和发行时机。

商业银行必须依据项目的建设周期来确定债券的期限，同时也要结合市场利率的变化趋势来确定：当市场利率呈下降趋势时，应考虑缩短固定利率债券的期限；反之亦然。在发行时机的确定上，商业银行应选择市场资金充裕、利率较低的时候发行债券，并做到资金的筹集与使用相衔接，避免边发行边闲置的现象。

第六节 负债业务的最新发展

随着中国的改革开放,中国与世界经济与贸易的联系越来越紧密,世界经济形势的变化对中国的银行业带来的冲击越来越大;同时,随着国内的金融改革,利率市场化进程的不断加快,各种金融创新的层出不穷,给中国的商业银行带来机遇的同时也带来了更多的风险与激烈的竞争。

2008年的次贷危机,以及随后发生的欧债危机、希腊危机使得世界经济形势处于不断的动荡状态,而国内的股市低迷,"国进民退"等经济环境也使得商业银行的经营环境日益严峻,商业银行的经营压力不断提升。

一、利率市场化

利率市场化是指利率由资金借贷市场供求决定,是一种资金价格的市场机制,社会上的资金资源按照市场规律流动,金融市场参与者在市场上融资的利率水平由市场资金供求关系决定。我国于1996年开始实行市场利率化改革,先后放开了银行间拆借市场利率、债券市场利率和境内外币大额存贷款利率,逐步扩大了人民币存贷款利率的浮动范围。

随着利率市场化进程的深入,我国商业银行面临的风险不断加剧,主要带来以下四个方面风险:第一,市场风险。随着利率市场化,取消了对利率的上限管制,会使得某些借款企业的资金成本提高,使之难以承受如此高的成本,面临倒闭和破产的风险,进而也会增加银行信贷资产的风险。第二,信贷膨胀带来的风险。随着利率市场化,商业银行拥有了更多的信贷自主权,其为了抢占更多的市场份额,很可能会出现信贷膨胀。第三,恶性竞争风险。商业银行为了吸收更多的存款而竞相抬高存款利率,形成恶性竞争。第四,金融腐败等风险。在利率市场化的条件下,商业银行有贷与不贷的决定权及存贷价格的制定权两大权力,这时容易出现"人情利率"、"关系利率"等现象,从而产生金融腐败的风险。

二、金融产品创新

面对如此复杂多变的国内外经济金融形势,商业银行的负债业务在近年来也出现了与时俱进的新变化,无论是在存款产品还是借款产品上都有所创新,负债结构也呈现出新的发展特点。

在存款性负债产品的创新中,各商业银行越来越重视产品的市场营销,跟随市场的变化和客户的需求,不断地创新产品。随着信息技术的不断发展,在零售银行战略中,商业银行越来越重视电子化产品的创新与营销,如信用卡产品;随着人民币国际化进程的加快,我国商业银行的人民币跨境产品迎来了潜在的发展机遇,积极利用国际市场进行融资,在未来可能的情况下,可以推行境外企业人民币投资、理财产品;在存款产品的营销中越来越重视客户的偏好与选择,推行各种营销策略,提供多元化服务,树立商业银行的良好形象,并以客户的需求为中心,注重维护与客户的关系。

对于非存款性负债,由于激烈的市场竞争和产品本身的特性,近年来可转换债券越来越受到商业银行的青睐。可转换债券(简称可转债或转债)是以公司债为载体,允许持有人在规定期限内按约定价格转换为发债公司股票的金融工具。可转换债券兼有债券和股票的特性,具有税负效应、反收购效应和信息传递等功能,其补充的资本所带来的回报不仅可以覆盖发行次级债的融资成本,还能对银行拓展业务和利润的增长带来很好的推动作用,因此在商业银行对资金需求加大的今天越来越受到青睐,成为银行进行融资的主要方式之一。其中,2010年,中央银行发行的400亿元可转债是目前为止中国资本市场规模最大的可转债,也是最大规模的再融资。

三、我国商业银行负债业务的发展趋势

面对新的经济环境,我国商业银行的未来负债业务将会呈现如下趋势。

1. 提高主动性负债比率

目前,我国商业银行仍以被动性的传统存款为主要资金来源,主动性负债比率低,这将不可避免地影响银行负债的稳定与灵活调整。因此,随着市场化的改革,商业银行在未来应该更多运用主动性负债的方式筹集资金。

通过发行可转债和次级债的方式进行借款融资。次级债和可转债由于其自身的特点,可以增强商业银行主动负债的能力,改善资产负债结构和利率结构。

2. 积极进行负债产品创新

积极进行负债产品的创新,注重产品的市场营销与服务。随着市场竞争的加剧,银行间、银行与其他金融机构之间都会竞相争取客户,在客户一定而投资渠道越来越繁多的情况下,商业银行必须以市场为导向,以客户的需求为中心,不断进行产品创新,并通过提供优质服务的方式提高产品的附加值,以赢取顾客的青睐。

积极进行协议存款的开发。协议存款是商业银行根据中国人民银行或中国银行业监督管理委员会的规定,针对部分特殊性质的中资资金如保险资金、社保资金、养老保险基金等开办的存款期限较长、起存金额较大、利率、期限、结息付息方式、违约处罚标准等由双方商定的人民币存款品种。由于该存款可作为商业银行的长期资金来源,故商业银行应该积极进行此类存款的开发。

3. 拓展国际金融市场融资能力

加大利用国际金融市场进行融资。随着经济全球化、国际金融市场经济一体化,商业银行可以越来越便利地从国际金融市场上获取所需要的资金,目前主要通过短期信贷市场借款。

虽然我国商业银行的负债业务在最近几年里有所发展,但也要看到,由于受体制、机制、人员素质、技术水平、监管法规等诸多因素的制约,我国商业银行负债业务

的深度和广度与国际先进银行相比差距还是很大的,面临许多问题亟待解决。未来的商业银行将面临更多的不确定性,在进行负债经营与管理的过程中,必须要吸取国外的成功经验,切实转变经营理念,优化负债结构,提升负债管理能力,积极研发新的产品。

本 章 小 结

商业银行的负债业务是指商业银行按照经营的流动性、安全性和盈利性的要求,对银行负债及其结构进行有效的配置和调节,从而达到降低经营成本、适应资产业务营运的需要,创造良好的自身经济效益和社会效益。

商业银行负债经营的基本目标是在风险一定的条件下,以尽可能低的成本筹集所需要的资金。其具体的经营目标包括:(1)不断扩大负债规模,维持银行负债的稳定增长;(2)建立合理的负债结构,提高负债的稳定性;(3)降低负债成本,确保负债的效益性。商业银行负债业务经营有依法筹资、适度规模、成本控制、结构合理这四个原则。

商业银行的非存款性负债又叫借入负债,是指商业银行主动通过金融市场或直接向中央银行融通资金,是商业银行除存款以外的又一重要资金来源。它在期限上有短期和长期之分。短期借入资金是指在一年以内的一个营业周期必须偿还的债务,长期借入资金是指偿还期在一年以上的债务。

商业银行的负债管理是指商业银行组织存款、处理银行与存款户的债权债务关系,保持负债结构的合理性、安全性和稳定性的各项活动的总和,主要包括成本控制、风险控制、规模控制等内容。

复 习 思 考 题

1. 简述商业银行负债结构的特点和变化。
2. 影响存款变动的内外部因素哪些?
3. 简述存款工具的创新品种。
4. 存款负债的成本定价有哪几种方法?怎样进行存款负债的成本控制?
5. 简述与银行负债相关的风险。
6. 如何进行存款负债的风险控制?
7. 短期借入负债的特点和意义有哪些?
8. 长期借入负债的特点和意义有哪些?
9. 发行金融债券筹资与吸收存款进行筹资之间有哪些不同?
10. 非存款性短期借款和长期借款的经营策略和管理重点有哪些?

第五章　商业银行中间业务

本章涉及的中间业务是狭义的中间业务,即商业银行传统的、无风险的金融服务类业务,包括结算业务、代理业务、咨询业务、保管业务、租赁业务、投资银行业务、信托业务、信用卡业务等。在存贷利差不断减少的今天,中间业务因为不运用银行资金、风险小、收入稳定的特点成为国际商业银行新的利润增长点和核心业务。推进中间业务发展已经成为我国商业银行生存和发展的战略需要和必然选择。

第一节　中间业务概述

一、中间业务的概念与功能

广义的中间业务包括两大类。一类是传统的业务,即金融服务类业务,如支付结算业务、代理业务、咨询业务、信托业务、租赁业务等;这类业务银行只提供服务,不承担风险。另一类是新兴的业务,它是伴随着国际金融市场和现代电信技术的发展而发展起来的,如贷款承诺、担保、互换、期货、期权、远期合约等;银行在经办这类业务时虽然没有发生实际的货币收付,银行也没有垫付任何资金,但在一定条件下可能转变为表内资产或负债业务,银行在提供服务时要承担一定的风险;按照资产、负债的关系,这类新兴的业务也称为或有资产或负债业务。

狭义的中间业务是指上述广义业务中"传统业务",即无风险的、传统的中间业务,如支付结算业务、代理业务、咨询业务、信托业务、租赁业务等。与此相应,狭义的表外业务是指新兴的、有风险的或有资产或有负债业务。

本书采用狭义的中间业务和狭义的表外业务概念。因此,本章的中间业务可理解为:商业银行不需动用自身资金,只是利用自身在资金、技术、机构、信誉、信息和人才等方面特殊的功能和优势,以中介身份为客户办理各种委托事项,提供各类金融服务并从中收取手续费或佣金的业务。

大力发展中间业务,对商业银行发展具有非常重要的意义如下。

(1) 面对存贷利差不断压缩的市场,开展中间业务可以为商业银行增加其他业务收入和利润比例,增强银行盈利能力。

(2) 促进商业银行发展从资金密集型向技术密集型转移,推动商业银行业务创新能力提升。

(3) 为商业银行提供了低成本的稳定收入来源。商业银行在办理中间业务时，通常不运用或不直接运用自己的资金，大大降低了商业银行的经营成本。中间业务收入为非利息收入，不受存款利率和贷款利率变动的影响。

(4) 通过开展中间业务，推动商业银行更多加强与外界的联系，更加服务社会，赢得市场份额，提升商业银行服务水平。

二、中间业务的种类

商业银行的中间业务种类繁多，并且还在不断创新、开发之中，主要可分为以下八大类。

1. 结算业务

结算业务是商业银行最基本的传统中间业务。结算是指各部门、单位和个人因商品交易、劳务供应和资金调拨等所发生的货币收付行为和债权债务的清算。结算分为现金结算和转账结算两类，转账结算又可分为国内结算和国际结算。

转账结算业务是商业银行利用某种结算工具，通过一定的结算方式，为客户代收代付资金的业务。其结算工具主要是"三票一卡"，即汇票、本票、支票和信用卡。

2. 委托代理业务

委托代理业务是指商业银行接受政府、单位和个人的委托，代理客户交办的经济事务的业务。

(1) 代理政策性银行业务。

目前，世界各国大都建立了政策性金融机构，以贯彻政府的宏观经济政策意图，实现政策性金融与商业性金融的分离，割断政策性贷款与基础货币的直接联系。政策性金融机构因分支机构少、覆盖面窄，其贷款业务主要由商业银行代理。

(2) 代理债券的发行和兑付业务。

商业银行代理发行的债券主要是国债。美国国债的发行是联邦储备银行通过公开市场业务进行的，实际上是联邦储备银行代理美国财政部发行国债。我国国债的发行是由财政部将发行额承购包销给各家商业银行，由商业银行向社会发行。

(3) 委托贷款业务。

委托贷款业务是指商业银行接受政府、企业、各级财政、科研机构等委托人的委托，在委托人存入的委托存款额度内，按其指定的数额、对象、用途、期限和利率等特定要求而发放的贷款。

(4) 代理收付款业务。

代理收付款业务是商业银行接受单位和个人的委托，代为办理指定的货币收付的业务，具体包括代收税款、代收水电费、代付货款、代收运费、代理保险业务、代理买卖外汇以及代发工资、代收代付应收应付账款等业务。

3. 咨询业务

咨询业务是商业银行凭借其雄厚的实力和较高的信誉，以及多方面专业人才和信息资源的优势，为客户提供顾问和咨询服务。

(1) 理财业务。

理财业务是为企业的市场开拓、产品开发、财务核算、现金管理、实业和证券投资等进行理财或提供顾问服务。

(2) 评估业务。

商业银行为企业进行项目评估、借贷评估、抵押物评估以及决策评估等，为企业的经营预测和决策提出论证。

(3) 对企业信用等级评估。

商业银行为企业贷款需要，对借款企业进行资信等级的评定。

(4) 工程审价业务。

商业银行为政府和企业工程项目的投资提供审价、代编工程预算以及专项调查咨询等服务。

4. 保管业务

保管业务是指商业银行利用自己的保管设施，代委托人管理或托管重要财物或资金。其主要形式有仓储保管和出租保管箱。

5. 租赁业务

租赁是指出租人将自己的财物按契约规定出租给承租人使用，承租人按期交纳租金的经济行为。商业银行的租赁业务是一种金融租赁，是指由银行出资金购买设备再出租给承租人使用并定期收回租金的行为。租赁业务既体现出租人与承租人之间的信用关系，又是一种租赁关系。它既是商业银行的资金运用业务，又是一种金融中介服务业务。

6. 投资银行业务

投资银行业务是指商业银行为客户提供财务咨询、担保或投资顾问，从事企业产权交易和企业并购、重组等中介服务的业务。投资银行业务是一项多种金融服务相结合的业务，是商业银行经营观念转变的产物，是一种高附加值的高级智力服务。近年来，西方商业银行介入投资银行业务，不但为商业银行带来了丰厚的非利息收入，而且密切了银企关系，巩固了商业银行的市场份额。

7. 信托业务

信托业务是商业银行代理他人运用资金、买卖证券、发行证券、管理财产的一种信用委托业务。西方国家的大型商业银行普遍经营信托业务，我国有关法律规定商业银行不得从事信托业务。

8. 信用卡业务

信用卡是商业银行或发卡公司发行的，具有储蓄、支付、结算、信贷、购物等多种功能的信用流通工具。信用卡的种类繁多，主要有贷记卡和借记卡。信用卡业务是近年来商业银行发展最快的一项金融服务业务。当今风行全球的信用卡不但是支付手段的创新,更是货币定义的创新,信用卡的产生开创了新一代电子货币。

三、中间业务的特点

由于中间业务是商业银行以中介人或代理人的身份开展的业务,银行起到的仅是一种中介作用,而不直接作为信用活动的一方,因而与银行其他业务相比较,中间业务具有以下三个特点。

1. 不运用或不直接运用自己的资金

商业银行在办理中间业务时,通常不运用或不直接运用自己的资金。例如,银行的结算业务中有一条"银行不垫款"原则,这就是说商业银行办理结算这一中间业务时不运用自己的资金。如果银行在结算中垫了款,那就是资产业务,不再是中间业务了。

随着社会的发展和经济情况的变化,商业银行的中间业务也在不断地发展、创新,业务范围更广泛。例如,租赁业务尽管承租人并不拥有租赁资产的所有权,银行也并没有贷款给承租人,但银行却因办理该笔租赁业务而需要垫付一笔资金,性质和内容也发生了一些新的变化。

2. 风险较低

中间业务最基本的性质是,商业银行在办理中间业务的时候不直接作为信用活动的一方出现,也就是不直接以债权人或债务人的身份参与。中间业务主要是接受客户的委托,以中介人或代理人身份开展业务,其风险主要由委托人来承担,银行通常不承担什么风险。

3. 收入稳定

商业银行在办理中间业务时,通常以收取手续费的方式获得收益,这也是中间业务的一个重要特征。近30年来,全球商业银行中间业务发展得十分迅猛,适应了迅速发展的社会经济的需要。在发达国家,商业银行的中间业务收入已成为其经营收入的重要来源。中间业务为银行带来了大量的手续费收入和佣金收入,却不增加银行的资产,从而使银行的报酬率大为提高。

总之,拓展传统的中间业务对商业银行来讲意义重大,它可以扩大银行经营规模、降低业务风险,并取得稳定的收入来源。

第二节 主要中间业务介绍

一、结算业务

结算业务是由商业银行的存款业务衍生出来的一种业务,客户到银行存款(尤其是存入活期存款)很大程度上是为了利用银行转账结算的便利。

1. 结算业务的定义

结算分为现金结算和转账结算两种形式,发生经济活动的双方以现金来完成的经济往来的货币收付行为称为现金结算;收付双方以信用支付代替现金支付,通过在银行的账户间划转款项来了结和清算收付的称为非现金结算,也称转账结算、银行结算或支付结算。本节主要介绍银行转账结算。

银行结算,是指商业银行通过提供结算工具,代客户清偿债权债务,完成货币支付、转账划拨行为的一项传统业务。具体讲,就是各部门、各企事业单位以及个人之间所发生的商品交易、劳务供应和资金调拨等经济活动,借助于银行的结算工具来实现债权债务的货币收付行为。

2. 结算工具

结算工具是指商业银行用于支付结算过程中的各种票据。

票据是指以无条件支付一定金额为目的的有价证券。票据本身无价值,但代表了某一项权利或利益,是能够证明某项权利的书面凭证。由于世界各国的商业习惯和法律规定不同,票据的种类有所不同,通行的票据有汇票、本票和支票三大类。

(1) 汇票。

汇票是出票人签发的委托付款人在指定的到期日无条件支付一定金额给收款人的票据。定义中的"指定的到期日"包括两种情况:一是见票即付,是指汇票期内的任何时间,只要受款人提示票据,均可付款;二是指定某一天为该汇票的到期日,汇票未到该指定的日期,收款人不得提示汇票。

汇票有银行汇票和商业汇票之分。

① 银行汇票。银行汇票是银行向客户收妥款项后,由银行签发无条件支付给收款人或持票人的票据。银行汇票属于自付票据,即出票人就是付款人,因而具有本票性质。因此,银行汇票只有两个关系人,即出票人和收款人。银行汇票是以银行信用为基础,具有使用方便、结算及时、兑现性强、票随人走、安全可靠的特点。银行汇票可以用于转账,也可用于支取现金。企事业单位和个人都可以办理,特别适用于到异地采购的交易。银行汇票一律记名,提示付款期限自出票日起1个月内有效。

银行在承办汇票时,首先要求客户填写银行汇票委托书,经审查无误后收款,然后签发汇票,对汇票上载明的事项须认真填写;表明是汇款汇票;无条件支付命令的委托;金额、付款人、付款日期、付款地点、收款人、签发日期;加盖签发人章。

② 商业汇票。商业汇票是由收款人或付款人签发的由承兑人在指定日期无条件支付确定金额给收款人或持票人的票据。商业汇票根据承兑人不同,分为商业承兑汇票和银行承兑汇票。

a. 商业承兑汇票是由收款人签发,并经付款人承兑,或由付款人签发并承兑的票据。商业承兑汇票的签发必须有商品交易,其承兑期即票据期限一般为3—6个月,最长不超过9个月。承兑人负有票据到期无条件支付的法律责任。

b. 银行承兑汇票是由付款人或承兑银行签发的由承兑银行承兑的汇票。承兑申请人向银行申请承兑汇票,必须在银行开立存款账户并且有支付汇票金额的可靠资金来源,由承兑银行和承兑申请人双方签订承兑契约,规定双方的权利和义务。契约的主要内容是在汇票到期时承兑申请人在银行账户上必须有足额票款支付资金,承兑银行负有无条件付款的责任。如果汇票到期日账户上的存款不足以支付票据,银行可先支付票款,再向承兑申请人追索。

商业汇票是在商业信用基础上产生的,在商品交易中广泛使用。商业汇票中的银行承兑汇票因增加了银行信用担保,其资信程度更高,债权人乐意接受。商业汇票经背书后又可以转让流通,并可向银行办理贴现。我国商业银行在贴现业务中一般只受理银行承兑汇票。

(2) 本票。

本票是发票人签发并承诺在见票时或指定的日期无条件支付一定金额给受款人或来人的票据。本票除具备票据的一切性质外,还有如下特征:本票是一种自付性票据;本票是以发票人为主债务人的票据;本票的基本关系只有发票人和受票人。

本票根据发票人的不同,有银行本票和商业本票之分。

① 银行本票是银行签发的承诺自己在见票时无条件支付确定金额给收款人或持票人的票据。它以签发金额为标准,可分为定额本票和不定额本票,目前流行的是不定额本票。银行本票具有款随人到、见票即付、视同现金、允许背书转让、信誉高的特点。

② 商业本票是企业签发的承诺自己在见票时无条件支付确定金额给收款人或持票人的票据。商业本票是西方国家流行的一种票据。商业本票是以商业信用为基础的票据,在赊购赊销商品交易中,买方签发约定金额和付款日的本票交付卖方,卖方可如期收回货款,如急需资金,可将本票向银行贴现或背书转让。

在西方国家,商业本票是融资工具,企业需要短期融资,可以在金融市场上发行本票性质的商业票据以融通资金,并且可以在二级市场上交易流通。例如,美国商业票据市场上流通的是由作为结算工具的商业本票演变成的金融市场上筹措资金的工具,这样,商业票据就与商品交易分离了。

(3) 支票。

支票是由出票人签发的委托办理活期存款业务的银行在见票时无条件支付确定金额给收款人或持票人的票据。支票具有以下三个特性:① 支票为即期票据,各国票据法都不承认远期支票;② 支票是具有自付性质的票据,即支票的债务人实际上是发票人,但付款人是银行,是银行替发票人付款;③ 支票具有支付手段功能,即支票是见票即付票据。

我国的支票分为现金支票和转账支票。支票的提示付款期限自出票日起 10 日内,超过付款期限提示付款的,银行不予受理。出票人如果签发空头支票、签章与预留在银行的签章不符的支票、支付密码错误的支票,银行应予退票,并按票面金额处以 5% 但不低于 1 000 元的罚款,且持票人有权要求出票人支付支票金额 2% 的赔偿金。

二、代理业务

1. 代理业务的概念

代理业务是指商业银行接受单位或个人的委托,以代理人的身份代表委托人办理一些经双方议定的经济事务的业务。在代理业务中,委托人与银行必须用契约方式规定双方的权利、义务,包括代理的范围、内容、期限、纠纷的处理,由此形成一定的法律关系,代理业务是典型的中间业务,业务发生时,客户并没有转移财产的所有权,只是由银行运用其丰富的知识与技能以及良好的信誉行使监督管理权,提供金融服务。在代理业务中,银行不使用自己的资产,不为客户垫款,不参与收益的分配,只收取代理手续费。目前,商业银行代理业务的对象以企事业单位居多。

2. 代理业务的主要种类和内容

(1) 代理收付款业务。

这是商业银行利用自身的结算便利,接受客户的委托代为办理指定款项的收付事宜。主要业务如下。

① 代理发放工资。代理发放工资是商业银行利用自身的机构、网络及先进的电子设备,通过各联行及基层行处,为企事业单位发放职工工资的业务。通过代理发放工资,银行不但可以取得手续费收入,而且可以吸收大量低成本的存款。

② 代理收付款项。代理收付款项是商业银行接受单位或个人的委托,代为办理委托人指定款项收付事项的业务。代理收付款项适用的范围较广,包括代收贷款、劳务费、管理费、环保费、养路费、有线电视费、电话费、交通罚没款、税款、公用事业费、学费、社会保险基金、劳保基金、房屋建设基金以及代付货款、运费、租金、赔偿金等。按收付的方式不同,一般可分为临时的收付和定期的收付、规则收付和不规则收付等形式。

③ 代理医疗保险业务。代理医疗保险是银行代理个人或单位收取医疗保险费,并管理、支付医疗保险费的业务。

④ 代理保险业务。代理保险指商业银行受保险公司的委托,代其办理财产保险和人身保险的业务。对于商业银行来讲,代办保险业务,扩大了业务经营的种类,也可以从中收取一定的手续费。

⑤ 个人分期付款业务。个人分期付款业务是商业银行为消费者提供耐用消费品、汽车、房屋的消费信贷,并代理收取个人分期付款的业务。个人分期付款业务属于银行资产业务,但因银行是以中介人的身份介入商品转移、款项的收取中,故亦可归于中间业务。个人分期付款业务通常与信用卡业务相结合。

(2) 代理融通业务。

代理融通又叫代收账款,是一种应收账款的综合管理业务。它是指由商业银行或专业代理融通公司接受他人的委托,以代理人的身份代为收取应收账款,并为委托者提供资金融通的一种中间业务。

代理融通业务包括收买或代收应收账款,对商品的买方进行资信调查,对债权进行管理、催收以及对卖方的周转性融资等业务。商业银行在接受委托并办理代理融通业务中,依据双方商定的收费标准收取报酬,同时在委托人赋予的权限范围内所办的事项具有委托人亲自办理的同等效力。

代理融通业务根据委托者权益让渡程度不同可分为权益转让和权益售与。权益转让是指委托者将应收账款的全部事项转让给商业银行或专业代理融通公司。如果委托者的应收账款成了呆账,则商业银行或专业代理融通公司对委托者有追索权,造成的相应损失由委托者承担;而权益售与,则是指委托者将应收账款的权益买断给商业银行或专业代理融通公司,商业银行和专业代理融通公司对委托者没有追款权,即使发生了坏账也由自身承担。它还根据商业银行或代理融通公司是否出面收账分为公开代理融通和幕后代理融通。

代理融通业务通常涉及三方当事人:一是从事代理融通的商业银行或专业公司;二是出售应收账款、取得资金融通的工商企业,也就是卖方,即与经营代理融通业务的商业银行或专业公司签订契约利用代理融通便利的企业;三是欠工商企业货款的顾客(买方)。三者的关系是,工商企业对顾客赊销货物或劳务,然后把应收的赊销账款转让给银行或代理融通公司,由后者向企业提供资金融通并到期向顾客收账。

商业银行从事代理融通业务,有较高的利息收入和其他服务的手续费收入,并对赊欠顾客事先有资信调查,且规定授信额度,因此资金风险较小,而且对赊销企业的资金融通有法律追索权,也比较可靠;但商业银行从事代理融通业务必须投入很多人力、物力进行资信调查,如放款对象是经营出口的企业,调查范围就要扩大到国际领域,自然花费更大,同时还要承担债务风险和被欺诈的风险。

由于工商企业与赊账顾客之间的往来具有延续性,因此代理融资业务是一项很有发展潜力的业务。

(3) 代理行业务。

代理行业务是指商业银行的部分业务由指定的其他银行代为办理的一种业务形式。代理行可分为以下两类。一类是国内银行之间的代理。因为即使分支机构再多的银行也有辐射不到的地区和领域,有些业务就需要由其他银行来代理。尤其是对实行单一银行制的国家来说,代理行业务显得更为普遍和重要。另一类是国际银行间的代理。因为任何一家规模巨大的跨国银行,都不可能在世界范围内遍设海外机构,国际业务全球性和海外机构有限性的矛盾,是产生代理行关系的主要原因。这样,在没有海外机构而又有国际业务的地方,都可通过代理行代为经营,因此银行间的代理业务就为在不同国家或不同货币金融中心的银行提供了财务上的沟通。代理行为对方银行或对方银行的客户提供各种银行服务,如为对方接受存款、发放贷款、调拨资金、进行国际结算、买卖有价证券等。代理行关系一般都是双向的,即一家银行以对方银行为代理行时,对方银行也同时以这家银行为代理行。虽然代理双方相互提供服务,但彼此不全把存款、贷款或优先权让与对方,除非客户优先指定对方银行为交易对象。在一定情况下,一家银行的代理行数量要远远超过其海外机构的数量。

三、咨询业务

1. 咨询业务的概念

商业银行的咨询业务是指商业银行接受客户的委托,运用自身在信息、人才、信誉等方面的优势,收集整理相关信息,并形成系统的方案或建议提供给客户,以满足其需要的服务活动。

银行的咨询业务通过对事物运动过程进行全面分析,提出了较为实用的可操作方法,为委托方带来了较好的经济效益和社会效益,在西方,咨询业务被形象地比较成"智囊团"和"思想库"。

银行咨询业务的范围广泛,是一种跨学科、多领域、超行业的综合性活动,是以转让、出售信息和提供智力服务为主要内容的服务行业,属于软科学的范畴。

2. 咨询业务的主要种类

根据不同的性质,商业银行的信息咨询业务主要分为三大类:评审类信息咨询、委托中介类信息咨询和综合类信息咨询。

(1) 评审类信息咨询。

评审类信息咨询业务主要包括项目评估、企业信用等级评估和验证企业注册资金。

① 项目评估。项目评估业务是商业银行根据客户的要求,对拟投资项目建设的必要性、可能性、可行性及其成本、效益的评审与估价。它是企业投资决策的重要依据,是保证投资项目的实现及提供投资效益的重要手段。商业银行应站在客观角度,通过大量的定量分析、科学的推导,对项目的技术设计、市场需求、财务效益、经济效益等方面做出综合的评价。

② 企业信用等级评估。开展企业信用等级评估业务,准确反映企业信用等级,是促进企业提高经营管理水平,进一步为银行贯彻"区别对待,择优扶植"的信贷原则提供依据的重要措施。在工商行政管理局登记注册、经营管理情况良好、经济效益较高的企业,均可向商业银行提出委托申请,成为银行信用评估的对象。

③ 验证企业注册资金。验证企业注册资金业务(以下简称"验资")是为工商行政管理部门准确提供新老企业注册资金的真实性和合法性的一种业务。它既包括新办企事业单位和个体工商业申请开业登记注册资金的验证,也包括老企业、事业单位确认和变更注册资金的验证。验资主要有两方面要求:验证注册资金的真实性和验证注册资金来源的合法性。

(2) 委托中介类信息咨询。

委托中介类信息咨询主要包括技术贸易中介咨询、资信咨询、专项调查咨询和委派常年咨询顾问。

① 技术贸易中介咨询。银行开办此项业务有助于开拓技术市场,沟通技术贸易渠道,促进科技成果迅速转化为现实的生产力。此项业务的范围主要是：a. 参与技术转让；b. 参与技术开发；c. 参与技术咨询；d. 参与技术服务；e. 参与技术协作。

② 资信咨询。银行开办此项业务是站在中介人的立场,通过提供企业主要财务资料和对资信做出公正评价,满足在市场经济条件下企业间相互了解的要求。资信咨询的业务范围包括：a. 先货后款资信。提供先货后款、分期付款等资信状况的咨询。b. 先款后货资信。提供产(商)品预定、预购或代定、代购商品能否按期交货的资信咨询。c. 签订合同、横向联合、投标、投资及其他资信咨询。

③ 专项调查咨询。专项调查咨询是根据特定的目的要求,在指定的范围内由咨询部门组织力量,运用科学的方法收集各种信息,通过加工整理出咨询报告,为经济领导部门当参谋,为工商企业搞活生产和流通出主意的业务。专项调查咨询的业务范围主要是承接政府经济领导部门、工商企业、个体工商业者的委托,办理一次性专项调查咨询。专项调查的题目可大可小,调查的范围可宽可窄,适应性很强。

④ 委派常年咨询顾问。一些客户往往委托银行对其日常经营管理提供咨询服务。鉴于这种需要的经常性和重复性的特点,商业银行通过委派"群体"或个人作为常年咨询顾问的方式满足客户的需要。开展这项业务要求咨询顾问常驻或定期进驻客户单位,熟悉客户单位各种经济情况,了解其意图和经营目标,对其短期目标和中长期目标有一个初步设想,并能正确估算影响目标实现的各种因素的变化,在咨询单位提供必要资料、数据和各种活动条件的支持下,使决策和咨询论证密切结合,从而提出准确、科学的建议。

(3) 综合类信息咨询。

综合类信息咨询主要包括企业管理咨询和常年经济信息咨询。

① 企业管理咨询。企业管理咨询是由专门人员根据企业的要求,运用科学方法,经过调查对企业经营管理中存在的问题进行定性和定量分析,提出切合实际的改善企业管理状况的建议,并在实施中进行指导的活动。这是一种以提高企业管理素质和经济实效为目的的创造性劳动和服务性工作。

② 常年经济信息咨询。开展这项业务可以充分运用银行众多信息网络和丰富信息资料的优势,及时、准确地为社会各界提供金融、经济信息,更好地为社会服务。开展常年经济信息咨询一般通过提供信息资料、召开信息发布会和举办业务技术辅导讲座的方法,把金融、宏观经济、行业产品等方面的各种动态信息,以及有关政策、法规、制度等方面的信息传播给咨询客户。

四、租赁业务

1. 租赁业务的概念

租赁是指承租人在一定时期内向出租人支付租金,以获得某种物品使用权的经济行为;也可以说,是出租人以收取租金为条件,将所有权属于自己的物品出租给承租人使用的一种经济行为。租赁业务是指商业银行或租赁公司融通资金,购买承租人选定的设备,并租给承租人使用的一种金融与贸易相结合的业务。

租赁是一种历史悠久的信用形式,在其漫长的发展过程中,经历了古代租赁、传统租赁和现代租赁三个阶段。现代租赁是以金融租赁为重要标志的租赁信用形式,也是以设备租赁为主要内容的新兴产业。现代租赁业务是将信贷与商品交易相结合即融资和融物相结合的一项新兴业务。在租赁过程中,承租人不仅可以通过租赁获得设备的使用权,而且可以把租赁信用作为一种融资手段。正因为租赁的特殊功能,它越来越引起众多国家的重视。

2. 租赁业务的特征

(1) 租赁物品的所有权与使用权分离。在租赁交易中,租赁的设备是由承租人选择,由出租人出资购进,但在约定的期限内,设备的所有权属于出租人,承租人只是获得设备的使用权。承租期满后,承租人可续租、退租或留购。

(2) 租金的分期偿还。租金偿还方式采用分期归还方式,对承租人来讲,可以用较少的租金支出获得设备使用权,从而有利于保持现金流量;对出租人来讲,如同银行放款,一次投入资金,可以分次获得稳定的收益。

(3) 涉及的关系人众多。租赁涉及三个基本关系人,即出租人、承租人和供货人,除此之外还涉及政府、海关、税务、银行、保险等方面的关系人。出租人向供货方购买设备,同时将其向承租方出租。由此而产生出租人与供货方订立购货合同和出租人与承租人订立租赁合同的两项合同关系。除了租赁合同和购货合同外,还包括货物运输合同、保险合同、担保函等合同。因此,租赁涉及的法律上的关系人极为复杂。这些关系人依合同形式从法律上固定下来,合同一经签订,承租人不得中途退租,出租人也不得单方面要求撤销合同,这是由租赁的关系人众多、租赁物品的专用性和租赁期限的长期性决定的。

3. 租赁的形式

(1) 金融租赁。

金融租赁是设备租赁的最基本形式。当企业需要筹款购置设备时,租赁公司不是向其直接发放贷款,而是代其购买设备租赁给企业,从而以融物代替了融资。

金融租赁又分为直接租赁和转租赁两种方式。直接租赁是租赁公司自筹资金购进外国厂商的设备后,直接把设备出租给企业;转租赁是租赁公司从外国租赁公司租进设备后,再转租给企业。

金融租赁业务的基本做法是:承租人和供货商先就设备技术性和商务性进行谈判并签订购货合同;承租人和出租人再签订一个转让合同,将购买设备的权利转让给出租人;出租人将设备买进并和承租人再签订一个租赁合同,出租人按照租赁合同将设备租赁给承租人;在租赁合同规定的租期内,双方无权撤销合同。承租人按合同规定支付租金,合同期满后,承租人对设备有权选择留购、续租或退租。

(2) 衡平租赁。

衡平租赁也称杠杆租赁或代偿贷款租赁,它是金融租赁的特殊形式。衡平租赁是租赁公司(出租人)以少量的资金融通大量资金,购买大型或成套设备,然后租给承租企业的一种融资性最复杂的租赁形式。

衡平租赁的当事人较多,除了出租人、承租人、供货人以外,还有贷款人、经纪人以及有关代理人。衡平租赁主要用于飞机、船舶、石油钻井平台、卫星等出租人无力单独购置的大型资本密集型设备,以待购设备作抵押,以转让收取租金的权利作保证,向银行获得购置设备的贷款。目前,只有少数几个国家有这种租赁形式,美国对衡平租赁有严格的规定。

(3) 经营租赁。

经营租赁也称服务租赁,是一种附带服务条件的金融租赁,规定出租人除提供融资外,通常也提供如保险、维修等服务。这种租赁形式的租金比较高,但减轻了承租人的负担。其特点是在租赁合同期满前,可终止合同,退回设备,出租人可再租给其他承租人。

租赁的方式很多,承租人选用什么方式,取决于自身的财务状况和设备种类等多种因素。

4. 租金及计算

租金是出租人因将设备的使用权让渡给承租人使用而向承租人收取的报酬。租金以耗费在租赁资产上的价值为基础,并受租赁市场供求关系的影响。租金的确定是租赁经营的核心。

(1) 租金的构成要素。

按租赁方式不同,租金的构成要素也有所不同。1985年,财政部明确了我国租赁业务租金的各要素:租赁设备所需的租金包括租赁手续费、利息以及构成固定资产价值的设备价款、运输费、途中保险费、安装调试费。① 租赁设备价款。它由租赁公司购置设备的货款、运费和途中保险费的总和扣除设备残值后的余额组成。其中,运费和保险费如果是承租人自己支付的,在计算租金时予以扣除。② 利息。出租人为购置设备向银行贷款支付的贷款利息,贷款利率会直接影响租金。③ 手续费。出租人为承租人租赁设备时开支的营业费用,包括租赁公司的盈利。

(2) 租金的计算方法。

由于租金的支付方式不同,各国计付租金的方法也不尽相同。国际上一般采用年金法,年金法又分等额年金法和变额年金法。我国一般采用等额年金法。年金法是以现值理论为基础,将某项租赁资产在租赁期内的租金按一定比例予以折现,使其现值总额等于租赁资产的概算成本。

等额年金法是在整个租赁期内,每次所支付的租金都是固定且相等的。它又分为后付法即每期期末计付租金,以及先付法即每期期初计付租金。

① 后付等额年金法的计算公式为:

$$R = \frac{P \times i(1+i)^n}{(1+i)^n - 1}$$

式中：R 为每期期末时的租金；P 为设备总成本，即依据租赁设备的买价加上有关费用的概算成本；n 为租赁期限，也是整个租期收付租金的次数；i 为银行贷款利率，或租赁费率。

例 5-1：某租赁公司为企业租用一台设备，设备价款为 14 万元，运费、安装费和保险费为 1 万元，租期为 5 年，每季末收付租金一次，银行贷款年利率为 8%，计算每次收付租金的金额及全部租金总额。

代入上列公式，得

$$P = 14 + 1 = 15(万元)$$
$$n = 4 \times 5 = 20(次)$$
$$i = 8\% \div 4 = 2\%(季息费)$$
$$R = 15 \times \frac{1\% \times (1+20\%)^{20}}{(1+2\%)^{20} - 1} = 9\ 173.78(元)$$

总租金为：$9\ 173.78 \times 20 = 183\ 475.60(元)$

② 先付等额年金法的计算公式为：

$$R = P \times \frac{i(1+i)^{n-1}}{(1+i)^n}$$

例 5-2：其他条件如例 5-1，现改为每季初计收租金一次，则每期应付租金及整个租赁期支付租金总额为：

$$R = 15 \times 2\% \times (1+2\%)^{20-1}/(1+2\%)^{20} = 8\ 993.89(元)$$

租金总额为：$8\ 993.89 \times 20 = 179\ 877.80(元)$

五、信用卡业务

1. 信用卡的概念

信用卡亦称银行卡，是由银行和金融机构发行的向公司单位和消费者个人提供的一种特制磁卡，持卡人可凭卡在发卡机构指定的商户处购物或消费，也可在指定的银行和金融机构存取现金。信用卡是以信用为基础，体现了货币的支付手段职能，它反映了发卡行、持卡人、收卡人之间的信用关系。

2. 信用卡的种类

信用卡的种类繁多，如果按发卡主体划分，可分为由非金融机构发行的属于商业信用的信用卡和由银行发行的属于银行信用的信用卡，后者是我们通常所用的信用卡。由银行发行的信用卡又可细分为四种：(1) 信用卡，这是严格意义上的信用卡，是我们本节要讲的信用卡；(2) ATM 卡(提现卡)，它是银行发行的可以在自动柜员机(ATM)上使用的信用卡；(3) 储蓄卡，储户凭此卡可办理取现转账、查询等银行服务；(4) IC 卡，是一种智能卡，可直接处理存取信息，保密性强。

信用卡按信用性质分为贷记卡和借记卡。贷记卡是先消费后还款，持卡人无需或只需有少量存款，就可以享受从银行借款的权利，即可在一定信用额度内透支；借记卡是先存款后支用，持卡人必须在银行有存款才能支用。信用卡按发行对象也可分为公司卡和个人卡，此外还有主卡和附属卡等。

3. 信用卡的功能

(1) 支付功能。支付功能是信用卡最基本的功能。支付功能是指信用卡可以代替现金，持卡人凭卡可以到特约商户购物消费。从这个意义上讲，信用卡是银行创造的信用流通工具，属于广义的货币范畴。

(2) 结算功能。持卡人凭卡办理转账结算，到异地采购采用信用卡结算方式，比其他结算方式具有方便、快捷的优越性。

(3) 消费信贷功能。信用卡是一种消费信贷工具。持卡人在自己的账户存款不足以支付时，可以在银行信用限额内透支，即先消费后补款，发卡银行以贷款方式为持卡人提供信贷服务，持卡人按贷款期限和利率在约定的时间内以存款方式偿还贷款。例如，国际上著名的万事达卡(Master Card)和维萨卡(VISA)都属于具有消费功能的贷记卡。

(4) 储蓄功能。持卡人通过信用卡将自己的货币存入银行，获得利息收入，并且可凭卡通存通兑，自动存取款，在支取现金上更方便。信用卡的储蓄功能又为银行筹集了资金来源，并通过收取贷款利息和服务费，给银行带来了可观的收益，这是银行大力推广信用卡业务的内在动力。

4. 信用卡业务流程

商业银行或信用卡公司的信用卡业务是一个复杂的系统工程，它涉及发卡人、持卡人和特约商户等多边信用关系。信用卡业务流程就是控制、协调和处理多边之间支付关系的过程，主要反映发行、授权和清算三个基本系统。整个业务流程一般包括市场营销、指定和委托代办行、办理发卡、客户服务、授权、清算等具体环节。

(1) 市场营销。

信用卡市场的主体是持卡人和潜在持卡人，具体讲，包括个人、公司和公共部门。信用卡的营销就是对市场细分和运用促销策略不断开拓市场渠道，争取客户的过程。

信用卡的市场细分就是把营销力量集中于三个方面：商人市场即向商户推广信用卡、开拓潜在持卡人市场和鼓励原有持卡人更多使用信用卡的营销活动。通过广告宣传、人员促销等手段和提高服务质量、价格优势等策略，来争取并留住持卡人。

(2) 指定和委托代办行。

信用卡机构要选择具有条件的营业机构作为信用卡的代办机构，办理信用卡的存款、取款、转让和收单等业务，实现信用卡业务联营。

(3) 办理发卡。

① 信用卡的申请与审批。客户办理信用卡要携带有效身份证件到发卡银行填写申请书，或发卡银行将申请书寄给潜在持卡客户，以吸引他们申请。对收到的申请书，发卡行要对其项目、内容进行认真审查，确保真实、准确、完整。同时，对担保人说明担保责任，确定持卡人的资信状况。

② 开立账户与制卡。经审查核实后，对同意发卡的，根据申请的批示，将有关资料输入电脑，按有关会计制度设立账户。打卡人员制作磁卡，将卡交客户。

(4) 授权。

授权是发卡银行为控制超限额购物消费和取现，防止欺诈、减少损失而向客户和网点提供的一种有效的审批手段。商业银行成立信用卡授权机构，受理特约商家、取现网点、异地信用卡收单行的授权请求，处理信用卡交易的清分、对账、查询查复、业务统计、止付名单管理等业务。授权系统通过自动授权网络和人工电话授权来完成。

(5) 清算。

信用卡的资金清算是指发卡银行与代理行之间代收、代付信用卡资金的结算，包括收单行与特约商户、收单行与营业网点、收单行与ATM、收单行与发卡行之间相互的资金往来清算。发卡行同时又是收单行的，凭持卡人在商店消费的签购单，向商店付款，扣除一定比例的佣金费用。他行发卡本地收单的，收单行凭签购单向商店付款后，与发卡行办理资金清算。

发卡行应定期向持卡人发出月结单，持卡人应视存款余额情况补充存款或偿还贷款。

第三节 中间业务的最新趋势

中间业务以其成本低、风险小、收益高的特点成为现代商业银行新的利润增长点和核心业务，也成为国际银行业务的竞争焦点。随着我国商业银行传统的存贷款业务盈利能力萎缩，加入世界贸易组织后外资银行的大量涌入，作为其优势的中间业务给我国银行业带来了巨大挑战。自身的需求和外来的压力，使得发展中间业务成为我国商业银行发展的生存需要和必然选择。

一、发达国家银行中间业务发展情况

1. 中间业务发展迅速

20世纪80年代以来，由于资本市场迅速扩张、新的投资渠道不断出现等，商业银行的存款大量流失，严重地影响了贷款业务的开展，商业银行传统的利润来源——利息收益大大降低。为了适应客观环境的变化，弥补利差收入的损失，国际商业银行纷纷寻找其他的收入来源。开展既不直接运用银行自身资金、又可为银行带来手续费收入的中间业务等非利息收入业务，就成了商业银行在诸多不利因素形成的激烈竞

争环境中增加自身利润的重要途径。在这一时期,西方商业银行的中间业务或非利差业务以惊人的速度发展,提高了银行的核心竞争能力,促进了银行的持续快速发展。从传统的利差收入盈利模式转换到现代利差收入和中间业务收入并重的盈利模式,甚至后者超过了前者。

据有关资料分析,1983—1986 年,美国银行业的中间业务量从 9 120 亿美元增长到 121 880 亿美元,从占银行所有资产的 78% 上升到 142.9%。其中,7 家最大的银行中间业务量比贷款业务量多出一倍多。1988 年,居于美国银行业前列的花旗、美洲等五大银行集团中间业务活动所涉及的资产总和超过 2.2 万亿美元,而同期这几家银行资产中负债资产总和为 7 800 亿美元。从经营中间业务的收入来看,国外商业银行来自中间业务的收入已普遍占到总收入的 40%,甚至 2/3。如 1991 年,瑞士信贷银行的资产业务净收入 28.08 亿瑞士法郎,中间业务净收入 23.08 亿瑞士法郎;1992—1993 年,瑞士银行中间业务的盈利占其总盈利的 60%—70%;德国商业银行在 1992 年通过中间业务就获利 340 万亿马克,占总盈利的 65%;20 世纪 90 年代中期,亚太地区银行的利润中,中间业务收入也占 25% 以上,有的甚至达到 45% 以上。从全球最大的 50 家银行来看,1991—1996 年,中间业务收入从占净利息收入的 49% 上升到 67%,有的银行中间业务收入是净利息收入的 2—3 倍。中间业务为国外商业银行带来了巨大收益,已逐渐发展成为其主业。

2. 中间业务发展的特点

随着信息技术的发展,直接融资在全社会融资中所占的比例不断上升,间接融资所占比例不断下降,商业银行的融资中介功能不断减弱。为了在激烈的竞争中站稳脚跟,西方商业银行大量进行中间业务的创新,不断推出新的金融品种,形成新的盈利中心,大大提高了生存能力。

(1) 以准确、及时和安全为导向的结算业务创新。结算业务是商业银行仅存的几项特许经营业务之一,从而成为西方商业银行中间业务管理创新的重点。客户对结算业务的基本要求无外乎是确保结算的准确性、缩短结算所需的时间及保证结算的安全。银行正是以此为目标,不断创新出能更好地满足客户要求的结算方式。

随着电子计算机的广泛应用,建立完全的电子转账系统(Electronic Fund Transfers,EFT)是西方商业银行结算创新的主要内容,其最终目标是实现无现金(Cashless)、无支票(Checkless)、无纸张(Paperless)的"三无"结算。随着国际互联网的发展,结算业务创新的新目标则是建立基于国际互联网的实时电子转账系统,实现任何时间(Anytime)、任何地点(Anyplace)、任何方式(Anyhow)的 3A 式结算。

(2) 无所不包的咨询顾问业务。商业银行有两项特殊的资源,即它掌握的信息和具有专业技术的人员。在信息技术高度普及的今天,普通的个人和企业有可能掌握与银行一致的信息资源,这无疑削弱了银行的信息优势。然而,在信息爆炸的时代,要能根据所收集到的信息作出有利的决策,需要知识渊博、经验丰富、有专门时间和精力的人才,而一般企业要雇用这种只在特殊情况下才发挥作用的专门人才,显然是成本高昂且没有必要的,这就使得对咨询服务产生了需求。银行提供咨询服务,在满足客户需要的同时也增加了自身的收入。西方商业银行已普遍开展了以下各类咨询业务:公司并购、重组和上市中的财务咨询业务;项目融资和债券融资等不同类型的融资顾问业务,服务范围可以说是无所不包。

(3) 以服务见长的代理业务。代理业务主要是指商业银行接受企业或个人的委托,以企业、个人代理人的身份,代表委托人办理一些经双方议定的经济事务。此项业务不但对增加银行收入起重要作用,同时有利于银行树立良好的形象和增加与客户之间的联系。西方商行主要的代理业务是服务大众的代理收付业务和服务企业的现金管理业务。前者的典型案例即1995年美国大通银行推出的"一张支票系统",把每个月所要缴费的各种账单集中在大通,由银行统一寄送给客户,客户也只需寄一张金额为所有账单总额的支票给大通,即可万事无忧。客户为此项服务所花费的服务费不过一美元,经济方便,受到广大客户的欢迎。而后者则主要是针对大客户的,银行为其提供有关科学管理现金流余额的建议咨询,帮助企业有效地利用现金流、控制现金流。与此同时,加强了和这些大客户的联系。

由此可见,中间业务在西方已经有长足的发展,它以服务见长,以更好地满足客户的需要为基础,以创新为不断发展的原动力,充分利用银行的资源优势,为西方商业银行创出了大规模的效益。

二、我国商业银行中间业务的发展现状

改革开放后,我国商业银行中间业务得到了快速发展。截至2008年,我国商业银行开办的中间业务已涉及9大类420多个品种。以工商银行为例,已开办了人民币结算、外汇中间业务、银行卡、代理首付款、信息咨询、担保、商人银行和投资基金托管等8个类别,260多个品种。但是,我国商业银行中间业务的发展水平和西方发达国家相比,仍存在很大差距。具体表现为以下四个方面。

1. 中间业务规模小、贡献低

中间业务多为金融创新的产物,随着国际金融业向混业经营发展,国际商业银行中间业务的品种越来越多。除了结算、汇兑、代理、信用卡、咨询、外汇交易等品种外,还提供基金管理、代客资产管理、证券经纪等投资银行业务。目前我国商业银行开展的中间业务基本集中在结算、结售汇、代理收费等传统的业务上,大多依赖于银行网点数量,传统资产、负债业务等条件,很少利用银行信誉、信息、技术、人才等优势为客户提供咨询类、承诺类、代客理财类等新兴的高质量、高层次、高附加值的中间业务,金融衍生工具业务则基本上是空白的。加上我国的商业银行大多将中间业务作为发展和吸引存贷款客户的一种手段,收费低廉,有些甚至是无偿服务,造成了我国商业银行中间业务规模小、对银行利润贡献率低的局面。2008年,我国商业银行中间业务收入占总收入的比重平均约在15%,而美国、日本、英国的商业银行的中间业务占比在40%左右。

2. 中间业务的经营环境差

商业银行的经营环境包括市场基础、竞争环境和政策规范管理等。就市场基础而言,我国社会生活中信用机制不健全,结算类、信用类中间业务的开展会使银行承担更大的风险,从而影响了这些业务的发展。就政策规范来讲,由于法律限制,国内金融机构仍然处于分业经营阶段,银行、证券、保险三大市场相互割裂。这导致了银行个人理财服务层次较低,停留在为客户设计理财方案、免费接受个人咨询、提供信息资料等低层面的操作,还不能代替客户进行理财操作,不算真正意义上的理财。政策的限制使内外资银行在中间业务的竞争中并不处于同一起跑线上。

3. 中间业务定价政策缺失

收费混乱、定价政策缺失成为制约我国商业银行中间业务发展的瓶颈。一是定价机制不完善。银行中间业务收费标准审查程序烦琐,商业银行没有定价权,市场调节不起作用。二是忽视成本。对普通客户的中间业务收费标准大多低于银行经营成本,一些业务不允许收费。对优质客户中间业务收费由于银行之间的某些无序竞争而无法合理定价。

在目前收费偏低的情形下,中间业务创新缺乏激励机制。长期以来,商业银行对中间业务没有制订统一的发展规划进行创新,没有很好地针对中间业务进行规划,没有对产品种类进行开发创新,中间业务的开展缺乏系统性及前瞻性,只是被动地根据客户的现实要求来提供服务,既未能很好地发挥商业银行的整体优势,又对中间业务的进一步发展带来不利影响。

4. 中间业务综合技术低下

商业银行中间业务是集人才、技术、机构网络、信息、资金和信誉于一体的知识密集型业务,中间业务的开拓和发展需要一大批知识面广、业务能力强、实践经验丰富、勇于开拓、懂技术、会管理的复合型人才,尤其需要具备金融、法律、财会、税收等专业知识的中高级人才,如理财顾问,要求对银行、保险、证券、房地产、外汇、国内外经济形势都能比较全面的掌握,这些具有理论知识和操作技能的专业人才在我国金融界非常稀缺,从一定意义上讲这已成为商业银行拓展中间业务的"瓶颈"。另外,中间业务是一项集科学技术、电子智能和服务质量为一体的现代化金融服务业务,它的发展必须要以相应的"软硬件"为依托,而我国商业银行的中间业务技术服务手段则显得比较落后。

三、发展我国商业银行中间业务的对策

1. 建立以市场为导向的营销机制

以市场为导向是指以客户的需求为导向,以客户为中心是指以能让银行盈利的客户满意为中心。在当今金融的买方市场上,客户对银行的需求呈现多元化、层次化、个性化的特点,无论多大规模、多大实力的银行都不可能满足所有客户的需求。客户对银行的利益贡献度存在层次性,通常是20%的优质客户给银行带来80%的利

润。因此,商业银行必须进行市场调查,找出适合自身特点的一个或几个目标市场,针对目标客户的需求来设计产品,制定营销策略,培育优质客户,并让优质服务锁定优质客户,使客户与银行之间相互形成牢固的依赖关系。

2. 完善良好的中间业务发展环境

建立良好的中间业务发展的经营环境,首先,要加强社会信用环境的综合治理,完善社会信用制度;其次,为商业银行中间业务的发展提供一个公平、规范的竞争环境;最后,应进一步加强银保、银证、银基、银银合作,做到优势互补,资源共享,促进中间业务的发展。

3. 科学合理地确定中间业务产品价格

科学的定价机制,合理的收费标准是商业银行中间业务生存发展的基础,从理论上讲,商业银行中间业务收费标准的定价原则应是:成本原则——银行办理中间业务的直接收费和其他综合收益应该能够补偿需求投入的技术成本、人力成本以及其他成本;监管和自律原则——金融监管机构对中间业务进行监管,对普及型的中间产品应由银行同业公会确定基本价格标准,共同遵守;市场调节原则——对创新产品,允许银行和客户按照产品的服务性能、增值性能、安全性能以及同类产品市场供求情况协商定价。

4. 加大科技投入做好人才储备工作

中间业务的竞争,最终是技术装备条件和人才的竞争。大力发展中间业务必须要有先进的、应用面广的电子化技术作保障,为此,应加大科技投入,在更高的层次上对电话银行、上网银行、手机银行进行研发,建立起完善的电子银行业务体系。目前我国商业银行中间业务市场尽管还很有限,但应未雨绸缪,做好人才储备工作。可采用国内培训与国外培训相结合、理论研修与实务培训相结合的方式,加强对现有业务人员的培养,尤其要重视对高级人才的培养。同时,必须改革用人机制和收入分配机制以稳定和吸引人才。

本 章 小 结

本章讨论的商业银行中间业务是狭义的中间业务,即商业银行不需动用自身资金,只是利用自身在资金、技术、机构、信誉、信息和人才等方面特殊的功能和优势,以中介身份为客户办理各种委托事项,提供各类金融服务并从中收取手续费或佣金的业务。中间业务主要可分为结算业务、委托代理业务、咨询业务、租赁业务、投资银行业务、信托业务六大类。

结算业务是商业银行最基本的传统中间业务。结算分为现金结算和转账结算两类,转账结算又可分为国内结算和国际结算。转账结算业务是商业银行利用某种结算工具,通过一定的结算方式,为客户代收代付资金。转账结算的工具是各种票据,通行的票据有汇票、本票和支票三大类。

代理业务是指商业银行接受政府、单位和个人的委托,代理客户交办的经济事务。咨询业务是商业银行凭借其雄厚的实力和较高的信誉,以及多方面专业人才和信息资源的优势,为客户提供顾问和咨询服务。信托业务是商业银行代理他人运用资金、买卖证券、发行证券、管理财产的一种信用委托业务。现代租赁是以金融租赁为重要标志的租赁信用形式,也是以设备租赁为主要内容的新兴产业。现代租赁业务是将信贷与商品交易相结合即融资和融物相结合的一项新兴业务。信用卡是商业银行或发卡公司发行的具有储蓄、支付、结算、信贷、购物等多种功能的信用流通工具。信用卡的种类繁多,主要有贷记卡和借记卡。信用卡业务是近年来商业银行发展最快的一项金融服务业务。

商业银行办理中间业务不运用或不直接运用自己的资金,具有风险较低、收入稳定的特点,因此拓展中间业务对商业银行来讲意义重大。我国商业银行应在积极拓展盈利空间、提高核心竞争力的战略高度重视中间业务的发展。

复习思考题

1. 中间业务和表外业务的异同有哪些?
2. 中间业务的种类和特征有哪些?
3. 商业银行主要结算工具及其含义是什么?
4. 商业银行代理业务的种类及其内容是什么?
5. 商业银行咨询业务的种类及其内容有哪些?
6. 商业银行租赁业务的基本特征有哪些?
7. 信用卡的功能是什么?
8. 商业银行拓展中间业务的意义何在?
9. 试析我国商业银行中间业务的发展战略。
10. 如何才能确定合理的中间业务收费价格?

第六章 商业银行表外业务

商业银行表外业务的产生和发展既有其内部的动力,也有来自外部的压力,它给商业银行带来的影响是多方面的,既产生了积极的作用,也造成了一定的负面影响。其表外业务具有形式多样、操作灵活、金融杠杆性高、经营透明度低的特点,并且面临着多种风险。如前章所述,表外业务有广义和狭义之分,本章所指的表外业务是狭义的表外业务。

第一节 表外业务概述

一、表外业务的概念和动因

表外业务是指商业银行从事的,按照通行的会计准则,不列入银行资产负债表内,不涉及资产负债表内金额的变动,但构成银行或有资产和或有负债的交易活动。这类交易活动虽然不列入银行资产负债表,但它们与表内资产项目和负债项目关系密切,在一定条件下会转化为表内业务,因此在资产负债表的脚注中加以记载反映,以便于银行和有关管理当局对这类交易进行必要的核算和管理。

商业银行表外业务的产生和发展既有其内部的动力,也有来自外部的压力。

1. *规避利率汇率风险,提高自身抗风险能力*

1973年布雷顿森林体系崩溃后,汇率波动加剧,投资或借贷风险加大。一系列的金融创新业务如利率互换、货币互换、利率与货币互换、金融期货与期权等具有保值及转嫁风险的金融工具被创立,并因其与特定市场环境的适应性而在金融界和企业界得以广泛应用。

2. *规避严格金融管制,拓展业务空间增加盈利*

20世纪六七十年代,随着利率自由化和存款结构的变化,特别是金融资产证券化的过程,大量金融资产注入证券市场,商业银行面对"脱媒"的危机,存款成本不断上升,存贷利差不断减少,商业银行不得不思考新的出路。同时,各国金融当局加强了对商业银行的监督管理,限制了银行表内业务的发展,进一步降低了商业银行表内业务的盈利水平。表外业务对资本没有要求或要求较低,并可使商业银行绕过金融监管部门的限制,降低管制成本,并获得盈利机会,所以竞相发展表外业务。

3. 应付激烈市场竞争,满足客户多样化的需要

主要西方国家通过利率自由化、证券市场国际化、放松或取消金融机构分业经营限制等,为银行业造就了新的、更加宽松自由的金融环境。20世纪80年代后,许多非银行金融机构利用有利条件,不断推出现金管理服务项目,夺走了大量客户,迫使银行开辟更多的表外业务。更重要的是,随着市场上金融产品的增加,客户对银行也提出了更加多样化、高质量的要求。例如,面对市场利率和汇率的剧烈波动,客户普遍提出了转移和防范市场风险的需要,商业银行如果不能满足客户的这些要求,将失去更多的顾客的资金。

4. 技术进步的推进

计算机技术和通信技术得到了前所未有的发展,金融业电子化趋势开始显现。特别是进入20世纪90年代,互联网技术在金融业的应用,使商业银行完全突破时空的限制,并低成本地实行全球化、综合经营的战略成为可能。特别是为在全球金融市场开展互换、期货、期权等业务提供了强有力的技术保障;更为商业银行深入千家万户、开展个性化经营创造了必要的条件。从一定意义上讲,技术进步为商业银行表外业务的拓展开辟了崭新的天地。

二、表外业务的特点

20世纪80年代后兴起的表外业务,具有以下鲜明的特点。

1. 灵活性大,发展迅速

跟传统的信贷业务相比,表外业务在形式上显得丰富多彩,充分体现了银行在业务操作上的灵活性。银行既可以提供没有风险的金融中介服务,又可以涉足具有较高风险的金融衍生工具市场;既可以直接参与金融市场的操作,又可以以中间人的身份出现;既可以在场内交易,又可以进行柜台交易;既可能是无形市场,也可能是有形市场。这种灵活性使银行表外业务获得了广阔的发展空间,从而在西方国家以惊人的速度发展起来。

2. 以小博大,盈亏数额巨大

银行表外业务是高收益、高风险的杠杆性金融业务,这类业务用于交易的本金少,可一旦盈利(亏损)则数额巨大,可谓"以小本博大利",或者说表外业务金融杠杆性高,这是表外业务的重要特征。这一特征在金融衍生工具市场上表现得尤为突出。例如,进行期货交易只需缴纳较低的保证金,就可以操纵金额巨大的合约,盈亏都很可观。如果监管当局对此监管不力,投机成风,那么后果将十分严重。

3. 透明度低,监管难度大

表外业务除了一部分以附注的形式标注在资产负债表上以外,大多不反映在资产负债表上,许多业务的规模和质量不能在财务报表上得到真实反映,财务报表的外部使用者如股东、债权人、金融监管当局、税收当局等难以了解银行的整体经济水平,使银行的经营透明度较低。同时,因透明度低,使得银行内部管理人员对表外业务的

经营风险也难以做出正确的认识和分析,而外部人员又无法对银行的经营活动进行有效的监督与控制,从而给银行经营带来了很大的风险隐患。在全球金融市场日趋一体化的今天,任何一国或一个地区的风吹草动都有可能导致大范围的市场动荡,因此表外业务的发展对国际银行业的监管水平提出了更高的要求。

三、表外业务发展的影响

表外业务发展带来的影响是多方面的,既产生了积极的作用,也造成了一定的负面影响。

1. 表外业务的积极影响

(1) 降低了银行的经营成本,增加了银行的经营利润。

一方面,开展表外业务基本上无需运用或较少运用自有或营运资本,而且还可以放慢资产增长速度,因此可以避免资本充足率的限制,不必负担管制成本,无需为这类活动及其风险提取相应的准备金或一定水平的资本额,所以具有降低经营成本的功效。许多类型的表外业务还能降低资金成本。大量的表外业务,尤其是衍生金融工具,他们所需要的交易费用较低,且交投也较传统工具更加灵活,从而降低了银行开展业务的交易成本。

另一方面,开展表外业务为银行带来了大量的手续费和佣金收入。同时,银行还可以通过投机,利用各种表外业务在外汇市场、股票市场、债券市场和金融衍生工具市场赚取高额利润。银行从事表外业务的收入近年来已大大超过其表内业务的收入。

(2) 降低金融风险,增加资金的流动性。

商业银行的传统利润来自存贷利差和证券投资的收益。无论是银行贷款还是证券投资,由于都是对银行资金运用的业务,银行不仅面临着本金损失的信用风险,同时还面临着利率、汇率波动等市场风险,而通过开展表外业务则可以避免、转移和分散上述风险。衍生工具的套期保值作用如果运用得当,可以转移汇率及利率风险;备用信用证、票据发行便利等工具则可以分散、转移信用风险。

很多表外业务都具有高度的流动性和可转让性。例如,商业银行通过有追索权的贷款出售,可将流动性较差的贷款证券化,从而获得新的资金来源,加速了银行资金的周转。

(3) 为客户提供多元化服务,增加银行的竞争力。

一方面,商业银行通过表外业务提供的多元化服务,满足不同客户的不同需求,可以扩大银行的顾客群,与客户建立更广泛的联系,从而保证银行拥有不断扩大的市场份额。另一方面,通过表外业务也可以提高商业银行的竞争能力。商业银行的竞争能力取决于其经济实力,包括资本充足率、资产负债的规模和盈利能力。开展表外业务可以增强商业银行的经济实力,为商业银行在激烈的竞争中求得生存与发展奠定基础。

2. 表外业务的负面影响

表外业务虽然能为单个银行转移和分散风险,但从整体上看,风险并没有减少。许多或有项目类的表外业务潜藏着风险,而且这类表外业务比较集中,很可能使风险在某一时刻集中于某些银行。表外业务就像一把"双刃剑",稍有不慎就会给银行带来灭顶之灾。

(1) 金融市场投机蔓延,影响金融体系稳定性。

在衍生金融工具交易中,大多数都是为了追逐风险收益而进行的合约炒买炒卖。表外业务引发的大规模投机交易,一定条件下就可能导致大规模的金融市场动荡,如近年来多次金融危机就与衍生金融工具交易有着密切关系。

(2) 银行监管难度增大,国际监管合作任务艰巨。

与传统业务相比,表外业务灵活性大、透明度较差,中央银行难以对商业银行的业务种类和数量进行及时的监测和管理,商业银行甚至可以借助表外业务掩盖其资本缺乏等问题,金融监管部门难以对商业银行表外业务及存在的问题做出准确的把握,也就无从做出及时、正确的决策。随着科学技术的进步,国际上资金流动的速度越来越快,国际炒家间联合出击的可能性增强,而国际却可能因为缺乏必要的决策信息而难以有效地合作。

(3) 货币政策执行难度增加,货币政策的有效性受挫。

表外业务为借款人提供了新的可变利率融资渠道和许多利率保值手段,降低了利率变动对经济的影响程度。中央银行的货币政策在多种复杂因素的作用下,货币政策的传导机制也就更加复杂,中央银行执行货币政策的难度无疑会增大。此外,表外业务的发展使一些原来流动性很差的金融资产,如银行贷款等成为可买卖的资产,提高了金融市场的流动性。金融市场流动性的增强,为单个经济行为人提供了快速摆脱不利资产负债地位的机会与可能,因而也可能在短时期内妨碍货币政策的有效性。

四、表外业务的分类

按照《巴塞尔协议》的规定,西方国家的商业银行的表外业务分为以下四大类。

(1) 银行承担一定风险的各种担保业务和有追索权的债权转让,从事此种业务的银行在债务人违约时要对收益人赔偿损失,包括商业信用证业务、银行承兑汇票业务等。

(2) 各种贷款承诺业务,银行要承担事后风险,包括备用信用证、保函、贷款承诺、贷款出售与证券化等。

(3) 与利率或汇率有关的或有业务,包括金融互换、期货、期权等金融衍生工具市场业务。

(4) 为客户提供中介服务和劳务服务的服务,包括结算、代理、咨询等,此类业务基本上是传统的中间业务。

本章着重介绍的是前三类带有风险性的典型意义上的表外业务。

第二节　主要表外业务介绍

一、贷款承诺业务

1. 贷款承诺的概念

贷款承诺是银行与借款客户达成的一种具有法律约束力的正式契约，银行将在正式的有效承诺期内，按照双方商定的利率随时准备按客户需要提供信贷便利，作为提供承诺的报酬银行通常要向借款人收取承诺佣金。

2. 贷款承诺的方式

贷款承诺主要有以下四种方式。

(1) 信用额度(Credit Limit)。

信用额度是最常见的贷款承诺之一，一般是客户与银行之间达成的非正式协议，银行同意在一定时期内以规定的利率和其他条件向客户提供不超过额度范围的贷款。银行和客户之间关于信用额度的协议大多数是非正式，而且是可以撤销的，很少形成书面文件，因此这种协议对银行没有法律约束力，即银行没有提供贷款的法定义务，银行一般也不向客户收取手续费。尽管如此，银行为维护信誉和巩固与客户的关系，一般都会满足客户的要求。

(2) 备用信用额度(Standby Line of Credit)。

备用信用额度是银行和客户之间达成的不可撤销的正式协议，协议详细规定了银行提供信贷便利的额度、时间、贷款利率及贷款的清算等。在备用信用额度下，客户可以在协议期限内多次提用贷款，一次提用贷款并不失去对剩余承诺在剩余有效期内的使用权力，只要历次贷款的总和不超过信用额度即可。然而，一旦借款人开始偿还贷款，即使偿还发生在承诺到期之前，已偿还了的部分便不能被再次提用。备用信用额度的期限一般也不超过1年。

(3) 循环信用额度(Revolving Line of Credit)。

循环信用额度也是银行和客户之间达成的不可撤销的正式协议，协议条款列明了最高贷款额、协议期限、贷款利率等条款，银行要在约定的时间向客户提供贷款，客户可在协议期限内多次使用贷款。与备用信用额度不同的是，客户已偿还的贷款仍可反复使用，只要客户在某一时点使用的贷款额不超过信用额度总额即可。循环信用额度属于一种中期贷款承诺，协议期限一般为3—5年。

有些循环信用额度还包含MAC条款，可以使银行在客户的财务状况发生实质性逆转时，免除提供贷款责任。因此，贷款承诺是否为无条件的或是否受法律约束，弹性是比较大的。

(4) 票据发行便利(Note Insurance Facilities)。

传统的票据发行便利是一种具有法律约束力的中期授信承诺,它是银行和借款人之间签订的,在未来的一段时间内由银行以承购连续性短期票据的形式向借款人提供信贷资金的协议。在该协议下,借款人既可以以出售票据时竞标得来的货币市场利率向市场出售票据,也可以以事先约定在某一基准利率之上的最大波动范围内的利率出售票据。如果借款人的短期票据不能以协议中约定的最高利率成本在二级市场上全部出售,则银行必须自己购买这些未能售出的票据,或者向借款人提供等额银行贷款,银行为此收取费用。这种票据发行便利今天被称为包销的票据发行便利。

目前在票据发行便利市场上占主要份额的则为非包销的票据发行便利。非包销的票据发行便利是指借款人发行票据,无须银行承诺包销或提供等额贷款。它最大的特点是票据的发行与包销相分离。非包销的票据发行便利的具体内容通常很粗略,一般采取总承诺的方式,通过安排银行为借款人出售票据,而不是实际上可能提取的便利。非包销的票据发行便利目前只适用于信誉等级较高的借款人。非包销的票据发行便利的票据发行期限弹性很大,大多数以超短期出现,如1天等。

票据发行便利主要运用于欧洲货币市场,发行票据的期限大多为3个月或6个月,长的可达1年,短的可至1星期或零星的几天。对于借款人而言,一般采取本票形式,通常称为欧洲票据。大多数欧洲票据以美元计值,面额很大,多在50万美元以上,因此主要以专业投资者或机构投资者为对象。持票人把票据列为一种资产,而包销承诺通常不显示在银行资产负债表中,因此票据发行便利被视为一项表外业务。

3. 贷款承诺的程序

(1) 申请贷款承诺。

借款人向自己熟悉的银行提出贷款承诺申请,同时提交详细的财务资料和生产经营状况的资料,以供银行进行信贷审查,从而确定提供贷款承诺的可能性。

(2) 签订贷款承诺协议。

银行决定对借款人提供贷款承诺后,就要和借款人对贷款承诺的细节进行协商,主要在承诺的类型、承诺额度、期限、利率、偿还安排、保障条款等方面寻求一致,并在此基础上签订贷款承诺合同。合同视具体情况而定,但应以银行所确定的主合同为标准。

(3) 提取资金。

借款人在提取资金以前,应在协议规定的时间内通知银行,银行将在合同规定的时间内把这笔资金划入借款人的存款账户。

(4) 偿还资金。

借款人按协议规定按时缴纳承诺金额及利息,并按协议规定的偿还安排归还本金。

二、资产证券化

1. 资产证券化的定义

资产证券化主要是指银行将其发放的缺乏流动性但可产生预期稳定现金流量的

资产转移给特设载体(Special Purpose Vehicle, SPV), SPV 再通过一定的技术处理, 将风险和收益要素进行分离与重组, 并以这些信贷资产为支持在金融市场上发行可出售和流通的资产担保证券的过程。它注重资产运作, 是从已有的信用关系基础上发展起来的, 基本上属于存量的证券化, 所以资产证券化又被称为二级证券化。

资产证券化更进一步本质上的解释就是将贷款或应收账款转换为可转让工具的过程。例如, 它能够将批量贷款进行证券化销售, 或者将小额、非市场化且信用质量相异的资产重新包装为新的流动性债务证券, 施加信用提高, 并且提供了与基本担保品不同的现金流量。资产证券化有利于贷款中不同风险和收益的分离, 并使其定价和重新配置更为有效, 从而使参与各方均受益。

2. 资产证券化的品种

资产证券化须以原始权益人的资产作为发行证券的基础, 而发行的证券又延伸到了票据、债券、投票等有价证券。从基础资产和衍生的证券来考察, 证券化资产的品种繁多。

已被证券化的银行资产类型包括住房抵押贷款、不良贷款、汽车贷款、信用卡应收款、政府担保的中小企业贷款等。其品种如下。

(1) 普通型资产支持证券。资产支持证券是由住房抵押贷款作为基础, 由接受委托的信托机构发行的转手证券贷款出售机构将资产转移给信托机构, 资产转移后对贷款出售银行有无追索权均可, 贷款出售银行对证券的偿付不承担责任, 由信托机构承担证券偿还, 贷款的利息扣除管理费后都存入由委托人管理的账户, 证券的利息由受托人支付。例如, 2007年美国次贷危机即是由于房地产次级抵押贷款风险引发次级抵押贷款机构破产、投资基金被迫关闭、股市剧烈震荡, 从而引起了全球性的金融风暴。

(2) 信用卡支持证券。该证券是以信用卡应收账款的出售为基础。通常, 该证券化过程中涉及的应收账款要高于信用卡支持证券的发行额。信用卡支持证券一般不会分期摊还本金, 而是将应收账款已收款再投资于所涉及账户的应收账款中。例如, 大通曼哈顿银行集中信用卡应收款资产集合, 即信用卡持有者累积的债务, 将其从资产负债表中移出, 售与受托人。大通银行保留为信用卡服务的权利, 信用卡用户支付的本息通过受托人转付给信用卡支持证券的投资者, 这种证券又称为周转债务分期偿还证书。

(3) 资产支持股票。资产支持的股票亦称债权转股权, 它是由特殊职能机构发行的。这个特殊机构从出售贷款银行购买资产, 如消费者贷款, 这些资产经3A级商业银行担保后, 发行优先股或普通股。

3. 资产证券化的基本交易结构及运作程序

资产证券化的基本交易结构是资产的发起人将要证券化的资产剥离出来, 出售给一个特设机构, 这一机构以其获得的这项资产的未来现金收益为担保, 发行证券, 以证券发行收入支付购买证券化资产的价款, 以证券化资产产生的现金流向证券投资者支付本息。要保证这一基本交易结构严谨、有效,必须满足 5 个条件:第一,被证券化的资产要能产生固定的或循环的现金收入流;第二,发起人对该资产拥有完整的所有权;第三,该资产以真实出售的方式转让给特设载体;第四,特设载体本身的经营有严格的法律限制和优惠的税收待遇;第五,投资者具备对资产证券化的知识、投资能力和投资意愿。这 5 个条件中的任何一个不具备,都会使资产证券化面临很大的交易结构风险。

在美国,在这种基本交易结构的基础上,已经形成了一套比较规范的资产证券化运作程序。这种程序适用于各种类型的发起人,银行作为其中一种重要的发起人,自然也不例外。这一程序可以分为以下八个基本步骤。

(1) 确定资产证券化目标,组成资产池。

发起人首先要分析自身资产证券化融资需求,根据需求确定资产证券化目标;然后对自己拥有的能够产生未来现金收入流的资产进行清理、估算和考核,根据证券化目标确定要把多少资产用于证券化;最后把这些资产汇集组合,形成一个资产池。要强调的是,发起人对资产池中的每项资产,都必须拥有完整的所有权。一般情况下还要使资产池的预期现金收入流大于资产支持证券的预期还本付息额。

(2) 组建特设载体,实现真实出售。

特设载体有时由发起人设立,但它是个以资产证券化为唯一目的的独立的信托实体。其经营有严格的法律限制,例如,不能发生证券化业务以外的任何资产和负债,在对投资者付讫本息之前不能分配任何红利,不得破产等。其收入全部来自资产支持证券的发行,为降低资产证券化的成本,特设载体一般设在免税国家或地区,如开曼群岛等地,设立时往往只投入最低限度的资本。特设载体成立之后,与发起人签订买卖合同,发起人将资产池中的资产过户给特设载体。这一交易必须以真实出售的方式进行,买卖合同中应明确规定:一旦发起人发生破产清算,资产池不列入清算范围,从而达到"破产隔离"的目的。破产隔离使资产池的质量与发起人自身的信用水平分割开来,投资者对资产支持证券的投资就不会再受到发起人的信用风险影响。

(3) 完善交易结构,进行内部评级。

特设载体要与发起人指定的资产池服务公司签订服务合同,与发起人一起确定一家托管银行并签订托管公司,与一定银行达成必要时提供流动性支持的周转协议,与证券承销商达成证券承销协议等,来完善资产证券化的交易结构。然后,请信用评级机构对这个交易结构进行内部评级。信用评级机构通过审查各种合同和文件的合法性及有效性,对交易结构和资产支持证券进行考核评价,给出内部评级结果。一般而言,这时的评级结果并不理想,较难吸引投资者。

(4) 改善发行条件,进行"信用增级"。

为吸引更多的投资者,改善发行条件,特设载体必须提高资产支持证券的信用等级。信用增级的方式主要有三种:第一种方式就是破产隔离,通过剔除掉发起人的信用风险对投资收益的影响,提高了资产支持证券的信用等级;第二种方式是划分优先证券和次级证券,即通过把资产支持证券分为2类,使对优先证券支付本息优于次级证券,付清优先证券本息之前仅对次级证券付息,付清优先证券本息后再对次级证券还本,这样就降低了优先证券的信用风险,提高了它的信用等级;第三种方式是金融担保,即特设载体向信用级别很高的专业金融担保公司办理金融担保,由担保公司向投资者保证特设载体将按期履行还本付息的义务,如特设载体发生违约,由金融担保公司支付到期证券的本息,在这种条件下资产支持证券的信用级别就可以提升到金融担保公司的信用级别上。

(5) 进行发行评级,安排证券销售。

信用增级后,特设载体应再次聘请信用评级机构对资产支持证券进行正式的发行评级,将评级结果向投资者公告。然后,由证券承销商负责向投资者销售资产支持证券。由于这种资产支持证券已具备了较好的信用等级——投资收益的组合,能以较好的发行条件售出。

(6) 获取证券发行收入,向发起人支付购买价格。

特设载体从证券承销商那里获取证券发行收入,再按资产买卖合同规定的购买价格,把发行收入的大部分支付给发起人,至此,发起人的筹资目的已达到。

(7) 实施资产管理,建立投资者应收积累金。

发起人指定一个资产管理公司或亲自对资产池进行管理,负责收取、记录由资产池产生的现金收入,并把这些收款全部存入托管行的收款账户。托管行按约定建立积累金,准备专门用于特设载体对投资者还本付息。

(8) 按期还本付息,对聘用机构付费。

到了规定的期限,托管行将积累金拨入付款账户,对投资者付息还本。待资产支持证券到期后,还要向聘用的各类机构支付专业服务费。由资产池产生的收入还本付息、支付各类服务费之后,若有剩余,全部退还给发起人。整个资产证券化过程至此结束。

三、贷款出售

1. 贷款出售的概念

贷款出售是指商业银行在贷款形成之后,将贷款债券出售给第三方,重新获得资金来源并获取手续费收入的一种业务方式。贷款出售与贷款证券化最根本的区别在于贷款出售只是将贷款的全部或一部分所有权从发起银行转移出去,贷款资产本身不发生任何实质性变化;而贷款证券化则将贷款组合转变为可在资本市场上买卖的证券创造出了新的投资工具,资产性质发生了变化。

银行出售的通常是短期贷款,以距到期日不超过90天的贷款最为常见,但近年来,距到期日1年以上的贷款出售的比重不断上升。这些贷款有的是尚未列入资产负债表的新贷款,有的则已在银行账面上保存了一定时期。在无追索权的情况下(大多数贷款的出售都无追索权),前者的出售即成为银行的表外业务,后者的出售则可以将该笔贷款从资产负债表中转移出去,从表内业务转化为表外业务。通常的做法是,出售银行保留贷款的服务权,代表贷款购买者向借款人收取利息,监督借款人对贷款的使用和偿还,由此获取一定比例的手续费收入。

贷款出售对银行而言具有与贷款证券化类似的作用,因此也成为商业银行利用证券化与证券公司争夺市场份额的重要方式之一。

2. 贷款出售的类型

(1) 更改。在更改形式下,出售银行同借款人修改所签定的合同,更改该项资产的债权人,取消原合同中出售银行与借款人之间的债权债务关系,出售银行将彻底从与借款人达成的合同中退出,由贷款购买者取而代之。贷款购买者与借款人签定新的合同,在贷款购买者与借款人之间建立内容相同的债权债务关系,出售银行与借款人和贷款购买者不再有任何联系。

(2) 转让。出售银行在事先通知借款人的情况下,将贷款合同中属于出售银行的权利转让给贷款购买者,即购买者取得直接向借款人要求还本付息的权利。也就是说,在转让中,贷款的所有权转移给购买者,购买者因此对借款人有了直接的权益请求权。当今的许多贷款出售是以转让方式进行的。

(3) 参与。在出售银行与借款人签定的贷款合同中,注明"可以将依据贷款债权收回全部或部分本息的权利出售给第三者(参加人)"的条款。根据这一条款,出售银行可以将从借款人收取本息的权利转让给别人。在参与形式下,并不涉及贷款合同中法定权利的正式转移,但在出售银行与购买者之间创造出一个无追索权的协议,购买者通过支付一定金额,取得获取相应贷款本金所产生收益的权利。出售银行通常保留服务权,继续管理贷款,在借款人和购买者之间拨付资金。在参与贷款中,购买者并不是出售银行与借款人所签定合同的当事人,只有当原始贷款合同条款出现重大变动时,贷款购买者才可以对贷款合同的条款施加影响。因此,贷款购买者面临很大的风险——出售银行可能破产或借款人可能破产,这都会给购买者造成巨大的损失,这种方式一般只适用于优质贷款出售。

3. 贷款出售的定价

贷款出售的定价主要是确定出售贷款的本金和利率,根据贷款转移方式、贷款质量等因素的不同而在定价原则上有较大的差异。

(1) 优质贷款的出售定价。优质贷款出售通常在参与形式下进行,出售的贷款本金保持不变,只是在利率方面进行调整,即出售银行以低于自己所收利率的利率把贷款出售给购买者。原来利率与新利率之间的差距作为贷款出售的手续费,由出售银行获得,差额大小主要视贷款本身的质量、出售银行的信誉等因素而定。

(2) 劣质贷款的出售定价。劣质贷款的出售通常在转让方式下进行,出售的利率一般保持不变,出售银行采取折扣方式以低于贷款本金面额的方式售出,从而收回自己的部分本金。银行旨在通过劣质贷款的出售来实现资产结构调整,最典型的是国际大银行对拉美国家贷款的出售。出售时的折扣程度,取决于贷款的质量、期限及借款人财务状况等因素。

4. 贷款出售的一般程序

以下通过最为普遍的贷款出售的参与形式来说明交易程序。

(1) 出售银行根据借款人的资信及经营情况来确定信贷额度,并在此额度范围内提供信贷,直至出售发生为止。

(2) 出售银行根据出售贷款的期限选择某个基础利率(如商业票据利率等)作为基准,调整若干基点作为利差,在金融市场上提出出售贷款的报价。

(3) 购买贷款的银行或机构与出售银行接洽,出售银行向购买者提供借款人必要的资信及财务资料,以便于购买者判断和选择。

(4) 出售银行和购买者协商贷款买卖的具体细节,签定参与贷款买卖的基本协议书,参与合同确立时,无须通知借款人。

(5) 出售银行根据参与合同,定期将借款人的利息支付和本金偿还转交给购买者,直至该贷款出售到期。

四、金融衍生工具

1. 金融期货业务

金融期货也称金融期货合约,是指买卖双方在有组织的交易所内以公开竞价方式达成的在未来的一定时期内交割标准数量的某种金融工具的协议。通俗地讲,期货是一种合约或协议,它要求协议签订的一方在指定未来日期,以事先确定的价格买入或卖出某种金融产品。

期货交易形成了期货市场,期货市场的基本功能是为市场参与者提供了规避风险和价格发现的机会。期货交易是一种特殊的交易活动,它的主要特点有:(1) 交易的对象是标准化的期货合约;(2) 交易的主要目的不是为了让渡金融产品而是为了规避风险或投机;(3) 交易采用了保证金形式,具有很强的杠杆作用。

金融期货按交易对象,可分为外汇期货、股票指数期货和利率期货等多种形式;按交易目的,可分为套期保值和投机两种行为,其交易原理是一样的。

套期保值是指买卖双方利用期货市场进行对冲买卖,减少价格风险。具体讲,投资者在现货市场和期货市场进行数量上相同、方向上相反的合约买卖,以达到对冲风险的目的,即相等且相反交易。它是利用期货市场来降低或消除未来现货市场的价格风险,通过现货市场与期货市场的逆向操作,将价格盈亏抵消从而达到保值。在套期保值中也付出了代价,即失去了盈利机会,有时也可能保值失败。

套期保值的具体操作可分为两步:(1) 交易者根据自己现货市场上的交易状况,在期货市场买进或卖出与现货头寸相反的期货合约。(2) 在期货合约到期前进行现货交易,同时对冲持有的期货合约。这样,在现货市场与期货市场的价格变动方向一致的情况下,现货的盈亏必然体现期货的盈亏,盈亏相抵,基本上能达到保值作用。

套期保值有两种具体的形式,即卖出套期保值(空头套期)和买入套期保值(多头套期）。

（1）卖出套期是指投资人在现货市场上处于多头地位（即拥有现货），当预期金融产品价格下跌时，为避免价格下跌带来的风险，同时在期货市场上做一个空头交易，即卖出期货合同，当期货合约到期时再做对冲。当预测准确时，现货市场上的损失可利用期货市场上的盈利补偿，达到保值的目的。当然，当预测不准时可能使保值失败。

（2）买入套期是指投资人在现货市场上处于空头地位，当预测金融产品价格上升时，在期货市场上做多头交易，即买进期货合约，合约到期做一对冲，达到保值。两种套期形式的交易原理是一样的。

2. 金融期权业务

金融期权即买卖金融期货合约的选择权。期权交易就是期权的买方向期权的卖方支付一定费用后，取得在规定期限内以事先约定的价格向期权的卖方购买或出售一定数量的某些金融商品合约权利的买卖。期权的买方所购买的是一种权利，不承担必须买进或卖出的义务。当买方认为对自己有利时，他有权按事先约定的条件要求期权的卖方购买或出售某种期货合约。

期权的卖方收取了一定的期权费，就使他失去了选择权。只要期权的买方要求履约，期权的卖方只能履约。期权买方的风险是一定的，其上限就是期权费；期权的卖方所承担的风险是很大的，因为他没有选择权。

期权交易有以下三个基本要素。

（1）期权的有效期限。期权有效期是指导期权合约签订生效到合约到期日的期限，超过这个期限后期权合同失效。欧式期权期限是到期月的第二个星期三执行，美式期权可在任何一个时候执行。

（2）期权权利金。权利金也叫期权价格，是指期权的购买或出售价格。

（3）敲定价格。敲定价格亦称履约价格，是指期权合约规定的买方购买或出售期权的价格。

金融期权按交易对象，主要有股票期权、利率期权、外币期权、股票指数期权、期货期权等几种。按交易方式可划分为看涨期权和看跌期权。看涨和看跌是根据权利购买者对特定金融工具价格变动的预测而确定的。

（1）看涨期权。看涨期权亦称买进期权或敲定，是指期权的买方在规定的期限内，有权根据合同规定的价格购买某种特定的金融工具的权利。如果金融工具价格上升，期权的买方行使权利，从期权的卖方按规定的价格购买一定数量的金融工具；如果此时的金融工具价格对期权买方行使权利不利，那么他可以放弃权利，他的损失仅是期权费。

（2）看跌期权。看跌期权亦称卖出期权或敲出。看跌期权的买方获得在未来一定时期内根据合同规定的价格出售某种金融工具的权利。当金融工具价格下跌时，期权买方可以在市场上以较低的价格买进金融工具，然后以合同规定价格卖给期权出售者;当金融工具的市价等于或高于约定价格时,期权的买方可放弃这一权利,损失的是期权费。

3. 互换业务

互换是指交易双方按照商定的条件,在约定的时间内,交换一系列支付款项的金融交易。具体讲,互换就是通过交易双方互相调换利率或货币来降低资金成本,避免汇率或利率风险的一种交易方法。在我国香港和台湾地区,互换又称交换、调换,内地也有称作调期、掉期的,但它和外汇买卖中的掉期是不相同的。

互换有货币互换和利率互换两种基本形式。

(1) 货币互换。

货币互换是交易双方将某一货币和固定利率与另一种货币和固定利率进行相互交换。两个借款人各自向不同的贷款人借取一笔利率计算方法相同、期限相符,但币种不同的贷款后,通过一定的条件达成协议,各自获取对方的借款并用对方借进的货币偿还本金和利息,汇价一般按即期汇价作为兑换基础。

例 6-1:A 银行想在日本筹措日元,但因日本反对,日元外流有限制得不到日元,只能在欧洲市场去筹措美元。筹措金额 10 000 万美元,利率固定为 13.75%,期限为 5 年。与此同时日本有家 B 企业想得到美元,但在欧洲市场信用不被了解,筹资成本太高或筹措不到,只能在国内发行日元债券 1 500 000 万日元,利率为 15%,当时汇率为 1 美元兑换 150 日元。

这样双方即可达成协议。A 银行给 B 企业 10 000 万美元,B 企业用 1 500 000 万日元换取。在 5 年内 A 银行要向日本债权人偿付本息 1 725 000 万日元,B 企业则要向欧洲市场债权人偿付本息 11 375 万美元。

(2) 利率互换。

利率互换又称息票互换,通常以银行为中介来安排。利率互换是指交易双方同意在未来一定期限内根据同种货币的同样名义本金交换现金流。由于借款人的信用等级不同,对于一笔同样金额、币种、期限的借款,甲方(企业)以浮动利率的方式偿还利息,乙方(银行)是以固定利率方式偿还利息;甲方为了获得固定利率的偿息方式,通过提供一定条件和乙方达成协议,各自用对方的利率替对方偿还利息。

例 6-2:甲方以 LIBOR+0.75% 利率获得某银团一笔浮动美元贷款,同时乙方也获得相同金额贷款,但利率固定为 11.25%。除了利率不同,这两项借款其他条件都相同。甲方想获得固定利率方式付息,通过互换协议,乙方同意按照 11.25% 的固定利率调换给甲方,但对调进浮动利率,除不承担附加利率 0.75% 以外,只愿按 LIBOR−0.25% 利率付息,因此甲方除按 11.25% 付息外,还要承担另外 1%(0.75%+0.25%)利率,甲方筹资成本就能固定下来。虽然看起来多了 1% 利率,但实际上还是比用固定利率直接向市场筹资的成本低。

4. 远期利率协议

远期利率协议是一种远期合约,买卖双方商定将来一定时间段的协议利率,并指定一种参照利率,在将来清算日按规定的期限和本金数额,由一方向另一方支付协议利率和届时参照利率之间差额利息的贴现金额。该协议建立在双方对未来一段时间利率的预测存有差异的基础上。通常,远期利率协议的买方预测未来一段时期内利率将趋于上升,因此希望现在就把利率水平确定在自己愿意支付的水平——协议利率上。如果未来利率上升,他将以从卖方获得的差额利息收入来弥补实际筹资所需增加的利息费用;如果未来利率下降,他在实际筹资中所减少的利息费用也将为支付给卖方的差额利息所抵消,但无论如何,都实现了目前就固定未来利率水平的愿望。反之亦然。可见,远期利率协议是一种双方以降低收益为代价,通过预先固定远期利率来防范未来利率波动,实现负债保值和资产保值的一种金融工具。

第三节　表外业务的风险和管理

一、表外业务的风险种类

商业银行表外业务风险是指商业银行因受在表外业务经营中的各种不确定因素的影响,使实际收益和预期收益发生一定的偏差,从而蒙受损失和获得额外收益的机会或可能性。

表外业务的风险主要有以下八种。

1. 信用风险

信用风险是指借款人还款能力发生问题而使债权人遭受损失的风险。表外业务不直接涉及债权债务关系,但由于表外业务多是或有资产和或有负债,当潜在的债务人由于多种原因不能偿付给债权人时,银行就有可能变成债务人。例如,在担保业务中,客户如因某种原因破产不能履行合同义务,风险便由银行承担;在信用证业务和票据发行便利业务中,一旦开证人或票据发行人不能按期偿付,银行就要承担偿付责任;在场外期权交易中,常发生期权卖方因破产或故意违约而使买方避险目的落空的情况,当场外期权交易远远超过场内交易规模时,银行面临的信用问题就更为突出。

2. 市场风险

市场风险又称价格风险,是指由于市场价格波动而使债权人遭受损失。金融工具市场价格的变动、汇率利率于银行不利的波动,都会引起市场(汇率、利率)风险。互换、期权、远期利率协议等衍生工具都具有这种风险。在金融证券化、自由化、国际化的趋势下,市场风险的概率也在增大。例如,在贷款出售中,当银行预测不准,或经营不谨慎,就可能将高质量贷款卖出,留下低质量货物,当市场利率上升时,银行就会蒙受损失。在票据发行便利业务中,如果是经营固定利率票据,银行作为持票人经常会面临市场利率波动而冒价格风险,当利率上升时,银行所持票据价格下跌,就使银行遭受损失。

3. 国家风险

国家风险是指银行以外币供给国外债务人的资产遭受损失的可能性,它主要由债务人所在国政治、经济、军事、社会环境等各种因素造成。国家风险会引发三个派生风险:一是转移风险,即当债务人所在国限制外汇出境而使债务人不能及时履约引起的风险,例如在跨国互换交易中,如果本国银行的交易对手不是以其本币支付,那么一旦对手所在国实行外汇管制,限制外汇出境,本国银行就有可能遭到资金结算困难导致的损失;二是部门风险,即由于债务人所在国经济政策调整而使债务人所在行业或部门经营受到影响,从而使债务人不能按期履约所引起的风险;三是主权风险,是由于债务人所在国信用等级变动而给债权人带来的风险。

4. 流动性风险

流动性风险指银行无力为负债的减少或资产的增加迅速提供融资,即当银行流动性不足时,它无法以合理的成本迅速增加负债或变现资产获得足够的资金,从而影响流动性水平。在表外业务活动中,如果银行提供过多的贷款承诺和备用信用证,银行就存在可能无法满足客户随时提用资金要求的风险;如果银行在进行衍生工具交易时,想要进行对冲轧平其交易标的的头寸,却找不到合适的对手,无法以合适的价格在短时间内完成抛补而出现资金短缺,银行也面临着流动性风险。事实上,当市场发生剧烈变动或是出现大范围金融动荡时,人们都会不约而同地想转嫁风险,急于平仓和收回资金,结果导致在最需要流动性的时候,流动性风险最大。银行作为信用中介,流动性是其信誉的根本保证。因此,流动性风险是银行在进行风险管理时一项十分重要的内容。

5. 筹资风险

筹资风险或称清偿风险,是指当银行自有资金和闲置资金不足又无其他可动用的资金时,在交易到期日无法履约的风险。这种筹资风险往往发生在那些过度从事杠杆率较高的表外业务活动的银行。它与前述流动性风险密切相关。

银行经营失误还会引起资金流量时间上的不对应,从而使银行在一段时间内面临风险头寸敞口所带来的损失。此时,一方面经营成本与原来的预期目标发生较大偏差,从而出现收入下降的可能性;另一方面由于银行内部控制不力,对操作人员的授权管理失误,或者是业务工作人员工作失误,内部人员利用电脑犯罪作案,以及各种自然灾害、意外事故等也会给银行带来损失,使银行面临业务运作的经营风险。

6. 信息风险

信息风险指表外业务由于缺乏会计准则、报表制度及核算办法,给银行会计处理带来许多困难,使银行财务状况记录不真实,银行管理层和客户不能及时得到准确的信息,从而做出不适当的投资决策所遭到的损失。虽然某些表外业务尤其是金融衍生工具可转移或降低单个交易风险,但由于现行会计制度无法及时、准确地反映表外业务给银行带来的盈亏而使整个银行账目产生虚假变化,所以导致管理层的投资决策缺乏确切的数据基础;同时如果运作情况重叠越多,错误信息也就越多,银行面临的风险也越大。

7. 定价风险

定价风险是由于表外业务内在风险尚未被人们完全掌握,因而无法对其作出正确定价而丧失或部分丧失弥补风险的能力的损失。表外业务能否正确定价关系到银行是否能从或有交易的总收入中积累到足以保护银行交易利益的储备金,从而能够在风险初露端倪时及时抑制其对银行的连锁影响,或使银行在事发后弥补部分损失。但是,由于表外业务自由度大,交易灵活,而且根据交易对象信用等级高低也会有不同的定价。例如,美国规定期限短、质量高的备用信用证业务收费率为担保金额的25—50个基本点,期限长、质量差的收费率为125—150个基本点。因此,到目前为止尚无统一标准的定价方法,商业银行在从事表外业务活动时就不可避免地承受定价风险。

8. 法律风险

商业银行承受不同形式的法律风险,包括:因各国法律不统一、对表外业务监管宽严程度不一带来的风险;管理条例变化发生的风险;因不完善、不正确的法律意见和文件而造成的风险;以及由于表外业务大多属于创新业务,业务交易对象的法律权力可能尚未界定,现有法律可能无法解决与银行表外业务有关的法律问题等情况而造成的风险。

二、表外业务风险的管理

鉴于表外业务风险的猛烈性和突发性,自 20 世纪 80 年代后期,西方商业银行纷纷加强对表外业务的管理力度,经过近 20 多年的摸索,总结出一些行之有效的表外业务风险管理制度及方法。

1. 表外业务信用风险评估制度

商业银行对表外业务信用风险的评估包括两方面的内容:一是对交易对象的资信评估,避免与信用级别低的交易对手进行交易;二是对交易客体,即业务本身信用级别的评估。目前国际上通用的评估方法是对表外业务规定风险系数,通过信用风险转换系数将各类表外业务折算成表内业务金额,然后根据表外业务涉及的交易对方或资产的性质确定风险权数,再用这些权数将上述对等金额加总,纳入风险资产的范畴。

2. 调整合计制度

表外业务具有自由度大、透明度差的特点,但传统的会计准则又不能充分揭示,这是因为传统的会计原则强调"权责发生制"、"历史成本原则"和"充分揭示原则"。按"权责发生原则",资产和负债都要按过去已发生的交易事项来记载。预计有的资源流出和流入,而无法形成资产和负债,不能在财务报表上反映出来。表外业务大多以契约或合约为基础,它所体现的交易都要在未来的某一时刻履行或完成,未来的资源流出流入量及时间有很大的不确定性,因而无法在财务报表上记载。按"历史成本原则"，财务报表记载的是一种账面成本，而许多表外业务是按市价进行，且常采用柜台交易的形式，难以在市场上找到参考价格，所以无法及时反映市场价格瞬息万变的情况，也就难以对表外业务的盈亏作出恰当的估计。按"充分揭示原则"，一个公开发布的财务报告应揭示对报告使用者有重要影响的全部经济信息，而会计记录又必须以信息资料可以货币化计量为基础，所以表外业务中许多重要的非量化的会计信息无法充分反映。因此，上述会计原则使有关表外业务的真实信息被掩盖或扭曲，针对这种情况，国际会计准则委员会对表外业务的会计揭示问题作了以下一些规定。

（1）在对表外业务进行会计揭示时，一般仍要坚持"权责发生制原则"和"审慎原则"。当"权责发生制原则"和"审慎原则"不一致时，应适用"审慎原则"，即只有当收入和利润已经以现金或其他资产形式实现，其他资产也可合理地、确定地最后变为现金时，才能计入损益。

（2）表外业务各项目应在资产负债表的正面，供不应求金额的下端用附注形式反映出来。其中，或有负债通过"承诺和背书"、"担保"、"保证和作为附属抵押品"的资产等来反映；承诺应通过"销售和回购产生的承诺"、"其他承诺"反映；利率合约、汇率合约的估价也要反映。

（3）对表外业务中的避险交易和非避险交易有不同的处理方法。避险交易是为减少现有资产、负债、表外头寸的利率、汇率风险而进行的交易。当确认属于避险交易的业务后，应按市价转移。非避险交易指一般买卖或投机交易。这类交易应按市价估价，并计入完成交易的全部成本。如果持有的金融工具头寸数目巨大，而抛补价与现有市价相差较大，对所用市价还应作调整。若是多头，应扣除适当贴水；若是空头，应适当升水。

3. 双重审核制度

自巴林银行破产之后，许多商业银行都吸取其教训，实行双重审核制度，即前台交易员和后台管理人员严格分开，各负其责。商业银行应根据前台交易员的素质、水平、风险控制能力、工作绩效等规定各自的交易方式和交易限额，任何前台交易员突破规定方式或限额时都必须即时向主管人员报告。对前台交易人员是否存在违规，以及违规的程度，商业银行管理人员必须随时通过后台加以控制，主要方法是严格清算与结算程序、及时清算和结算、对前台交易情况定时加以统计分析，并设立预警系统，只要前台交易人员一旦出现超额交易或整修商业银行交易总量或个别业务总量超过预警线时，系统就应发出警告，从而将可能出现的问题及时解决。

4. 国际衍生产品信息监管制度

巴塞尔委员会和国际证监会组织技术委员会，于1995年5月向世界各国金融证券监管当局发布了一系列有关银行及证券公司进行衍生产品交易的信息监管制度。发布的监管制度有两个主要部分组成：第一部分列出了一系列有关衍生产品交易的资料分类目标，如信贷风险、流通风险、市场风险及盈利，以便于监管当局在扩大和改进其申报制度时，可从中抽选资料，并采取统一的方法评估风险；第二部分则列明有关规模庞大和活跃的国际性衍生产品交易商的细分类别资料。总之,这一信息监管制度的目的是为监管当局提供基本信息,以便它们可以开始评估其衍生产品交易活动。

三、改进表外业务风险管理的方法

1. 注重成本收益率

表外业务的收费率不高,但每笔业务的成本支出并不和业务量成正比,因此银行从事表外业务就有成本收益率问题。只有每笔业务成效量达到一定规模,才能给银行带来较大的业务收入,使银行在弥补成本开支后,能获得较多的净收益,提高银行的资产利润率,增强银行抗风险的能力。当然,这是以每笔表外业务既定适当的风险系数为前提的,倘若风险系数过大,银行应当谨慎从事,甚至放弃这笔业务。

2. 注重杠杆比率管理

表外业务中"以小博大",其财务杠杆率高。如果说按原有杠杆率来从事表外业务,在市场波动较大的情况下,一旦失误,可能会使银行所利用的表外业务工具(如股指、期指、汇率等)因价格急剧下跌遭受惨重损失而将银行全部资本丧失殆尽。所以,许多商业银行在从事表外业务时,都不按传统业务的杠杆率行事,而是根据银行本身的财务状况及每笔业务的风险系数,运用较小的财务杠杆比例,预防预测失误而使银行步入危险境地。

3. 注重流动性比例管理

为避免因从事表外业务失败而使银行陷入清偿力不足的困境,许多商业银行针对业务量较大、风险系数较高的贷款承诺、备用信用证等业务,适当提高了流动性比例要求。有的还在贷款承诺中要求客户提供补偿金额,在备用信用证项下要求客户提供押金,以减少风险,保证银行拥有一定的清偿能力。

4. 计提风险准备金

对于传统业务,商业银行一般都按一定比例计提风险准备金,以应不时之需。目前,许多西方银行开始对表外业务也计提风险准备金。例如,美国大通银行1997年底计提的风险准备金中,表外业务风险准备金为1.7亿美元,占全部风险准备金总额的4.39%,占年末表外业务或有负债余额的0.06%。

5. 注重资产组合管理

如前文风险分散的理论所述,通过资产组合多样化来管理表外业务的风险,即通过某种资产的盈利来弥补另一种资产的亏损而取得整体盈利。拥有的资产组合越多,风险越小。

6. 加强清算、结算和支付系统

主要是缩短标准化交易日与最终支付的时间差,更广泛地采用金融工具的同日交割支付制度,进一步加强主要处理系统的可靠性,增强各种金融工具的市场流动性,增强市场吸收和消化因市场心理突然转变而引起剧烈波动的能力。

第四节 我国商业银行的表外业务

一、我国商业银行表外业务的现状

在 2000 年 10 月 9 日中国人民银行发布的《商业银行表外业务风险管理指引》中,表外业务被定义为"商业银行所从事的,按照现行的会计准则不计入资产负债表内,不形成现实资产负债,但能改变损益的业务。具体包括担保类、承诺类和金融衍生交易三种类型的业务"。其中,担保类业务是指商业银行接受客户的委托对第三方承担责任的业务,包括担保(保函)、备用信用证、跟单信用证、承兑等。承诺类业务是指商业银行在未来某一日期按照事先约定的条件向客户提供约定的信用业务,包括贷款承诺等。金融衍生交易类业务是指商业银行为满足客户保值或自身头寸管理等需要而进行的货币和利率的远期、掉期、期权等衍生交易业务。各家商业银行还根据自身的业务特点,对表外业务进行了细分和归类。这里的表外业务均是指本章所阐述的狭义的表外业务。

2001 年 6 月,中国人民银行又进一步发布了关于落实《商业银行中间业务暂行规定》的通知,对中间业务进行了定义,确定了中间业务的种类,中间业务分为九大类:支付结算类,包括国内外结算业务;银行卡业务,包括信用卡和借记卡业务;代理类,包括代理证券业务、代理保险业务、代理金融机构委托、代收代付等;担保类,包括银行承兑汇票、备用信用证、各类银行保函等;承诺类,主要包括贷款承诺业务;交易类,如远期外汇合约、金融期货、互换和期权等;基金托管业务,如封闭式或开放式投资基金托管业务;咨询顾问类业务,如信息咨询、财务顾问等;其他类,如保管箱业务等。狭义的表外业务被囊括在中间业务之中。下文讨论的我国的表外业务是狭义的表外业务。

过去,我国银行业只经营传统的存贷业务,表外业务仅限于设置表外科目用于反映和控制有价单证和重要空白凭证,随着市场经济的进一步发展,商业银行的表外业务也获得了一些发展。与西方国家相比,我国商业银行的表外业务尚处在发展的初级阶段。这主要体现在以下三个方面。

1. 业务品种单一,主要以传统的中间业务为主

目前,我国商业银行资产负债表外业务主要有承诺、担保两大类,开展比较多的表外业务产品有:贷款承诺和信贷证明;各类银行保函;银行承兑汇票;信用证(主要是跟单信用证)。尽管不少银行也开办了担保和类似的或有负债业务,但因对表外业务的重视远不如表内业务,这类业务的规模、业务范围以及质量等,也与西方银行存在着巨大的差距。特别是与利率或汇率有关的或有项目因受到金融当局的严格限制,除了国际贸易及外债收支因防范汇率、利率风险可以做远期和互换交易外,其他

衍生产品非常少见,在我国也曾经出现过国债期货、股票指数期货,后来都因投机过度、交易不规范而停办了。咨询类业务也未能充分利用网络、信息、表内业务等优势提供成熟的综合性服务。

2. 收益比重偏低,获利潜能未得到应有重视和开发

在西方发达国家,表外业务最低已占到银行业务收益的25%以上,大银行甚至超过50%。狭义表外业务的收益占银行总收益最低为15%,高的可达25%—30%。我国商业银行表外业务收入水平较低,不可否认,未来的获利空间非常大,这一潜在能力和市场需求若能得到有效开发,则将大大提高我国商业银行利润水平。

3. 缺乏合理的组织和管理,有待进一步规范

商业银行表外业务的发展,从上到下缺乏主管机构和总体规划,在实际工作中造成无章无序,无标准可行,缺乏规范性的管理。在组织结构上商业银行还没有设立相应的专门机构。在业务操作程序上,许多业务品种没有完整统一的操作方法。在开展业务的手段上各商业银行不是通过增加业务品种,扩大服务范围,提高服务质量来吸引顾客,而是采取各种不正当的竞争手段。

目前,制约我国商业银行表外业务的因素有外部因素和内部因素两大方面。表外业务的快速发展依赖于一定的外部条件,总体上看,我国商业银行表外业务发展的外部环境尚不完备。分业经营的限制使我国商业银行不能从事相当一部分资本市场上的表外业务;人民币没有实现资本项目下的自由兑换,远期外汇业务、货币掉期、货币期权等与汇率相关的产品缺乏市场基础;我国社会信用体系尚不健全,信用基础尚不坚厚;市场发育水平较低,决定了商业银行许多表外业务的市场需求有限。

从银行内部自身制约看,商业银行自觉进行信用扩张意识淡薄,信用价值未得到充分重视和应用;自身尚缺乏成熟的表外业务战略设计,未形成符合自身业务发展特点的管理模式;表外业务专业人才匮乏。

二、我国商业银行发展表外业务的思考

1. 实行长远规划,落实战略安排

对于世界500强企业的成功因素分析中,战略管理是所有分析家们必然列入的一项重要因素。我国商业银行对于战略管理越来越重视,但是对于某一项业务的战略研究与安排,在其管理体系中尚欠缺。商业银行发展表外业务首先需要的就是结合本身的经营基础进行长远规划,落实相应的发展战略安排。大体内容应包括当前与未来一定时期内的总体市场预测、自身发展规模、目标客户群体、定价策略、人才储备培养与经营机构设置、市场进入壁垒等方面。

2. 整合相关资源,优化发展环境

商业银行整合有关发展表外业务系统资源应包括对现有资源的充分利用和潜在资源的开发两个方面:(1)现有可以更加充分利用的资源包括:国内商业银行庞大的机构网络资源;现有的客户资源;几十年经营所积累的信用资源;相对优势和相对

集中的人力资源。(2)潜在资源分析。① 潜在的市场资源,表外业务在国内有着巨大的市场空间;② 西方商业银行的经验教训,可以通过合作、合资引进和学习;③ 信息技术资源,如何利用信息技术资源发展表外业务将是各家商业银行必须实施的步骤。

3. 完善制度体系,统一业务标准

我国商业银行现有表外业务管理中最大的欠缺就是业务规章不健全和业务标准不统一。因此,我国商业银行加强表外业务管理的当务之急是梳理现有的表外业务管理制度和服务产品,从长远发展和贪污经营的角度,完善制度体系,做到操作有流程、管理有章法、风险有分析、成本有控制。对于现有产品更要进行清理,严格细分归类,统一全行范围内的相关业务标准,坚决防止权限内的操作风险和权限外的管理风险。

4. 加大产品研发,拓展业务空间

从我国商业银行表外业务发展的总体进程看,未来几年内表外业务的管理创新、产品创新和营销创新,将是商业银行业务创新的重要内容。首先,要增强表外业务创新的主动性,主动进行表外业务创新要比被动地适应市场更能获得超额利润和超前发展的市场时机;其次,全面学习理解商业银行表外业务经营管理的内在机理,并且探索我国商业银行发展表外业务的现实途径和具体方法;最后,表外业务新产品主要包括银行信托、融资租赁、国内外保理、全方位的代理业务、顾问咨询、国内信用证、金融期货、资产证券化等。通过同业公会的协调作用,规范表外业务领域的竞争,制止各种乱降价甚至不收费等恶性竞争行为。

本 章 小 结

狭义的表外业务是指商业银行从事的,按照通行的会计准则,不列入银行资产负债表内,不涉及资产负债表内金额的变动,但构成银行的或有资产和或有负债的交易活动。表外业务的发展与技术、管制、利率风险、激烈的竞争、资本充足率等密切相关。

表外业务具有形式多样、操作灵活、金融杠杆性高、经营透明度低的特点,并且面临着信用风险、市场风险、国家风险、流动性风险、清偿风险、信息风险、定价风险、法律风险等多种风险。

西方商业银行经过多年的摸索,已经总结出一些管理制度及方法,包括表外业务信用风险评估制度、调整合计制度、双重审核制度、国际衍生产品信息监管制度及注重成本收益率、注重杠杆比率管理、注重流动性比例管理、注重流动性比例管理、计提风险准备金、注重资产组合管理、加强清算、结算和支付系统等方法。我国商业银行的表外业务尚处在发展的初级阶段,必须长远规划,合理整合资源,注重产品研发,拓展业务的发展空间。

复习思考题

1. 请简述表外业务的概念和特点。
2. 请简述表外业务发展的原因和影响。
3. 表外业务的主要分类有哪些?
4. 请简述资产证券化的概念及其内容。
5. 请简述贷款出售的概念及其内容。
6. 请简述贷款承诺的概念及其内容。
7. 请简述票据发行便利的概念。
8. 表外业务的风险种类有哪些?
9. 表外业务风险管理制度及其方法是什么?
10. 请思考拓展我国银行表外业务的对策。

第七章 商业银行信托业务

信托在资产管理、资金融通、社会中介和代理、沟通及协调经济关系等方面具有独特的功能。随着各国经济的发展,对信托业务的需求越来越大,同时伴随金融业竞争的日趋激烈及金融管制的逐步放松,商业银行的业务触角正逐渐延伸至信托领域。本章的主要内容包括信托业务概述、信托业务的基本种类、信托业务的管理及信托业务的最新发展。

第一节 信托业务概述

信托作为一种特殊的经济行为和一种独特的财产管理制度,是伴随着经济的发展而逐渐形成的。为了对信托业务有清楚的认识,本节主要围绕信托业务的基本概念进行详细阐述。主要内容包括信托业务的概念与职能、信托的构成要素、信托的特点等。

一、信托业务的概念与职能

信托业务的最基本含义是指建立在信任基础上的委托,这一定义的覆盖面很广。它适用于社会人事关系,也适用于人们的经济活动与财务往来,如委托他人销售自己的产品、委托他人代为管理或处理自己的财产、亲朋好友之间委托照顾老人等。从广义上来理解,所有基于相互间的信任而产生的委托行为都可以说是信托。

要具体地理解什么是信托,仅从广义上对其加以定义显然是不够的,必须进一步明确信托的概念,因而有必要从狭义上对信托加以规范化的解释。对于狭义信托人们大多是在经济范畴内来加以阐述的。从狭义上来说,信托是建立在信任基础上的财产经营管理制度。它是指法人或自然人在相互信任的基础上,通过签订契约,由一方将资金、财产或某种经济事务,按照一定的目的或利益要求,委托给其相信有经营能力和值得信任的另一方代为经营、管理和处置,并为指定人谋取利益的经济行为。它包括信用的委托与受托行为。"受人之托,代人理财"成为办理信托业务的一大宗旨。

信托是商品经济发展的产物,它对经济的发展具有十分重要的作用,主要发挥以下四个职能。

1. 财务管理职能

财务管理职能是指受托人受委托人之托,为之经营管理或处理财产的功能,即"受人之托、代人理财",这是信托业的一项基本职能。信托的财务管理职能主要表现在:在受托期间,受托人只是为受益人的利益而代为处置财产,不能为自身谋利。受托人在受托期间可行使财产的所有权,但要受信托目的的制约。受托者通过财务管理和处置信托财产所产生的收益最终都要支付给受益者,受托人只是收取一定的劳务报酬作为补偿。

2. 融资与融物相结合的金融职能。

这也是信托的一项重要职能。信托既可以通过货币资金的融通形式,像银行信贷一样,将社会闲散的资金吸收起来用于各类企业的资金需要,实现化分散为集中、化短期为长期;同时信托又可以通过不同于银行信贷的融物方式,以代理、租赁、出售等形式,在国家法律允许的范围内进行财产处理,达到物品的融通,发挥一般银行信贷业务发挥不了的作用。

3. 协调经济关系功能。

它是指信托能处理和协调交易主体间经济关系和为之提供信任与咨询事务的功能。在办理信托业务过程中,存在着复杂的经济关系,信托的职能就在于它能协调经济关系。信托部门具有了解和掌握各方面经济信息的优势,能处理各方面经济关系,发挥协调作用。

4. 促进发展金融业务

开办信托业务,由于其丰富的业务内容,可以广泛地为社会各界提供多样化的服务,进而也从经营手段、经营范围等方面开拓了新的信用方式,使直接金融与间接金融交替互补,促进银行不断开拓服务新领域,给客户提供更大的方便。

二、信托业务的构成要素

为了更好地把握信托的概念,必须从总体上对信托概念进行详细剖析,通过分析信托的构成要素,更好地理解信托的多样性与灵活性。信托业务的构成要素主要有以下五个。

1. 信托行为

信托行为是指信托当事人在相互信任的基础上,以设定信托为目的,用签订契约的形式发生的一种法律行为,即设定合法信托的行为。信托目的是信托行为成立的依据,如:以委托运用资产、谋取资产增值为目的;以保管财产、使财产不受损失为目的;以委托代销商品、处分财产为目的等。这些行为的目的必须合法,不能同国家法令相抵触,不能妨碍社会秩序,并且该目的可以实现,否则不能确认信托行为成立。

2. 信托关系

信托关系是指信托行为中所涉及的当事人之间的特定法律关系。信托作为一种经济行为,它涉及三个方面的关系人。(1)委托人是提出设定信托,授权受托人遵从其目的对财产进行管理或处理的人。委托人必须具备两个条件：一是财产的合法所有者；二是具有签订合同的民事行为能力。(2) 受托人是接受信托并按约定的信托条件对信托财产加以管理、处分的人。受托人管理和处分信托财产，必须严格遵照与委托人签订的信托契约进行，应对受益人的利益负责。(3) 受益人是在信托中享有信托受益权的人，可以是自然人、法人或者依法成立的其他组织等。受益人可以是委托人指定的单位或个人，也可以是委托人不确定的多数人。

3. 信托目的

信托目的是指委托人通过信托行为要达到的目标。它既是委托人设定信托的出发点，也是检查受托人是否完成受托任务的标志。委托人提出的信托目的可以各不相同，但都必须符合三个要求：一是信托目的必须合法；二是委托人提出的信托目的必须可能达到或实现；三是信托目的要为受益人所接受。

4. 信托财产

信托财产是指委托人通过信托行为转移给受托人并由受托人按照一定的信托目的进行管理或处理的财产，以及经过管理、运用或处分后取得的财产收益。作为信托财产，必须可计算价值，可以转让。

5. 信托的结束

信托的结束是指信托行为的终止。引起信托终止的最主要原因是信托行为已达到预期的信托目的或信托合同到期。此外，信托终止还可能由于信托目标明显无法实现，或者由于在信托规定的范围内，委托人或受益人准许解除或要求法院解除信托关系。信托财产在信托结束后，一般应归属受益人，如无特定受益人时，信托财产可归属委托人。

三、信托的特点

信托业务与一般银行的业务相比较，有其自身的特殊性。

1. 财产所有权的转移性

信托合同一旦签订，财产所有权即转移到受托者手里（委托事项一般不转移所有权）。被委托的财产如果是债权，则受托者本人就成为债权人；如果是房地产，则受托人可以直接把房地产所有权证书等文件转到买主手里。这种财产所有权的转移性，有利于促进受托者承担起经营管理财产的责任，及时、灵活、高效地行事，增大受托人酌情办事的机动性。当然，这种所有权的转移受到信托目的的限制，只能在合同与法律的范围内运用。

2. 资产核算的他益性

信托是受托人为了他人（受益者）的利益，而不是为了自己的利益去管理和处理信托财产的。受托人并不收取信托财产所产生的收益，由管理、处理受托财产而产生的亏损一般也是由受益人承担。信托机构收取信托业务的报酬，只是为管理和处理信托财产所提供劳务的报酬。这是信托业务得以开展的特殊原则。

3. 收益分配的实绩性

信托机构作为受托者,是按照委托人的意图对财产进行管理和处理,并按实际效益计算信托收益,根据资财运用的盈利水平进行分配的,因而付给受益人的盈利额并不是固定不变的。因不可抗御的客观原因而引起亏损时,受托者并没有义务承担损失或给委托者以补偿。

第二节 信托业务的种类

现代信托业务所涉及范围相当广泛,因此信托业务种类可以按照多种标准进行划分。本节在介绍了信托业务的一般分类基础上,着重介绍与银行经营特点相关、能够发挥银行经营优势的资金信托业务,包括资金信托业务的概念、分类及主要的信托存(贷)款、委托存(贷)款及信托投资等业务。

一、信托业务的种类

信托业务按照不同的标准,可以划分不同的种类。

1. 按照信托对象的不同,可分为个人信托与法人信托两类

个人信托是以个人为服务对象的信托业务,其委托者是个人,受益者也是个人。法人信托又称公司信托或社团信托,是以团体、法人为对象的信托业务。此外,有的信托业务的成立,委托人有个人,也有法人,可称为个人与法人通用信托。

2. 按信托的受益对象不同,可分为自益信托与他益信托两类

自益信托是以委托人自己为受益对象而设立的信托;他益信托则是以委托人本人以外的他人为受益对象的信托。

3. 按照信托的目的不同,可分为私益信托与公益信托两类

私益信托是委托人为自己、亲属、朋友或者其他特定个人的利益而设立的信托。私益信托是信托业务中的主要部分,商业银行往往通过信托手段为受益人谋取信托收益。私益信托可以是自益信托,也可以是他益信托。公益信托则是以社会公众中符合特定条件的人士或团体为对象,为社会公共利益而设定的信托。因此,公益信托一定是他益信托。设立公益信托不得有单独确定的受益人,只能以社会公众或者一定范围内的社会公众作为受益人。

4. 按照信托的标的物不同,可分为资金信托、实物信托、债权信托和经济事务信托

资金信托业务的标的物是货币资金,如单位资金信托、公益基金信托、社保基金信托等;实物信托业务的标的物是动产或不动产;债权信托的标的物是债权凭证,如代为清理和代为收付款项、代收保险公司赔偿等;经济事务信托则以委托代办各种经济事务为内容,以委托凭证为标的物。

5. 按信托经营的性质不同,可分为贸易信托和金融信托两类

贸易信托是指经营商品买卖性质的委托、代理业务;金融信托又叫银行信托,是指经营资金和财产等的委托、代理业务。两者的主要区别在于:贸易信托是一种商业信用,其委托的标的物只是一般的商品;金融信托是一种银行信用,其委托的标的物是货币、财产及权力等。目前的信托业务主要是金融信托。

6. 按信托发生的依据不同,可分为自由信托和法定信托两类

自由信托又称任意委托,其行为产生于委托、受托双方依照自愿原则而订立的契约;法定信托则是由司法部门依法规定受托人而产生的信托。

在上述诸多的信托业务中,最常见也最能发挥银行经营特点的就是资金信托。

二、资金信托

1. 资金信托的概念

资金信托,又称"金钱信托",是指委托人基于对信托机构的信任,将自己合法拥有的资金委托给信托机构,由信托机构按委托人的意愿以自己的名义,为受益人的利益或特定目的管理、运用和处分资金的行为。资金信托是信托业务的主体,是信托机构的重要利润来源。

要把握资金信托的概念,还要注意与以下三个概念相区别。

(1) 资金信托与银行存款的区别:收益方面,银行存款的利息是固定的,风险较小,但收益较低;而资金信托不承诺最低收益,收益率是浮动的,风险较银行存款高,收益也较高。机构破产清算时,银行存款、贷款作为破产清算的财产统一参与清算;而信托机构终止时,信托资产不属于清算财产。也就是说,信托公司终止后,信托财产的管理运用并不终止,由新的受托人承接继续管理,以保护信托财产免受损失。

(2) 资金信托与证券投资基金的区别:在投资渠道方面,信托产品的投资范围相当广,既可以投资证券等金融产品,也可以投资实业;而证券投资基金的投资范围往往只限于股票和债券。在流动性方面,信托根据签订的协议,在一段时间以后可以收回,也可以协议转让他人;而证券投资基金中封闭式基金必须在二级市场买卖,开放式基金可以赎回。

(3) 资金信托与分红保险的区别:在收益方面,分红保险的收益来源为保证收益和投资分红,其投资范围主要是金融投资;而信托收益来源于信托项目运作,投资渠道宽泛。

2. 资金信托的种类

(1) 根据信托资金的运用方式不同,可以分为贷款信托、证券投资信托、房地产投资信托、基础建设投资信托、风险投资信托、组合投资信托等。

① 贷款信托,即受托人接受委托人的委托,将委托人存入的资金按信托计划中或其指定的对象、用途、期限、利率与金额等发放贷款,并负责到期收回贷款本息的一项信托业务。

② 证券投资信托,即受托人接受委托人的委托,将信托资金按照双方的约定,投资于证券市场的信托。它可分为股票投资信托、债券投资信托和证券组合投资信托等。

③ 房地产投资信托,即受托人接受委托人的委托,将信托资金按照双方的约定,投资于房地产或房地产抵押贷款的信托。中小投资者通过房地产投资信托,以较小的资金投入间接获得了大规模房地产投资的利益。

④ 基础建设投资信托,即信托机构作为受托人,根据拟投资基础设施项目的资金需要状况,在适当时期向社会(委托人)公开发行基础设施投资信托权证募集信托资金,并由受托人将信托资金按经批准的信托方案和国家有关规定投资于基础设施项目的一种信托。

⑤ 风险投资信托,即受托人接受委托人的委托,将委托人的资金,按照双方的约定,以高科技产业为投资对象,以追求长期收益为投资目标所进行的一种直接投资方式。

⑥ 组合投资信托,即根据委托人风险偏好,将债券、股票、基金、贷款、实业投资等金融工具,通过个性化的组合配比运作,对信托财产进行管理,使其有效增值的一种信托。

(2) 根据信托资金管理方式不同,可以分为单一资金信托和集合资金信托。

① 单一资金信托,是指信托机构接受单个委托人委托,依据委托人确定的管理方式单独管理和运用信托资金的行为。单一资金信托的缺点是资金规模较小,投资渠道较狭隘、单一,存在一定的局限性。

② 集合资金信托,是指信托机构接受两个或两个以上委托人委托,依据委托人确定的管理方式或由信托机构代为确定的管理方式管理和运用信托资金的行为。集合资金信托克服了单一资金信托规模小、资金用途受到限制的不利,可以投向于资金密集性的领域如房地产等。集合资金信托,其实是一个总的概念,如果集合资金通过信托而去投资房地产,可称之为"房地产投资信托";如果投资于基础设施,可称之为"基础建设投资信托"等。

3. 资金信托的业务流程

无论何种形式的资金信托,其业务流程都如下:

(1) 展示信托业务品种,协助委托人根据资金、期限和要求选择信托方式;

(2) 委托人与受托人签订资金信托合同,委托人将足额信托资金交给受托人,受托人开具资金信托凭证;

(3) 按照资金信托合同条款约定,对信托资金进行合理运用、管理和处置;

(4) 信托期满时受托人对所管理资金核算收益,并予以公告;

(5) 按资金信托合同的约定进行信托收益的分配;

(6) 信托合同终止,全部业务资料归档保管。

4. 资金信托业务

由于资金信托有着广泛的应用领域,在现代经济生活中发挥着越来越重要的作用。在微观方面,它能够发挥信托机构规模化管理和专业化运作资金的优势,聚集闲散资金投资于证券、产业项目等领域,满足中小投资者的投资需求,缓解资金需求者的燃眉之急。在宏观方面,为实现国家的产业政策,可以通过集合资金信托为个人和机构投资者提供运用资金的多种形式和广阔平台,增强金融对整个国民经济的渗透力。可见资金信托具有融通资金的性质,它在现代金融业中扮演着重要角色。商业银行作为经营货币信用的特殊企业,实现资金融通是其最基本的一项职能,因而资金信托与商业银行业务的联系也最为密切。在信托基本业务中我们着重介绍资金信托业务。一般情况下,资金信托业务主要包括信托存款、信托贷款、信托投资及委托业务等。

(1) 信托存款。

信托存款是指信托机构在特定的资金来源范围内,以信托方式吸收的存款。具体地说,是由企、事业单位或个人将闲置的自有资金存入信托机构,由信托机构加以管理和运用的存款,它是信托机构的重要资金来源。

信托存款按其资金来源的不同,主要有单位信托存款、公益基金信托存款、劳保基金信托存款、个人特约信托存款等。

① 单位信托存款是指委托单位将自有资金或各种预算外资金存入信托机构,委托其代为管理和运用,并获得一定收益。此种信托存款,委托单位不指定存款的具体对象和用途,仅仅委托信托机构管理和运用其资金,定期从信托机构获得收益。

② 公益基金信托存款是指企事业单位、社会团体等将社会公益事业的资金存入信托机构,由其代为管理和运用,并将收益用于公益事业的资金信托业务。这种信托存款往往金额大、期限长。

③ 劳保基金信托存款是指企业主管部门或劳动部门为所属企事业单位办理福利的资金信托业务。由委托单位定期将专项劳保福利金存入信托机构,信托机构代为管理营运后,按双方协议规定,分期支付委托单位职工的退休金或其他劳保福利金,信托机构仅收取手续费,该信托存款期限也较长。

④ 个人特约信托存款则是信托机构按个人特定的经济事务要求和用途,吸收个人专项信托存款的业务。这些特定经济事务包括定期向指定受益人发放赡养生活费,支付子女医疗费、教育费等。

信托存款不同于一般的银行存款,两者的区别主要表现在以下四个方面。

第一,存款的资金来源不同。银行存款来源于国民经济各部门,各企、事业单位及居民个人,存款结构复杂,存款期限也各不相同。信托存款来源特定,主要由财政、企事业单位的预算外资金、各机构的各项基金以及个人具有特定用途的资金构成,一般是一年期以上的定期存款。

第二,存款的收益不同。银行存款是按规定的存款利率向存户支付利息,银行运用存款的效果好坏与存款人收益没有直接联系。信托存款是信托机构接受客户委托代为运用资金,存款运用的效果如何与信托存款的收益联系密切。

第三,资金的运用不同。信托存款是由信托机构按委托人的不同要求来运用资金的,故信托存款的运用方向受委托人意愿的制约。银行存款资金的运用则不受客户的制约。

第四,存款收益的支出方法不同。银行存款的利息一般只能支付给存款人本人。信托存款的收益既可以支付给委托人,也可以由信托机构根据信托存款协议的有关规定支付给委托人指定的受益人。

(2) 信托贷款。

信托贷款是指信托机构运用信托基金、信托存款或筹集的其他资金,以贷款的方式向自行审定的借款对象和项目贷放资金。信托贷款是信托机构运用资金的一种基本方式。

信托贷款与一般的银行贷款没有什么本质上的区别,在信托贷款对象的选择上与商业银行的一般贷款活动类似,即强调资金使用的安全性、流动性与盈利性,在贷款形式上也有信用贷款、抵押或质押贷款等。它与银行贷款不同的地方主要在于两者的资金来源不同:由于信托贷款的资金来源是按国家规定吸收的信托存款和自有资金,其范围比银行贷款的资金来源要窄,资金量也较小;另外,信托贷款的利率确定更为灵活,特别是像我国这样未完全实现利率市场化的国家,信托贷款的利率确定更灵活。

(3) 信托投资。

信托投资是信托机构以法人身份将信托资金和自有资金投放于经营项目或有价证券,以谋取投资收益的行为。信托投资也是信托机构的一项重要业务内容。

信托投资与信托贷款同是信托机构运用资金的重要方式,但两者之间存在一定差异,这主要表现在以下三个方面。

第一,提供资金后的责、权、利不同。在信托投资业务中,信托机构作为投资人通过投资可以成为企业的股东,并取得参与重大决策和经营管理的权利。同时,投资人可按投资比例以分红或股息的形式分享企业的经营成果,并承担相应的投资风险。信托贷款则表现为货币信用的一种形式,贷款人和借款人之间是一种债权债务关系,因而贷款人不具有参与经营决策和管理的权利,只有到期收回本息的权利,企业则承担按期支付本息的义务。信托贷款的收益相对固定,贷款收益与借款人经营成果无直接关系,无论借款人是否取得利润,都必须到期偿还本息。而信托投资的收益则与被投资方的经营成果息息相关。

第二,表现形式不同。信托投资一般表现为直接投资或间接投资,直接投资是以资金直接注入企业,间接投资则是以资金购买企业发行的有价证券。信托贷款则可以表现为信用贷款、抵押贷款、担保贷款等多种形式。

第三,资金的运动形式不同。在信托投资业务中,其资金运动表现为一次性支付,以分红方式多次回流。信托贷款的运动形式则表现为两重支付、两重回流。前者时期较长,后者时期较短。

信托投资业务是信托业务中风险较大的一类,因此在办理该业务时必须遵循可行性、效益性、互利性的原则。信托机构在选择投资项目时要符合国家的产业政策与投资方向,对拟投资企业的资信、生产经营状况、产品的市场前景、投资成本与效益、投资回收期、投资形式等进行可行性研究或不可行性研究。在签订合同或协议时,应以平等互利、诚实守信的原则对投资金额、期限、比例、利润分配方式、违约责任等做出明确规定。

(4) 委托业务。

除了上述三类较为典型的资金信托业务之外,委托人向信托机构委托办理信托财产管理和运用时应提出明确的、具体的要求,所谓的委托业务也应纳入资金信托类业务当中。因为委托业务同样体现了信托"受人之托、代人理财"的特点,且信托财产同样也为货币资金。委托业务也有委托存款、委托贷款、委托投资三种业务形式。

当然,委托业务和信托业务虽同属信托类业务,却也存在着较大区别。这主要表现在以下三个方面。

第一,业务要求不同。委托业务由委托人对受托人提出明确而具体的要求,受托人只能照此办理,没有多大的自主权。信托业务中信托机构在保证受益人应得利益的前提下,可以自主选择资金运用方式,拥有充分的自主权。

第二,风险责任不同。由于在委托业务中受托人拥有的资金使用权较小,所以一旦发生诸如借款人违约等情况而造成的损失,由委托人自行承担,信托机构承担的风险较小。在信托业务中由于资金的使用是由信托机构自主决定的,因而发生此类情形受托人就要承担较大的责任。

第三,涉及的当事人关系不同。委托业务涉及的当事人关系更为复杂,它包括委托人、受托人、借款人、受益人等当事人。在办理业务之前,各方当事人要签订协议或合同。在签订协议或合同时可以是各方之间共同签订协议也可以是委托人与受托人、受托人与借款人分别签订协议。无论采取何种形式签订协议,协议内容都必须一致。

第三节　信托业务管理

信托作为一种特殊的金融业务,具有投资方式的多样性和投资范围的广泛性,相应地在办理业务过程中有较大的风险。因而,为保证信托业务能够有序、健康地发展,对其进行恰当的管理必不可少。特别是在目前金融环境日益复杂的情况下,管理对信托业的重要性已经越来越明显地表现出来。本节主要围绕信托业务管理中的信托业务管理、风险管理的方式、方法等问题加以阐述。

一、信托的业务管理

1. 信托机构的经营范围与经营方式

作为以"受人之托、代人理财"为宗旨的信托机构,其经营范围十分广泛。可以说,为管理、运用信托财产,信托机构可以运用一切确保信托财产保值增值的经营方式和资产运用方式,只要这些经营活动不违反法律和不损害社会公共利益。在不同国家,由于其监督管理体制的不同,基于风险防范的考虑,在相关的信托业监督管理法规中会对信托机构的业务经营范围做出明确规定。信托机构在进行业务管理时,首先就是要注意遵守其监管法规中关于业务经营范围的规定。

信托机构的经营方式是指在业务范围确定的情况下,信托机构可以运用其开展经营活动的各种方式。一般来说,信托机构在管理运用信托财产时,可以采取出租、出售、贷款、投资、同业拆借等形式。

2. 信托机构的业务经营原则

(1) 遵循信托财产的独立性原则。

信托财产的独立性,是由信托财产的性质决定的。信托一旦有效成立,信托财产即从委托人、受托人及受益人的自有财产中分离出来,成为一项独立运作的财产,仅服从于信托目的。

为了保证信托财产的独立性,信托机构要注意将信托财产与委托人其他财产相区别,如果委托人不是唯一受益人,当其死亡或者依法解散、被依法撤销、被宣告破产时,信托继续存续,信托财产不作为其遗产或者清算财产。另外,信托财产与受托人的自有财产也要相区别,信托机构在日常经营过程中要将不同的信托财产,以及信托财产与自有财产分别设立独立的会计账簿,定期向委托人及受益人报告信托财产管理运用、处分及收支的情况,接受委托人查询。在受托人进行清算时,信托财产不纳入清算范围之内。

商业银行在经办信托业务时,还要注意将信托业务与自身的银行信贷或银行的自身投资业务区别开来,以保证业务开展的公正性,保证委托人的合法权益不受侵害。银行在机构设置和人员分工上要注意相互之间的分工与独立,信托业务部门应当在业务上独立于银行的其他部门,其人员不得与银行其他部门的人员相互兼职,不得将信托资金直接运用于银行自己或关系人,当出现利益冲突时特别要严格限制关联交易,保证其按照公允原则交易。

(2) 坚持谨慎管理信托财产的原则。

由于信托成立后,委托人即丧失对信托财产的任何权利,因此委托人将信托财产交付受托人,是基于对受托人的信赖。正是基于这种信赖,信托机构必须诚实、守信、谨慎地管理信托财产。

在投资之前对投资对象的安全性与效益性进行严格调查,特别是对于公募性质的证券投资信托,应严格比照证券投资基金的投资原则,进行分散投资,以防范可能产生的风险。事实上,代人理财是信托业务活动的基本内容,在谨慎管理信托财产的基础上维护信托财产的安全,是代人理财的先决条件。当然,信托机构既然是以代人理财为宗旨,在维护信托财产安全的基础上,还要尽可能实现投资效益的最大化。

(3) 坚持充分的信息披露原则。

由于信托财产一旦转移给受托人后,信托财产的投资权就完全交给信托机构,作为对投资者的保障,信托机构必须对所从事的信托产品及未来可能的收益风险及投资状况等进行充分的信息披露。在以信托合同形式设立信托时,信托合同应当载明以下事项:信托目的;委托人、受托人的姓名或者名称、住所;受益人或者受益人范围;信托财产的范围、种类及状况;信托当事人的权利和义务;信托财产管理中风险的揭示和承担;信托财产的管理方式和受托人的经营权限;信托利益的计算,向受益人交付信托利益的形式、方法;信托机构报酬的计算及支付;信托财产税费的承担和其他费用的核算;信托期限和信托的终止;信托终止时信托财产的归属等,使投资者享有充分的知情权。

二、信托机构的风险管理

一般说来,银行的任何一项业务都可能遇到风险,但信托业务的风险更大些,这主要是因为信托是一种特殊的金融业务,其投资方式与投资对象有着灵活性、多样性的特点,因此其面临的风险较其他银行业务表现得更广泛、更突出。如何有效规避信托业务的风险,实现客户利益与信托机构利益的"双赢",成为信托风险管理中的一个关键。

1. 信托业务面临的风险

信托业务面临的风险种类很多,但综合来看主要有以下四个方面。

(1) 市场风险。市场风险主要是指信托机构所投资的项目因市场价格波动、利率与汇率变动及物价水平变动等造成的信托贷款或投资收益的不确定而形成的风险,这是一种来自信托产品投资项目本身的风险。它主要包括利率风险、汇率风险、证券市场价格波动而形成的市场风险与实物投资过程中因所投资项目的产品价格变动而产生的市场风险,以及因物价变化而产生的购买力风险等。其中,利率风险、汇率风险、证券市场价格波动风险及购买力风险等在银行的贷款业务、外汇业务及证券投资业务中同样会遇到。但是,由于信托业务可以从事实物资产投资,因而与其他银行业务不同的地方在于实物市场产品价格变动而给信托机构带来的市场风险。

(2) 信用风险。由于信托机构可以将资金通过贷款、投资、同业拆借等方式来加以运用,其中会产生相当多信用活动,如信托贷款、信托投资中的债券投资等。在这些信用活动中,如果债务人违约,不能或者不愿意按期偿还债务,就会使信托机构的债权难以收回,从而导致委托人或信托机构的资金损失。这种风险在银行一般的贷款业务中也常能遇到。

(3) 道德风险。它是指从事资金信托的受托人(信托机构)在设计与运作信托资金时,为了最大限度地避免自身的风险,或提高自身的效益,做出可能导致投资者风险增大或失去投资利益的行为。资金信托的实质就是受托人按资金信托计划约定的方式和投向,对所形成的信托财产进行管理和运用,以期产生预期的信托收益。这一运作过程由于信托财产的所有权和经营权相分离,如果对受托人缺乏有效的监督措施,就极有可能产生道德风险。例如,受托人挪用信托财产为自身或受益人以外的其他人谋利,超过授权限度投资,结果给委托人造成损失等都是信托业务道德风险的表现。

(4) 管理风险。信托机构在投资过程中之所以会产生风险损失,除了前面涉及的几类因素外,还有可能是因内部管理问题引起的,这类风险我们将其统一称为管理风险。它主要包括因信托机构无法得到充分准确的市场信息、自身管理水平低下而造成经营决策失误所形成的决策风险,以及内部人员进行诈骗和套取资金的犯罪活动而形成的操作风险。例如,信托机构投资知识不足,不善于应用各种方法进行调查研究综合评估投资项目,盲目追求高回报,导致决策失误,致使信托产品资产质量差或因信息不对称,所获外部信息不完备甚至错误形成对投资项目的错误感知而导致投资失败等。

当然除此之外,信托业务还存在着法律风险、政策风险等,但主要是上述四大类风险。

2. 信托风险管理

由于信托业务的复杂性,要求信托机构能够更准确地预测各类风险。因此,在信托业务开展的过程中,信托机构应该不断地提高风险管理技术,以便更好地控制风险,促进信托业务稳健发展,获得更大收益。对于信托风险的管理主要有以下三个方面。

(1) 建立完善的风险管理体系。

可以采用以董事会为核心,风险控制委员会、投资决策委员会为中心的风险管理组织模式,通过内部规章、组织架构、授权制度、技术手段以及审计与事后评价等措施,形成研究、决策、操作、审计与评价相互制衡的风险机制。从项目运作的流程上建立事前预防、事中控制、事后管理的三阶段风险控制流程,并在项目审核上由业务部门、风险控制委员会和投资决策委员会等多道风险控制环节进行综合防范,其中尤其强调过程控制,使公司在风险出现苗头后能立即做出反应,并采取有效措施进行控制。

(2) 建立完善的风险管理制度。

根据信托业务的特点,采取以下三项措施:一是建立一套定量的、直观的风险管理指标体系,并以此为依据建立信托业务动态风险预警——控制体系,这些指标可以设定为客户信用评价变化指标、利率、股价指数及汇率的波动率等;二是采用现代风险管理的量化技术来计算风险值,然后通过风险额度对其进行控制;三是建立信托投资风险基金,增强整体风险防范能力,该基金可以按信托业务年实现利润的一定比例提取,专户储存,当出现较大的风险损失且信托机构要承担损失赔偿责任时可用以补偿。

(3) 针对不同的风险类型采取不同的管理方法。

对于可能遇到的信用风险,应采取与银行贷款业务中信用风险控制类似的方法,主要是通过事前对融资对象的调查,风险控制委员会以及投资决策委员会的审核,信托合同中有效、合法的抵押、质押、担保等条款的设置予以防范;通过项目实施过程中的跟踪检查以及项目结束后的审计与评价进行事中、事后控制。

对于市场风险的防范,主要是通过对未来政策和市场走势做出科学的判断,对拟投资对象进行详细的市场分析,回避市场风险。同时,通过实施恰当的多元化投资战略,控制市场风险损失。对于市场风险中包含的利率风险、外汇风险等,还可借助一定的金融工具如利率期货、期权或互换,外汇期货、期权或互换等加以防范。因为此类风险与银行其他业务遇到的风险相同,所以对此类风险的具体控制方法将在相关章节中加以详细阐述,在此不再赘述。

对于道德风险的防范,主要是通过完善的法人治理机构来对高层管理人员进行约束,使其经营行为符合股东利益和委托人利益。在组织架构方面,要严格按照信托法规的要求对自营资产与委托资产分别设立运作部门进行专户管理,并由不同的高层管理人员分管,以保护委托人的利益。同时,外部监督机构如银监会、专业审计机构等对信托机构进行定期与不定期的检查必不可少。信托产品在设计、销售、运作时要遵循相应的信息披露制度。

对于管理风险的防范主要是建立科学的决策机制,提高决策人员的素质,倡导科学的决策方法如数理分析与定性分析相结合,可行性分析与不可行性分析相结合的方法等来确定合适的信托资金运用方式与投资结构以规避决策风险。

至于管理风险中操作风险的防范,则主要通过建立健全完善的内部控制制度,设立严格的授权制度,并且通过一定激励与约束机制使各岗位人员能够执行业务操作规程,堵截可能出现的漏洞。

第四节 信托业务的最新发展

伴随社会财富的不断积累和涉及财富的社会关系日益复杂化,人们逐渐认识到管理与运用财产的重要性,财富的所有者与受益人的需求也日益多样化,原先的传统信托业务已不能满足客户资产保值增值的需要,信托业发展前景极其广阔。众多的信托机构为适应经济发展的需要,必须创造出新的信托业务。

一、世界信托业的发展趋势

当今随着世界经济一体化和资本经营的国际化进程加快以及众多国家对金融管制的放宽,世界信托业的制度和业务也发生了很大的变化,出现了一些新的发展动向,主要表现为以下九个方面。

1. 信托职能多元化

信托的基本职能是为个人、法人、团体等各类客户进行财产管理。目前发达国家在继续强调信托财产管理职能的同时,对信托的其他职能也愈加重视。在传统的代理证券业务、基金业务、代收款业务的基础上,一些发达国家的信托机构将金融服务推广到纳税、保险、保管、租赁、会计、经纪人及投资咨询服务领域。

2. 信托机构与其他金融机构的同性化

由于国外信托机构与其他金融机构业务交叉、机构交叉,两者这种紧密的融合,使信托机构这一独立的金融机构概念含混不清。无论是在美国还是在日本,银行兼营信托业务和信托机构从事银行业务十分普遍,有的是银行内部有信托,有的是信托银行化。尽管在银行内部或信托机构内部,银行与信托这两个部门是明确分开的,两者在性质和业务重点上不同,内部结算也自成体系,但界限已经越来越模糊,而且信托所提供的金融产品和金融服务,与银行所提供的也无明显差别。

3. 信托业务的国际化

伴随金融国际化进程的加快,信托业也开始呈现跨国经营的趋势。1984 年日本与美国达成协议,日本向西方国家银行开放日本的信托市场。随后不久,美国摩根银行、纽约化学银行、花旗银行、英国巴克莱银行、瑞士联合银行等被批准在日本开展信托业务。与此同时,西方国家也向日本的银行开放其国内信托市场,使得日本的信托银行体制进入欧洲国家,促进了日本和欧洲国家信托业的交流和发展。这种信托业务的国际化,刺激了各国同行新业务的开发,各国信托业的经营经验日益成为共享的财富,同时信托业国际竞争也日益加剧。

4. 信托品种日益创新

现代信托,不仅在民事领域被用作传承和积累家产、管理遗产、保护隐私等,在商事领域还被用作中小投资者的投资工具(投资基金)、方便企业融资的手段(公司债信托、动产信托、贷款信托)、经营企业的方式(表决权信托、商务管理信托)等;不仅在社会公益领域广为运用(公益信托),而且也广泛用于社会福利领域(年金信托)。信托机构不仅接受土地、房屋等有形财产的委托而进行财产管理,而且接受部分无形资产的委托,从事投资活动,从而使信托机构开始对国民经济的发展产生重大影响,发挥更大作用。

5. 信托交易的电子化

随着互联网时代的到来,信托业务如同其他业务一样,纷纷走上电子化、网络化之路。发达国家的信托机构纷纷开设了网上服务,通过互联网,这些信托机构能为顾客提供金融调研、在线个人理财工具、利率、股市查询以及金融信息等。展望未来的发达国家金融信托业务,它们势必将把注意力更多地集中于满足客户需求、维持与客户的关系上。它们将提供更多的电子化、高科技的产品和服务以满足客户需求。

6. 信托财产日益集中,并购重组日趋频繁

发达国家的信托业在不断发展的过程中越发集中。例如,英国的法人信托主要集中在四大家银行手中;以德国三大银行(德意志银行、德累斯顿银行和商业银行)为首的私营信贷银行在德国银行体系中占据绝对强大的地位,操纵了大部分存款与信

托业务;日本的信托业一直集中在主要的七家信托银行手中。

7. 信托发展商业化、金融化

信托制度的高度灵活性和弹性空间为信托的发展留下了广阔的空间。早期的信托主要表现为一种家庭财产的授予与安排的民事信托,而信托的现代化发展则将它与商业有机联合起来,并因此使得信托更加富有生命力。信托机构不仅接受土地、房屋等有形财产的委托而进行财产管理,而且接受金钱、有价证券的委托,从事投资和融资活动,信托机构又具备了金融机构的性质,发挥了中长期的金融功能,开始对国民经济的发展产生重大影响。信托金融化和商业化,是现代信托的两大典型特征。另外,在西方发达国家,办学基金、慈善机构一般都由信托机构代理经营,公益信托也日益受到重视。

8. 养老金信托呈逐年增长的趋势

在政府的推动下,西方国家的职业年金计划得到了迅速发展。像养老基金这种公共性很强的资产,由于"信托方式"是理念上对其进行管理和运营的最合适形式,因此随着养老基金的增长,发达国家的养老金信托呈逐年增长的趋势。

9. 信托机构的经营方式更具风险性

传统上的信托业务凡因管理、处理受托财产而产生的亏损一般都由受益人来承担,但在信托机构尽可能争取对受托资产具有更大经营能动性的今天,越来越倾向于承担本金被侵蚀的责任。随着信托业的经营范围日益广泛,信托机构承担的经营风险也就逐渐加大。与此同时,在信托产品不断创新的形势下,出现了一些类似于开放式基金一样的可赎回信托,这无形中也增加了信托机构的经营风险。

二、主要的新兴信托业务

1. 无形财产信托

信托界目前形成的共识就是:信托财产不应仅仅局限于货币资金和实物财产,凡是可以以货币计价或可以受到法律保护的东西都可以成为信托财产,比较典型的就是属于无形财产的专利权、著作权、商标权等知识产权。无形财产信托主要有以下四类形式。

(1) 行使表决权信托。

行使表决权信托是指信托机构接受股东的委托,为其保管股票、行使表决权的信托业务。这实际上是把股东持有股票的两大好处——收益权与表决权割裂开来,一般是公司全体股东或多数股东推举信托机构为受托人,将其所有股票过户转移于受托人名下,交由受托人保管。受托人在受托期间代表股东行使表决权,而股东除投票表决权之外仍享受股东应得的其他一切权利。

之所以会产生这类信托,主要由于委托人不善于经营管理,需要有专业人员和可靠的经营人才来改善公司经营状况,使企业摆脱困境;或者出于事业持续发展的考虑,为避免因管理人员的变动而影响公司经营业绩,将经营决策权委托给信托机构。

如果公司经营业绩得到大幅度提高，各股东及债权人共同受益，受托人则获得手续费收入。

(2) 金钱债权信托。

金钱债权信托是指委托人将经济活动中象征金钱债权即收回资金权利的借据、定期存单、票据和保险单等作为信托财产委托给信托机构，信托机构代为催收、管理和运用债权。此种信托业务在日本比较发达。日本的金钱债权信托有三种：一般金钱债权信托、住宅贷款债权信托和生命保险信托。

① 一般金钱债权信托是以催收信托财产的债权为目的的，是委托人将债权转让给受托人，由受托人负责对债务人进行催收、中断时效、督促乃至上诉债务人等。

② 住宅贷款债权信托是指专门经营住宅金融的公司把对借款人的贷款债权委托给信托机构管理以便收取、分配贷款的本息。而住宅金融专业公司又可把该信托的受益权转让给第三者以获得资金，从而使长期固定化的住宅贷款债权变成流动化的资产，增强公司资产的流动性。

③ 生命保险信托又叫人寿保险信托，它是指人寿保险的投保人在生前以保险信托契约或遗嘱形式委托信托机构代领保险金并交给受益人，或对保险金进行管理、运用，再定期支付给受益人的信托。这种业务将保险业务与信托业务有机地结合起来，使受益人能获得比单纯人寿保险更多、更可靠的收益。

(3) 抵押公司债券信托。

抵押公司债券信托是指信托机构接受发行债券的公司委托（西方国家发行的公司债券多为带抵押的债券），代替债券持有者行使抵押权或其他权利的信托业务。本来抵押权应归认购者所有，当债券到期收不回来时，可以随时处理掉抵押的财产，故认购公司债券的人应该拥有和认购额相等的抵押权。但是，因为债券持有者是分散在社会中的个人，他们不可能对债券发行公司实行有力的监督，也不可能共同保管抵押物，因此发行债券的公司就把所有的认购者作为受益人，与信托机构签订契约，将抵押权委托给信托机构，由信托机构负责为所有的认购者管理抵押财产。如果发行公司违反有关规定，受托人有权依照契约采取行动，保障债券持有者的利益不受损害。同时，由于有信托机构参与其中，对于发行公司来说，还可借机提高公司信誉，扩大公司债券发行量。因而，这一信托业务对债权人、债务人都是有利的。

这种信托与一般意义上的信托相比有其特殊性：一是抵押公司债券信托中的受托人并不具有财产的所有权，除非发生违约情况时，受托人才具有这一权力；二是对于作为受托人的信托机构来说，这种信托中的受益人常常是不确定的，它随着债券的不断交易而不断变换；三是这种信托中的受托人同时对债券发行人和持有人负有信托之责（对债券发行人负有发行之责，对债券持有人负有保管抵押物品之责），而在一般信托中，受托人只代表受益人的利益。

抵押公司债券信托的业务程序大致包括三步。首先，信托机构接受信托业务。由发行公司申请，信托机构接到申请后，经过考察发行公司和公司债券的情况后，接受该信托业务。其次,签订信托契约。信托机构和发行公司进行磋商后签订契约,并对契约内容分析研究后双方签字认可。信托契约的内容有:介绍性条款、抵押物品条款及债券证实条款、以新赎旧条款等。最后,执行信托契约。信托机构在执行信托契约时应准备关于公司债券的必要资料,并向公众说明债券是在既定信托契约规定的条件下发行的;然后由信托机构提取已证实的债券将其交给承销集团,帮助发行公司与承销集团结清债券款。

(4) 知识产权信托。

知识产权信托是指知识产权的所有者通过把专利权、著作权和商标权委托给信托机构,使其发挥最高效益,并由信托机构向指定的受益人偿付利益。目前,国际上较为盛行的专利权信托操作程序大致包括这样几步:首先,委托人(专利权持有者)与信托机构签订知识产权信托协议,由委托人将专利权委托给信托机构,信托机构将受益权证书颁发给委托人,双方信托关系成立;其次,由受托人将专利权转让或出租给使用者,由专利权的使用者支付使用费给受托人;最后,由受托人将专利权收益偿付给委托人。

2. 事业型信托

事业型信托是指将事业的经营综合地进行委托。这种信托尤其在不动产领域中非常盛行,即受托人从评价土地、市场调查、事业规划、筹措资金、预约房舍,招募租借人到房屋的管理、营运等全过程均由信托机构承担,信托机构在经营过程中获得的收益要支付给受益人。该类信托可以使土地等不动产获得更大的收益,但要求信托机构必须具备从事房地产业务的能力。20 世纪 80 年代以来,日本的这类信托得到较大发展,并进一步设想利用这类信托改造城市,从事城市规划事业,以此作为发展事业型信托的突破口。这其中比较典型的就是日本的土地信托。

土地信托是指土地所有者为了有效利用土地,提高不动产的开发与经营效率,获取收益,将土地委托给信托机构,由信托机构根据契约规定利用其专业规划与管理,筹集资金建造房屋,并负责对所建房屋进行租赁、维修等管理与经营,最后将开发经营的利润作为信托收益分配给受益人的一种信托方式。大部分的土地信托年限多在30—50 年。土地信托是在地价不断上涨、土地保有、遗产继承税负增加情况下的一种非常有效的措施。根据信托机构对信托财产的处分方式和具体操作方式的不同,土地信托主要分为租赁型信托和出售型信托两种。租赁型信托是指委托人将土地委托给信托机构,但受托人仅拥有土地的使用权而无处置该信托财产的权利。在信托期间,受托人需要定期向委托人给付信托收益,信托终了时,委托人仍保有该土地的所有权。出售型土地信托是指委托人将信托财产委托信托机构经营,在房屋建成后,信托机构将土地与建筑物一并出售,并将出售所得在扣除建筑成本、借款利息、受托人报酬及其他各项手续费用之后,交付给委托人的一种信托形式。

与土地信托类似的还有美国的房地产信托。美国的房地产信托是指采用类似于投资公司的形式,由房地产投资信托基金公司以发行股票、债券、投资基金或受益凭证等方式筹集资金,然后进行专业化的房地产投资或房地产抵押贷款投资。采用这种方式,投资者既可以获得类似于直接投资房地产的收益,又避免了承担无限责任及资产流动性差的风险,同时投资者还可以将所拥有的股权等进行转让,具有较好的流动性。

美国房地产投资信托按照投资业务的不同,大致可分为三类:一是资产类信托,即投资并拥有房地产,主要收入来源于房地产的租金;二是房地产贷款类信托,即投资房地产抵押贷款或房地产贷款支持证券,其主要收入来源是抵押贷款的利息收入;三是混合信托,即同时经营上述两种形式的业务。

美国房地产投资信托的特点与优势有三个方面。第一,面向中小投资者。由于房地产信托基金将投资者的资金集合起来投资于房地产,一般中小投资者即使没有大量资本也可以用很少的钱参与房地产业的投资。第二,注重长期投资,具有较高的现金回报。大部分采用长期投资策略,有效期长达20年以上,这样既可获得稳定的当前收益,又可以得到富有潜力的资本增值,因而被投资界誉为"全面收益型"投资。第三,流动性强。由于多数房地产投资信托基金像其他股票一样,能在证券交易所上市交易,与传统的以所有权为目的的房地产投资相比,显然具有更高的流动性。同时,房地产投资信托为分散风险进行资产多样化投资组合管理,从而保证自己的投资更安全。正是因为美国房地产投资信托自身的特点与优势,所以近年来得到迅速发展。

3. 养老金与企业年金信托

养老金等社保基金和企业年金的市场化运营必然要通过委托投资来进行,而受托人是管理架构中最重要的角色。西方国家社会化保障制度建立得较为完善发达,此类资产总量庞大。如何保证这部分资产保值增值,是很关键的问题,而信托机构正好发挥其代人理财的职能,介入这一业务领域。而且,近年来这种信托业务所占比例还呈逐年上升趋势。养老金信托是指信托机构接受委托人定期缴纳的养老金,负责基金财产的管理运用,并在雇员退休后定期向其支付退休金的一种信托业务。年金信托则是企业作为委托人,将计提的企业年金基金委托给信托机构,按委托人的意愿以自己的名义,为企业员工的利益进行管理、运用和处分。它是以信托方式管理企业年金的制度模式。企业年金作为一项长期资金由信托机构予以管理和运用,可以充分发挥其投资领域广、分散风险的优势,在控制风险的同时追求收益,协助委托方增加员工福利、稳定员工队伍、提高管理效益。同时,信托财产的独立性也可解除员工对企业破产或解散后资金安全性的担忧。

除了上述这些创新的信托产品外,目前共同基金信托的发展也极为迅速。共同基金信托又称投资基金,它是指基金发起人通过发行基金券或受益权证将投资者分散的资金集中起来,交由基金托管人保管、基金管理人经营管理,并将投资收益分配给基金券或受益权证持有人的投资行为。这是一种将融资、投资、信托等几项业务融为一体进行运作的综合性业务形式。这种基金的投资领域相当广泛,除了可以从事证券投资外,还涉足于产业投资领域。

信托业务的创新对金融机构的经营理念也产生了重要影响。各种各样的新兴信托业务不仅大大拓宽了信托机构包括经营信托业务的银行的业务范围,为这些机构开辟了新的盈利渠道,也使金融信托机构不再单纯着眼于信托资金的运用,而是竭诚在力所能及的限度内为客户提供其需要的金融服务,这正是信托业务的内涵。

三、我国商业银行信托业务的发展展望

我国当前实行的是分业经营的管理体制。这一管理体制建立的初衷是为了降低金融风险,应该看到,在我国金融法制建设尚不健全、金融监管水平不高的情况下,采取这一措施无疑是一种正确的选择。但是,也应看到分业管理体制确也存在一些显而易见的局限,如制约了银行、信托、保险等金融机构业务范围的拓展,使资金不能发挥充分的效率等。随着经济、金融的发展,我国的商业银行有必要、也有可能涉足信托业务,为银行中间业务的发展开拓一个新的空间。

1. 银行业与信托业混业经营是银行业发展的必然趋势

从历史上看,信托业与银行业兼营是经常的、普遍的,而分业则是个别的。目前美国的专业信托机构很少,信托业务大部分由银行兼营。1999年11月4日《金融服务现代化法》的出台,结束了美国商业银行分业经营的历史。而以分工最为明显的日本来说,其历史上也不断进行着混业—分业—混业的交替过程,只是由于其特有的长短金融分离制,商业银行才主要从事于短期金融业务,信托银行则作为长期金融而存在。即便如此,专业信托银行20%的业务量还是银行业务,足见并不排除一定范围内的银行、信托兼营。更值得注意的是,近年来,日本实行金融自由化,银行业与信托业的交叉愈加深化。

2. 我国商业银行发展信托业务的优势

商业银行与信托业的结合被认为是金融自由化下效率选择的必然趋势。银行兼营信托业务能产生规模经济效果;可以实现对银行资本、人才、技术资源的共享,从而取得较之单纯银行业务或信托业务更加经济的成本。随着银行业竞争压力的加大,商业银行的经营理念在逐渐更新。伴随信托业立法的更趋完善及金融监管体系的更趋健全、监管水平的逐步提高,我国商业银行也完全有能力开展信托业务。

3. 市场呼唤银行开办信托业务

随着我国经济的发展及企业、居民闲置资金的增加,金融意识的提高,由此产生了财产保值增值的迫切需求。但是,企业、居民囿于信息、技术及理财知识的匮乏,迫切需要有金融机构能提供此类服务。商业银行相对于其他金融机构而言,在企业、居民心目中享有更高的声誉,市场呼唤银行提供这类服务。因此商业银行开办信托业务其市场前景将极为广阔。

本 章 小 结

信托是委托人将财产权转移给受托人,受托人依信托文件或契约的规定,为受益人或特定目的而管理或处分财产的财产管理制度。信托的构成要素有信托行为、信托关系、信托目的、信托财产、信托行为的结束等五个方面。

信托业务可以按照很多种标准进行划分,这其中资金信托在信托业务中占主体。资金信托是指信托机构接受委托人委托,对其合法拥有的货币资金进行经营、管理,并向委托人指定的受益人支付收益或其他约定款项,信托机构则收取一定金额的手续费。资金信托主要包括信托存款、信托贷款、信托投资、委托存款与委托贷款业务。

信托业务的管理可分为日常业务管理与风险管理。日常业务管理主要强调三项业务经营原则:遵循信托财产的独立性原则、谨慎管理信托财产的原则及充分披露信息的原则。信托业务面临的风险主要有信用风险、市场风险、道德风险、管理风险等,各种风险都需要认真考虑和应对。为控制风险,信托机构需要建立完善的风险管理体系和管理制度,并针对不同的风险采取不同的方法。

目前世界信托业出现了职能多元化、产品不断创新、交易电子化、经营风险性等新的发展趋势,并出现了一系列新的信托业务品种。我国商业银行应顺应形势,积极发展信托业务。

复 习 思 考 题

1. 什么是信托,信托有哪些构成要素?
2. 信托有哪些特点,信托制度有哪些优越性?
3. 信托业务主要有哪些分类? 各有什么特点?
4. 资金信托与银行存款、证券投资基金及分红保险有何区别?
5. 信托机构面临哪些风险? 应如何防范?
6. 目前世界信托业发展的趋势是什么?
7. 有哪些风险管理方法可以应用于我国信托机构的风险防范?
8. 你认为我国商业银行发展信托业务还存在哪些障碍?
9. 信托在现代经济中发挥什么作用?
10. 我国银行应如何发展信托业务?

第八章 商业银行投资业务

投资业务是商业银行在资本市场开展的一项重要资产业务,是商业银行运用自有资本和吸收的其他资金买卖有价证券的经营活动。从事投资业务对提高收益、增强资产流动性、降低风险具有重要作用。本章从商业银行投资的目的入手,阐述商业银行投资的对象,分析银行进行证券投资所面临的收益与风险,探讨商业银行投资的策略,以实现银行投资风险与收益的最佳组合。

第一节 投资业务概述

商业银行除了通过直接发放贷款取得利息收入之外,还通过投资业务取得投资收益。一般来讲,各国都规定商业银行不能进行实业投资,物业投资也仅限于自用物业,所以商业银行的投资便限制为对有价证券的投资。近年来,由于利率和汇率风险加剧,西方国家商业银行资产业务证券化趋势明显,银行放款比重下降,投资业务重要性日益增强。

一、投资业务的概念与功能

商业银行投资业务是有价证券投资,指商业银行将一部分资金投资于有价证券,以提高商业银行资产的流动性、安全性,并获取一定的利润的活动。投资业务是商业银行在资本市场开展的一项重要的资产业务,是商业银行收入的重要来源,其投资对象主要是政府债务、金融债券、企业债券和股票。

商业银行和投资银行都从事证券投资活动,两者的区别在于投资银行从事证券承销和交易业务,执行直接融资功能,主要在资本市场活动;商业银行能否投资,投资的范围、额度都取决于一国监管当局的规定。

证券投资在西方国家已经成为最主要和最基本的一种投资方式。商业银行证券投资的作用主要体现在以下两个方面。

1. 证券投资利于商业银行规避风险

商业银行选择投资证券,目的是要获得预期回报,而每一种证券都有自己的风险回报率特征,通过考察每一种证券的风险回报率特征,商业银行就可以确定哪些证券是风险较大的,哪些是风险较小的,从而选择风险回报率特征与自己投资政策相适应的证券进行投资。

2. 证券投资有力地促进了银行信用制度的发展

目前,在国外银行证券投资通常占到商业银行资产的20%左右。银行通过发行金融债券,并合理安排不同的还本付息日期,使得资金的来源变得相对稳定,不仅使资金可用于长期信贷业务,而且增强了银行的信贷能力,更好地发挥银行金融中介的作用,推动经济的发展。

当然,商业银行投资业务还有其他的一些作用,如稳定银行收入、冲抵银行贷款组合的信用风险敞口、提供流动性备用资金、充当担保品(担保资产)、为银行资产组合提供弹性、优化银行的资产负债表等。

二、投资业务的特点

银行投资活动是一项具有特定内涵的经济行为。证券投资和银行贷款都是资金的运用,同为商业银行的盈利性资产业务,但两者却存在明显的差异,商业银行的银行证券投资业务有其自身的特点。

1. 两种资产的流动性不同

商业银行贷款资产的流动性取决于贷款期限的长短。期限越长,流动性越差;反之,流动性则越好。在贷款未到期前,银行是无权收回资金的。商业银行证券资产的流动性与期限也有关系,但因其有可转让性,在证券未到期前,可以在证券市场随时卖出,所以证券资产较贷款资产的流动性更强一些。

2. 两种资产业务的风险不同

银行贷款风险主要是信用风险,即企业违约到期不能偿还贷款给银行造成损失的可能性。由于贷款流动性差,因而银行对所面临的即将发生的信用风险很难实施转嫁和规避,尤其是没有相应经济担保和实物抵押的信用放款更是如此。银行投资业务则不然,法律限定银行所投资证券的信用风险相对较低(如我国目前只限于国债和金融债券),一般不需要进行所谓的风险转移,即使是投资其他证券,当预测会承担较大风险时只要在证券到期前出售掉,就可以把损失降低到最低限度。

3. 银行所处的地位不同

在贷款业务中,银行一般处于相对被动地位。因为客户向谁借款,什么时间借款,借多少,要取决于客户自己的意愿。银行银根偏紧时,表面上银行有权确定对谁优先提供贷款,实际上,为了保持和加强同客户的长期关系,银行总是千方百计去满足客户的借款要求;银根偏松时,银行贷款能否发放得出去,则取决于客户对银行的信赖程度,也就是说,银行始终处于被动的地位。而在投资业务中,情况正好相反,银行处于相对主动地位。在证券发行时,银行可根据自己的实际情况,决定购买与否,至于购买哪一家发行的证券、数量多少,完全取决于银行的意愿。

4. 银行与债务人的关系不同

在放款业务中,借款人与银行一般都有经济往来关系,他们除了在银行建立存款账户并把大量的款项存入银行外,还委托银行代为办理相应的货币款项收付业务。因此,银行放款不仅要考虑某一笔贷款收益率高低的问题,还要考虑与借款人长期建立起来的经济往来关系问题。而在投资业务中,这种人际关系就不存在了,多数情况下,银行与债务人之间的关系并不是直接联系的,也不存在固定的往来关系,银行是否有必要购买该种证券,是否向筹资者提供资金,主要由证券的收益水平决定。

三、投资业务的目的

商业银行投资业务的目的主要表现在以下三个方面。

1. 增加银行收益

获取收益是商业银行进行证券投资的最主要的目的。投资收益包括利息收入和增值收入。利息收入是银行购买证券后,按照证券发行时确定的利息率从证券发行人那里取得收入。增值收入是资本金增值收入,这是指市场利率下降时,证券价格上升,银行将在较低价格购买的证券在市场上出售,买价与卖价之间的差额即为证券增值收入。

2. 增加资产流动性

保持资产的流动性,既是银行业务经营的重要原则,又是银行维护稳健性经营的一个重要标志。一般地说,银行贷款的流动性较低,而证券资产的流动性则较高。银行可根据市场行情以及流动性的需要在市场上卖出有价证券,使其所持有的资产具有一定的流动性。特别是短期国债投资和将要到期的长期证券投资具有很高的流动性。商业银行的投资业务为保持资产的流动性提供了重要条件。

3. 分散资金投向,降低投资风险

商业银行经营管理的一个重要原则是要坚持安全性。要尽量使银行资产分散化,以降低风险或将其控制在一定的限度内。银行进行证券投资是实现资产分散的有效办法。银行将营运资金分成两大部分:贷款和投资。即使是投资也分散于不同风险、不同收益率、不同期限的证券。通过这样的组合降低风险。投资比贷款具有选择面更宽、资产更加分散的特点,可以进行不同数额和不同地区的投资,更容易分散风险。

四、投资业务的主要方式

综观国内外商业银行证券投资的主要方式有证券买卖、证券包销和代理证券发行三种方式。

1. 证券买卖

证券买卖就是银行在二级市场上投资于有价证券,利用证券的买入价与卖出价的差价获取差额收益的投资行为,商业银行投资的主要对象是债券和股票。

2. 证券包销

证券包销有两种方式,即全额包销和余额包销。其中,全额包销是指银行一次性出资将发行人的证券按照协议全部购入,然后以较高的价格将证券出售给投资者的承销方式;而余额包销是指银行按照与发行人约定的发行条件和发行总额向社会公众推销,在规定的承销期结束时,银行要支付所承销证券的全额价款,未发完的证券由银行按发行价自行买进,然后发行公司返还发行费用给银行。

3. 代理证券发行

代理证券发行就是指银行利用其本身的机构网点和人员等优势,在证券市场上代发行人发售股票、债券及其他证券,在承销期结束时,银行将未售出的证券全部退还给发行人,从中收取代理发行手续费的承销方式。

商业银行在进行证券投资时,应三种方式综合采用。证券买卖方式的灵活性强,盈利水平高,但如果判断失误,银行会遭受损失;证券包销方式的销售风险全部由银行承担,必须将未售出的证券买下;证券代销方式对于银行而言没有任何风险,但代销手续费收入要比包销方式低。

第二节　商业银行投资业务类型

结合国内外商业银行投资业务的具体情况,商业银行投资业务主要有两大类型:一个是货币市场金融证券,另一个是资本市场金融证券。按具体的形式分类,又主要有股票、政府债券、金融债券和企业债券等。

一、货币市场工具

1. 短期国库券

所有短期投资中最受欢迎的投资种类之一是短期国库券。短期国库券是政府的一种债务证券,按法律规定必须在发行后 1 年内到期。通常,有三种期限的短期国库券按周或按月拍卖发行:3 月期国库券和 6 月期国库券按周发行,1 年期国库券按月发行。

由于短期国库券具有高度安全性,因此对于银行尤其具有吸引力。短期国库券得到了政府征税部门的支持,其价格相对稳定并易于销售。此外,通过回购协议和其他借款工具,短期国库券能充当吸取其他机构贷款的担保品,短期国库券在面值基础上以贴现方式发行、交易,没有一个承诺的利率。因此,投资者的收入纯粹由短期国库券到期时的价格升值构成。短期国库券收益率以银行的贴现法计算。

2. 余期一年内的中长期国库券

在发行时,中期国库券和长期国库券的到期日相对较长,中期国库券为 1—10 年,长期国库券为 10 年以上。但是,当它们的剩余到期日在 1 年以内时,它们被认为是货币市场工具。尽管与短期国库券相比,它们对利率风险更敏感并不易出售,但中期国库券和长期国库券的预期收益较短期国库券高,有更大的资本利得潜力。中期国库券和长期国库券是附息票工具,向投资者承诺一个固定的收益率,但因为证券市场价格的波动,中期国库券和长期国库券的预期收益率有时会低于或高于承诺的息票利率。

3. 大额可转让存款单

以美国为例,大额可转让存款单(CD)仅指附息收据,表明在银行或非银行储蓄机构存入了资金。因此,大额可转让存款单的主要作用是为银行提供额外的资金来源,但是银行常购买其他存款机构发行的大额可转让存款单,把它们当作富有吸引力的低风险投资。大额可转让存款单有固定期限,提前支取要受联邦罚款。

4. 银行承兑票据

银行承兑票据因其代表在指定日期(显示在承兑票据上)、付给持有人指定金额(显示在承兑票据的正面上)的承诺,银行承兑票据被认为是最安全的货币市场工具之一。银行承兑票据起源于银行决定对其出口、进口、储藏商品或购买外币的客户作出信用担保。

由于银行承兑票据有便利的转售市场,它们可以在到期前从一个投资者转手到另一个投资者。如果一个银行售出其持有的承兑票据,这并未消除签发行在到期日支付其未偿付承兑票据的义务。但是,通过售出承兑票据,银行增加了其储备,并把利率风险转移到了另一投资者那里。银行票据是贴现工具,因此在到期日前总是以低于面值的价格销售。和短期国库券一样,投资者的预期收益来源于当银行承兑票据接近到期时其价格预期的上涨。银行承兑票据的另一优势在于,只要它们是合格的承兑票据,它们可以在银行贴现(借款)。

5. 商业票据

许多银行发现商业票据是一种具有吸引力的投资对象,比许多类型的银行贷款安全。在美国售出的商业票据期限相对较短,大多90天或90天以内到期,并通常是由最高信用等级的借款人发行。由于西欧和日本的欧洲票据市场迅速发展,该市场已吸引了大国际银行的参与。由于欧洲票据比美国商业票据有更大的预期信用风险,其期限通常较长,利率更高。但是,欧洲票据市场比大多数美国商业票据的转售市场更活跃。近年来,小的、信用等级较低的公司以跟单票据的形式发行了大量商业票据,该跟单票据有银行不可撤销的支付担保,当银行以不可撤销的方式担保商业票据,银行的信用等级就代替了借款人的信用等级,使票据得以按较低成本售给更大的投资者集团。大多数商业票据以贴现方式发行,不过,现在也发行带承诺的收益率(息票)的商业票据。

二、资本市场工具

1. 一年以上的中长期国库券

中长期国库券是银行所能做到的最安全、最富流动性的长期投资之一。中期国库券的期限多种多样(发行时的期限从1年到10年不等),而且数量很大。在美国,中长期国库券比短期国库券的预期收益要高,但使银行承担更大的价格风险和流动性风险,它们发行的面值通常为 1 000 美元、5 000 美元、10 000 美元、100 000 美元和 1 000 000 美元。

2. 公司票据和公司债券

由公司发行,期限在 5 年内的长期债务证券通常被称为公司票据,5 年期以上的则被称为公司债券。公司证券种类很多,取决于担保证券的类型(如抵押证券对无抵押证券)、发行目的、发行条件。过去,大多数公司债券有 10—30 年的期限,但近年来期限有缩短的趋势。公司票据和债券相对政府证券来说,信用风险高,转售市场有限,因此比起银行来,通常它们对保险公司和年金组织更具吸引力,但是比起相同期限的政府证券,公司证券确实具有较高的平均收益。

公司票据和债券与政府债券和金融债券相比,风险较大,由于公司债券的发行主体是公司,还款来源是公司的经营利润,如果公司经营不善,投资者将面临利息甚至是本金的损失。因为购买公司债券要承担较高的风险,所以公司债券的票面利率一般来说要高于政府债券利率、金融债券利率和同期银行存款利率。尽管公司债券的种类很多,但由于风险较大,安全性、流动性和盈利性都不如政府债券,所以商业银行对公司债券的投资额度一般较小,部分商业银行很少从事这些证券的投资业务。

3. 股票

股票是股份公司发给股东的,用以证明投资者股东身份和权益,并据以领取股息的凭证,也称股份证书。股票可划分为两类,即普通股和优先股。股票与债券相比,既有联系又有区别。

股票投资风险大于债券,股票的收益率水平有可能高于债券。股票既可作为投资对象,又有很强的投机功能。但因其风险较大,不是银行理想的投资对象。

三、我国商业银行投资业务对象

1. 政府债券

政府债券也叫公债,有时也称国债。它是一国政府为了筹集预算资金而发行的承担偿还责任的债务凭证。它证明持券人有权按期从政府或政府机构取得利息,到期收回本金。我国地方政府依据法律不得独立发行公债。

(1) 中央政府债券。

中央政府债券是由国家财政部门组织发行,以中央政府为担保人的政府债券。中央政府发行债券的目的有以下四点:一是用于弥补财政预算赤字;二是用于中央政府负责投资的国家重点建设项目开支;三是用于弥补突发事件引起的政府收支差额;四是用于偿还到期国债的部分本息。根据债券期限的长短及其发行主体划分,中央政府债券可分为两类,即国库券和政府公债。

(2) 政府机构债券。

政府机构债券是指由中央政府所属部门或机构发行,以中央政府信誉为担保的一种债务凭证。如国家公开发行的基本建设债券,它是由国家能源投资公司、国家原材料投资公司、国家机电轻纺投资公司、中国石油天然气总公司和铁道部等国家部级机构联合向全国城乡居民发行的一种借款凭证。尽管是政府部门发行的债券,但政府仍要承担信用保证,至于债券的偿还,则由上述发行人共同负责。

2. 金融债券

金融债券是由银行或非银行金融机构为筹集中长期资金面向社会公开发行的一种债务凭证。金融债券与其他债券相比,主要特点是信用好、投资风险小、收益率较高、用途特定。

按照发行主体的不同,金融债券可分为政府性金融债券和普通金融债券。政策性银行发行的金融债券被称为政府性金融债券;银行及非银行金融机构发行的金融债券被称为普通金融债券。在我国,政策性银行金融债券是由国家开发银行、中国农业发展银行、中国进出口银行为筹集信贷资金而发行的债券,以财政担保为主要特征,该债券已成为发行规模仅次于国债的债券。与普通金融债券相比,政府性金融债券的信誉较高,但利率也较低。

3. 企业债券

企业债券又称公司债券,是企业为筹措资金而发行的,向持有人承诺在指定时间还本付息的一种债务凭证。与政府债券和金融债券相比,企业债券的特点是投资风险相对较大,但收益水平相对较高。因为任何一家公司的信誉通常都不会高过其所在国政府和金融机构,但由于企业每次发行债券都有明确的目的和资金用途,其发债数额要受企业财务状况、资产实力等因素的限制,发行要经过有关债券监管部门的审核、批准,并按严格规定程序进行,债券持有者对破产企业有债务优先索偿权等,所以企业债券一般来说也是比较安全的。

第三节 投资业务管理

证券投资是一项十分复杂的工作。为了科学地组织和开展证券投资业务,有效地规避经营风险,保证银行获取最大的投资收益,那么商业银行必须对它的投资业务进行科学合理的管理。

一、投资业务开展的原则

1. 效益与风险最佳组合原则

在证券投资活动中,收益与风险相伴而生,如影随形。收益高,风险也就大;反之,收益少,风险也就小,两者成正比。所以,正确处理投资效益与风险之间的关系就显得尤为重要。银行投资政策一向以稳健和保守著称,在处理收益与风险两者的关系时,需要坚持的基本准则是:在风险既定的条件下,尽可能地使投资收益最大化;

或者,在收益已定的情况下,尽可能地使风险降低到最低限度。在这一原则的指导下,银行进行证券投资时要根据其资金实力和预定目标,正确估计所能承受的风险,力求实现效益与风险组合的最佳化。

2. 分散投资原则

分散投资原则是指银行将资金适时地按不同比例,投资于若干风险程度不同、种类不同的有价证券,并通过建立合理的资产组合,将投资风险降到最低限度。尽管投资分散化并不能最终消除投资风险,但它却可以起到降低风险的作用。

根据现代证券组合理论和"资产结构选择"理论,银行有选择地把资金投资于不同品种、不同质量、不同期限和收益的有价证券,形成不同的有效组合,就可以达到和实现收益相同而风险最低或风险相同而收益最高的投资政策目标。

3. 理性投资原则

理性投资是指在对证券本身正确认识的基础上,经过认真的分析和比较后,作出投资决策。坚持理性投资原则,要求银行在决定进行证券投资前,必须根据自己对风险的承受能力,以及所要达到的目标,制定一项切合实际的投资计划和政策。虽然各家银行的投资目标有一定的区别,但决定银行进行投资的内在因素是相同的,那就是尽可能地实现银行资产收益性和流动性的需要。但是,由于各家银行自身经营条件和资本实力上的差异,在确立各自的投资计划和目标时,所采取的政策也不尽相同。在进行证券投资决策之前,一家银行必须正视自己所处的位置,并作出明智的选择。

坚持理性投资原则还在于进行投资操作时,要保持冷静、慎重的态度,要善于控制自己的情绪,不轻信谣言、不抱侥幸心理,应依据自己的思维和判断,善于把握时机,当机立断。理智并不等于怯懦,当断不断往往会失去最好的投资机会。

二、投资业务的收益

西方国家商业银行证券投资的对象通常有债券、股票等,但对股票投资一般都有限制。我国商业银行证券投资的对象是政府债券和政策性金融债券,法律禁止商业银行在我国境内投资股票业务。对于债券投资而言,主要以获取利息为主,还可以根据市场行情的高低,相机买卖,以赚取市场价差。

证券投资收益的高低,主要通过证券投资收益率来反映,它是投资收益额与投资额的比率。证券投资的收益由两部分组成:一部分是利息收益,如债息、股息红利等;另一部分是资本利得,即证券市场价格变动所带来的收益。

三、投资业务的风险

商业银行从事证券投资,在获取收益的同时,也承担相应的风险。因此,银行在进行证券投资决策的同时,不仅要考虑证券投资收益的大小,也要考虑证券投资风险的大小。

证券投资属于风险性投资,风险是指对投资者预期收益的背离,由于投资收益的不确定性,构成了证券投资风险。证券投资的风险是指证券预期收益变动的可能性及变动幅度。也就是说,证券投资的预期收益率与实际收益率之间的差距,这就是投资的风险度,它与投资的时间形成正比关系。从收益与风险的关系看,证券投资的风险由系统性风险和非系统性风险构成。

1. 系统性风险与非系统性风险

一般说来,证券投资风险可以分为系统性风险和非系统性风险。系统性风险是指对证券市场上所有证券均会造成的证券价格和利息变动的可能性。这种风险的影响是全局性的,即会对市场上所有证券起作用,经济周期、通货膨胀、政治状况、利率高低等因素均是造成系统性风险的原因。非系统性风险是指某一企业或某一类证券所特有的那一部分风险,即某种特定因素对某一企业或某一类证券带来损失的可能性,例如,某企业的管理状况、职工状况、消费者偏好的变动等,这些因素对其他证券价格不会发生影响。

具有高系统性风险的企业通常是基础工业、原材料行业的企业,它们的经营状况和国家整体经济活动密切相关,因而其发行的证券价格与证券市场状况也密切相关。而具有较高非系统性风险、较低系统性风险的企业则是食品、日用品、公用事业等行业的企业。

一般来讲,商业银行通过把资金分散到不同品种的证券上,能够起到减少投资风险的作用。但是,在这种证券组合投资中,可以被分散的风险仅仅是非系统性风险,而系统性风险是无法通过证券组合来分散、降低的。

2. 风险的种类

构成证券投资风险的因素很多。一般有购买力风险、市场风险、利率风险以及企业风险和财务风险。前三种风险构成了系统性风险,后两种风险则属于非系统性风险。

(1) 购买力风险。

购买力风险即通货膨胀风险,即指物价上涨使投资的本金及投资收益所代表的实际购买力下降,从而对商业银行实际收入所带来的损害。由此可见,债券等固定收益债券在这方面并不是优秀的可选择资产。经验证明,普通股票比其他任何形式的证券投资都更能抵消通货膨胀所带来的损失。

(2) 市场风险。

市场风险即指证券价格变动所带来的风险,在证券市场上,证券价格变幻莫测,影响证券行情的各种因素如政权更迭、经济水平、证券短期供求等均会造成市场行情的剧烈变动,使商业银行的投资遭受损失。

(3) 利率风险。

利率风险即现行利率的变化对商业银行的投资所带来的风险,这是因为市场利率和证券价格之间存在着密切的关系:当市场利率上升时,证券价格往往会下降;而市场利率下降时,证券价格则会上升。这种利率变动所带来的风险是由于商业银行所无法控制的外部货币市场的变化所引起的。

(4) 企业风险。

企业风险即由企业的经营状况、收益能力的变动而给商业银行的投资所带来的风险。影响企业经营状况的因素很多,大致上可以分为外部因素和内部因素两种。外部因素是指企业所处的经济环境、地域特点、政治条件;内部因素则包括企业本身的管理水平、资源配置、技术水平等。

(5) 财务风险。

财务风险即与证券发行公司融资方法相联系的风险,例如,企业选择发行债券或借款的方式来融资,这样利息支出便成为企业的固定开支,对普通股股东的可分配收益造成影响,降低普通股股东所能获得的每股股息,从而发生损失。

(6) 经营风险。

各种大小银行都面临着这样的重要风险:在其所服务的地区市场经济状况也许会下滑,表现为销量下降、破产增加和失业增加。这些不利的发展,常被称为经营风险。

(7) 流动性风险。

由于流动性风险,银行不得不在证券到期之前卖出其投资证券。这样,在为投资目的选择证券时的一个关键问题是证券转售市场的宽度和深度。按定义,流动性的证券是指这样的投资,它们有快速的转售市场,一段时间内价格相对稳定,具有恢复银行初始投资资本的可能性(也就是说,本金风险低)。国债流动性最强,并有最活跃的转售市场,接下来是金融机构、公司票据和债券。

同时,购买流动性强、易于变现的证券通常会降低银行盈利资产的平均收益率,并且在其他因素一定的条件下,会降低其盈利能力。这样,银行管理层面临着盈利性和流动性之间的平衡,必须随市场利率和银行流动性风险敞口的变化,对盈利性和流动性重新进行评估。

(8) 回购风险。

许多公司和一些政府发行投资证券时,保有在到期日前回购这些证券并支付的权利。由于这样的回购通常发生于市场利率下降时(借款人能发行较低利率成本的新证券),所以投资于可回购债券和票据的银行,有遭受盈利损失的风险,因为银行必须把其收回后的资金以当时较低的利率再投资,银行通常通过购买回购延期较长的债券(这样回购在几年内不会发生)或仅仅通过不购买可回购证券来尽力降低回购风险。幸运的是,由于有了其他管理利率风险的工具,带赎回优先权的债券近年来大大减少了。

四、投资业务收益与风险的关系

收益与风险是证券投资中不可分割的两个方面。我们一般可以把收益与风险的关系简单地归结为正向关系。也就是说,收益水平越高的证券所承受的风险程度亦越大;相反,收益水平越低的证券所承受的投资风险亦越小。同样,风险越大的证券,其收益补偿也越高,否则这种高风险证券便不会有人去投资了。可用图8-1简单地描述收益与风险的关系。

虽然收益和风险的关系往往不是线性的,但图8-1仍大体表示出了两者的联系。图中表示无风险证券(一般认为是国债)的收益率最小。这样,我们就不难理解国债、公司债券、优先股、普通股的风险往往是依次上升,而实际收益率也是依次上升的原因了。

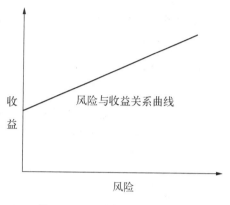

图8-1 风险与收益的关系

五、投资业务管理策略

商业银行的投资业务对其来说有几个重要作用。这些证券充当了仅次于贷款的补充收入来源。当贷款收入下降时,该收入来源对银行管理层和股东意义重大。银行证券投资也代表了一种流动性来源。当迫切需要资金以满足存款提取或满足其他紧急的现金需要时,证券投资能从货币市场上获得支持现金或支持借款。最终,通过购买低风险证券,有助于冲抵集中于银行贷款组合中的高信用风险。

基于证券预期收益率、风险、税收敞口和其他因素,商业银行在选择了它认为银行应该持有的证券类型后,还存在所持有的这些证券在一段时间内怎样分配的问题。也就是说,银行应持有什么期限的证券?银行应该主要购买短期证券,还是只购买长期证券,或者是两者的某一个组合?这就要求商业银行采取一系列的投资管理策略来优化投资业务的结构。投资管理策略一般有以下九种。

1. 有效证券投资组合管理策略

人们在长期从事证券交易的实践中得出了一条经验,即投资分散可以避免或减少风险,选择相关程度较低的证券进行证券组合。而且,不相关的证券组合种数越多,组合证券的投资风险越低。

使证券投资的风险降低到最低,并不是投资者的最终目的,因为投资的目的在于投资收益。显然,投资风险最低而投资收益最高是不现实的。因此,投资的最佳策略是使证券组合的投资收益最大化和投资风险最低化。有效证券组合的原理是:相同风险水平情况下,选取收益最大者;相同收益水平下,选取风险最小者。

2. 梯形投资管理策略

梯形投资法是指商业银行把全部投资资金平均地投放在各种期限的证券上,使该银行持有的各种期限证券的数量都相等,当期限最短的证券到期,将收回的资金再投资到期限最长的证券。如此循环往复地连续投资,使银行所持有的各种期限的证券总是保持相等的数额。如果把这些证券排列起来,从外形上看,恰似距离相等的梯子一样,故称梯形投资法。同时,这也是解决期限问题较普遍使用的一种方法,尤其对于小金融机构来说,选出一些最长可接受的期限,然后以等比例证券投资于每一期限间隔,直到最可接受的期限达到为止。

这种方法的优点是简便易行,易于操作,不必经常地观察和预测市场利率的变化;保证银行获得各种证券的平均收益率。缺点是这种方法缺乏灵活性:当有利的投资机会出现时,银行可能因没有资金而失去获利的机会;当银行的流动性需求较高时,如果银行仍按此方法投资,短期证券的持有量往往不能满足流动性的需要,如果没有其他的资金来源,将不得不出售长期证券,从而遭受损失。

3. 前置期限管理策略

对商业银行来说,前置期限管理策略是指购买短期证券并把所有投资置于一个较短的时间间隔内。例如,银行投资主管也许会决定,把贷款和现金储备以外不需用的银行资金全部投资于2年或2年期以下的证券。这一方法,强调把投资组合主要作为流动性来源而非收入来源。

4. 后置期限管理策略

与前置期限策略相反的是后置期限策略,它强调把投资组合作为收入来源。采用后置期限政策的银行可能决定只投资于5—10年期限范围的证券。该银行可能严重依赖于从货币市场上借款以满足其流动性需要。

5. 杠铃投资管理策略

杠铃投资法是指银行把自己的全部投资资金主要分成两部分:一部分投资于短期证券,一部分投资于长期证券,相对很少对中期证券投资,以期获得较高收益和流动性的一种投资方法。这种投资从直观图形上看如两头大、中间小的杠铃,故此得名"杠铃投资法"。杠铃战略是前置期限策略和后置期限策略的一种组合方法,短期组合提供流动性,长期组合用于产生收入。

杠铃投资法的优点是既可因长期证券获得较高的收益率,又可因短期证券保持较高的流动性和灵活性,如果银行对市场利率水平预测较准,就能获得较高的收益率。

6. 利率预期投资管理策略

所有期限战略中最积极的战略是,按照对利率和经济的当期预测,不断地调整所持证券的期限。这种总绩效方法又称利率预期方法,它要求:当预期利率上升时,把银行投资调整到期限系列中较短的那一端;当预期利率下降时,把银行投资调整到期限系列中较长的那一端。这种方法可能赚取大量资本利得,但也可能招致巨额资本损失。该方法要求对市场力量有深入的了解,如果预期错误,会出现巨大的风险。由于要求经常性地交易、转换证券,其交易成本也较大。

7. 固定比例与可变比例投资管理策略

固定比例投资法,是在全部投资总额中将投资在股票上的比例固定在一个百分比上,而其余部分则为防守型债券的投资百分比。投资者在固定比例的基础上,上下各确定一个百分比,当股价上下超过预定的百分比时,就进行相应的卖出和买进调整,使股票与债券总金额的比率始终保持不变。固定比例投资法虽然长期固定防守和进取两部分的比率,但也非一成不变的。

可变比例投资法按照一定要求,使进取型和防守型证券的比率在证券价格波动时有所变动。可变比例投资的基础是代表一种价格的趋势线,超过这一价格一定幅度之上的股票就会被出售(购进债券),而低于该价格一定幅度的股票就会被购进(售出债券)。这条趋势线的确定要使用统计技术,这里就不详细介绍了。

8. 买入并持有投资管理策略

买入并持有策略为最简单的投资组合策略,债券投资组合经理只需要根据资金条件,寻找一些期限与资金投资较为相近的品种来减少价格与再投资风险,而并不需要考虑进行积极的市场交易来获取更高的收益。这种策略的优点是:第一,可以避免债券二级市场风险,按照债券买入的条件,获取预期的利息收益;第二,避免债券买卖所产生的交易成本。许多成功的债券投资组合经理将此策略进一步发展为"改进的买入并持有策略",那就是在买入债券之后,当发现该品种有较为有利的价位时,增加其持仓量。当然,如果此类操作较为频繁,那么该策略就成为积极式管理策略了。

9. 积极式投资管理策略

积极式投资管理策略是指,运用各种方法积极主动地寻找市场机会的策略。其支持者认为债券市场的效率不强,市场上有许多被低估或高估的债券,从而可以通过买进或卖出来获取收益。另外,还可以预测利率的总体走势,进行市场时机的选择,其目的在于赚取债券市场价格变动带来的资本利得收益。与被动式投资策略不同,主动式投资组合策略则是基于另一种假设:债券市场并不是那么有效,因而投资者具有获取超过市场平均回报率的机会。也就是说,主动管理基于这样一个基本信念:债券管理经理有能力识别错误定价的债券和通过对市场利率做出精确的预测来把握市场时机。

第四节 投资业务的最新发展

一、投资业务创新工具

近年来,银行投资机会的范围大大拓宽了,发展了许多新证券,有些是传统票据和债券的变种,而另一些则代表全新的投资工具。例如,结构化票据、证券化资产、抵押担保证券、剥离证券等。

1. 结构化票据

结构化票据是指银行在努力保护自身免受利率变动的影响时,已把结构化票据增加到其投资组合中来。证券经纪人或交易商把证券集成一个组合,并且向银行投资主管提供一揽子投资,其利息收益以标明的参考利率(如美国短期国库券或长期国库券利率)为基础,周期性地进行修正(也许每季、半年或几年),此时结构化票据就形成了。结构化票据可以保证最低利率和最高利率,此时银行被允诺其投资收益率不会跌到低于最低利率,也不会上升到高于最高利率。一些结构化票据有多种息票(承诺的)利率,它们周期性地提高以给予投资者较高收益;另一些结构化票据有可调整的息票(承诺的)利率,由特殊的公式决定。这些结构化票据的复杂性使一些银行蒙受了巨大的损失,损失不是来源于信用风险(因为这些票据很少实际违约),而是来源于巨大的利率风险。许多结构化票据交易的净收益甚至低于美国国库证券。

2. 证券化资产

证券化资产,以美国为例,近年来以贷款组合为基础的混合证券成了增长最迅速的银行投资之一。这些证券化资产以精选的、同类型和同质量的贷款为后备,这些贷款包括由联邦住宅管理局(FHA)和保险的住宅抵押贷款、汽车贷款、信用卡贷款。当前,银行买入作为投资的、最受欢迎的是以抵押贷款为基础的证券化资产。

3. 抵押担保证券

抵押担保证券,其通常分成三类或三类以上的到期日和风险级。一般来讲,由期限较短的抵押担保证券组成的类别具有最大的提前偿还风险。当一些借款人提前偿还其贷款,期限最短的抵押担保证券的持有人先收到提前偿还款,一直到所有短期抵押担保证券偿还完毕为止。较长期限类别的抵押担保证券的投资者,其因提前偿还而减少收益的风险最少,因为他们只有在较短期抵押担保证券的投资者被全部偿还后,才接受贷款的提前偿还。银行常常买入大部分短期抵押担保资产作为投资资产,以与其短期负债匹配。最长期限的抵押担保资产的平均寿命能达到20年之久,对保险公司和年金组织有吸引力。

4. 剥离证券

剥离证券,证券交易商开发并销售了一种混合工具称为剥离证券,它是一种与诸如美国长期国库券等债务证券相关的支付本金和利息的债券。通过把本金和利息支付与相关的债务证券相分离,且分别销售对该两种承诺的收入流的债权,交易商创立了剥离证券。只对证券本金支付有要求权的剥离证券称为只付本金(PO)证券,只对证券承诺的利息支付有要求权的剥离证券称为只付利息(IO)证券。

抵押支持证券没有以递增的数量被剥离,但有与被剥离的长期国库券不同的特性。例如,如本章前述,抵押支持证券有很高的提前偿还风险。抵押支持证券通常被分成:(1)只付本金证券,包括所有预期本金的支付;(2)只付利息证券,包括相关的抵押贷款组合的利息支付。但是,由于一些抵押贷款有被提前支付的风险,剥离的抵押贷款工具并没完全使投资者避免不得不以越来越低的利率再投资。剥离的抵押支持证券使银行难以为其资产和负债匹配,因为其最终到期日不确定。

与传统金融产品相比,衍生工具更容易实现"量身定做",以满足不同层次投资者的多样化需求,使其能根据各种风险的大小和自己的偏好分配资金,从而能深化资本市场的资金配置功能。

二、投资业务监管政策的新变化

2008年爆发的美国次贷危机,重新唤起了人们对商业银行投资业务监管的重视,目前在国际上对于商业银行投资业务监管主要有以下四点。

1. 业务合规性

检查商业银行债券投资业务的经营范围、会计核算、信息披露和已制定的内部控制制度是否与国家金融法律法规和银行监管当局的要求相符。是否经营非债券投资业务范围的境内外债券;商业银行债券投资业务的核算原则、核算方法、损益确认、资产减值准备是否符合要求;有关债券投资业务的信息披露是否及时、真实、充分。

2. 债券投资业务的风险管理体系

商业银行对债券投资业务风险管理体系的细致程度应与其业务规模相适应;应有系统的、覆盖业务全过程的风险管理制度和操作指引,包括对债券投资品种、投资风险和收益分析、风险防范、会计核算、资产减值准备、投资损失核销等作出明确说明或规定并形成相应的制度;应将债券投资纳入风险资产范围并对其进行风险估值和分类,并满足提取资产减值准备的审慎监管要求。商业银行应建立将债券投资业务的实际风险水平与监管政策规定的限额进行比较的内部机制;管理层应重视超过风险限额情况,按照政策规定及时处理超限额行为。

3. 内控和内部审计工作

商业银行是否严格执行了既定的债券投资政策及其内部控制制度,是否严格区分了债券投资业务的前台、中台和后台的岗位职责,即负责交易的人员应与负责编制合同、确认交易、记账结算和进行投资价值重估的人员分开;交易员的交易过程是否有电话录音备查;交易单或交易记录是否及时、连续、完整;整个交易及处理程序是否能保证交易记录、会计簿记和风险管理报告的一致性和准确性;为会计、风险监控和管理报告等目的所作的债券估价,其资料来源是否独立于交易员,中台的风险监控是否满足时效性和有效性的要求;交易人员是否遵守了有关防止利益冲突方面的约束,这些内容都是监管机构所应检查的内容。

4. 数据信息的真实性和完整性

准确和全面的管理信息是保证商业银行投资业务监管效果的基础条件。在投资业务中,商业银行资金营运部门和风险管理部门关于各类债券投资及整个债券投资组合的各类分析报告,应保证上报信息准确、及时、充足,并应将技术信息转化为易使管理层理解的形式,以使监管机构理解债券投资业务所承担的信用风险、市场风险和流动性风险状况,客观地掌握,以便制定及时科学的监管政策。

三、商业银行投资业务风险管理的新发展

商业银行投资业务风险管理架构的发展历程并不是一蹴而就的。我国商业银行投资业务风险管理实践起步晚、经验尚不丰富,构建风险管理架构同样是逐步实施的

过程。在这个过程中,必须认识到以下因素是实施全面风险管理成功与否的关键:一是最高领导层的支持;二是清晰明确、切实可行的风险管理战略目标;三是设置合理的风险管理组织架构和职能分工;四是系统、持续的风险管理流程;五是胜任的风险管理人才和顾问;六是先进的风险管理知识及风险管理工具;七是支持风险管理体系运作的信息技术与信息系统。这些因素还需要进行合理配搭,构建合理的风险管理架构。

根据国外商业银行开展投资业务的经验,商业银行应具备可独立检查和监控金融工具和金融衍生工具的不同风险的方法。至于每一家商业银行具体执行风险监控功能的方法,将取决于该银行投资金融工具、金融衍生工具业务的性质、规模和复杂程度。不同类型的风险可由不同部门及单位检查和监控。一套风险监控系统的功能至少应包括以下各项:

(1) 根据外部法律法规和公司制度的要求,进行合规性的适时监控工作;
(2) 根据限额监察市场亏损风险,及向非进行有关交易的管理层汇报特殊情况;
(3) 交易风险的市价估值,及前台和后台部门的未平仓盘与利润/亏损的对账;
(4) 编制管理报告,包括每天的利润/亏损结果,及未平仓盘总额和未平仓盘净额;
(5) 根据限额监察就个别交易对手承受的信用风险,并向非进行有关交易的管理层汇报特殊情况等。

本 章 小 结

商业银行投资业务是商业银行除贷款业务外的一项重要资产业务,它不仅为银行带来了可观的收益,也提高了商业银行资产的流动性和规避经营风险的能力。商业银行的投资业务和商业银行的贷款都是资金的运用,同为商业银行的盈利性资产业务,但两者却存在明显的差异,商业银行的投资业务有其自身的特点。

各国银行法对银行投资行为都制定了程度不同的限制性条款,尤其是对银行证券投资的对象,各国采取了不同的政策。但总的来说,银行证券投资对象包括四大类,即:政府债券、金融债券、企业债券和股票。为了科学地组织和开展投资业务,有效地规避经营风险,保证银行获取最大的投资收益,在进行证券投资时应遵循效益与风险最佳组合的原则、分散投资原则和理性投资原则。

银行在进行投资决策的同时,不仅要考虑证券投资收益的大小,也要考虑证券投资风险的大小。商业银行证券投资的收益与风险之间是正向变化的关系。投资业务的风险可分为系统性风险和非系统性风险。商业银行所使用的投资策略就是在法律允许的范围内,如何在不同种类、不同收益的证券之间进行选择和组合。证券投资的策略一般有有效证券投资组合法、梯形投资法、杠铃投资法和固定比例投资与可变比例投资法等不同的策略。

最后,商业银行投资业务发展的新趋势主要有:投资工具的创新、投资方法以及自身风险管理发展和相应的监管政策变化。

复习思考题

1. 商业银行投资业务有何特点?
2. 商业银行开展证券业务的目的是什么?
3. 商业银行投资业务的主要对象是哪些?
4. 商业银行开展投资业务应掌握哪些原则?
5. 进行证券投资有哪些主要风险?
6. 商业银行投资业务收益与风险的关系是怎么样的?
7. 商业银行开展投资业务有哪些策略?
8. 商业银行投资业务发展新趋势有哪些内容?

第九章 商业银行国际业务

商业银行的国际化成为银行业发展的必然趋势,商业银行的国际业务包括国际结算业务、贸易融资业务、国际借贷业务和外汇买卖业务等多种形式。商业银行国际业务是国内业务的延伸,除了面临国内业务的各项风险,还要面临国家风险、外汇风险等额外风险,商业银行国际业务的风险防范任务显得格外艰巨和重要。

第一节 国际业务概述

一、国际业务的含义与特点

商业银行的国际业务是指商业银行所从事的所有涉及外币与外国客户的活动,包括银行在国外从事的业务活动和在国内从事的国际业务活动。

商业银行国际业务的出现早已有之。早在殖民时代,商业银行海外分支机构的设立和业务的开展就已成为宗主国对殖民地经济和政治统治的先驱和象征了。直到二战后,随着亚非拉广大发展中国家的崛起与发展,国与国之间政治经济地位的平等化和共同对利润、福利等目标的追求,才使商业银行国际业务进入一个新的阶段。尽管由于二战后独立的部分原殖民地一度执行自力更生政策或由于其他种种原因而使这一过程局部受阻,但对经济发展的要求,加上科技革命所提供的便捷工具、金融创新和国内宏观经济环境等,使现代商业银行国际业务拓展在20世纪六七十年代后尤其80年代末国际政治格局的变动下,如火如荼地发展起来。

现代商业银行国际业务的拓展存在众多原因,归结起来讲:根本动力是银行对盈利性、流动性、安全性的追求;大背景是国际经济一体化融合的趋势;基本动因在于封闭条件下国内市场容量等宏观环境的局限性。此外,金融创新和技术革新是重要的条件。

与国内业务相比,商业银行的国际业务具有以下四个特点:(1)各种业务以国际货币计值;(2)国际业务的交易对象多为跨国公司和外国政府;(3)经营国际业务比经营国内业务面临更大的风险;(4)国际业务受国际金融市场影响较大。

二、国际业务的组织形式

商业银行进入一国市场或市场准入要面临许多限制和障碍,包括东道国的经济政策。这种外部限制和银行自身的技术和管理水平决定了银行应选择的路径——营销战略和组织形式等。组织形式体现着银行发展海外业务的意图和扩展程度,无疑是现代商业银行拓展国际业务的重要步骤和市场准入的关键。目前,国际性大商业银行开展国际业务主要采取以下八种组织形式。

1. 代表处

进入外国的第一步就是开设代表处。代表处是从事业务会谈与联络的场所,设立比较容易。代表处可以收受支票,转寄总行,以及签署贷款协议。这种国际接触对银行是有好处的,因为它使银行冒有限的风险获得有关商业习惯和商业情况方面的知识,了解当地的职工待遇。代表处的基本任务还包括充当总行与当地银行管理机构的联络员。代表处可以提供有关新的银行业务市场的统计资料。

2. 代理机构

代理机构是从代表处向经营全面业务的银行的过渡。它是一个营业场所,在业务中保持贷方余额,但不从当地居民中接受存款。一般地说,大多数代理机构在为总行顾客的贸易融资中扮演着一个重要角色。在美国,由于代理机构不接受普通存款,它们不受法定存款准备金、《M条例》和《D条例》的管制。此外,代理机构对一个客户放款不受总行资本与盈余账户比例的限制。

3. 附属银行

附属银行在法律上独立于总行,但直接或间接受总行的控制。在美国,附属银行有充分的经营银行业务的权力,接受与美国国内银行相同的管制。它们可以领取联邦执照,也可领取州执照,总行对附属机构的控制程度取决于持股程度。

4. 国外分支行

一家商业银行在国外设立的分支行是其总行的一个组成部分,是总行在法律和业务上的外延。国外分支行不是一个独立的法律实体,不能独立发行股票。分支行内部虽然可以保持一套自己的账目,但从法律上讲,它自己没有资产和负债。国外分支行可在东道国办理各种国内和国际银行业务,享受东道国的国民待遇。国外分行的主要资金来源是大额定期存单、最低应存额和银行同业拆借款。多数分行办理私人支票账户,资金的运用是国际贸易融资、银行同业拆放和国内的工商业贷款。国外分行是开展国外业务的较好形式。虽然分行的业务限制在所在国银行所准许经营的业务范围内,但分行业务的利润远远超过总行和海外附属机构。

5. 国际联合银行

国际联合银行是由几个跨国银行一起投资组建的银行,也可以是由几家不同国籍的银行在世界主要金融中心共同投资设立经营国际业务的联合银行。设立国际联合银行的方式成本低、手续快,便于迅速开展国际业务。在联合银行中,业务政策由合伙人共同拟定,利润也按股份分配,风险则共同承担。

6. 欧洲银行

欧洲银行是专业化的商人银行。欧洲银行的主要职能是发起和联合经营欧洲货币贷款和银团贷款,包销债券、接受欧洲美元存款。欧洲银行使欧洲货币市场得以发展,它有效地、低成本地提供巨额资本,不受任何一国政府的价格限制与管理。

7. 埃奇公司

"埃奇公司"的形式仅在美国国内存在。在美国,埃奇公司是由联邦储备委员会核发执照的境内机构,根据《埃奇法》(Edge Act)设立。埃奇公司可不接受国内存款,但可以经营国际银行与金融业务。埃奇公司可以持有由于国际贸易而产生的贷方余额,并在股东所在州以外地区设立机构。外国银行可以在一个州以上设立埃奇公司。《埃奇法》规定,埃奇公司的业务经营限制为总行国际银行业务的附带业务。这些业务包括持有来自国外的活期与定期存款、发行信用证、为贸易融资办理银行承兑汇票、参加银团贷款、参与外国金融机构的资本投资。它也是银行跨州经营业务的一种手段,另外,税率高的州的银行可以利用埃奇公司把银行业务收入的一部分在税率低的州登记纳税。

8. 总部

经营国际业务的银行总部一般都设有国际业务部,该部经营管理全行的国际业务,在没有专门的管理资金的部门时,它一般还负有筹集资金的责任。国际业务部的业务可以包括直接商业贷款和零售贷款、租赁融资及证券买卖等,其他的国际业务机构则通过该部向总部汇报。

第二节 主要国际业务介绍

一、国际结算业务

世界各国间债权和债务的清偿是通过银行办理的。第二次世界大战后,国际经济交往不断增加,国与国之间的债权、债务关系错综复杂,需要及时进行结算和清偿。为支持这种需要,各国商业银行不断拓展对外业务,把国际结算业务作为自己国际业务的一个重要组成部分。

1. 国际结算业务定义

商业银行在国际办理货币收支调拨,以结算位于不同国家的两个当事人之间的经济交易或活动的业务叫国际结算业务。国际经济交易或活动,主要是国际贸易和国际非贸易业务。其中,国际贸易是国际结算产生和发展的主要根据,同时国际结算的发展反过来又促进国际贸易的发展。因此,国际贸易结算构成了国际结算的主要内容。

2. 国际结算的主要方式

国际结算方式主要有汇票、托收、信用证等。其中,资金从付款的一方转移到收款的一方,由付款方主动付款的,叫做顺汇,又称汇付法;由收款方主动索取的,叫做逆汇法,又称出票法。汇款属于顺汇,托收、信用证属于逆汇。

(1) 汇款。

汇款也叫汇付,是由付款人委托银行将款项汇给外地某收款人的一种结算方式。目前,汇款业务有逐年上升的趋势,尤其是西欧及发达国家之间贸易,近70%—80%的业务采用汇付方式。

汇款业务的基本流程是:

汇款人(进口商)→汇出行(进口地银行)→汇入行(出口地银行)→收款人(出口商)

从此流程中可以看出,汇款结算中一般涉及四个当事人:① 汇款人(付款人或债务人,在贸易结算中,汇款人往往是进口商,有时出口商退款或支付赔款时也可充当汇款人);② 汇出行(接受汇款人委托办理、汇出汇票的银行);③ 汇入行(也叫解付行,接受汇出委托,办理解付汇款给收款人的银行);④ 收款人(接受汇款的收款人或债权人,在贸易结算中,收款人往往是出口商)。

汇款按支付通知书投递方式不同可分为电汇、信汇和票汇三种。汇款方式主要用于信用销售,如货到付款、赊销、寄售和预付款等,对出口商来讲,风险较大,付款与否完全凭进口商的信用,由于发货在先,付款滞后,有可能货银两空。因此,汇款方式一般用于贸易往来较多、时间较长、信用高、实力强的客户,对打交道不多的新客户不宜采用汇款方式。而预付款方式对进口商风险较大,其会面临出口商不发货的风险,因而,除考虑出口商的资信外,应要求其通过银行开立预付款保函,以控制风险。

(2) 托收。

托收是指委托人(债权人)向银行(托收行)提交凭以收取款项的金融票据或商业单据,或两者兼有,要求托收行通过其联行或代理行(或提示行)向付款人(债务人)收取款项的一种结算方式。金融票据是指汇票、本票、支票、付款收据或其他类似的凭证。商业单据是指发票、运输单据、所有权单据或其他类似的单据。

托收通常涉及四个方面的当事人,即委托人(出口商)、托收行、代收行和付款人。委托人是指委托银行进行托收的人;托收行是指接受委托人提交的委托书及所附单据,并准备受理此笔托收业务的银行;代收行是指受托收行委托(或由中间行转来托收行的委托)要其向付款人办理收款并交单的银行;付款人是根据托收委托书由代收行向其提示单据并要求其付款的人。

托收有两种方式,即光票托收和跟单托收。由于光票托收不附带任何货运单据,因此可以广泛应用于非贸易结算。在贸易结算中,光票托收仅用于对国外收取样品、佣金和其他贸易从属费用等小额款项。

跟单(货运单据)托收的交单方式有两种:(1) 付款交单。它是代收行在进口商付清了货款之后,才将货运单据交给进口商的一种交单方式。(2) 承兑交单。承兑交单是指付款人接取单通知来到代收行,在汇票上签字承兑后,代收行即将货运单据交给付款人取货,付款人在汇票到期时付款的一种交单方式。因其对出口商风险较大,出口商一般不愿使用。

在托收方式中，进出口双方都要冒很大的风险，由于托收本身是依靠收、付款人的商业信用，缺少第三者做出的承诺，托收是否顺利：一是要看收款人提供的收款单是否能够被付款人所接受；二是要看付款人的资信、财力状况、贸易项下商品的质量和货价涨落等诸多因素。对各有关银行而言，在托收业务中只是提供中介服务，并未做出非收妥不可或非付款不可的保证；但由于自身的差错、疏漏、延误会产生责任性的后果，特别是在托收业务中提供的融资，由于审查不当、监管力度不严，也会引起麻烦，甚至造成经济赔偿和遭受损失，所以处理时必须谨慎小心。

（3）信用证。

信用证有银行信用证和商业信用证之分，这里介绍的信用证是银行信用证。信用证是进口商请求当地银行（开证行）签发的一种证书，授权出口商所在地另一银行通知出口商，在合乎信用证规定的条件下，愿意承兑或付款承购出口商交来的汇票和单据。简单地说，信用证就是开证银行有条件保证付款的书面承诺。信用证结算业务是指进出口双方签订买卖合同后，进口商主动请示进口地银行（开证银行）向出口商开立信用证，对自己的付款责任作出保证。当出口商按照信用证的条款履行了自己的承诺后，进口商将款通过银行交付给出口商。

信用证结算方式的基本当事人有四个：开证申请人、开证行、通知行和受益人。

信用证结算方式有以下三个特点：① 开证行负第一付款责任，出口商可直接向开户银行凭单取款，而无须先找进口商承兑；② 开证行只对信用证负责，而不过问合同；③ 以单据而非货物为付款依据。

信用证的使用范围较广，种类繁多，按照不同的依据，信用证可划分为许多种类。

① 跟单信用证和光票信用证。这是根据信用证项下付款依据的汇票是否附有货运单据来划分。前者是指仅凭单据付款的信用证。单据是指代表货物产权（如提单、仓单、保险单等）或证明货物已发运的单据（如铁路运单、邮包收据等）。跟单信用证有货运单据作担保，开证行比较愿意接受，国际结算中所使用的信用证绝大部分是跟单信用证。后者是指凭不附单据的汇票付款的信用证。有的信用证要求汇票附有非货运单据，如发票、垫款清单，也属光票信用证。由于不附货运单据，出口商可以在装船取单前开出汇票，请示银行议付，因此光票信用证在国际贸易中可以预先支取货款。

② 可撤销信用证和不可撤销信用证。这是根据开证银行对信用证所负的责任来划分。前者是开证行对所开的信用证不必事先征得受益人同意有权随时撤销的信用证，但是，当通知行在接到开证行发出的撤销或变更通知之前已经按汇票贴现，则开证行应认可此种付款。在此种信用证上，应该写明"可撤销"字样，以资识别。后者是指开证行一旦开出信用证并将之通知了受益人，在其有效期间，如若没有开证委托人、受益人或已依据此信用证贴现汇票的银行的同意，不可单方面地撤销或变更其条件的信用证。只要受益人提供与信用证条款相符的货运单据，开证行就必须履行其

付款义务。由于不可撤销信用证使开证行在法律上承担依证兑付的义务,对受益人收取货物有足够的保障,所以在国际贸易中使用最多。两种信用证均应注明"可撤销"或"不可撤销"字样。

③ 保兑信用证和不保兑信用证。按照信用证有没有另一家出口商所在地银行对信用证项下汇票加以保证兑付来划分,可分为保兑信用证和不保兑信用证。只有对不可撤销的信用证才能加保,加保可避免因开证行倒闭而导致出口商收款风险;保兑行为信用证加保要向开证行收取保证金和保兑费,最终增加了进口商的负担,所以它是进出口商双方在贸易谈判中的重要问题之一。不保兑信用证对出口商不利,故在国际贸易中较少采用。

④ 公开议付信用证、限制议付信用证和不得议付信用证。公开议付信用证的开证行准许任何银行议付,并作出付款承诺,以促使信用证广泛流通,但开证行必须有一定的实力和国际声誉;限制议付信用证是开证行指定特定的银行议付,并作出付款承诺;不得议付信用证是开证行只允许出口商向开证行及其指定的代付行交单取款,对其他任何银行的议付不预付款。限制或不得议付的主要原因有:A. 开证行把该笔业务有意给它的联行或代理行来做,不让其他银行沾光;B. 开证行希望自己掌握审单及其指定的银行审单,以从严掌握。以上三种类型可在信用证文句中寻找。

⑤ 可转让信用证和不可转让信用证。它是根据受益人对信用证的权力是否可以转让来划分的。信用证转让后,即由第二受益人办理交货、交单手续,但买卖合同没有转让,因此在第二受益人不能交货、货不对路或单据有问题等情况下,第一受益人仍须负卖方责任。可转让和不可转让必须在信用证上注明字样。议付行对第二受益人议付后,通知第一受益人以原证所开汇票、发票调换第二受益人交来的汇票、发票,其差额即为中间商利润,议付行将第一受益人开具的汇票、发票及第二受益人提供的其他单据,一并寄交开证行索汇。根据信用证金额可否转让给两个以上第二受益人,可转让信用证有可分割和不可分割两种。可转让信用证大多是由于中间商插手国际贸易而开立,或由出口商的中间商要求开立,以便转让给实际供货人;或由进口商为其在出口地的代理人开立,代理人转让给实际供货人;接受国外大宗订货的大出口公司要求进口商开立,以便转让给分散在各口岸的分号或联号以分头交货。在转让时,第一受益人不让第二受益人和进口商直接联系,以防生意流失。

⑥ 即期信用证、远期信用证和预支信用证。即期信用证是开证行或付行收到符合信用证条款的汇票和单据后,立即履行付款义务的信用证,进口商应于单到时,立即向开证行付款赎单。远期信用证是开证行或付款行等到汇票到期履行付款义务的信用证,包括:银行承兑远期信用证,是以开证行为远期汇票付款人的信用证;商号承兑远期信用证,是以进口商为远期汇票付款人的信用证;延期付款信用证,是开证行在信用证上规定货物装船后若干天付款(以提货单日期为准)或开证行见单后若干天付款的信用证,它一般不要求出口商开立汇票。预支信用证是开证行允许出口商在装货交单前可支取全部或部分货款的信用证,若出口商到时不能装货交单,议付

行可向开证行提出还款要求,然后开证行向开证申请人索要此款。

⑦ 对背信用证和对开信用证。对背信用证是外国进口商开立以出口国中间商为受益人的第一信用证,然后中间商向当地或第三国的实际供货人购进第一信用证条款规定的商品,并以国外进口商开来的第一信用证作为保证,请求其开户行或其他银行对实际供货人另开第二信用证,以中间商作为第二信用证的申请人,对第二信用证承担付款责任。这种第二信用证就叫做对背信用证。对开信用证是指在易货交易中,以一种出口商品交换对方另一种进口商品,货款需逐笔平衡时,采取相互开立信用证的方法。

⑧ 循环信用证。循环信用证是指信用证被出口商全部或部分使用后,能够重新恢复,原金额再被利用,一直到规定的利用次数或总金额达到时为止。适用于进出口商之间订立长期合同,分批交货,这样,进口商可节省开证手续和押金。

⑨ 旅行信用证。旅行信用证的特点是开证申请人和受益人为同一人,通常信用证由旅行者携带出国,在国外议付银行(一般为开证行的分支机构和与开证行素有往来,并预留开证行印鉴的银行)柜台上,议付行验明信用证后,旅行者当面签发以开证行为付款人的汇票(光票)提取款项。

信用证结算方式的作用主要有以下四个方面:① 对进口商来说,可通过信用证条款来控制出口商的交货日期,单据的种类、份数以及保证进口货物的质量和数量。在申请开证时,无须支付全部开证金额,只须支付少量押金即可,或提供保证金,从而可减少资金占用。② 对出口商来说,第一,只要按信用证条款发货,即可凭货运交易所向开户行议付取得货款,从而可增加货款安全性和加速资金周转。第二,开证行开出信用证,须经外贸(汇)管理当局批准,因此出口商可避免进口国禁止进口或外汇管制所产生的风险。③ 对开证行来讲,开证行提供的是信用保证,而不是资金;可取得开证手续费收入;在开证时,进口商需提供押金和保人;当开证行履行付款时,出口商需交单作保,进口商只能付款赎单,故开证行基本上不承担风险。④ 对出口地的议付行来说,因有开证行凭单付款的保证,只要出口商交来的单据符合信用证条款的规定,即可议付或承兑,然后向付款行要求付款,取得贴息或承兑手续费,故风险亦很小。

信用证是比较完善的结算方式,但是它给进出口双方的保障是相对的,一定程度上的。另外,信用证业务手续复杂,费用较高,有一些长期贸易伙伴或跨国公司之间的贸易更愿采用商业信用结算方式,特别是欧共体国家之间的贸易结算,多使用托收和预付、赊销方式。

二、贸易融资业务

商业银行作为综合性银行,经常参与国际贸易活动,为参与国际贸易活动的双方提供各种结算服务和贸易融资。贸易融资既为国际贸易业务的顺利开展提供了资金支持,又为商业银行扩展了业务范围,获取更多的利息收入。第二次世界大战以来,贸易融资得到了迅速发展。

1. 贸易融资的定义

贸易融资是指直接与商品进出口业务有关的资金融通,又叫进出口融资。

2. 贸易融资的主要方式

商业银行为进出口贸易提供资金融通的形式虽然很多,但归结起来,主要有以下五种方式。

(1) 进出口押汇融资。进出口押汇包括进口押汇和出口押汇两种。

进口押汇是指进出口双方签订买卖合同之后,进口方请求进口地某个银行(一般为自己的往来银行)向出口方开出保证付款的文件,大多为信用证。然后,开证行将此文件寄送给出口商,出口商见证后,将货物发送给进口商。因为进口商通过信用保证文件的开立,可以延长付款期限,不必在出口商发货之前支付货款,即使在出口商发货后,也要等到单据到达自己手中后才履行付款义务。这样,就使进口商减少了资金占用的时间。同时,出口商愿意接受这种延长付款期限,是以开证行保证到期付款为条件的。所以说,进口押汇实际上是商业银行为进口商提供的一种资金融通,而这种资金融通又是以进口商的良好信誉和商品贸易合同为基础的。

出口押汇是指出口商根据买卖合同的规定,向进口商发出货物后取得了各种单据;同时,根据有关条款向进口商开出汇票,并将汇票和单据持往出口方的某个银行,请求该银行对汇票进行贴现。银行在把汇票票款扣除贴现利息后,支付给出口商。出口押汇同样是以商品进出口贸易为基础的。出口地银行收入汇票和单据后,在汇票到期时提交给进口商,请其付款。进口商付款后,银行收回垫付的资金。如果进口商拒绝支付票款,则出口地银行有权要求出口商归还票款。

(2) 票据承兑融资。这种资金融通,进出口商都可以利用。进口商利用银行票据承兑获得资金融通的做法为:进出口双方签订合同后,出口商要求买方立即交付货款,而进口商手头没有足够的现金。这时,他与某一银行商妥,向该银行开发汇票,提交给该银行请其承兑。银行承兑了汇票后,进口商再将承兑票据在其他银行贴现,或者在金融市场出售。通过这种方式进口商获取了资金,可以立即向出口商支付货款。出口商利用票据承兑取得资金融通的做法为:进口商在双方签订买卖合同后,请自己的往来银行对出口商提供承兑信用。当出口商发运货物后,向该银行开发汇票,然后将汇票通过自己的往来银行邮寄给进口银行。该银行接到汇票后进行承兑,保证到期无条件付款,然后再把承兑汇票进行承兑,保证到期无条件持往当地银行进行贴现,也可以在金融市场出售。通过这种方式,出口商提前收回货款,获得资金融通。

(3) 出口信贷。出口信贷是商业银行在政府的鼓励支持下,为促进本国商品的出口而向出口贸易的有关当事人提供的资金融通。商业银行提供此种贸易融通时,政府有关部门一般对银行提供一定的利息补贴,使商业银行出口信贷的利率低于其他形式的贷款利率。这对进出口各方有较大的吸引力,从而起到促进本国商品出口的作用。

西方商业银行办理的出口信贷,大多用于大型成套设备的出口,属于中期信贷。它主要包括两种形式,即卖方信贷和买方信贷。前者是出口国银行向本国出口商提供的贷款。买方一般要先付进口商品总值15%左右的订金,其余85%分期偿还,待买方分期付款后由卖方归还贷款。因而,出口商向银行借入的卖方信贷一般也不应超过出口商品总值的85%。后者是出口方银行向进口方商人或银行提供的贷款。买方同样要先支付15%左右的订金。

(4) 打包放款。打包放款是出口地银行向出口商提供的短期资金融通。具体做法是:出口商与国外进口商签订买卖合同后组织货物出口。在此过程中,出口商可能会出现资金周转困难的情况。此时,出口商用进口地银行向其开发的信用证或其他保证文件,连同出口商品或半成品一起交付出口地银行作为抵押,借入款项。打包放款的期限一般很短,出口商借入打包放款后,很快将货物装船运出。在取得各种单据并向进口商开发汇票后,出口商通常前往放款银行,请其提供出口押汇,这时的打包放款即告结束。打包放款的数额一般为出口货物总价值的50%—70%。

(5) 福费廷。福费廷是指在延期付款的大型设备贸易中,出口商把经进口商承兑的期限在半年至五六年的无期支付汇票,无追索权地出售给出口商所在地的银行,提前取得现款,并免除一切风险的资金融通方式。

具体做法如下:出口商向进口商出售大型成套设备时商定分期偿还贷款;出口商同时与本国银行约定,由银行向其提供资金融通;出口商向进口商发货后将全套单据寄给进口商同时向进口商开出远期汇票;进口商接到汇票后对汇票进行承兑,同时请当地的银行对自己的承兑进行担保;当出口商接到承兑汇票后,前往出口地原约定银行将票据无追索权地出售给银行,银行扣除利息后将所剩款项一次性付给出口商。

三、国际借贷业务

1. 国际借贷的定义

国际商业贷款是一国借款人在国际金融市场上向外国贷款银行借入货币资金,商业贷款的标的物是充当世界货币的十几种可自由兑换的货币,其中主要是美元、欧元、瑞士法郎、日元等。

在国际信贷的各种方式中,除了商业贷款外,还有出口信贷、项目贷款、政府贷款、国际金融机构贷款以及国际债券发行等形式,它们都采取货币资本的形态。另一些国际信贷方式,如补偿贸易、国际租赁等则采取商品资本的形态提供,前者采取商品形式偿还,后者采取货币形式偿还。商业贷款的用途可指定,也可不指定,按国际金融市场利率计息。

2. 国际借贷的形式

从组织形式来看,国际商业贷款包括银团贷款、联合贷款、双边贷款等。

(1) 银团贷款。银团贷款亦称辛迪加贷款,是由一家银行牵头、多家银行参加组成国际性的银行集团,向另一国家借款人提供贷款。借款人一般只与牵头银行发生关系。

办理银团贷款的基本程序是：① 银团收到借款申请书后，开始着手调查借款人的有关情况；② 借款人提交委托书；③ 组织银团贷款成员及进行业务分工；④ 主牵头银行经多次与借款人磋商，逐步完成正式贷款合同及有关文件；⑤ 全体当事人对合同文件取得一致意见后，签订贷款合同及有关文件；⑥ 签约后，按照合同规定开始放款，并如期收回贷款本息。

银团贷款的特点是：所能筹措的金额较大，可以高达数亿美元；有利于提高借款人的知名度；筹资准备工作时间较长；贷款协议较复杂，因为邀请银团成员、组织银团、确定各自的贷款份额等方面需要较长时间；筹资成本略高。

(2) 联合贷款。联合贷款是由一家或数家外国银行与本国的金融机构一起对某一项目提供贷款。本国的金融机构不是作为通常的贷款人，而是以项目的贷款人身份出现。

联合贷款的特点是：参加贷款的银行之间责任平等，所有的贷款银行均不分主次，共同为某个项目承担风险。有利于减少和分散本国金融机构的债务，在联合贷款的情况下，本国金融机构既不是借款人也不提供担保。组织工作非常困难，从实际情况来看，最大的困难是联合贷款的适用法律问题。因为联合贷款是同时由外国银行和本国银行分别向项目贷款，外国银行自然要求适用外国法律，而从本国金融机构的角度来讲本身向国内企业的贷款纯属国内业务，理应适用本国法律，这就难免引起冲突。因此，这一难题极大地阻碍了联合贷款业务的发展，从少数成功例子来看，一般本国金融机构接受联合贷款的适用法律为外国法律。

(3) 双边贷款。双边贷款一般只有一家外国银行和本国金融机构作为贷款人。通常情况下在贷款方面不存在主干事和干事之分，也没有指定代理人的必要。所以，从形式上看，这比其他形式的贷款简单得多。但是，最近这种贷款形式也有所发展和变化，除了上面提到的贷款双方以外，往往还有一家外国人寿保险公司。这一做法，到目前为止，还仅限于日本的银行和人寿保险公司。这一做法兴起的主要原因：一是人寿保险公司的资金来源和银行的不一样，它的资金往往成本低，期限长，因此人寿保险公司比银行有能力提供长期低利的贷款；二是因为银行业务范围较广，尤其是在国际业务方面有广泛的代理行关系和良好的海外客户基础，这些是一般的人寿保险公司所望尘莫及的。这类贷款一般都不公开，主要是贷款人不希望将贷款条件公开，因此借款人不可能通过这种贷款方式提高自身的商誉。

四、贸易担保业务

在国际结算过程中，商业银行经常以自己的信誉为进出口商提供担保，主要有备用信用证和银行保证书两种形式。

1. 备用信用证

备用信用证是开证行对受益人开出的担保文件，保证开证申请人履行自己的职责,否则商业银行负责清偿所欠受益人的款项。它属于跟单信用证,主要盛行于美日等不允许银行开立保证书的国家。

2. 银行保证书

银行保证书又称保函,是银行受委托人的请求,向受益人开出的担保被保证人到期履行职责的一种文件,若被保证人不履行职责,则银行负责履行。主要有进口保证书和出口保证书两类。

(1) 进口保证书。它是商业银行为进口商向出口商开立的保证付款的文件,包括保证进口商在一定期限内以产品归还进口设备款项的补偿贸易进口保证书;保证进口商按期按质加工装配出合格产品以补偿原材料及机器设备价款的加工装配业务进口保证书以及成套设备进口保证书。

(2) 出口保证书。它是银行为出口商向进口商开立的履行职责的担保文件,若出口商没有履行合同条款,开证行保证向进口商赔偿损失,包括:

① 投标保证书。由银行保证投标人中标后一定按时与招标人签约,决不反悔,否则,担保银行负责赔偿招标人损失。

② 履约保证书。银行保证卖方签约后一定及时履约,否则银行负责向买方赔偿损失。

③ 还款保证书。在大型成套设备的进出口中,进口商在预付订金时,要求出口商提供银行担保,保证出口商履行合同,否则银行将负责把进口商预付的订金连同此期间的利息退还给进口商。

五、外汇买卖业务

1. 外汇买卖业务简介

外汇买卖(Foreign Exchange Transaction)是将一种货币按照既定的汇率换成另一种货币的活动。外汇买卖是银行最基本的国际业务。一般来说,国际金融机构间通过国际外汇市场进行的交易金额大、比重大,具有批发业务特点。而金融机构通过柜台所进行的交易一般金额相对较小、笔数较多,具有银行零售业务特点。

外汇业务是在外汇市场上进行的,现有世界上大多数外汇市场都没有固定的场所,而是通过电话、电传等通讯工具来进行的。全球一天 24 个小时昼夜营业(交叉营业)。

银行参与外汇买卖:一是代客买卖,赚取买卖差价,即零售市场上的业务;二是为了轧平其外汇头寸。在代客买卖时,会产生外汇买卖的差额即"外汇头寸"。外汇头寸不管是买大于卖的"多头"还是卖大于买的"空头",都会给银行带来风险。各国银行法都规定银行的外汇头寸必须基本轧平。这种银行间买卖外汇的市场,构成了外汇的批发市场。

外汇买卖是按照汇率进行的,汇率的报价包括某种货币的买入价和卖出价,以斜线隔开。在直接标价法下,买入价在前,卖出价在后;在间接标价法下情况正好相反,卖出价在前,买入价在后,银行买卖外汇的原则是"贱买贵卖",以赚取差价。

2. 外汇买卖主要业务

(1) 即期外汇买卖(Spot Exchange Transaction)。

即期外汇买卖是指交易双方以约定的汇率将一种货币转换为另一种货币,并在交易日后的第二个工作日之前进行资金交割的外汇买卖方式。

进行资金交割的日期被称为交割日或起息日(Value Date)。在这一天,交易双方互相向对方支付对方所购买的货币。根据起息日的不同,即期外汇买卖可分为以下三种:一是标准即期起息交易(Value Spot),即起息日为交易日后的第二个工作日;二是翌日起息交易(Value Tomorrow,简称"Value Tom"),即起息日为交易日后的第一个工作日;三是即日起息交易(Value Today),即起息日为交易日的当天。

当一笔即期外汇买卖成交以后,相应的交易币种和交易金额事实上已经被确定下来,标准即期起息交易之所以要在两天以后才能正式交付资金并开始计息,是因为全球外汇市场 24 小时运作,不同地区之间具有时差导致的工作日的不同。一笔外汇买卖从交易到相关的清算工作全部完成可能需要占用不同的工作日,这样,对于身处不同时区的交易双方来说,给予两个工作日的时间进行业务处理是完全必要的。基于这个原因,交易日后遇到周末或节假日,则起息日也需要相应地顺延。

目前,国际外汇市场普遍应用的是标准即期起息交易,否则就需要根据实际起息日调整汇率以反映两种货币间的利率差,也即交易双方要重新约定汇率。

(2) 远期外汇买卖。

远期外汇买卖又叫期汇买卖,指外汇买卖合同签订后交易双方并不立即交割,而是约定于将来的某一时期,按原来约定的汇率、币种及金额进行交割的外汇交易。

远期外汇买卖的期限通常为 1 个月、2 个月、3 个月、6 个月、9 个月,最长为 1 年。交割日期的确定有以下三种形式:① 确定具体交割日,即明确规定某一日期为远期外汇买卖的交割日;② 确定交割月份,即明确规定某个月份为远期外汇买卖交割月,该月份内的任何一天皆可履行交割;③ 未确定交割期,亦即于外汇买卖合同所规定的有效期内任何一日均可交割。

上述②③两项实际上是一种交割日期不固定的远期外汇买卖,又可称为择期外汇买卖。择期外汇买卖主要是为企业、进口商提供买卖外汇的灵活性,保证货到付款或单到付款,进而能及时付汇。

远期汇率直接决定于远期外汇的供求状况,间接地决定于即期汇率的变动趋势和两种货币发行国的利率差别,其中主要是取决于两种货币间的利率差异。一般来说,货币远期汇率为升水的国家,其国际收支为顺差,利率偏低;货币远期汇率为贴水的国家,其国际收支为逆差,利率偏高。

远期外汇交易的参加者主要有:有远期外汇收支的进出口商,负有远期外币债务者和持有远期外币债权者,输出输入短期资本的牟利者,经营外汇业务的银行及外汇投机商。

远期外汇交易是进出口商、经营外汇银行避免或防止外汇风险的重要工具,也是投机商获取投机利润的重要手段。此外,远期外汇交易对于银行调整资金结构也有重要意义。

(3) 外汇期货交易。

外汇期货交易也称货币期货。和远期外汇买卖的原理一致,即买卖双方同意在未来的一个时间,按照一定的价格和条件交易一定金额的货币。其作用也是为了防止和转移汇率风险,以达到保值的目的,同时也可作为投机的手段。它的特点主要有:第一,除价格是在交易时确定的外,对于货币币种、交易金额、清算日期、交易时间等都做了标准规定,每笔交易都须按规定标准订立买卖合同。同时,期货合同的交割日期也有标准规定,一般为每年3月、6月、9月、12月。第二,外汇期货交易奉行"无欠债"的清算原则,交易所按日进行清算,一切盈亏都必须在营业终了清算清楚。第三,外汇期货交易只在交易所会员之间进行,非会员要进行买卖必须委托会员进行。第四,进行外汇期货交易是在有组织的市场内采用公开喊价的方式竞价进行交易。第五,外汇期货交易的参与者较广,有银行、公司、财务机构、个人以及投机商等,凡参与人均须按规定交足保证金。第六,进行交易的买进和卖出均要付一定的手续费,手续费金额没有具体规定,由期货交易所的会员和委托人之间协商,不过比例一般较小。第七,外汇期货交易是一种远期交易,到期满日都会发生收益或损失。

外汇期货具有套期保值和投机两大功能。外汇期货的保值作用可通过下例说明。

例9-1: 某公司有一笔暂时不用的日元资金,它可以将之兑成美元在货币市场上投放以获取收益(美元的利率高于日元)。同时,为防止一定时间内(如6个月)美元下跌而日元上涨使公司遭受损失,它可另在外汇期货市场上以日元卖出美元期货(美元空头)。6个月后,如果美元对日元汇率果然下跌,公司在现货市场上将美元兑回日元必会遭受损失,但这可通过在期货市场上做一笔相同期限的美元多头,即以预先已定的低于现汇价买回美元期货合同,把原做的一笔美元空头期货合同了结,经获取盈余,抵补现汇市场上的损失。

外汇期货的投机功能是指利用期货的"杠杆原理",利用微小的保证金资本控制大量的外汇资金,通常期货保证金和外汇期货标准合约的比例为1:80,甚至会达到1:100,在这种情况下,即使是外汇期货的汇率发生一点微小变动,就会给外汇期货合约的持有者带来丰厚的收益或巨额的亏损。

(4) 外汇期权交易。

所谓期权交易,是在事先确定的货币、股票和债券等商品的交易日或期限内,以事先确定的价格实施"卖的权利"或"买的权利"的买卖行为。在这种交易中,如果被买卖的是可以自由兑换货币,我们就称这种交易为外汇期权交易。在外汇期权交易中,期权的买方在做期权交易时,支付给期权的卖方一笔期权费,从而获得一项可于到期日或期满前按预先确定的汇率即执行价格用一定数量的一种货币购买或卖出另一种货币的权利。

期权的买方取得的这项权利可以根据市场情况判断,届时做出是执行这项权利或者放弃这项权利的决定。但是,买方必须在到期日之前做出决定,因为期限一过,该项权利便自动丧失。期权的卖方则承担了一项义务,即根据买方的决定履行买卖货币的责任。

从期权的内容来看,可分为买权和卖权。买权又称看涨期权,指期权的买方与卖方约定在到期日或期满前买方有权按约定的汇率从卖方买入特定数量的货币。当然,如果汇率并没有按预计的方向变化,则可以放弃该买权,期权买方损失的仅仅是预先付出的一笔费用,即保险费,也称为期权的价格,一般在成交第二天由买方按合约规定预先支付给卖方。如一项期权的内容是 EUR CALL USD PUT,称为欧元买权美元卖权,表明期权的买方有权从卖方买入欧元,同时卖出美元。

卖权又称看跌期权,指期权的买方与卖方约定在到期日或期满前买方有权按约定的汇率向卖方卖出特定数量的货币。与买权一样,到期不理想,则可放弃该卖权,损失的无非是一点保险费。如一项期权的内容是 GBP PUT USD CALL,称为英镑卖权美元买权,表明期权的买方有权向卖方卖出英镑,同时买入美元。

在外汇期权中,交易的对象是用一种货币买卖另一种货币的权利。无论如何,不论是买权还是卖权,最终都不外乎是甲货币的卖权与乙货币的买权或者甲货币的买权与乙货币的卖权,因此,除了在购买期权合约时要标明某货币的买权与另一种货币的卖权外,还要在陈述中准确描述,以免产生不必要的误会。

作为避免汇率风险的一种手段,外汇期权交易同传统的远期外汇交易相比有很多的优点,表现在以下三个方面。

① 外汇期权具有更大的灵活性。因为期权合约持有者购买的只是一种权利,但并不一定要执行。不管汇率如何变动,期权合约持有者都可按对自己有利的方式做出选择。而期汇合同必须执行。

② 外汇期权可以选择不同的协定汇率。而远期外汇交易规定只能选择按当时汇价减一定的贴水或折价买进或售出。

③ 在外汇交易不确定的情况下,期权可以避免汇率方面的风险。例如,某公司投标一项国外工程建设,但不能肯定是否中标,它就可以用一项卖方期权进行。如果未中标,期权就不必执行,只是损失一小笔期权费用;如果中标并获取了外汇,期权合约就可保证按协定汇率将所得外汇售出,从而防止了汇率发生不利变动的风险。

第三节 国际业务的管理

一、国际业务风险的种类

商业银行国际业务是国内业务的一种延伸,除了面临各种国内风险,还要面临汇率变化和不同国家的政治经济制度、法律制度、风俗习惯等众多复杂的因素,面临着一些国内业务所没有的额外风险。商业银行国际业务风险主要包括国家风险、信用风险和外汇风险。

1. 国家风险

国家风险是指在银行国际业务的经营活动中,由于国家的主权行为所引起的造成损失的可能性,具体内容如下。

(1) 主权风险,指主权国家政府或政府机构的行为对贷款方造成的风险。主权国家政府或政府机构可能出于其自身利益的考虑,拒绝履行偿付债务或拒绝承担担保的责任,从而给贷款银行造成损失。

(2) 转移风险,指因东道国政府的政策或法规禁止或限制资金转移而对贷款方构成的风险。在商业银行开展国际业务时,由于东道国的外汇管制或资本流动管制,使银行在东道国的存款、收入等可能无法汇出,或贷款本金无法收回等,都是具有典型性的转移风险。

此外,国家风险还包括由于东道国政治因素导致社会变动所产生的风险,这些变动如战争、政变、骚乱等,同样对外国贷款银行和投资者的经济利益构成威胁。

2. 信用风险

商业银行国际业务的信用风险与国内业务一样,主要指借款客户不能按时偿还贷款的风险。不同的是,由于银行对地处异国,在不同法律、会计、税收制度下经营的外国客户的信用了解要比对国内客户困难得多,因此国际业务中的信用调查和分析显然更为复杂、更难确定。此外,国际业务信用风险的另一个表现是资产负债结构的不对称,因为跨国银行在欧洲美元市场吸收的存款多为1年以下的短期性质,而贷款则大多是1—5年的中期或5年以上的长期性质,这种不对称现象很容易引起周转危机,导致银行本身的信誉下降。

3. 外汇风险

外汇风险又称汇率风险或货币风险,主要指商业银行以外币计价的资产和负债因外汇汇率变动而引起价值上升或下跌所造成的风险。从事国际业务的商业银行,必须储备有一定的外汇头寸,并视业务量的大小而持有相当规模的外汇债权和债务,而且每天要在国际范围内收付大量的外币。由于各国使用货币的不同和汇率的经常变化,从而导致银行的外汇储备头寸风险、外汇债权债务风险和对外贸易结算风险等,这些统称为商业银行国际业务的外汇风险。

同时,各国的利率水平和利率政策存在一定的差异,而欧洲美元市场的利率又处于经常性的变化之中,这也必然会给银行的国际业务经营带来风险,因此完整的外汇风险还应当包括利率风险。

二、国家风险的分析和管理

银行一般是通过分析一系列反映关键因素各方面的指标,并与经验数据对比来评估国家风险。国家风险的指标包括三种：数量指标、比例指标、等级指标。

1. 数量指标

数量指标反映一国的经济情况，包括国民生产总值（或净值）、国民收入、财政赤字、通货膨胀率、贸易收支、经常收支、国际储备、外债总额等。

2. 比例指标

比例指标主要反映一国的对外清偿能力，有以下三个方面。

（1）外债总额与国民总产值之比。若该比例高于20%—25%，说明外债负担过重。

（2）偿债比例。一国外债本息偿付额与该国当年出口收入之比，该比例若超过15%—25%，说明该国的偿债能力有问题。

（3）应付未付外债总额与当年出口收入之比。该比例若高于100%，说明该国的长期资金流动性差、风险较高。

（4）国际储备与应付未付外债总额之比。该比例若低于20%，说明该国国际储备偿还外债的能力不足。

（5）国际收支逆差与国际储备之比。该比例若超过150%，说明风险较大。

3. 等级指标

等级指标是通过对一国政治、社会等因素的综合分析判断该国的风险等级。

国家风险的管理包括银行内部评估风险和确定防范风险的措施两部分，主要的风险防范措施有：根据风险大小和性质设定一些限度，如贷款额限度和期限限度、差别利差等。

在国际业务中，必须把握将信用风险置于国家风险的背景之下进行分析的原则，要对借款人所在国的有关情况进行了解，掌握会计和审计的惯例和原则的异同，以便正确解释财务报表。此外，对信用风险的防范，还应对客户的放款数量规定一个最高限额，同时尽可能参与国际银行团贷款，这样既同时发挥各家银行的优势，又可分散风险。

三、银行外汇买卖风险的防范与管理

1. 加强对外汇交易对方的资信调查和国家风险的评估

银行自营交易主要是在已建立代理行关系的基础上慎重选择同业银行开展外汇交易。要了解和掌握国外同业银行的资信状况，其主要方法如下：一是注意国际信用评级机构标准普尔和穆迪公司对同业银行的最新评级；二是从对方银行的最新年报中掌握该行的资产负债的经营情况；三是注意对方银行有无违法违纪经营迹象，或者该行在与其他银行进行交易中有无违约的先例。在对同业银行资信调查的基础上，可以制定自身银行采用的一整套指标来确定同业银行的信用风险系数，使交易对方的信用风险进一步量化。然后，根据该行的资信状况和信用风险系数的等级来确定与对方外汇交易的最高限额，并设立与对方每日外汇交易的最高交收限额。

同时,银行应做好国家风险的评估,并把国家风险作为与该国银行或客户进行外汇交易的总前提。目前国际上有四家机构对国家风险的评估最具有权威性,具有较好的参考价值。这四家机构分别是商业环境风险信息机构(BERI)、《欧洲货币》杂志社、《机构投资者》杂志社和国际报告集团。

2. 提高银行管理者对外汇交易业务的管理水平和决策能力

提高银行管理者的业务素质和管理水平,特别是高级管理者的决策能力,对该行外汇交易业务的开拓和风险防范具有头等重要的意义。熟悉专业、具有较高的业务素质是银行管理者提高管理水平和作出正确决策的基础。

此外,银行管理者要有亏损的思想准备。一旦出现巨额亏损,应采取有效的补救措施,特别是银行在发生意外或出现突然性巨额亏损时,作为银行管理者要避免过激行为,以防亏损进一步扩大。

3. 完善和规范外汇交易操作的规章制度和健全风险防范措施

要加强对交易员和交收员的思想教育和职业道德教育,努力提高他们的思想修养、业务素质和操作技能,要求交易员严格执行外汇交易敞口头寸最高限额、止蚀限额等有关规定。应加强对交易员操作过程及交易单等原始凭证的管理,以防个别交易员的营私舞弊,稽核部门也应加强对外汇交易和交收情况的账户管理。

4. 进一步完善商业银行外汇资产和负债的管理

银行外汇交易的目的不仅是套期保值或赚取盈利,而且应通过货币的转换对资产负债的结构进行调整和平衡。此外,为了防止由于外汇交易亏损给银行整体经营带来的不良影响,应根据银行的资产负债结构来设立外汇交易风险准备金。该准备金比例的大小根据银行资本充足率的高低来决定,一般定在资本额的 0.5%—1.5%。

5. 加强中央银行对商业银行外汇交易业务的监管

进一步加强中央银行对商业银行外汇交易业务的监管,是防范外汇交易风险的重要保证。银行开展外汇交易业务应根据中央银行和外汇管理当局颁布的有关规定来进行。

6. 加强对金融衍生产品交易风险的国际监管

金融衍生产品是在传统金融工具的基础上产生并兴盛发展起来的。金融衍生产品的效果(包括外汇衍生产品)本身具有交易量大、投机性强、盈利性高和风险性大的特点。如果银行能加强对金融衍生产品交易的管理,按照国际准则和惯例来进行交易,其风险是完全可以避免的。但是,不少银行因经营金融衍生产品交易违规操作、管理松懈,以至于给银行带来不同程度的损失。鉴于此,国际金融界、法律界制定了一系列有关的国际准则和惯例,可以作为我国银行参与金融衍生产品交易的指导性文件。例如,1994 年 7 月巴塞尔银行监管委员会向各国金融监管机构发出《衍生工具风险管理指南》的文件,该文件强调了加强金融机构内部控制的重要性,并对风险管理的原则性问题和衍生工具的各种风险的管理实践作了深入的阐述。又如,由世界各国衍生业务交易商参加的国际互换与衍生业务联合会(ISDA)所作的有关协议,也可以作为规范衍生产品市场的基础性和规范化文件。

近年来,遵守国际惯例、加强对金融衍生产品交易的国际监管是一种趋势,这需要规范金融衍生产品交易的操作和进一步完善相应的法律等作为配套。

第四节 我国商业银行业国际化拓展战略

经济全球化与金融一体化已成为不可逆转的时代潮流,银行的国际化也成为银行业发展的必然趋势。银行的国际化可以分散银行风险,使银行的经营更加稳健;增强银行的盈利能力和经营能力;可以学习和了解国际银行先进的管理经验,掌握国际金融市场最新动态。走向国际化已经现实地、迫切地摆在我国商业银行的面前。

一、我国商业银行国际化的现状

我国银行业的国际化已迈出了较大步伐。中、农、工、建四大银行及交通银行、招商银行、光大银行、广东发展银行等国内银行相继在国外开设了分支机构办理国际业务。中国银行是最早走向国际市场的国内银行,目前在亚、欧、澳、非、南美、北美六大洲均设有分支机构,建立起了全球布局的金融服务网络。但是,与发达国家及一些发展中国家相比,我国银行业国际化水平仍然较低。主要表现为以下三个方面。

1. 银行业国际化规模扩展有限

我国银行业的海外分支机构发展时间比较短,除了中国银行在海外的分支机构比较分散以外,其他几家银行的海外分支机构主要集中在国际金融中心。全球范围的广泛布点有限,规模和范围的局限影响了规模经济效益和范围经济效益的获得。

2. 银行国际业务扩展尚处于初级阶段

银行国际业务类型单一、国际业务品种比较少,主要是进出口结算和贸易融资。国际业务增长速度缓慢,主要是伴随着中国经济的对外开放而扩展,银行自身并没有通过国际化扩展业务范围的意识。银行国际业务创新能力不足,不适应信息时代银行通过不断创新谋取发展的时代要求。

3. 银行国际化监管体制不完善

银行国际化监管体制不完善主要表现在:一是缺乏针对经济全球化而进行的开放监控的意识;二是中央银行的内部组织中没有专门成立对开放式金融进行监管的业务部门或机构;三是中央银行缺乏针对开放的市场化的金融环境而进行监管的经验。

此外,中国的银行业在制度环境、人员素质、资金技术实力等方面与发达国家的著名银行相比差距甚远,要顺利实现我国商业银行的国际化,是任重而道远。

二、我国银行国际化的地域扩展战略

银行的国际化首先表现为其机构在全球范围内的扩展,我国银行应在以下三个

方面作出努力。

1. 在国内外汇业务量比较大的城市设立国际业务部

从银行效益角度考虑，银行国际化地域扩展的第一步，应该是选择业务量大的开放性城市设立国际业务部，主要从事外汇存贷款、外汇结算业务，为该地区的外向型经济发展服务。当然，国际业务部的设立也要随着经济逐步开放而逐级设立。

2. 实施合理的区位发展战略，在全球范围内实施重点布局

所谓区位发展战略，是指国际化银行根据区位优势理论选择海外机构的地区战略分布。区位优势主要包括东道国的法律环境、金融管制程度、经济发展程度、人均收入水平、与母国之间的经济贸易依存度、社会政治稳定性、进出口便利程度等。发挥区位优势：一是有利于银行获得一定规模的业务，形成规模和范围经济，降低经营成本，提高竞争能力；二是较低程度的金融管制能够提高银行经营业务的自由度，降低市场进入成本，获得成本优势；三是稳定的社会政治经济法律环境能够减少银行的非市场风险。我国银行应结合区位优势，在海外机构的地域扩展上有所倾斜，向国际金融中心倾斜，向业务量大的国家或地区倾斜，向华侨集居地倾斜，应该选择有利的时机，选择政治相对稳定、同中国经贸关系密切、转轨过程已经基本完成、能够形成一定的规模和范围经济的国家或地区的一些经济中心城市设立代表处或分行。

3. 实施全球化发展战略，在全球范围内使资源得到最为优化的配置

全球化是最终目标，在银行实施的重点发展战略实施到一定的阶段后，银行自身的人力资源和管理素质都达到了全球化的水平，银行就可以在全球范围内扩展业务地域。

三、我国银行国际化的业务拓展战略

业务国际化是银行国际化的重要内容。国际化竞争是对客户吸引力的竞争，这种竞争要求银行为客户提供多元化、全面的服务。业务多元化可以提高银行抗风险的能力，分散投资风险。但是，银行国际化的竞争优势亦可以是专业化优势。在银行国际化经营中，在各方面拥有比较优势固然好，但关键是银行的资源都是有限的，银行的资源不多，资源的过度分散往往是得不偿失。因而，银行应该根据自己的实际情况，选择采用多元化经营还是专业化经营。

中国的各家银行必须进行适当的业务分工，在发展战略上力求各具特色，在国际化方面发挥优势，避免趋同。在国际化竞争中找到自己的立足点。银行国际化进程中必须拓展业务。这里的业务拓展包括两个方面：广度和深度。从广度上看，银行必须扩展自己的业务范围，通过业务范围的扩大获取范围经济效益；从深度上看，银行应该在某个业务上获得全球或者地区优势，从而获取国际竞争力。总之，我国银行业务的国际化模式应该各有不同。银行业应该适度分工，既要发展综合性的国际化银行，还要发展专业性的国际化银行。

打造我国银行国际竞争力，实现银行的国际化需要做的工作很多。最根本的是

要加快银行改革,要建立与现代银行制度相适应的现代银行内部治理结构、合理的内部组织体系、合理的用人机制建立市场(客户)导向型的营销体系和高效的信息中心。此外,银行的国际化的发展离不开利率市场化、税赋平等等环境的改善。

本 章 小 结

商业银行的国际业务是指商业银行所从事的所有涉及外币与外国客户的活动,包括银行在国外从事的业务活动和在国内从事的国际业务活动。

国际结算方式主要有汇票、托收、信用证等。直接与商品进出口业务有关的资金融通是贸易融资,贸易融资的主要方式有进出口押汇融资、票据承兑融资、出口信贷、打包放款、福费廷等。

商业银行国际业务是国内业务的一种延伸,除了面临各种国内风险,还要面临国家风险、信用风险和外汇风险等。国际业务中必须将信用风险置于国家风险的背景之下进行分析,国家风险的指标包括三种:数量指标、比例指标、等级指标。国家风险的管理包括银行内部评估风险和确定防范风险的措施两部分,主要的风险防范措施有:根据风险大小和性质设定一些限度;遵守国际惯例,加强对金融衍生产品交易的国际监管是一种趋势。银行的国际化也成为银行业发展的必然趋势,我国商业银行的国际化任重而道远。

复习思考题

1. 商业银行国际业务的概念与特点是什么?
2. 商业银行国际业务的组织形式有哪些?
3. 国际结算的基本方式及其内容是什么?
4. 贸易融资的主要方式及其内容是什么?
5. 试述国际信贷的主要方式及其内容。
6. 试述外汇买卖的主要方式及其内容。
7. 贸易担保的基本方式及其内容是什么?
8. 商业银行国际业务有何风险?
9. 我国商业银行国际化的主要障碍有哪些?
10. 请思考,拓展我国银行国际业务的对策。

第十章　商业银行资本管理

　　商业银行的资本是指商业银行自身拥有的或者能永久支配使用的资金。一定数额的、达到法定要求的资本不仅是商业银行得以建立、开业的基础,而且是其生存、发展、壮大的前提条件。鉴于商业银行在国民经济中的特殊地位,各国金融管理当局往往采取各种手段对其进行规范和控制,其中资本要求就是对商业银行管理的重要一环。巴塞尔协议对银行业资本筹集和资本充足率管理影响巨大。

第一节　资本充足性

一、银行资本的用途

　　银行资本的用途直接影响银行资本的数量及其充足度。一般认为银行资本有以下四方面的主要用途。

　　(1) 当银行破产时,银行资本首先被用于赔偿非保险性存款,因此银行资本起到了增强公众信心、防止银行倒闭的作用。

　　(2) 当银行出现非预期性或意外损失时,银行资本可用于消化这些亏损,从而恢复公众信心,使银行得以继续正常经营。

　　(3) 银行资本还用于购置日常金融服务所需的各种装备与设施。

　　(4) 在当局关于最低资本限额的规定下,银行资本构成对银行资产无节制膨胀的内在限制。

二、资本充足性的概念

　　资本充足性又称资本适宜度,通常指商业银行的资本应保持在既能承受风险损失以保护存款人和债权人的利益,又能保障银行正常运营、获取盈利的水平上。随着竞争日益激烈,商业银行的经营风险越来越大,拥有充足的资本具有非常重要的意义。

　　商业银行应当拥有足够的资本,不过商业银行的资本也不是越多越好。因为商业银行的资本越多,其用于支付普通股股息、优先股股息或资本性债券利息的费用便越大,资本成本也越高,加重了商业银行的经营负担。同时,过高的资本说明银行经营管理的水平很差,缺乏存款等筹资渠道,或者没有把握住良好的投资机会,使银行承担着沉重的机会成本。因此,对商业银行来讲,资本充足的确切含义是资本适度,而不是资本多多益善。

另外,资本充足的含义还包括资本构成的合理性,即普通股、优先股、留存盈余、长期债券等应在资本总额中占有合理的比重,以尽量降低商业银行的经营成本与经营风险,增强经营管理与进一步筹资的灵活性,并符合金融管理当局对不同资本种类的不同要求及银行本身的经营目标和方针政策。

还应说明的是,各商业银行的最适度资本量是不相同的。例如,小银行信誉低、业务种类少、负债能力差,因而要保持较高的资本资产比率;而大银行的最佳资本资产比率可相对较低,经营成本也往往较小。另外,同一家银行也应当根据经营环境和自身经营状况的变化,适时调整资本持有量。例如,当市场上贷款需求很旺盛时,商业银行可适当降低资本的持有量,或者通过不同渠道筹措资金;而当贷款需求较疲软、利率水平较低、缺乏高质量贷款项目时,则适当增加资本的持有量。

三、资本充足性衡量标准的演变

资本充足性标准是商业银行和金融监管当局根据一家银行资本与资产组合风险的相对比例来确定这家银行是否稳妥的基准。一些发达国家的银行业在20世纪30年代就使用资本充足性标准来衡量资本的安全、完备和适度运营状态。特别是银行监管体系建立以来,随着银行监管当局的监管经验、调控能力和统计手段的发展,对资本充足性的衡量标准也经历了一个由简单到复杂的过程,并且随着时间的推移而不断变化着。这里主要以美国为例,来分析一下商业银行衡量资本充足性标准的演变过程。

1. 标准之一:资本与存款比

资本与存款的比率是早期应用的衡量银行资本充足性标准的指标。它把银行资本与银行存款相联系,以存款量的增减来决定银行资本量的增减。一般认为,银行资本应等于其存款负债的10%左右,达不到这一比率的银行被认为资本量不足。这样就迫使银行将资本同存款挂钩,使资本的职能类似于存款准备金。资本与存款比率指标最早由美国在20世纪30年代使用,后被许多国家所采用。但是,这一指标存在着较大的局限性。因为商业银行的风险主要来自贷款、投资等资产项目,而不是存款,因而不能将银行的风险与存款的规模视为正比关系。也可以说,即使银行的资本量符合这一比率,也会出现意外的损失。如果不合理安排资产结构,不重视资产的质量,同样会使银行的经营处于不稳定之中,因此这种确定方法后来逐渐被各国弃之不用。

2. 标准之二:资本与总资产比

大萧条结束后,美、英等金融发达国家开始重视商业银行的清偿能力。为了更精确地反映资本及与银行业务有关的信用风险和市场风险三者间的关系,银行监管当局采用资本占资产总额的比率来衡量资本的充足程度,并规定这一比率不得少于7%。这一比率简明地反映了银行资本在抵御总资产损失风险方面的能力,计算简便而直观。然而,它没有考虑资产质量的差异,对风险程度不同的资产不加区分,不是十分科学的。

3. 标准之三:资本与风险资产比

在第二次世界大战后的几年内,美国的货币监理署试图克服这种简单的资产比率法无法容纳不同资产在风险上的差异这一缺陷,引入了资本/风险资产比率方法。使用这一新的比率专门考察资本应付风险资产的能力,并规定这一比率不得低于20%。后来随着经济的复苏,这一比率由20%降低为16.7%。风险资产就广义而言,指的是总资产减去其中的现金和美国政府债券后的部分。这种方法的理论基础是:资本的主要功能在于保护存款者,避免因风险引起存款者的资金损失。而保持现金并无损失风险,持有美国政府债券亦无信用风险,这些资产不会将存款者敞露于风险之中,因此在衡量风险资产时不必加以计算。随后,又进一步开发出一种资本与经风险调整后的资产比率。这里的风险调整资产在将现金与政府债券排除在风险资产之外的基础上,又对剩下的资产作了第二次计算,即在确定风险资产时,将那些与现金及政府债券几乎同样无风险的资产也从风险资产中扣除。

4. 标准之四:资本与不同类型风险资产比

1952年,美国联邦储备银行为了克服以往资本比率的缺陷,又提出了一种更为综合的资本充足率方法,即一种在特定资产结构的前提下,衡量单个银行必须具备的最低资本量的方法。这种方法是根据风险将资产细分为六类,然后对这六类资产分别给予0、5、12、20、50和100个百分点的风险权数。这六类风险加权资产的和乘上8%,即是一家银行需要拥有的最低资本量。这六类资产包括以下内容。

(1)无风险资产,包括现金、同业存款、政府短期债券等。这类资产基本没有风险,一般不会发生损失。即使万一发生损失了,银行依靠当年收益完全可以弥补,因而没有对这部分资产规定资本比率。

(2)最小风险资产,包括5年期以上的政府债券、信誉较高的商业票据、由政府代理机构担保的贷款和债券、由储蓄账户担保的贷款、由人寿保险单现金价格担保的贷款等各种担保贷款。由于这类资产风险较小,其损失的可能性及损失的幅度较小,因此规定的资本比率为该类资产的5%。

(3)普通风险资产,主要包括政府债券以外的证券投资与证券贷款。这类资产没有可靠的保证,具有风险性,有时风险较大,因此规定资本与该类资产的比率为12%。

(4)较高风险资产,包括那些财务状况很差、信誉较低、担保不足、比银行普通风险资产风险更大的资产。这类资产要求有相当于该类资产总量20%的资本量作保证。

(5)有问题资产,这类资产一般已超过偿还期,但债务人仍未还款,如有问题的贷款、已拖欠的债券等。银行的这类资产有可能在将来的某个时刻收回，但也有可能收不回来，遭受损失的可能性很大。因此，对这类资产至少需要相当于此类资产的50%的资本量作保证。

(6) 亏损资产和固定资产。对于那些已没有收回可能的资产和各种固定设备等必须用足额资本作保证，即此类资产与资本的比率为100%。

5. 标准之五：综合分析法

综合分析方法是近十年来西方各国采用的一种确定银行资本量的方法。此方法的特点是不局限于银行业务的某一方面，而把银行的全部业务活动作为对象，在综合考虑各种影响银行经营状况因素的基础上，确定银行应保持的资本数量。

采用综合分析方法来衡量银行的资本充足水平，首先要选定影响银行经营状况的因素，然后对这些因素进行分析。西方各国及其不同的金融管理部门选择的因素有所不同。从美国来看，20世纪70年代初期，货币监理官主要通过以下八个因素对此进行分析。

(1) 银行的经营管理水平。如果一个银行的经营管理水平较高，该银行的业务活动将会顺利进行，业务进一步扩展的可能性也较大，这种银行可以持有较少量的资本。反之，如果经营管理水平较低，就应保持较多的资本。

(2) 资产的流动性。如果银行资产的流动性较高，那么当银行现金短缺时，就可以很容易地售卖资产增加资金供给，而且资产遭到损失的可能性也较小，银行有较强的变现资产的能力，不必保持过多的资本。

(3) 收益和留存的历史情况。银行资产发生的损失通常先由银行的日常收益弥补，若仍有亏损缺口，则由银行的留存收益补偿。只有当收益和留存收益都不足以弥补亏损时，银行才用股票资本弥补。因此，若一家银行收益和留存收益的历史状况良好，说明该银行的收益率较高，用于弥补资产损失的能力强，可以保持较少的资本。

(4) 银行股东的特点和资信。银行股东信誉的高低是影响银行资信状况的重要因素。一般情况下，如果银行股东大部分由当地工商界信誉卓著、资力雄厚的企业组成，客户对该银行就会比较信任。这样，一方面存款人会放心地把资金存放在该银行，不会轻易地提取；另一方面，银行股票和债券的市场价格也会较高，银行会比较容易地筹集到所需的资金。具备这种条件的银行，可以保持较少的资本。反之，如果银行股东的信誉不佳，公众对银行的信任程度就会较低，这种银行就需要持有较多的资本。

(5) 支付费用的负担。若一家银行支付费用较多，势必会增加经营成本，减少利润。当银行出现损失时，以收益和留存收益弥补的数额较小，因而应维持较高的资本水平。

(6) 存款结构的潜在变化。如上所述，存款结构是影响银行资本持有量的因素之一。不同类型的存款，其波动性也不一样：如果银行存款结构和变化方向是定期储蓄存款减少，活期存款增加，应相应增加资本持有量；如果存款结构变化方向相反，则可以减少资本持有量。

(7) 经营活动的效率。若银行经营活动效率较高,资产损失较少,银行的信誉较高,其利润较高,可以持有较少的资本。

(8) 在竞争环境下银行满足本地区目前和今后金融需求的能力。在竞争比较激烈的情况下,能否及时、充分地满足本地区各个行业各类客户的金融需求,是决定一家银行能否稳定发展的重要条件。如果某银行不能很好地满足客户需求,与其竞争的其他银行就会取而代之。因此,该银行的客户会减少,业务量下降,存款量收缩,这就使该银行难以顺利地开展业务。具有这种特点的银行必须持有较多数额的资本储备。如果情况相反,则可以减少资本的持有量。

综合分析方法涉及的以上八个因素中,只要有六个因素较令人满意就可以减少资本持有量。这一方法虽然全面,但实际操作中难以具体确定数值,因此影响了其有效性。然而,就其指导思想而论仍不失为一种积极的评价方法。

6. 标准之六：新的资本定义

进入20世纪80年代,美国三家金融管理机构采用新的资本定义来衡量银行资本。做法是将资本分为一级资本和二级资本。一级资本由普通股、没有到期日的优先股、资本溢价、未分配利润、可转换成股票的金融工具、呆账准备金以及在子公司的合并账户中的少数权益(减无形资产)组成；二级资本由非永久性股东收益组成,如有到期日的优先股、某些次级证券和一级资本中没有包括的可转换负债。简单地说,一级资本是不需要偿还的,二级资本则在相当长的时期后要偿还。同时,还规定了一级资本对总资产的最低比率,并把银行分成地区银行和社区银行以及跨国银行。除跨国银行不受限制外,地区银行的一级资本与总资产比率至少要达到5%,而社区银行则要达到6%。若一家银行没有达到此标准,就要进一步考察其资产的质量、盈利水平和管理质量来确定是否适宜。

1983年,美联储把跨国银行的资本比率定为5%。1985年美联储统一将一级资本与总资产比率定为5.5%,总资产比率定为6%。这样简单地将资本与总资产相比较,不考虑不同资产的风险性,使得商业银行纷纷调整其资产结构,将短期、低收益资产转向有较高收益但有较大风险的资产；同时,对不计算资本适宜度的表外资产进行急速扩张。为此,从1986年开始,美国再一次使用风险权数来测量资产。这次所建议的方法与以往不同的地方是,建议将银行资产和表外业务一起考虑风险权数。

7. 标准之七：国际统一资本充足性标准

进入20世纪80年代,银行业的风险比任何时候都大。此外,由于资本规模大小不等,国际银行业能否实现公平竞争的问题日趋突出。在此前提下,巴塞尔委员会提出了国际银行资本充足率的统一标准。《巴塞尔协议Ⅰ》所指风险主要是信贷风险,把风险分为三个部分,即资产负债表内不同资产种类的风险、资产负债表外项目的风险及国家风险,要求采用加权计算法计算资产的风险,并根据各类资产的相对风险进行加权计算得出风险权数,进而用风险权数衡量各类资产的风险大小。《巴塞尔协议Ⅰ》将资产负债表内的资产分为五类,相应地设立五个风险级别,对应的风险权数分别是 0、10%、20%、50%、100%；将资产负债表外项目分为四个风险级别,对应的风险权数分别为 0、20%、50%、100%。《巴塞尔协议》规定,银行风险资产是表内风险资产与表外风险资产之和,其中,表内风险资产是表内资产与风险权数之积,表外风险是表外资产与信用换算系数和表内相同性质资产的风险权数之积。

《巴塞尔协议Ⅰ》按风险权数来衡量一家银行的资本金是否适当,这为各国银行业监管提供了一个客观的参照系数。虽然它是针对国际银行而定的,但是实际上其影响远不止于国际银行。除了签字国外,其他国家银行业监管当局也纷纷参照《巴塞尔协议Ⅰ》的标准,制定符合本国情况的风险资产资本比率来监管国内银行。

四、资本充足率的影响因素

事实上,各商业银行在不同时期的资本适宜度会有所不同,因为衡量商业银行资本适宜度的资本充足率不会完全以社会、经济中某一方意志为转移,而会受各方面因素的综合影响,主要有以下四个。

1. 经济发展因素

银行的资本金需要量与一国的经济发展周期有着密切的关系。在经济发展周期的繁荣时期,经济形势良好,市场供求状况正常,这时银行的存款会稳定地增长,银行筹集资金的渠道畅通,资金来源充裕,资金周转顺利,一般也不会发生突发性挤兑,同时,工商企业在良好的经济形势下,破产倒闭的可能性较小,银行面临的风险也较少；反之,在经济衰退或萧条或者危机时期,由于信用危机的存在,银行面临的风险会相对增大,银行筹资渠道狭窄,资金来源紧缺,银行应保持较充足的资本金的需要量。

2. 竞争环境因素

在竞争中处于优势的银行,特别是一些大银行,因管理有方、经营有道而在社会公众、同业、监管机构中有较好的信誉,因而有充足的资金来源,其资本比率可以相对低一点。而另一些银行因相对处于劣势,尤其是中、小银行因公众对其信心不足、资金来源不充裕,面临的风险较大故需要较多的资本来抵御风险。另外,金融管理部门对资产多样化程度不高的小银行通常也要求其持有较高比率的资本金。

3. 银行经营因素

一家银行经营状况也对资本金的需要量有很大的影响,例如,银行资产质量高,提供的收益就多,遭受损失的可能性小,所需银行资本金量就会少些；反之,如果银行资产质量很差,收益就少,遭受损失的可能性也大,所需资本金量则会多些。另外,银行经营的规模也会对资本量产生影响。经营规模大,所需的土地、房屋、设备、办公用品等就要多一些,占用在房屋、设备等资产上的资本金就会多一些,资本需求量就多；反之亦然。

4. 法律制度因素

一国有关银行监管的法律制度直接决定着银行资本数量。例如,许多国家在银行法或其他法律条文中除了规定银行创办者的资格、开设银行的地域、可否设立分支机构等内容外,还严格规定银行注册资本的最低限额,达不到资本最低限额者,金融部门一般不准予其注册。除此之外,中央银行法、税法、存款保险制度等法律法规及一些公约、协议也会间接影响着银行资本量。

第二节 巴塞尔协议发展历程

20世纪中后期,随着国际金融市场和金融创新的迅速发展,金融机构在经济中的地位越来越突出,各国金融市场的联系也更为紧密,为防止一国银行的危机导致多国乃至国际银行业的危机,统一各国银行监管的趋势日益明显,加强银行业风险管理的重要性也更为突出。国际银行业监管的统一标准——《巴塞尔协议》正是在这种情况下出台的,以资本充足率为核心的风险监管逐渐成为国际银行业监管的核心和重点。

一、《巴塞尔协议Ⅰ》:背景与内容

1. 巴塞尔协议的产生背景

1974年,原联邦德国的赫尔斯塔银行(Herstatt Bank)和美国的弗兰克林国民银行(Franklin National Bank)两家著名国际性银行的倒闭事件引起国际金融界极大的震撼。银行风险成为人们关注的热点。

1974年9月,来自"十国集团"以及瑞士、卢森堡等12国的中央银行代表在国际结算银行的发起下,在瑞士的巴塞尔开会讨论了跨国银行的国际监督和管理问题,并决定设立"银行法规与监管事务委员会",即巴塞尔委员会(Basel Committee)。1975年2月,委员会召开首次会议,成立了常设监督机构,并随后每年定期召集三至四次会议。其发布的系列文件统称《巴塞尔协议》。

巴塞尔银行监管委员会的设立,为国际银行间的紧密合作和银行业的监管问题提供了一个正式的讨论场所,有力推动了金融监管当局金融监管理念的更新和金融监管法规的修改,并在交流金融监管经验与信息、加强国际监管合作方面也发挥着越来越重要的作用。由于巴塞尔委员会卓有成效的工作以及在国际银行业的规范化管理、防范银行业风险中所做出的突出贡献,奠定了其在国际金融监管领域的先驱者的地位。1988年7月,西方"十国集团"各成员国中央银行行长于瑞士巴塞尔国际清算银行原则上通过了由巴塞尔委员会制定的《关于统一国际资本衡量和资本标准的协议》(International Convergence of Capital Measurement and Capital Standards),这就是《巴塞尔资本协议》,又称1988年《巴塞尔协议》、《巴塞尔协议Ⅰ》。协议主要就银行的资本与风险资产的比率确定了国际认可的计算方法和计算标准,厘定了不同信用资产的风险权重,并提出了最低资本充足标准。协议的目的主要有以下两个方面:一是确保国际银行体系拥有充足的资本水平;二是借助于资本充足率这一支点,为各国银行创造一个更为公平的竞争环境。该协议被誉为国际银行监管领域的

一个划时代的文件,其基本原则、要求被各国银行及金融监管当局所普遍重视,已成为银行风险管理的国际基准文件。

2.《巴塞尔协议Ⅰ》的主要内容

《巴塞尔协议Ⅰ》包括三个部分:第一部分是资本的组成,第二部分是风险加权制度,第三部分是目标标准比率。

(1) 资本的组成。

在"资本的组成"中,其将银行资本划分为核心资本(Core Capital or Primary Capital)和附属资本(Supplementary Capital)两大类。巴塞尔委员会认为核心资本是银行资本中最重要的组成部分,其具有以下几个特点:资本的价值相对比较稳定;对各国银行来说是唯一相同的部分,在公开发表的账目中完全可以发现;它是市场判断资本充足比率的基础,并与银行的盈利差别和竞争能力关系极大(见图10-1)。

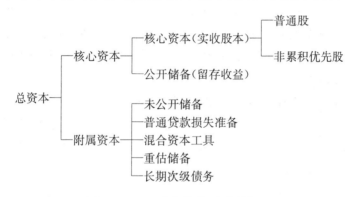

图 10-1 《巴塞尔协议》资本结构图

核心资本的主要内容包括以下三个方面:① 永久的股东权益。它包括实收普通股股本和永久性非累积优先股股本(Nona Cumulative Perpetual Preferred Stocks)。② 公开储备(Declared Reserves)。它是以公开的形式通过保留盈余(Retained Earnings)或其他盈余(如由股票发行溢价、普通准备金或法定准备金的增加而创造和相应增加的新增储备)反映在资产负债表上的储备。③ 对于合并列账的银行持股公司来说,核心资本成分中还包括不完全拥有的子银行公司的少数股东权益(Minority Interest)。

附属资本主要包括以下五个方面内容。

① 非公开储备或隐蔽储备(Hidden Reserves)。非公开储备主要有以下几个特点:该储备金不公开在资产负债表上表明,但却反映在银行的损益账户上;它与公开储备具有相同的内在本质,可以自由而及时地用于应付不可预料的损失;由于它缺乏透明度,因此许多国家不承认其作为可接受的会计概念,也不承认其为资本的合法成分,因此非公开储备不能包括在核心资本的股本成分中,只有在监管机构接受的情况下,它才有资格包括在附属资本之内。

② 重估储备(Revaluation Reserves)。有些国家根据本国的监管和会计条例,允

许银行和其他商业公司经常对某些资产进行价值重估,以便反映它们的真实市价,并把经过重估的储备包括在资本基础中引入资产负债表。资产重估必须由官方认可的专门评估机构进行并慎重估价。

③ 一般准备金(General Provision)或一般贷款损失准备金(General Loan Loss Reserves)。这是指用于防备目前尚不能确定的损失的准备金或呆账准备金,在损失一旦出现时可随时用于弥补,因此可以列入附属资本成分。但是,对于某项价值明显下降的特定资产或已经确认的损失而设立的准备金,由于其不能用于防备未确定的损失,因而不具有资本的基本特征,必须排除在外。

④ 债务—资本混合工具(Hybrid Debt-Capital Instruments)。这包括一系列具有股本资本特性和债务资本特性的金融工具。由于它们与股本极为相似,特别是它们能够在不必清偿的情况下承担损失、维持经营,因而可列为附属资本。

⑤ 次级长期债务(Subordinated Term Debt)。这类资本工具具有两项鲜明的特征:一是次级,即债务清偿时不能享有优先清偿权;二是长期,即有严格的期限规定。这类资本工具通常包括普通的、无担保的、初始期限至少在 5 年以上的次级债务工具和不可购回的优先股。

《巴塞尔协议Ⅰ》要求附属资本不得超过全部资本的 50%,一般准备金最多不能超过风险资产的 1.25%,特殊情况下可临时达到 2%。协议规定在核定银行资本实力时,从核心资本中扣除商誉;从资本总额中扣除对非并表的银行和财务附属公司的投资和对其他银行和金融机构的资本投资。

(2) 风险加权制度。

在"风险加权制度"中,《巴塞尔协议Ⅰ》把银行资产的风险分类为四类,即无风险(0)、低风险(20%)、半风险(50%)和全风险(100%)(见表 10-1)。

表 10-1 1988 年巴塞尔协议关于银行主要资产的风险加权系数

资产的风险权重	0	20%	50%	100%
对应的主要资产内容	现金、对本国中央银行的债权、由其他 OECD 国家(或中央银行)主权担保的债权等	由多国发展银行担保的债权,由 OECD 国家的金融机构提供担保的债权,由 OECD 国家的公共部门、非 OECD 国家中央银行、银行提供担保的不超过一年的债权,在途现金等	有完全资产抵押担保的房地产或者个人零售贷款等	其他(如对公共部门的企业的债权,对非 OECD 银行、国家的超过一年的债权等

资料来源:Basel Committee on Bank Supervision, *International Capital Measurement and Capital Standards*, pp. 21-22.

此外,《巴塞尔协议Ⅰ》还规定了银行资产负债表外业务的风险换算系数(即信用换算系数,它分为 100%、50%、20%、0 四类)。通过换算系数去衡量表外业务的风险程度(见表 10-2)。

表 10-2 表外项目信用转换系数

一 般 表 述	表外项目信用换算系数
类似原始期限不到一年的或可随时取消的承诺	0
与贸易有关的项目或短期内资产清偿项目	20%
与贸易相关的偶然项目;票据发行融通和循环报销便利;其他原始期限超过一年的承诺	50%
直接信贷代用工具;销售和回购协议、有追索权的资产销售;远期资产购买、远期存款、部分缴付款项的股票和代表承诺一定损失的证券	100%

资料来源:根据《巴塞尔协议Ⅰ》整理而得。

《巴塞尔协议Ⅰ》所要求的资本充足率是建立在用于评估银行业务活动风险性的风险权数体系的基础之上,在协议构架了资产负债表内资产风险权数和表外项目的信用换算系数之后,就可以对任何一家银行的资本充足程度加以评估,其计算过程如下:

① 根据"巴塞尔资本协议"的合格资本定义和分类分别算出银行的核心资本、附属资本和总资本的账面价值。

② 计算银行资产负债表内的风险加权资产总和。

③ 计算表外项目的信用风险金额总和。

④ 计算银行的资本充足率。

(3) 目标标准比率。

资本充足率等于合格总资本除以风险资产总和。在"目标标准比率"中,《巴塞尔协议Ⅰ》要求 1992 年年底从事国际业务的银行,资本与加权风险资产的比例必须达到 8%,其中核心资本不低于 4%。

3. 评价

1988 年的《巴塞尔协议》突出强调了资本充足率的标准及其在银行风险管理中的重要意义,使得全球银行经营从注重规模转向注重资本、资产质量等因素,它的出台标志着西方银行资产负债管理理论和风险管理理论的完善与统一。

它的实施对降低金融风险确实起到积极的作用,但随着金融创新浪潮的推进、全球金融市场的发展以及金融机构经营管理方式的变革,此协议在实际应用中越来越呈现出其局限性。例如:(1) 仅涉及银行信用风险的管理,而对日益增多的操作风险及经济周期波动等引发的市场风险没有涉及。(2) 没有考虑不同银行风险管理水平的差异。这样运用同一种方法计算资本充足率,对于风险管理水平比较高的银行,计算出的资本需求量可能会大于其经济资本数量;而对于管理水平一般的银行,得出的资本需求数量可能仍不足以抵御银行面临的各种风险。(3) 没有考虑许多国际性银行风险管理水平大为提高这一事实。

由于 1988 年《巴塞尔协议》在应用中日益显现出来的局限性,之后巴塞尔委员会相继对其进行了一系列修订,其中主要包括 1996 年 1 月公布的《巴塞尔协议市场风险修正案》,强调市场风险管理;1997 年 9 月推出的《有效银行监管的核心原则》,提出比较系统的全面风险管理思路;1998 年发表的《关于操作风险管理的报告》,提出对银行操作风险管理的初步意见。这些补充和完善,都为此后巴塞尔新协议的出台奠定了基础。

二、《巴塞尔协议Ⅱ》:背景与内容

1.《巴塞尔协议Ⅱ》的出台背景

1997 年亚洲金融危机爆发,伴随着东亚神话破灭,东南亚各国金融体系受到了严重的挑战。1998 年东南亚金融危机开始向俄罗斯、韩国、日本和美洲国家迅速蔓延,全球经济、金融陷入了新的恐慌。

尽管此轮危机并没有直接影响主要发达国家,但是由于金融经济全球化步伐加快,欧洲与美国经济与金融体系也受到了不小的冲击。各国金融监管当局和国际银行业感到重新修订现行的国际金融监管标准已经刻不容缓。在此背景下,巴塞尔委员会于 1999 年和 2001 年两次就新协议草案向各国政府和银行公开征求意见,并于 2003 年年底完成了《巴塞尔新资本协议》(即《巴塞尔协议Ⅱ》)的正式文本,2004 年 6 月正式签署。

2.《巴塞尔协议Ⅱ》的主要内容

(1) 强调"三大支柱并用"。

《巴塞尔协议Ⅱ》继承了 1988 年协议以资本充足率为核心的监管思路,提出了衡量资本充足率的新思路和方法——实行以最低资本要求、监督检查、市场纪律三大支柱为特点的新的监管框架。

① 第一支柱:最低资本要求。

第一支柱主要包括三个基本要素:监管资本的定义、风险加权资产和资本对风险加权资产的最低比率。

在计算资本比率时,市场风险和操作风险的资本要求乘以 12.5(即最低资本比率 8% 的倒数),再加上针对信用风险的风险加权资产,就得到分母,即总的风险加权资产。分子是监管资本,两者相除得到资本比率的数值。总的资本比率不得低于 8%,二级资本仍然不得超过一级资本,即限制在一级资本的 100% 以内。

最低资本要求主要考虑了以下三种风险的影响。

a. 信用风险。委员会提出,允许银行在计算信用风险的资本要求时,从两种主要的方法中任择一种:第一种方法是根据外部评级结果,以标准化处理方式计量信用风险;第二种方法是采用银行自身开发的内部评级体系,其中又有初级法与高级法之分,但选择内部评级法计算信用风险的资本要求必须经过银行监管当局的正式批准。实施内部评级法,对于风险管理能力强的公司,可以减少风险加权资产,降低银行的资本金要求,提高银行在国内和国际市场的竞争能力;而对于风险管理能力弱的银行,则会提高其资本比例,增加经营成本,有效地制约了银行过度追求规模扩张的盲目性。

b. 市场风险。市场风险是指由于市场价格(包括利率、汇率、股票价格和商品价格等)的不利变动而使银行表内和表外业务发生损失的风险。这类风险与金融市场本身的成熟程度相关,市场越成熟,市场风险就越小。由于金融市场的价格波动和竞争日趋复杂激烈,美国的银行业率先推出金融创新产品,诸如利率互换,货币互换,期权、期指交易,以适应金融业和大公司资产负债管理的需要,并对冲由于利率变动或汇率变动可能引起亏损的交易敞口,以期达到避险保值的目的。同时,衍生工具的大量使用使得商业银行面临巨大的潜在市场风险,而且由于分业界限的日渐模糊,商业银行经营重点的转移,也使得市场风险日益成为商业银行最重要的风险之一。市场风险一旦大规模发生,不仅给投资者带来极大的损失和伤害,而且也会给整个金融市场带来灾难性的破坏。

c. 操作风险。从新资本协议来看,在第一支柱要求所覆盖的风险领域中,特别值得关注的就是该协议率先将操作风险纳入风险管理框架,并且要求金融机构为操作风险配置相应的资本金水平。这既是近年来国际金融界日益注重操作风险管理实践的一个总结,同时也对操作风险的管理提出了新的要求,使得金融机构的风险管理面临新的压力。从新巴塞尔协议对操作风险的定义可知,操作风险是指由不完善或有问题的内部程序、人员及系统或外部事件所造成损失的风险。本定义包括法律风险,但不包括策略风险和声誉风险(Strategic and Reputational Risk)。

② 第二支柱:监督检查。

第二支柱是巴塞尔委员会针对银行业风险制定的监督检查的主要原则、风险管理指引和监督透明度及问责制度,以及如何处理银行账户中利率风险、操作风险和信用风险有关方面(包括压力测试、违约定义、剩余风险、贷款集中风险和资产证券化)的指引。

监督检查的目的是,不仅要保证银行有充足的资本来应对业务中的所有风险,而且还鼓励银行开发并使用更好的风险管理技术来监测和管理风险。监管当局应评价银行如何按自身的风险状况确定资本需求,并在必要时进行干预。这样做的目的是在银行和监管当局之间形成有效的对话机制,以便在发现问题时可以及时、果断地采取行动以降低风险和补充资本。

第二支柱以下包括四个原则:第一,银行应当建立一个能够有效评估符合自己具体风险特征的资本充足问题的程序;第二,银行监管者应当审查银行内部的资本充足评估程序;第三,银行应当持有高于最低资本要求的资本,以防范第一支柱下未有效覆盖的风险;第四,在银行的资本充足率可能出现问题时,银行监管者应当及早介入,以防止问题的实际发生。这四个原则能够促使银行自身积极地发现并处理所有的重大风险,同时可以让监管者能够有效监督并帮助银行进行风险管理。

③ 第三支柱：市场纪律。

在旧协议中，信息披露和市场约束只是作为监管制度的附属部分，而在新巴塞尔协议中则被作为三大支柱之一列入了主体框架之中。委员会认为，共同的披露框架是将银行风险暴露告知市场的有效途径，并为增强可比性提供了一致、合理的披露标准。委员会通过建立一套披露要求以达到促进市场纪律的目的，对最低资本要求（第一支柱）和监督检查（第二支柱）进行补充。

第三支柱主要涵盖了"适用范围、资本结构、风险敞口与评估以及资本充足率"四个领域，巴塞尔委员会就每一领域都制定了具体、详细的披露要求。

(2)《巴塞尔协议Ⅱ》的改进。

巴塞尔委员会在吸取了1997年东南亚金融危机所揭示的银行业潜在风险后，形成了更为贴合现代商业银行运作的新巴塞尔协议，使其更为全面地反映商业银行在金融创新高速发展和信用中介服务市场化程度日益提高的情况下所面临的各种风险。巴塞尔委员会反复强调，《巴塞尔协议Ⅱ》较为全面地反映了商业银行在信用中介服务市场化程度日益提高的情况下面临的各种风险，因而确保该协议的有效实施意义重大。

3. 评价

自1988年的资本协议到《巴塞尔协议Ⅱ》的制定和实施，实际是对资本协议实施过去十多年经验教训进行的总结和提高。新协议从单一的资本充足率监管到三大支柱的确立，体现了监管思想重大的变化，代表了国际银行业的监管趋势。

银行的资本监管正在从单一的资本充足率监管转向以资本充足主监管为核心、以维护公众对银行信心为目标的监管；统一标准将被逐步打破，银行正在由被动性监管向自主性监管转变；在资本监管中风险防范是其根本所在，全面的风险管理已经势在必行。

其主要问题如下。

(1) 从适用对象看，最初的巴塞尔协议主要是依据发达国家的实践而制定的，重点对象是十国集团国家的国际大型银行。新资本协议中提出的各种风险计量方法也主要是针对大型国际银行设计的，由于协议内容复杂，风险计量方法的技术要求比较高，因而也就决定了其适用于那些在风险计量和管理水平上领先的银行。对于一些条件还不成熟的发展中国家来说，离完全实施《巴塞尔协议Ⅱ》还有相当的距离。

(2) 从监管角度看，许多国家实施新协议的条件还不成熟，短期内无法达到新协议的要求，过于草率的实施无助于提高本国银行业的稳定性，也达不到其他各项目标。因此，巴塞尔委员会认为，各国应该自行决定是否实施及如何实施新协议。对多数发展中国家而言，如果不实施新协议，其跨国银行极有可能遭受市场歧视，在竞争中处于被动。由于国别差异，巴塞尔委员会在新协议框架中更为强调各国监管当局结合各国银行业的实际风险对各国银行进行灵活的监管；银行的制度选择和市场条件需要不断完善。

(3) 从发展中国家看,相当部分发展中国家在短期内并不适合直接全面按照新协议来进行银行资本监管,因此针对本国情况,将协议的理念、原则、要求与之对照,通过本国金融体制、市场环境的改革,逐渐地贯彻新协议的相关精神,逐步地为全面实施新协议创造条件,这个过程将是一个长期的、渐进的过程。

三、《巴塞尔协议Ⅲ》:背景与内容

1.《巴塞尔协议Ⅲ》的背景

2010年11月在韩国首尔G20峰会上获得正式批准实施的《巴塞尔协议Ⅲ》(Basel Ⅲ),是近年来针对银行监管领域最大规模的改革。相比强调银行内控、监管审查与市场纪律的《巴塞尔协议Ⅱ》,新协议更关注银行的资本质量与抗周期性风险的能力。对于经历了金融危机洗礼之后的全球银行业来说,新协议的作用不仅仅体现在更严格的监管指标上,更是让正确的监管核心价值观重新回归,即安全性远远超过效益性。

《巴塞尔协议Ⅲ》改革的动机主要体现在以下三个方面。

(1) 金融危机的破坏性影响。

多数经济危机总是与银行业危机休戚相关,巴塞尔委员会的研究表明,银行业危机所导致的经济产出损失值约为危机前国民生产总值的60%,其破坏能力如此之大的原因在于银行是高杠杆运作的机构,处于信用中介的核心链条当中。银行体系的不稳定,影响其对经济的贷款投放和流动性的支持,最终导致经济产出的减少。在本次经济危机里,银行业部门和主权国家之间存在着严重的风险溢出现象,相当一部分发达国家的政府不得不扩大负债以稳定银行和经济发展,结果导致一些国家债务/GDP的比率高达10%—25%。

(2) 金融危机的频繁爆发。

1985年以来,已经有超过30个巴塞尔委员会成员国发生过金融危机,相当于巴塞尔委员会成员国每年有高达5%的危机发生概率。银行危机的成本巨大且发生频率高。危机的共同特点包括:过剩流动性追求收益,过多的信贷投放和较弱的承销标准,抑价的风险以及过高的杠杆率。这些特点由于以下五个原因被放大:一是薄弱的银行监管实践;二是金融机构和金融产品缺乏透明度;三是风险监管仅关注单个金融机构而没有考虑到整个银行系统;四是通过各种渠道传播的顺周期金融市场;五是"大而不能倒"问题以及金融机构相互关联产生的道德风险。

(3) 严格监管利大于弊。

《巴塞尔协议Ⅲ》改革的目标是减少未来危机发生的可能性和造成的危害,这意味着更高的资本监管和流动性要求。尽管成本会提高,但其社会效益远高于给单体机构带来的成本。巴塞尔委员会的研究表明,即便把对资本和流动性要求提升到远高于目前最低值的水平,经济效益的净值也仍为正数。这类似于稳健的财政政策和低通胀的管理方式的政策效果,短期内会让经济放缓,但从长期来看却能带来经济的持续增长。增强银行业和整个金融系统的稳定性也包含着相同的道理,加强监管的

长期效益远足以抵消短期成本。

2.《巴塞尔协议Ⅲ》的主要内容

总的来说,《巴塞尔协议Ⅲ》是将微观审慎和宏观审慎监管相结合,资本监管和流动性监管相结合的全面监管框架,使银行能在不同的市场环境下更有效地应对各种冲击。

(1)微观审慎监管。

《巴塞尔协议Ⅲ》对于微观方面的监管改革可以用资本比率计算等式来思考:一是分子,也就是监管资本;二是分母,也就是风险资产;三是资本比率本身。

《巴塞尔协议Ⅲ》(以下简称"协议Ⅲ")对银行资本进行了重新定义:① 银行的一级资本必须充分考虑在"持续经营资本"的基础上吸收亏损,其核心形式是普通股和留存收益,剔除少数股东权益、无形资产等项目;② 二级资本在银行"破产清算资本"的基础上吸收损失,并取消了二级资本结构中的所有子类别;③ 银行的三级资本被废除,以确保市场风险要求下的资本质量与信贷和操作风险要求下的资本质量看齐。

分子:更加严格的资本定义。协议Ⅲ对于分母的改革提高了资本质量。先看一下协议Ⅱ的缺陷。第一,在旧的资本定义情况下,银行也许有很高的一级资本充足率,但是有形普通资本充足率却可能很低。在金融危机之前,许多银行在风险基础上的杠杆率达到了33∶1和100∶1。第二,旧协议中资本定义组成要素过于复杂,这些复杂的定义使得当损失上升时什么资产可以用的决定变得十分困难。第三,在这些复杂的资本质量决定标准中,还缺乏一致性的资本扣除标准。

分母:增加风险覆盖范围。协议Ⅲ在分母上提高了风险覆盖范围:第一,提高资产证券化交易风险暴露的风险权重,提高相关业务资本要求。① 对资产证券化暴露进一步细分"再资产证券化风险暴露",并提高其风险权重;② 对使用外部评级确定资产证券化监管资本要求规定了额外限制条件,包括排除隐患自身提供增信安排导致的信用评级提高带来的资本优惠,银行必须进行尽职调查,持续及时地掌握基础资产池风险信息、资产证券化交易结构和风险特征;③ 提高了资产证券化涉及的流动性便利的信用风险转换系数,并取消对市场整体出现动荡时的流动性便利的资本优惠。第二,提高交易账户风险资本要求。对于交易账户使用内部模型法的银行,一般市场风险的资本要求除了计算 VaR(Value at Risk),还须考虑压力测试下的 VaR,即基于10天持有期、99%单尾置信区间以及连续12个月的显著压力时期数据计算风险价值。同时,交易账户使用内部模型计量特定风险的银行,需要对信用敏感头寸计量新增风险资本占用。第三,交易对手信用风险。委员会采取的措施有:使用压力测试估计的参数计算有效预期正暴露(EPE)以覆盖广义错向风险,以此确定交易对手违约风险的资本要求;使用"交易对手暴露等价债券法"来捕捉信用估计调整风险,以此提出附加资本要求;大型金融机构计算风险暴露相关性时使用1.25的资产价值相关性乘数;提出延长风险保证金期限、压力测试和返回检验等新要求。

资本比率:提出新的要求标准。一是建立资本缓冲。资本缓冲分为资本留存缓冲和逆周期资本缓冲两类。前者由扣除递延税项及其他项目后的普通股构成,且不低于2.5%;后者比率为普通股或者其他能完全吸收亏损资本的0—2.5%,根据各国具体情况来定。二是提高最低资本充足率要求。巴塞尔协议Ⅱ、Ⅲ对资本充足率要求的比较见表10-3。

表10-3 巴塞尔协议Ⅱ、Ⅲ对于资本充足率和资本缓冲要求(%)

	核心一级资本(普通股)			一级资本		总资本		逆周期资本缓冲
	最低资本要求	资本留存缓冲	普通股总量	最低资本要求	一级资本总量	最低要求	总量	
协议Ⅱ	2			4		8		
协议Ⅲ	4.5	2.5	7.0	6	8.5	8	10.5	0—2.5

通过这样的标准,资本数量和质量都比协议Ⅱ要求高出很多。质量上,注重普通股的比率,这是对于银行安全最有力的保障;数量上,不仅提高资本充足率要求,还增加资本缓冲。

(2) 宏观审慎监管。

《巴塞尔协议Ⅲ》是宏观监管和微观监管相结合的新协议,而宏观审慎是针对于系统性风险的,它主要包括以下三个方面。

① 杠杆比率。杠杆比率计算法为核心资本与总资本的商。总资本不经过风险调整,可以防止模型风险和为计量错误提供额外保护,补充和强化基于协议Ⅱ的风险管理框架。2010年7月26日巴塞尔委员会文件将一级资本最低杠杆率定于3%。巴塞尔委员会希望在2013—2017年双轨运行这个比率,在2017年上半年进行最终调整,并希望在2018年1月1日进入协议Ⅲ的第一支柱。

② 降低顺周期性。银行自身经营和监管要求的顺周期性放大了金融危机的危害性。巴塞尔委员会研究并公布了一些降低顺周期性的措施。第一,减缓最低资本要求的周期性波动。第二,建立前瞻性的贷款损失拨备。通过推动会计准则认可准备金与预期损失挂钩等方式,推进稳健拨备做法,提高吸收经济衰退时额外损失的能力。

③ 系统重要性金融机构:应该具备附加的损失吸收能力。由于具有系统重要性的机构在整个经济运行中扮演着重要角色,加上它们之间具有很多相互交易,易产生广泛联系。金融稳定局建议对系统重要性金融机构提出1%的附加资本要求,降低"大而不倒"带来的道德风险。同时,巴塞尔委员会与金融稳定局正在研究一项针对具有"系统重要性"银行的综合方案,可能包括资本附加费、或有资本、保释债等。

(3) 流动性监管。

《巴塞尔协议Ⅲ》将流动性监管提升到和资本监管同样的地位,引入了两个统一的定量检测指标——流动性覆盖比率(Liquidity Coverage Ratio, LCR)和净稳定资金比率(Net Stable Funding Ratio, NSFR)和五个检测工具。

① 设立新的流动性监管指标——流动性覆盖比率和净稳定资金比率。流动性覆盖比率主要描述短期(30天以内)特定压力情境下,银行所持有的无变现障碍的、

高质量的流动性资产数量,以此应对资金流失的能力。净稳定资金比率主要考核的是银行中长期(1年以上)的流动性,即各项资产和业务融资,至少具有与它们流动性风险状况相匹配的满足最低限额的稳定资金来源(见表10-4)。

② 建立流动性监管的辅助监测工具。巴塞尔委员会规定了五个监测工具随时监测,用于反映银行业机构现金流、资产负债表以及某些市场指标的具体信息。一是合同期限错配,该工具反映在指定时间段内合同约定现金流入、流出的期限差距,这个工具显示了在特定时间内跨度需要补充的流动性总量。二是融资集中度,它需要从三个角度测量:重要交易对手、金融工具及币种,重要性依据是单一交易对手、金融工具和币种分别占相应资产比重的1%以上,这可以识别比较重要的批发融资渠道及交易对手,监管当局希望借此鼓励融资来源多元化。三是可用的无变现障碍资产,它是指银行可以用来在二级市场上进行抵押融资和被中央银行接受作为借款担保品的、无变现障碍的资产。四是重要币种的流动性覆盖比率,为了防止重要币种的错误配置风险,银行和监管者需要监测重要币种的流动性覆盖比率。其计算公式为:

$$外国币种的流动性覆盖比率 = \frac{该币种的高质量流动性资产储备}{未来30天该币种的净现金流出}$$

五是与市场有关的监测工具,运用以市场为基础的数据作为对上述定量方法的有价值补充,包括市场整体信息、金融行业信息和特定银行信息,这些信息可以作为银行业、单个金融机构出现流动性困难的早期预警。

表10-4 《巴塞尔协议Ⅲ》的流动性监管指标

项 目	流动性覆盖比率(LCR)	净稳定资金比率(NSFR)
公式	$\frac{优质流动性资产储备}{未来30日资产净流出量} \geq 100\%$	$\frac{可用的稳定资金(ASF)}{业务所需的稳定资金(RSF)} > 100\%$
监管目标	短期流动性风险的监测	调整期限错配、稳定资金来源
分析基础	资产负债表	现金流量表
作用	保障银行基本的流动性	促进银行使用更加长期的结构性资金来源以支持资产负债表内、表外风险暴露和资本市场业务活动
目的	通过确保机构拥有足够的优质流动性资源来提高应对短期流动性风险的能力	让银行运用更加稳定、持久和结构化的融资渠道来提高其在较长时期内应对流动性风险的能力,防止银行在市场繁荣、流动性充裕时期过度依赖批发性融资
对应的压力场景	1. 机构公众信用评级显著下降;2. 储蓄的部分损失;3. 无担保的批发资金的损失;4. 担保资金头寸的显著增加;5. 对衍生品交易提出追加抵押品的要求;6. 对契约性与非契约性的表外风险暴露提出高额提款要求	1. 信用等级被调低;2. 因风险造成的清偿或盈利能力下降;3. 突发事件造成银行的声誉损失或者社会信任度下降

3.《巴塞尔协议Ⅲ》过渡期安排

协议Ⅲ规定,全球各商业银行5年内必须将一级资本充足率的下限从现行要求的4%上调至6%,过渡期限为2013年升至4.5%,2014年为5.5%,2015年达6%。同时,协议Ⅲ将普通股最低要求从2%提升至4.5%,过渡期限为2013年升至3.5%,2014年升至4%,2015年升至4.5%。截至2019年1月1日,全球各商业银行必须将资本留存缓冲提高到2.5%。

另外,协议Ⅲ维持目前资本充足率8%不变;但是对资本充足率加资本留存缓冲要求在2019年以前从现在的8%逐步升至10.5%。最低普通股比例加资本留存缓冲比例在2019年以前由目前的3.5%逐步升至7%。

此次协议Ⅲ对一级资本提出了新的限制性定义,只包括普通股和永久优先股。会议还决定各家银行最迟在2017年年底完全接受最新的针对一级资本的定义(见表10-5)。

表10-5 《巴塞尔协议Ⅲ》的过渡期安排

指标	2011—2012	2013	2014	2015	2016	2017	2018	2019
杠杆率	监管监测期	过渡期为2013年1月1日—2017年1月1日,从2015年1月1日开始披露					纳入第一支柱	
普通股充足率最低要求		3.5%	4.0%	4.5%	4.5%	4.5%	4.5%	4.5%
资本留存缓冲最低要求					0.625%	1.25%	1.875%	2.5%
普通股充足率加资本留存缓冲最低要求		3.5%	4.0%	4.5%	5.125%	5.75%	6.375%	7.0%
扣减项的过渡期			20%	40%	60%	80%	100%	100%
一级资本充足率最低要求		4.5%	5.5%	6.0%	6.0%	6.0%	6.0%	6.0%
总资本充足率最低要求		8.0%	8.0%	8.0%	8.0%	8.0%	8.0%	8.0%
总资本充足率加资本留存缓冲的最低要求		8.0%	8.0%	8.0%	8.625%	9.125%	9.875%	10.5%
不符合新资本定义的资本工具过渡期	从2013年1月1日起分10年逐步剔除							
流动性覆盖比率(LCR)	开始监测				开始监测			
净稳定资金比率(NSPR)	开始监测						开始监测	

资料来源:Basel Committee On Banking Supervision,*Group of Governors and Heads of Supervision Announces Higher Global Minimum Capital Standards*。

四、《巴塞尔协议Ⅲ》的特点与评价

巴塞尔委员会早在2008年就着手流动性风险管理的改革,2008年2月发布了《流动性风险管理和监管的挑战》;2008年9月在2000年版《银行机构流动性风险管理的稳健做法》基础上,发布了《流动性风险管理和监管的稳健原则》,归纳流动性风险管理的新挑战,提出了加强流动性风险管理和监管的新准则;2009年12月发布的《流动性风险计量标准和监测的国际框架》提出了两个流动性风险计量指标:流动性覆盖率(LCR)和净稳定资金比率(NSFR),分别于2011年、2012年开始观测,预计2015年和2018年正式引入。

1.《巴塞尔协议Ⅲ》的特点

(1) 大幅提高银行资本监管要求。

2008年金融危机的产生和蔓延,充分暴露出在旧有的银行业监管规则中,对于核心资本充足率的要求过低,使得银行体系难以抵御突如其来的全球性金融系统风险,原本认为可以有效分散风险的衍生金融工具,在此次金融危机中未能发挥其效能,反而在某种程度上对风险的进一步扩散起了推波助澜的作用,因此新协议对银行资本作了一系列严格要求。

(2) 调整不合理的风险权重。

协议Ⅲ提高了资产证券化交易风险暴露的风险权重,大幅提高相关业务资本要求。其一,对资产证券化暴露进一步细分"再资产证券化风险暴露",并大幅度提高了"再证券化风险暴露"的风险权重。其二,对使用外部评级确定资产证券化监管资本要求规定了额外限制条件,包括排除银行自身提供增信安排导致的信用评级提高带来的资本优惠:银行必须进行尽职调查,持续及时地掌握基础资产池风险信息、资产证券化交易结构和风险特征;否则须从资本中扣除资产证券化风险暴露。其三,提高了资产证券化涉及的流动性便利的信用风险转换系数,并取消对市场整体出现动荡时的流动性便利的资本优惠。

(3) 突出强调银行流动性风险监管。

一是引入流动性监管指标。新协议引入了流动性覆盖率和净稳定融资比率对银行的流动性进行监管,这些指标的设定将使银行能承受更严重的外部冲击,在危机发生时满足大量流动资金的流出需要。

二是明确资本杠杆比率标准。高杠杆率是造成在危机发生时银行难以获得足够的资本金从而导致破产的重要原因,引入杠杆率的目的是将其作为风险度量的一道屏障。新协议要求各国对3%的一级杠杆率在同一时期进行平行测试,基于平行期的测试结果,再于2017年上半年进行最终调整,并希望在2018年1月1日进入新协议的第一支柱部分。巴塞尔委员会要求成员国必须按照规定时间达到杠杆率的要求,以期对降低系统风险发挥重要作用。

(4) 明确新规执行期间。

一是准备实施和实现最低要求阶段。新规明确,各成员国的实施将从 2013 年 1 月 1 日开始,在此之前各成员国必须制定相应的国家法律法规。截至 2013 年 1 月 1 日,各国银行业的资本充足率须满足三个最低要求:3.5% 的普通股权益比率、4.5% 的核心一级资本充足率和 8.0% 的总资本充足率。另外,新协议对一级资本充足率、防护缓冲资本、杠杆率、流动性覆盖率和净稳定融资比率等监管指标均做出了明确的过渡期限安排。

2. 对《巴塞尔协议Ⅲ》的评价

协议Ⅲ可以说是近几十年来针对银行监管领域的最大规模改革。各国央行和监管部门希望这些改革能促使银行减少高风险业务,同时确保银行持有足够储备金,能不依靠政府救助独立应对今后可能发生的金融危机。

(1) 体现各国政府强化银行监管的共识。

2008 年的金融危机后,各国政府在加强全球金融监管方面达成了共识,即通过加强对金融衍生品、高管薪酬、资本充足率三个方面的监管,以实现全球金融业的健康发展。在资本充足率监管方面体现为重新修订了巴塞尔协议,提高了资本充足率标准并确定了实施的时间表。

(2) 推动全球各银行提高抵御风险能力。

协议Ⅲ要求,商业银行的核心资本充足率将由 4% 上调到 6%,同时计提 2.5% 的防护缓冲资本和不高于 2.5% 的反周期准备资本,这样核心资本充足率的要求可达到 8.5%—11%。总资本充足率要求仍维持 8% 不变。此外,还将引入杠杆比率、流动杠杆比率和净稳定资金比率的要求,以降低银行系统的流动性风险,加强抵御金融风险的能力。

(3) 对全球金融体系稳定具有积极影响。

协议Ⅲ的实施将会对世界经济、金融体系和银行业的发展产生深远影响。从长期看,充足的资本对银行业的稳定发展的确有益;短期内,资本增加将造成信贷成本增加及对经济恢复的制约不容置疑。按照巴塞尔清算银行的估计,在过渡期内目标资本充足率每提高一个百分点,将导致 GDP 增速比基准水平低 0.32%,滞后期影响 4 年半;流动性指标的实施会导致 GDP 增速比基准水平低 0.08%。美国金融学会计算得出协议Ⅲ实施五年后主要经济体规模将减少 3%,法国银行协会也得出法国经济下滑 6% 的悲观结果。

(4) 过渡期时间过长,弹性过大。

巴塞尔委员会在全球复苏尚不明朗的大环境下,担心高标准短期内对实体经济会有影响不无道理,但如此长的过渡期、观察期、并行期前所未有,过长的过渡期会导致各国差异化实施时间表,宽松的实施安排能否实现改革初期"提高监管标准"的目标值得怀疑。

第三节 银行资本计划与筹集

为保证银行资产业务持续健康增长,基于银行资本职能、风险管理和监管的需要,遵照监管当局及《巴塞尔协议》的要求,商业银行在业务经营中就要合理筹集资本。

一、资本需要量的预测

在资本需要量预测过程中,银行首先要做的是制订综合的金融计划。银行资本需要量很明显受这一计划的影响,而银行的金融计划反过来又受商业银行目前已有的资本量的制约。这一步又可具体分成以下四项工作。

1. 分析银行营运状况

商业银行首先应明确把握自身面临的宏观经济环境、市场状况和业务竞争条件,对银行业务经营各主要方面的业绩进行全面深入地分析检查,要与自身历史及同业进行比较,明确银行目前营运状况。

2. 合理选择和预测主要变量

在完成了对银行业绩的分析之后,要选择对银行发展关系重大的几个主要变量,对其未来值进行预测。一般来说可选择这样三个变量:(1)存款变量。根据不同的存款种类,找到影响存款增长率的不同因素,作出可控因素与不可控因素的分析预测,预测存款变化情况。(2)银行资产规模。影响商业银行资产规模的因素有两类:一类是商业银行可以控制的,如不同类型贷款的利率等;另一类是商业银行无法控制的,如当地经济环境和一国的经济周期等。一般情况下,商业银行根据存款总规模的一定比例来预测贷款规模。(3)限制银行未来发展的其他因素,如人员素质、业务种类、分支机构设置条件等。一旦一家商业银行找到影响其发展的主要因素后,该银行就应该对这些变量在预测期内所达到的水平进行预测。所选择的预测时间的跨度要适当。时间跨度过短,随意性太大,对资本的需求不会产生太大的影响;时间跨度过长,又会使得预测的结果受更多无法控制的因素影响,预测的准确性会降低。通常对主要变量的预测期在3—5年。

3. 根据主要变量,建立综合方案

当商业银行已经预测了主要变量的未来值后,便可建立起设想的资产负债表和利润表。由于这两个表是相互关联的,因此这两个表应同时建立。在第一步进行的银行营运状况分析的结论在建立综合方案时将得到运用。过去的经验可用于检验假设的合理性。一般情况下,综合的资产负债表仅仅包括资产和负债的几个大类就可以。过分详细的资产和负债的类别对于预测银行资本没有太大的帮助,而由几个大类所构成的资产负债表并不会给预测的准确性带来多大的伤害。

4. 开展敏感性分析,确定资本适宜度

银行的经营环境从某种程度上来讲是不确定的,商业银行对今后一段时期的预测与计划必定会与实际执行的结果产生差距,为了使主要变量的估计值尽可能靠近实际结果,并且主要变量的实际值不超过银行计划的预料范围,要进行敏感性分析。商业银行的管理者应对那些主要的、能对商业银行业务经营产生重大影响的因素进行分析。例如,若存款增长率的变化将对商业银行产生重大影响,而设备价格的上涨对商业银行业务经营不会产生太大的影响,那么银行的计划者就应对利率进行敏感性分析。敏感性分析要求先确定若干重要的银行不可控变量,给各个变量一个变化幅度,这一幅度是银行管理者认为该变量可能发生的最大的变化程度;然后考虑在此情况下对商业银行的影响及由此引起的综合金融结果。在此基础上,选定资本适度的合理区间,以确定资本适宜度。

5. 根据银行风险的评估结果,增加覆盖银行主要风险的资本。

银行根据监管当局资本充足率管理的要求,确定银行的监管资本需要量。这需要银行事先对主要风险进行计量、评估,确定风险加权资产总额,测算出覆盖银行主要风险的资本量。

在银行全面考虑、预测好资本需要量后,就要选择合理的筹资方式弥补资本。银行为了筹集所需要的资本,一般都通过内部筹集(内源融资)和外部筹集(外源融资)两条渠道。

二、资本的内部筹集

资本内部筹集的渠道是指留存收益,即银行将税后利润扣除优先股股息、普通股股息之后的余额,是商业银行普通股股东权益的重要组成部分。商业银行在进行年终结算时,一般不会把全部利润作为投资收益分给股东,总是会留下一部分作为留存收益,用于商业银行扩大经营、增强流动性、偿还债款,或者为营业中可能发生的损失预先做准备等。商业银行的留存收益实际上是由每年未分配利润积累而成的,是其进行资本内部筹集最便捷的方式。商业银行通过增加留存收益可以非常方便地增加资本总量,只需进行会计上的处理便可,比其他资本筹集方式都要容易。同时,这种方法不仅有益于银行未来的发展,而且不会削弱银行原有股东的控制权。最后,由于收取股息要缴纳所得税,因此将盈余以留存收益的形式留在银行中可使股东免缴所得税。

留存收益是银行充实资本最方便、成本最低的一种方式,但内源资本支持银行资产增长受以下因素限制:银行及金融当局所决定的适度资本金数额、银行所能创造的净收入数额、净收入总额中能够提留的数额,即取决于股利政策。

股利政策是指银行将净收入在股东的股息和留存收益之间进行分配的政策。股利政策要么有利于增加股东红利,要么有利于收益留存而增加资本。银行留存收益所花费的成本体现为两点:(1)当前不分红而留待将来分红的现金价值;(2)较低的现金分红使股票失去吸引力,可能会引起该银行股票价格下跌。一般来说,一家银行收益留存所需花费的成本较低,则该银行就会留存更多的收益来充实其资本。对于银行的现有股东而言,一般都支持较高的股息、红利的分配;对于未来的股票投资者而言,过去稳定的、有利于股东的股利政策是投资决策的一个重要因素,也就是说,这是投资者评估银行股票市价的一个依据。因此,对现在和未来股东所能接受的股利水平的估计,是银行股利政策、留存收益的主要前提。

在银行的股利政策中,过多地增加留存收益会遭到银行股东的强烈反对,然而银行股利的分配也并非是无限的,它在客观上受到诸多方面的限制,例如,商业银行现金股利的派发水平应该取决于商业银行在未来几年的经济环境。如果经济环境不好,商业银行的收益与利润都下降了,那么该银行的现金股利水平只要能够维持一定的水平就可以了;当经济环境改善了,现金股利也不必马上增加。如果经济环境发生了变化,商业银行无法维持稳定的现金股利,那么降低现金股利就是必要的。减少现金股利,意味着该银行的管理者对经济前景并不乐观,因此对投资者而言现金股利的减少不是一个好消息。而现金股利的增加,通常意味着管理层对银行的未来有信心,因此投资者通常会认为该银行股票派发较高的现金股利会持续一段时间。当银行的实际收益增加后,现金股利的增加也应该滞后一段时间,这段时间可让管理者对未来经济环境进行更仔细的分析。当认为银行的高收益可以持续相当长的一段时间后,银行管理者才应该提高银行股票的现金股利。

此外,银行对于股利的派发方法也应遵循连贯性原则。同现金股利的水平应保持稳定一样,银行股利的派发在未来一段时间内也应该有一定的规律。跳跃性的股利派发方式对于吸引投资者是不利的,尤其对于那些收益型的投资者更是如此。收益型投资者更喜欢高频率的股利派发方式。现金股利派发的周期越短,越有利于建立投资者的信心。

三、资本的外部筹集

资本的外部筹集是指银行通过发行股票、长期性资本债券等方式向社会公众筹集资金,以扩充其资本的业务活动。商业银行的内部筹集虽然成本低,较方便,但客观限制条件多,因而大量的资本需要设法从外部筹集。外部筹集资本应注意以下三个问题。

1. 不同资本形式的选择

银行究竟发行普通股、优先股还是长期性债券来筹措资本,须慎重考虑。选择的依据主要有以下四个方面。

(1) 不同资本形式的筹资成本。

银行筹资成本包括两方面内容:一是发行成本,如市场调查费、咨询费、宣传费、印刷费及有关劳务费用;二是营运成本,如股息、红利、利息等。一般来说,银行在筹资前,应对不同资本形式的筹资成本进行合理预算、比较,以便采取有效资本形式,达到用尽可能低的成本筹集到尽可能稳定的资本形式。一般情况下,权益性资本与债务资本相比较而言,权益性资本尤其是普通股股息、红利视银行经营状况而定。因此,当银行盈利状况良好时权益性资本成本较高,要求有较高的投资回报率;当银行经营状况不佳时,债务资本所承担的成本高。

(2) 投资者对不同资本形式的需求分析。

不同投资者的投资需求是不同的,有的投资者以盈利性作为主要的追求目标,愿意在较高的收益条件下提供自己的资金作为银行资本,该投资者会更多地倾向于购买长期性债券。银行在考虑资本筹措时,必须对不同资本形式的需求有个合理的预期,这是银行资本筹措方法得以顺利实施的前提。

(3) 银行今后进一步追加资本的灵活性。

银行利用股票方式筹措资本,有利于扩大银行对于社会各界的影响,提高银行的知名度,为今后发行新股创造有利条件。但是,这也不是绝对的,如果股息红利支付状况不尽如人意,或者银行经营日后遇到困境,很容易造成今后新股发行的困难。银行利用长期债券筹措资本,往往对今后继续追加资本带来障碍,因为过高的负债率会使银行信誉受到不利影响。如果银行能做到按时还本付息的话,在旧债基础上发行新债的灵活性还是有的。

(4) 不同资本形式的财务效果。

财务效果主要看最终股本资本的收益率大小。一般来讲,发行债券资本,有利于提高权益资本的收益率,优先股次之,普通股最差。这是因为债券资本只要求在一定期限内支付利息,优先股只要求定期支付固定股息,两者的发行对普通股每股盈利的稀释作用低;而普通股始终都参与分红,对普通股每股收益的稀释作用强。因此,不同资本形式的财务效果是不同的。

2. 对资本发行的条件及价格的把握

银行发行资本的时机选择极为重要,比较有利的时机通常选在经济形势较好、银行本身经营状况及社会影响良好的时候,此时发行证券易成功。

发行对象和范围也应加以考虑。组建新的商业银行时,它的资本股票通常出售给与之有利益关系的投资者团体,以后再逐渐追加,可提供给与这一团体有联系的其他投资者。只有当银行迅速发展、需要追加普通股时,才向社会公众出售股票。

最为核心的是确定合理的证券价格,应当将银行账面估价、盈利能力及分红水平同相似规模的其他银行正在交易的股票进行比较,在最高价与最低价范围内,确定每股价格。银行新发行证券价格不宜定得过高,新发行股票的上市交易价格通常主要由先发行的股票平均价格决定,因此银行应积极采取各种措施来促进本行股票市价的提高。

3. 不同外源资本形式的影响因素及特点分析

银行的外源资本形式可以按基本属性划分为银行普通股票和银行优先证券两大类。银行优先证券包括各种类型的后期偿付债券、优先股票以及租赁合同等外源资本形式。

从银行的角度来看,普通股票不是最具吸引力的外源资本形式。除了新股票发行价格偏低以外,还存在其他影响银行通过发行新股票来筹集资本金的因素,这些因素包括:(1)在银行净收入增加时,银行面临着普通股持有人要求增加红利分配的压力;而且,由于股票持有人的红利收入须缴纳所得税,普通股票对以利息收入为主要目的的投资者吸引力较小。(2)新股票发行的交易费用一般都高于其他外源资本形式。(3)当银行发行较多的新股票时,现有的大宗持股人将面临失去控股能力的威胁。

从金融监管当局的角度来看,普通股票则是最优的外部资本来源形式。监管当局主要关心的是银行制度的健全与稳定,而银行普通股票则满足了维持银行健全运行的要求。银行普通股票构成银行资本的核心部分,它不仅代表对银行的所有权,而且具有永久性质。此外,红利分配被排在所有负债之后,当银行发生危机时,它可以用于对存户的补偿,从而直接支持了公众对银行的信心。

在一般原则上,银行是否通过发行新股票来增加银行资本金取决于三个基本因素:(1)银行可采用的其他外部资本来源的可能性;(2)银行筹集未来所需的外源资本的灵活程度;(3)不同形式外源资本的金融后果比较,如资本杠杆作用、对银行的股权削弱程度以及对股票未来收益的影响等。前两个因素与银行规模有直接的联系,银行规模越大,通过各种优先证券获取外源资本的可能性越高,且银行筹集未来所需资本的灵活程度亦越高。

对银行而言,后期偿付债券有以下一些优点:(1)此类债券享有免税优待,可以降低筹资成本;(2)后期偿付债券属于银行的负债,并不影响银行股票持有者对银行的控股权,即不会因为银行发行此类债券而冲击股东的控股能力;(3)发行此类债券有可能提高股票收益率。不过,后期偿付债券亦有若干不利的方面。例如,后期偿付债券的本金与利息的偿还是法定的,逾期不能偿还则意味着银行违约;在利率变动的情况下,后期偿付债券有可能加重银行负担等。

优先股票介于银行债券与普通股票之间,它有固定的红利收入,其红利分配优于普通股票,对银行清算后剩余资产的分配权亦优先于普通股票,不过优先股票不代表对银行的拥有权与表决权。优先股票的主要优点:(1)当银行普通股的市场价格低于其票面价格时,发行新普通股票将进一步降低银行股价与收益的比例,即所谓股票的本益化。这一比例不断下降时,该银行的股票便有可能面临抛售的压力。在这种情况下,发行优先股票可以减缓银行股价与收益比例的下降。(2)优先股票不同于长期债券,不存在偿债基金负担;并且优先股的红利分配在总体上亦小于普通股票。因此,总的来说,发行优先股票的成本相对低于普通股票。目前优先股票已成为大银行常用的外部资本来源。

租赁合同亦构成银行直接的外部资本来源。银行往往在出售其拥有的房地产及设备时,将这些不动产从买方租回,并且其租赁条约规定银行对这些不动产拥有完全的控制权。一般而言,租赁利率比后期偿付债券利率低1%—2%,实质上这种出售与租回合同相当于银行的借贷资本。

与普通股票相比较,优先证券作为银行外部资本来源的基本优势有两点:第一,在短期内,当优先证券的金融成本低于银行普通股票的收益时,发行优先证券可以防止银行普通股票单位收益率降低。第二,在较长时期内,由于优先证券可以提高银行的金融杠杆作用,发行优先证券通常会增加银行普通股票的单位收益率。当银行增发新的股票时,普通股总额将会上升,在银行净收入与红利分配不变或没有显著增长的情况下,银行普通股票的单位收益率便会随之下降,从而导致银行股价与收益比例的变化,进而导致银行股票的市场价格下跌。当银行采取发行优先证券的方式增加银行资本时,则可避免这一问题。

第四节 《巴塞尔协议Ⅲ》对中国银行业的影响

2010年中国国内全部商业银行加权平均资本充足率已上升到11.1%,其中大型银行和中小银行资本充足率分别不低于11.5%和10%,同时拨备覆盖率也增长至186%,远远高于欧美银行同期指标(见表10-6)。从短期来看,《巴塞尔协议Ⅲ》对我国银行业的影响不大;从长期来看,其影响应引起高度关注。

表10-6 2010年我国商业银行资本充足率情况表　　　　　　　单位:%

	2010年			
	一季度末	二季度末	三季度末	四季度末
资本充足率	11.1	11.1	11.6	12.2
核心资本充足率	9.0	9.0	9.5	10.1

资料来源:中国银监会网站,http://www.cbrc.gov.cn/。

一、对我国银行业的影响

1. 增加我国银行业金融机构资本管理的难度

(1)资本充足率水平可能在目前基础上进一步提高。基于审慎监管的判断,在未来5年内继续提高1—2个百分点的可能性较大,其中很可能将体现在核心资本上。表10-6显示的是我国2010年年底的资本充足水平,随着时间的推移,特别是将来中国货币政策有可能出现的调整,很难保证我国各家商业银行资产结构和资产质量不出现滑坡现象。一旦资产质量下降,现有的资本充足水平就可能受到冲击。

(2)非核心一级资本和二级资本工具标准的调整将给国内各银行资本筹集增加难度。对不符合新协议定义的二级资本工具,新协议规定从2013年开始的10年内,逐年减计10%,这将缩小我国各银行的资本数额,降低资本充足率。我国现有281家商业银行在2010年资本充足率均在8%以上(见图10-2)。随着新协议对二级资本工具的调整,部分二级资本工具占比较高的银行(主要是大中型股份制商业银行)将不得不面临冲击和压力。

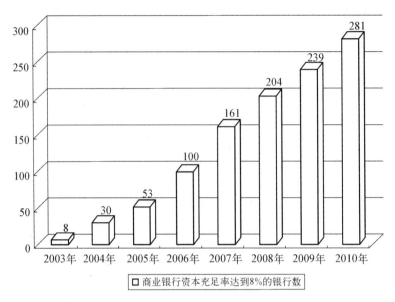

图 10-2 2010 年年底我国 281 家银行资本充足率均超过 8%

（3）新协议扣减项的调整将不同程度地降低我国各家银行的资本充足率。按《巴塞尔协议Ⅲ》的要求，该扣减项须对普通股权益全额扣除，且扣减项范围更广，由此将造成一级资本充足率和总资本充足率均较目前有所下降。一些普通股权益较高的商业银行将在相当程度上面临补充一级资本的压力，特别是在股市不景气的情况下，大型商业银行补充一级资本并非轻而易举。

2. 信贷与资产规模过快增长受到制约

目前我国企业融资以间接融资为主，信贷增长一般为经济增速的 1.5—2 倍，在某些年份甚至更高。因此，如果我国保持 8%—10% 的 GDP 增速，银行信贷增速必须达到 15%—20%。然而，如此迅速的信贷扩张，势必极大增加资本补充的压力。二是如果参照巴塞尔委员会的建议，按照信贷增长速度与 GDP 增长速度的关系确定逆周期资本缓冲，我国银行业继续保持较高的信贷增速则将面临额外的一定时期的较高的逆周期资本缓冲，这将进一步加大资本缺口。三是新协议中 3% 的杠杆比率也将制约银行资产规模的过快增长。虽然我国银行业目前的杠杆比率平均在 4% 以上，但如果资产规模增长过快，也将给资本带来压力。

3. 盈利能力面临压力

根据测算，虽然新协议对目前银行业的盈利影响甚微，但考虑到实施所引起的间接影响，银行业的盈利实际上将面临压力，主要通过以下六条路径传导：一是资本充足率水平的提高将制约银行信贷等表内资产的过快增长，影响利息收入；二是杠杆率的引入将在一定程度上堵住银行将表内资产大量转向表外，制约银行表外资产的过快增长，影响非利息收入；三是为满足新协议的流动性监管要求，银行将被迫持有更多的低收益的流动资产；四是二级资本工具合性标准的调整将限制"赎回激励"等条款，增加银行的筹资成本；五是随着新协议的实施，我国的利率市场化进程将会加快，存贷利差将会收窄，传统的"吃利差"盈利模式将难以为继；六是资本缓冲机制要求将使我国银行业未分配利润受到一定程度负面影响。目前，我国监管层对缓冲资本没有特别要求，国内商业银行距离新协议 2.5% 的要求尚有差距。新协议的要求迫使银行提取更多的一般风险准备，从而未分配利润将受到一定的挤压。

4. 对银行业的发展方向产生影响

按照新协议的监管思路和资本监管的国际趋势，未来中国银行业的发展将面临更严格的资本约束，必须以有限的资本赢取更高的回报，而不是通过规模扩张的粗放经营模式简单地"以规模换效益"。对我国银行业而言，在其未来的发展战略中，精细化经营更应该被高度重视，细分客户、精细定价应该成为未来银行经营中的重点；通过合理合法合规的创新，加大不利用或少利用资本的中间业务在盈利中的占比，才是银行未来的发展方向。

二、我国实施《巴塞尔协议Ⅲ》的安排

在《巴塞尔协议Ⅲ》出台之际，中国银监会推出了四大监管工具，包括资本要求、杠杆率、拨备率和流动性要求四大方面，及时进行了跟进，构成了未来一段时期中国银行业监管的新框架。

2011 年 5 月 3 日，中国银监会发布《中国银行业实施新监管标准指导意见》，即更加严格的"中国版巴塞尔协议Ⅲ"。根据指导意见，银监会认为《巴塞尔协议Ⅲ》确立了微观审慎和宏观审慎相结合的金融监管新模式，大幅度提高了商业银行资本监管要求，建立全球一致的流动性监管量化标准，将对商业银行经营模式、银行体系稳健性乃至宏观经济运行产生深远影响。

国内新资本充足率监管标准与结构安排和《巴塞尔协议Ⅲ》总体上一致，差异包括两个方面。一是国内核心一级（普通股）资本充足率最低标准为 5%，比协议Ⅲ的规定高 0.5 个百分点。主要原因是，我国长期重视资本质量监管，目前国内各类银行核心一级资本充足率都显著高于协议Ⅲ规定的 4.5% 最低标准，将核心一级资本充足率最低要求设定为 5% 不会对国内银行产生负面影响。二是国内系统重要性银行附加资本要求暂定为 1%，而巴塞尔委员会和金融稳定理事会尚未就系统重要性银行附加资本要求达成最终共识。

《指导意见》提出：《巴塞尔协议Ⅲ》要求 2013 年年初开始执行新的资本监管标准，2018 年年底达标；而国内新监管标准自 2012 年年初开始实施，2016 年年底达标，实施时间提前 1 年，最后达标时间提前 2 年。

中国设定不同于《巴塞尔协议Ⅲ》过渡期安排主要出于三方面考虑：一是协议Ⅲ给予较长的过渡期，主要是由于绝大多数欧美银行面临较大资本缺口，需较长时间调整经营行为，同时欧美经济增长前景尚不明朗，尽快实施严格的资本监管标准可能拖

累经济复苏的进程;二是国内银行资本充足率较高,2010年年底银行业平均资本充足率和核心资本充足率分别达到12.2%和10.1%,绝大多数银行已经达到新监管标准,具备较快实施新监管标准的条件;三是虽然2018年年底是全球银行业的最后达标时限,但市场压力将推动国际化大银行尽快达标,尽快实施新资本充足率监管标准有助于提升国内大型银行的评级和市场信誉,为国内大型银行实施国际化战略创造有利的监管环境。

本 章 小 结

　　银行资本的用途直接影响银行资本的数量及其充足度。对商业银行来讲,资本充足的确切含义是资本适度,资本充足的含义还包括资本构成的合理,即普通股、优先股、留存盈余、长期债券等应在资本总额中占合理的比重。

　　商业银行在不同时期的资本适宜度会有所不同,因为衡量商业银行资本适宜度的资本充足率不会完全以社会、经济中某一方意志为转移,而会受各方面因素的综合影响。

　　《巴塞尔协议》是迄今为止对国际银行业产生影响最大的国际协定之一,已成为各国银行资本管理的重要参考指标。从1988年《巴塞尔协议Ⅰ》到目前的《巴塞尔协议Ⅲ》,国际银行业监管日益严格,其资本要求日益提高,这将对各国银行业发展产生深远影响。

　　提高银行资本比率,银行首先要预测适度的资本需要量,再决定是通过内源融资还是外源融资来增加资本。不同的融资形式各有其不同的特点,银行应综合考虑不同影响因素,比较不同融资方案选取合适的融资形式。

复 习 思 考 题

1. 商业银行资本充足性的含义是什么?
2. 影响商业银行资本充足性的因素有哪些?
3. 以资本与加权风险资产比率来衡量资本充足性有何优点?
4. 1988年《巴塞尔协议》的主要内容是什么?
5. 《巴塞尔协议》的实施对国际银行业有何影响?
6. 我国商业银行应如何加强资本充足率管理?
7. 商业银行如何测算合理的资本需要量?
8. 分析商业银行各种不同融资形式的特点。
9. 发行次级长期债券对商业银行有何影响?
10. 《巴塞尔协议Ⅰ-Ⅲ》在哪些方面有不同?

第十一章 商业银行资产负债综合管理

商业银行的资产负债管理理论随时间变迁已经经历了资产管理理论、负债管理理论和资产负债综合管理理论三个发展阶段,前两者已经在第一章作了较详尽的分析,本章主要讨论有关商业银行资产负债综合管理的有关方法。自20世纪80年代开始,资产负债综合管理思想已成为银行经营管理的主导思想。资产负债综合管理的方法有早期的协调流动性、安全性和效益性的资产负债比例管理,商业银行注重风险管理之后从利率风险管理角度出发的利率敏感性缺口管理、持续期缺口管理等。

第一节 资产负债综合管理概述

一、资产负债综合管理产生的背景

20世纪70年代中期后,商业银行所面临的市场经营环境及银行业务有了较大的变化,并对促进商业银行资产负债综合管理的产生和发展有重要影响。

1. 利率和经营活动自由化

20世纪70年代出现了金融创新的浪潮,各种新型金融工具和交易方式纷纷采取显性或隐性的方式提高资金价格,利率限制实际上已被冲破。到20世纪80年代,西方各国先后取消或放松利率管制,银行界甚至整个金融界出现了金融自由化浪潮。随着利率和经营活动的自由化,银行资产和负债的品种增加,金融产品根据市场定价也成为可能,银行因此能够主动和灵活地控制资产和负债的各种条件,如期限和利率。另外,自由化的进程也使客户需求多样化,银行在满足客户需求的同时,充分管理资产负债的风险显得更为重要。

2. 传统量化扩张模式受到挑战

随着资本市场的发展,大公司更倾向于采用发行债券或增发股票等方式从资本市场融资,对银行信贷资金的需求减小;同时,银行资产的盈利性减弱,特别是经济增长放缓或衰退期间,贷款需求增长缓慢,银行更加难以用传统的扩张贷款量的方式保持和增加盈利。

3. 衍生金融工具交易增加

自 20 世纪 80 年代以来,衍生产品如期货、期权、掉期等迅速发展,衍生产品交易的发展一方面为银行提供了新的管理风险的手段,另一方面也增加了银行承担的风险,银行进行风险管理的必要性增加了。衍生工具作为一种金融工具,可以创造适合于各种目标的现金流量,作为管理资产和负债市场风险的有效工具,银行家们强烈意识到为加强银行管理而提高衍生交易能力的重要性。

4. 国际上有关风险管理的讨论和风险监管的加强

巴塞尔银行监管委员会致力于推动全面的风险监管。在 1988 年巴塞尔协议推出后,在信用风险管理的基础上各国开始广泛讨论巴塞尔委员会推出的市场风险、利率风险、操作风险监管条例以及银行承担的风险和风险管理的资料披露,1993 年 7 月出版的《衍生交易的实践与原则》以及 1994 年 7 月巴塞尔委员会制定的《衍生交易风险管理指引》,均建议对衍生产品进行完善的风险管理。这些讨论和指引使银行认识到,在金融自由化和国际化过程中提高风险管理技术,通过公开披露资料获得市场信心,对银行的管理来说是必不可少的。特别是活跃的国际大银行,在建立完善的风险管理方法、管理高层积极参与风险管理和促进信息披露等方面都需要努力达到国际水平。

5. 计算机技术迅速发展

计算机技术的发展使资产负债管理的大量资料可以得到迅速处理,风险和盈利的复杂分析和管理成为可能。

二、资产负债综合管理的发展过程

1. 早期的资产负债综合管理

银行早期的资产负债综合管理是分别管理银行业务账户和银行交易账户的风险,以获得资本性收益为目的。银行业务账户包括传统的存款、贷款和证券投资等产品;银行交易账户包括短期外汇、债券和衍生产品交易。银行分别管理这两类账户是基于其风险性质的不同,即银行业务账户的资产和负债产生于客户交易,在性质上较为被动;而银行交易账户中,银行可以积极主动地根据市场价格变动来改变交易头寸以管理风险。

银行业务账户的管理重点在于对冲与业务账户资产负债有关的利率风险。利率受管制时,由于银行的利差相对有保障,只要扩大资产负债额即增加贷款和存款,银行就可以自动增加收益。而利率自由化以后,银行扩大存贷款额就会产生长期固定利率缺口,此时银行资产负债管理的主要目的就是对冲利率风险暴露。银行分析利率风险的方法主要是缺口分析,即计算一定时期内浮动利率的资产和负债的差额,并考虑几段时期内需要重新确定利率的资产和负债,分析资产负债分配及每时期缺口的大小。

银行交易账户管理的重点在于在控制风险暴露的同时,达到各交易产品的利润指标。控制风险的手段包括对各种产品确定头寸额度或实行止损规定。分析交易账户的风险经常用敏感性分析方法,计算一定程度波动引起的资产负债净现值的变化。

2. 现代资产负债综合管理

随着商业银行经营环境的发展变化,利率和业务活动自由化,银行可以主动控制业务账户的资产和负债,并体会到对业务账户和交易账户的风险分别进行管理并不充分。在此背景下,由银行资产负债管理集中于对冲业务账户风险,扩展为包括业务账户和交易账户的广义风险管理,在对利率进行预测的基础上,主动调整资产负债组合。银行改善资产负债管理的措施如下。

(1) 通过主动改变资产与负债的条件灵活控制风险。

银行在预测利率走势和使用衍生工具的基础上,通过主动改变资产与负债的条件,例如,利率和期限,以及对存款和贷款实行更为灵活的策略和及时的定价,灵活控制资产负债头寸错配产生的业务账户利率风险。同时,成立独立的部门负责资产负债管理,全面控制银行账户的利率风险。

(2) 通过综合计算交易账户的风险,改善风险管理。

改变以往交易账户的风险管理仅包括以历史交易资料为基础,确定风险暴露的限额的做法。具体变化是:① 用 VaR 方法综合计算风险,在历史性市价波幅的基础上,估计可能产生的亏损;② 以客观标准为基础确定风险限额和止损规定;③ 运用现时风险暴露法(Current Expose Method)改善与衍生交易相联系的信用风险控制方法;④ 建立独立的部门,专门负责风险管理;⑤ 改善风险管理系统;⑥ 加强内部控制和稽核机制。

但是,其中仍有一些问题需要解决:一是目前的风险计算结构并未包括产品价格波动的相关性;二是风险限额的客观标准未考虑预期收益或资本;三是与衍生产品有关的信用风险管理方法还很不成熟。

(3) 综合计算银行业务账户和交易账户的市场风险。

方法是将以往仅用于交易账户的敏感性分析方法,配合持续期分析方法用于银行业务账户,计算某一时期利率风险对利润的影响。

(4) 管理高层主动参与改善两类账户的风险管理。

通过主动参与改善两类账户的风险管理,使资产负债管理更为灵活。许多银行重新审查其组织结构,加强资产负债管理委员会的权力,改变其以往作为顾问的形象,授予其对银行整体综合性资产负债管理政策的决策权。有的银行则建立中介机构,或在董事会下直接成立专家风险管理部,独立于资产负债管理部门,负责改善银行的风险管理方法,计算和控制不同部门各种业务的风险暴露,保证经营活动在规定的范围内进行,并向董事会报告风险管理状况。

各银行都有其自身的业务账户和交易账户及其相应的管理策略,具体的资产负债管理内容和技术在各银行均不一样,并仍处于实验阶段,也难免会有失误,要付出代价。总的来说,银行业在金融自由化过程中,已向通过综合计算市场风险管理资产和负债、取得最大盈利方面迈进了一大步。

3. 未来资产负债综合管理的发展趋势

一些商业银行进一步研究发展了资产负债综合管理方法,从控制与资产负债有关的市场风险转变为综合管理业务账户和交易账户的市场风险和信用风险。其理论基础是,如果综合计算市场风险和信用风险,并按客观标准计算各个账户的风险调节盈利性,即获得足够的收益抵消风险产生的损失,那么资本和人力资源就可以根据风险调节的盈利水平进行分配。资产负债综合管理的基本发展趋势是,客观和全面衡量各种风险,力求收益和风险的规模一致,并以风险调节盈利性为基础,战略性分配资本和人力资源。这反映了银行在金融自由化时代不断重新审查和改进其经营管理的基本政策。

三、资产负债综合管理的组织机构及其职能

资产负债综合管理作为商业银行一种科学管理的思想,应贯彻在商业银行的整个经营过程中,具有完善的组织制度和工作制度,这是商业银行实行资产负债管理的基础。资产负债管理的组织机构是资产负债管理委员会。在一些大的商业银行,根据中央银行的监管制度规定,都成立了资产负债管理机构。资产负债管理委员会是业务发展的决策机构。商业银行的经营管理目标、资产负债管理监控考核的各类指标、商业银行的风险管理策略、商业银行的内部评级制度,都是经过资产负债管理委员会决策和制定的。

1. 资产负债管理委员会的成员结构

资产负债管理委员会作为商业银行行使经营管理职能的一个机构,它的成员是由商业银行的人事部门聘任的。在商业银行总行,资产负债管理委员会主任由董事长或行长担任,常务副主任由第一副行长担任,商业银行的副行长、常务董事、各主要业务部门负责人为其机构成员。商业银行的资产负债管理委员会通常下设一个日常办事机构,各分支机构配备一个科室或一名专职资产负债管理员,专事资产负债管理的日常工作,其中资产规模较大的分支机构也可成立资产负债管理委员会,行长任主任,主管业务的副行长任副主任,其余副行长、业务部门负责人为委员会成员。

2. 资产负债管理委员会的工作职能

资产负债管理委员会的职能是负责全行的资产负债综合管理工作,对全行资产负债的运行进行监控,督促经营风险的防范,制定资产负债管理的各项经营管理指标;定期组织和筹备全行的资产负债管理委员会例会,对全行的经营管理状况进行监督、评价,提出改进经营管理的建议和措施。资产负债管理委员会专设日常办公室,定期负责汇总各分支机构执行资产负债管理指标体系的情况,监督考核资产质量状况、负债结构配置情况以及经营管理状况,向资产负债管理委员会例会报告;资产负债管理委员会的各成员部门也根据分管工作的职责范围,定期向资产负债管理委员会例会报告。资产负债管理委员会还负责定期向中央银行金融监管部门以及本行董事会、股东大会报送各类监管报表和业务经营的综合情况。

3. 资产负债管理委员会的例会制度

资产负债管理委员会例会在商业银行总行通常是一季度举行一次，分支机构也是一季度召开一次，也有一月召开一次或者一至两周召开一次。资产负债管理委员会例会的主要议题是研究业务经营中出现的问题及改进经营管理工作的措施。会议的一般程序是听取资产负债管理委员会各成员部门对所分管的资产负债管理工作的检查分析报告，听取资产负债管理委员会的领导层对各成员部门发言的采纳意见，以及研究资产负债管理中存在的问题和改进的措施。每次会议的内容会后都形成文字文件，通报全行。

4. 分支机构的资产负债管理委员会的职能

商业银行分支机构的资产负债管理委员会的职能，除按总行的要求监督和检查本行执行资产负债管理各项工作制度情况和定期召开资产负债管理委员会例会以外，还负责将总行定期下达的各项主要经营管理目标分解给有关业务部门，负责监控和考核。

商业银行的海外分行，在资产负债管理方面除按照母行的管理制度进行操作以外，还必须根据当地的金融形势和市场环境进行利率敏感性和资金流动性方面的分析，对本行的资产负债进行差额管理，配合国内母行尽可能降低在海外经营的资产可能发生的各种风险。

5. 资产负债管理委员会成员部门的职能

商业银行总行内部资产负债管理的营运程序，是由资产负债管理委员会成员部门按照商业银行的经营管理目标进行运行，负责牵头的是资产负债管理委员会办公室，其对成员部门内部起综合协调的作用。对分支机构的资产负债执行情况则是全面的监控和管理，资产负债管理委员会的成员部门，如综合计划、财务会计、信贷管理、风险管理、国外业务、海外机构管理等部门，则在资产负债管理的目标下行使本部门管理职权。

例如，综合计划部门负责全行业务计划的管理和调控，负责信贷资金的调拨和运用。由于资产负债管理委员会日常工作的办公室通常设在综合计划部门，因此，它在整个资产负债管理营运程序中举足轻重，既要按照资产负债比例管理的要求调控和安排存贷款计划，又要按照商业银行的经营目标合理配置资产与负债。财务会计部门负责全行的经营成本核算，分解全行的利润目标，分析考核各分支机构执行利润指标的情况。信贷管理部门负责全行的信贷管理工作，制定所有的信贷业务管理办法和制度，按照中央银行的贷款通则行使商业银行各类贷款业务的授信，制定商业银行的客户评级制度。风险管理部门负责全行的风险管理，对全行的资产负债按照国际商业银行风险管理的标准进行监督和管理，对商业银行内部的分支机构实行内部评级。国外业务部门负责全行外汇业务的运行和管理，对分支机构制定经营外汇业务的各项制度和规定，调度和合理运营全行外汇资金，行使总行有关外汇业务方面的授信，还对外经营短期证券交易买卖业务。海外机构管理部门负责对海外分行业务经营的管理，管理代理行的操作，以及商业银行对外接洽各项事务。

第二节 利率敏感性缺口管理

一、利率敏感性缺口的概念

市场利率变动必然会影响银行的盈利水平,而市场利率的变动又往往难以准确预料。迫于利率风险管理的需要,银行提出了以净利息收入这一具体的财务操作为管理对象的策略。净利息收入即银行资产利息收入减去负债利息成本。

一般认为,影响银行净利息收入的因素有利率水平、资金规模和资金结构。其中,利率水平由银行外部因素决定,资金规模也受经济发展水平制约,也非银行完全可以左右,唯资金结构可由银行自主调节。银行要防范利率风险,可以从资金结构的调整着手,通过资产负债的结构调整减少利率波动风险,如果调整得好,还能给银行带来更多的净利息收入。利率敏感性缺口既是银行实行资金结构调整的出发点,也是银行提高净利息收入的可利用途径。

所谓利率敏感性缺口,指银行利率敏感性资产与利率敏感性负债的差额,故利率敏感性缺口管理又称差额管理。利率敏感性缺口可用来反映银行资金的利率风险暴露情况。如果以 RSA 表示利率敏感性资产(Rate-sensitive Assets),以 RSL 表示利率敏感性负债(Rate-sensitive Liability),则资金缺口(GAP)公式可表示为:

$$GAP = RSA - RSL$$

在利率敏感性缺口管理模型中,是以考察期内银行资产或负债能否重新定价,作为区分利率敏感性资产和负债的标准。如果考察期是1年,则1年内能重新定价的资产和负债都可看作利率敏感性资产和负债,如果考察期是1个月,则1个月内不能重新定价的资产和负债都属非利率敏感性资产(NRSA)和非利率敏感性负债(NRSL)。

举例说明,表11-1为A银行以1年作为考察期而对其资产负债表进行分析的情况。

表11-1 A银行资产负债表　　　　　　单位:百万美元

资　产		负债与股东权益	
准备金	10	支票账户存款(无息)	20
浮动利率贷款	50	短期储蓄存款(1年内到期)	60
短期贷款(1年以内到期)	30	长期储蓄存款(1年以上到期)	20
长期贷款(1年以上到期)	60	长期CDs	50
国库券	20	MMDA	15
长期公债	5	拆入联邦资金	10
固定资产	10	股本	10
总计	185	总计	185

A 银行的资产负债结构可划分为：

利率敏感性资产＝浮动利率贷款＋短期贷款＋国库券
　　　　　　　＝50＋30＋20＝100(百万美元)

非利率敏感性资产＝准备金＋长期贷款＋长期公债＋固定资产
　　　　　　　　＝10＋60＋5＋10＝85(百万美元)

利率敏感性负债＝短期储蓄存款＋MMDA＋拆入联邦资金
　　　　　　　＝60＋15＋10＝85(百万美元)

非利率敏感性负债＝支票账户存款(无息)＋长期储蓄存款＋长期CDs＋股本
　　　　　　　　＝20＋20＋50＋10＝100(百万美元)

利率敏感性缺口＝利率敏感性资产－利率敏感性负债
　　　　　　　＝100－85＝15(百万美元)。

二、利率敏感性缺口与净利息收入变动的关系

从前面利率敏感性缺口概念的阐述中可知，当利息率变动时银行利率敏感性缺口的状况会直接影响银行净利息收入的变动。如果以 ΔNII 表示净利息收入的预期变化值；Δi 为利率变动值；Δi_{exp} 表示短期利率水平的预期变动值；GAP 为利率敏感性资产减利率敏感性负债，则：

$$\Delta NII = RSA \times \Delta i_{exp} - RSL \times \Delta i_{exp}$$
$$= GAP \times \Delta i_{exp}$$

当利率敏感性缺口为正时，预期利率上升，则银行净利息收入将增加；如果预期利率下降，银行净利息收入将下降。当利率敏感性缺口为负时，预期利率上升，则银行净利息收入将下降；如果预期利率下降，则银行净利息收入将增加(如表11-2所示)。

表11-2　利率敏感性缺口、预期利率变动和净利息收入变动的关系

利率敏感性缺口	预期利率变动	净利息收入变动
正	上升	上升
正	下降	下降
负	上升	下降
负	下降	上升
零	上升	不变
零	下降	不变

三、利率敏感性缺口的计算方法

1. 基本缺口

进行利率敏感性缺口管理往往需要确定考察期，若银行资产或负债的到期期限

大于考察期限,则该资产或负债就属于非利率敏感性资产或负债;若银行资产或负债的到期期限小于考察期限,则该资产或负债就属于利率敏感性资产或负债。这就是基本缺口计算方法。

这种计算方法的优点是简便易行。但是,考察期的选择由银行主观决定难免失之偏颇。即使是在考察期内,利率敏感性资产与负债的到期期限不同,其利率敏感性程度也不相同,不应该同等对待。这是基本缺口计算方法的缺点。

2. 期限级距计算法

为了能精确地估算银行利率风险,一些专家又提出了按考察期内不同到期日来累积计算利率敏感性缺口的方法。通常将资产与负债的到期期限分为 1—90 天、91—180 天、181—270 天、271—360 天以及 1 年以上五个级距,然后根据银行资产与负债的到期期限分别计算缺口,最后加总,得到累计缺口。累计缺口计算公式为:

$$累计缺口 = (RSA_{90} - RSL_{90}) + (RSA_{180} - RSL_{180}) + (RSA_{270} - RSL_{270})$$
$$+ (RSA_{300} - RSL_{360}) + (RSA_{360以上} - RSL_{360以上})$$
$$= \sum_{i=1}^{n} RSAi - RSLi$$

其中,i 代表到期级距,n 代表到期级距的总数。

例如,某银行 90 天内到期资产 5 亿美元,负债 3.2 亿美元,91—180 天内到期资产 2.4 亿美元,负债 1.8 亿美元;181—270 天内到期资产 1 亿美元,负债 1.5 亿美元;271—360 天内到期资产 2 亿美元,负债 3.7 亿美元;360 天以上到期资产 4.2 亿美元,负债 3.8 亿美元,则该银行的累计缺口为 0.6 亿美元(1.8+0.6-0.5-1.7+0.4)。

但是,这种计算方法所求得的累计缺口也并非测量银行利率风险的精确指标。如果两家银行的累计缺口一样,但是其缺口在不同的到期级距的分配不一样,就有可能导致这两家银行所承担的利率风险不一样。

3. 标准化缺口

运用标准化缺口计算方法首先要选定一个基准利率,然后将相应的利率敏感性资产与负债的重新定价的变动率与这一基准利率的变动率作比较,确定出各自的相对变动率,然后计算利率敏感性资产与负债的实际差额。

例如,某银行 90 天内到期的短期贷款 5 000 万美元、CDs 3 200 万美元,都以 90 天国库券利率为基准利率。当国库券利率上升 10% 时,该银行短期贷款利率可上升 8%,其相对变动率为 80%;而 CDs 的发行利率则要上升 11%,其相对变动率为 110%,该银行的标准化缺口为:

$$GAP = 50\,000\,000 \times 80\% - 32\,000\,000 \times 110\% = 4\,800\,000$$

而根据前两种缺口计算方法,该银行90天内到期的资产与负债缺口为:

$$GAP = 50\,000\,000 - 32\,000\,000 = 18\,000\,000$$

两种算法的结果大不一样。显然,标准化缺口的计算结果比较切合实际,它对于银行进行利率风险管理具有实际意义。

四、利率敏感性缺口管理

利率敏感性缺口在每家银行都客观地存在着,而利率敏感性缺口值与银行净利息收入变动之间又存在着密切关系,因此,对银行来说,就存在一个如何通过缺口管理规避利率风险、扩大银行收益的问题。不同的银行经营管理者,所选择的利率敏感性缺口管理的策略与方法也不同。一般认为,利率敏感性缺口管理主要有两种策略:一是进取性策略,二是防御性策略。

1. 进取性策略

进取性策略是指保持利率敏感性缺口存在,利用利率变动获取收益的做法。当银行欲投机于未来利率变动时,银行管理者就会使银行保持一定的利率敏感性缺口值,若预期利率上升,银行的利率敏感性缺口值应为正,若预期利率上升幅度较大,银行的正缺口值也应扩大;反之,若预期利率将下降,银行的利率敏感缺口值应为负,如果预期利率下降幅度较大,银行的负缺口值也要扩大。这种进取性策略适合于大银行和投机意识较强的银行。大银行拥有对利率进行预测的专门人才,有条件对利率走势进行跟踪研究,准确判断未来利率的升降趋势及其变动幅度。例如,美洲银行每天要组织大量人力对市场上存在的数以万计的有关利率指标进行跟踪监测,预测市场利率走势,以便及时调整其资产负债结构。对一些投机意识较强的银行而言,则可以利用各种新金融工具,如期货、期权、互换等调节其资产负债结构,达到获取更多收益的目的。

2. 防御性策略

对大部分中小银行而言,由于跟踪利率研究、预测利率走势有较高的成本,它们无力承担昂贵的费用,而如果不能准确把握利率变动趋势,就无法有效地利用利率敏感性缺口避险盈利,弄不好还会遭致巨大损失。所以,大多数中小银行就采取保守的做法,使利率敏感性缺口为零,使利率敏感性资产与利率敏感性负债总额平衡,以达到最大限度地减少利率风险损失的目的。

当然,对各银行来说,进取性策略与防御性策略也并非一经采取便固定不变的。一家银行采取何种策略,除了取决于其经营方针外,还要考虑到金融形势的状况。当市场旺盛,利率走势持续稳定时,应当选择进取性策略,因为此时的利率走势容易把握;如果市场波动,利率变动频繁且走势不明朗,就应当选择防御性策略,以避免因利率预测不准而蒙受利率风险损失。

关于利率敏感性缺口管理的操作策略,如图11-1所示。

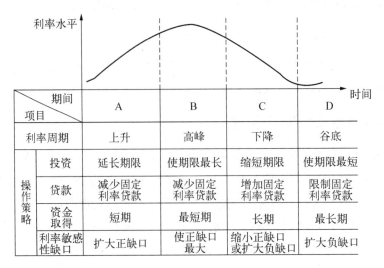

图 11-1 利率敏感性缺口管理的操作策略

五、利率敏感性缺口管理评价

利率敏感性缺口管理的优点是其模型设计比较简单,因而容易理解。由于风险与收益是同时并存的,银行在评估风险和收益时要进行客观的分析和计算,但在选择风险与收益组合时,要取决于银行的主观判断。一般认为,客观分析做得越细致越周到,管理者也就越容易作出正确的决策。当管理者面对不同的决策方案可供选择时,就应当将决策根据明晰化,使决策操作简单易行。利率敏感性缺口管理模型正符合这一需求:以一定时期的利率敏感性缺口来反映该期限内的利率风险,银行管理者可据此调整缺口,达到规避风险甚至扩大收益的目的。

但是,利率敏感性缺口管理也存在明显的缺点。

(1) 利率预测有较大难度。即使是大银行,也不一定能准确把握利率走势,更不用说大量的中小银行了。利率预测是实行利率敏感性缺口管理的前提,利率预测不准确,利率敏感性缺口管理就无法操作。

(2) 银行在调整利率敏感性缺口方面缺乏灵活性。即使银行能准确预测利率变动趋势也是如此,因为客户对银行变动其资产负债结构的做法并不是无所作为的,客户也有着很大的选择余地。例如,当银行预测利率将要上升、准备提高银行变动利率资产比重时,客户可能也预测利率会上升,此时他们希望得到固定利率贷款,银行为了保持其市场份额,稳定其客户,只能有两种选择,要么发放较优惠的变动利率贷款,要么坚持高利率。若是选择前者,会减少银行收益;如果选择后者,则有可能失去竞争力,失去客户。因为如果银行坚持按既定方针行事,成功地调整了利率敏感性缺口,获得了好处,那么必然会使其贷款客户和存款客户遭受损失,最终迫使客户选择其他银行。

(3) 就利率敏感性缺口本身而言,它并不能准确地反映资金流量。因为当银行以账面价值计算个别缺口时,往往会把到期日之前所发生的利息以及本金的现金流量都纳入到期日进行计算,就会造成现金的流入与流出的计算误差。当银行以市价计算个别缺口时,还会将中途支付与收入的现金忽略,从而使成本、收益计算也出现误差。由于不能准确地反映资金流量,必然会影响其对净利息变动的预测,从而使其效果与作用遭到破坏。

（4）这种管理方法没有考虑到存、贷款的提前解除合约这一因素。实际上这种现象是经常发生的,它往往与市场利率的变动直接有关,当合约利率与市场利率有差异时,存款人或贷款人都会基于各自的利益考虑而作出中途解除合约的决定。它对银行既定的缺口管理效果有较大的影响,特别当有些银行对提前支取或提前还贷缺乏良好的应变能力时,更是如此。

（5）利率敏感性缺口管理模型忽略了资产与负债的市价变化,只注重损益表中的净利息收入变化,忽略了资产负债表中利率变动对净值的影响。银行净值的市价恰恰是股东最关心的事,因为股东的收益都是根据净值的市价来决定的。因此,这种管理方法会引起银行股东们的不满,使股东感到不安。

第三节 持续期缺口管理

由于利率敏感性缺口管理不能很好地反映利率变动对银行净值造成的风险,而银行股东又特别关注净值的变化,这就决定了银行资产负债管理必须继续探索新的、更有效的管理理论和方法。持续期缺口管理模型就是在这种情况下产生的。

一、持续期的概念

持续期(Duration)这一概念起源于证券投资组合理论,其又被称为存续期或久期。1936年,美国经济学家F·R·麦考莱(Frederick R. Macaulay)提出了"持续期"的概念。持续期是指固定收入金融工具的所有预期现金流量的加权平均时间,也可以理解为固定收益金融工具各期现金流量抵补最初投入的平均时间。当时持续期仅仅作为测量债券期限的一种手段,并未引起多大的重视。进入20世纪80年代后,持续期这一概念开始被广泛地用于财务、金融与投资领域,银行家们将其用作分析利率变动对银行净值影响的重要工具。

持续期概念有狭义与广义之分。

1. 狭义的持续期

狭义的持续期就是指债券的存续时间,它与债券的到期日或期限(Term)概念不同。债券的到期日或期限是指债券最后一笔现金流量的付款日,它不考虑债券到期日之前所有现金流量的金额与日期;而持续期则要考虑债券到期日之前全部现金流量的变化,如利息支付、本金提前偿还等。它用适当的贴现率将债券的所有利息和本

金等现金流转换为现值,表现了所有现金流量的金额及时间。麦考莱提出的持续期就是基于现金流量这一概念之上的,用公式表示为:

$$D = \frac{\sum_{t=1}^{n} t \times PV_t}{\sum_{t=1}^{n} PV_t} = \frac{\sum_{t=1}^{n} \frac{t \times P_t}{(1+i)^t}}{\sum_{t=1}^{n} \frac{P_t}{(1+i)^t}}$$

式中:

D 为持续期;

PV 为现值;

PV_t 为 t 期的现金流现值;

P_t 为 t 期的现金流;

t 为现金流发生距离现在的时间,通常以年为单位;

n 为现金流发生的次数;

i 为债券的到期收益率。

所以,又可将上式看作现金流的加权现值总额与现值总额之比。

例如,有一张面额 100 元的债券,期限 5 年,年利率 8%,每年付息一次,则该债券的持续期 D 是多少呢?

列表 11-3 如下。

表 11-3 债券的持续期计算

年 数	现金流(元)	现值(元)	权 数	现值加权值
1	8.00	7.4	1	7.41
2	8.00	6.86	2	13.72
3	8.00	6.35	3	19.05
4	8.00	5.89	4	23.56
5	108.00	73.50	5	367.50
合 计		100.00		431.24

结果: $D = \frac{431.24}{100.00} = 4.3124 (年)$

根据麦考莱的理论,在 4.3124 年这一时点上,该债券的再投资风险和价格风险是相等的,两者可以互相抵消。再投资风险指在这一时点上债券持有人若将资金投到其他项目,其收益可能比持有该债券所得利息要低。价格风险指由于利率变动导致债券价格变动所带来的风险。

利率变化与债券价值变动的相互关系推导如下:

因为, $PV = \sum_{t=1}^{n} \frac{P_t}{(1+i)^t}$,对 i 求导,即可得出现值对利率变动的敏感度,即

$$\frac{dPV}{di} = -\sum_{t=1}^{n} \frac{t \times P_t}{(1+i)^{t+1}}$$

又因为，$D = \dfrac{\sum\limits_{t=1}^{n} \dfrac{t \times P_t}{(1+i)^t}}{\sum\limits_{t=1}^{n} \dfrac{P_t}{(1+i)^t}}$

所以，$(1+i)\dfrac{dPV}{di} = -D \times PV$

即，$\dfrac{dPV}{PV} = -D \times \dfrac{di}{1+i}$

所以，债券价格变动 $= -D \times \dfrac{\Delta i}{1+i} \times PV$

依此公式，在上例中，若利率上升 100 个基点，则

$$债券价格变化 = \frac{-4.3124 \times 100}{1 + 0.08} \times 0.01 = -3.99(元)$$

即，利率上升 1%，该债券价格下跌 3.99 元。

因此，狭义的持续期概念说明两个问题。一是债券的价格变动幅度与持续期长短成正比，持续期愈长，债券价格变动幅度愈大或价格弹性愈大；反之，则反是。银行若要取得风险较小的稳定收益，就应选择持续期较短的债券，若银行的经营方针是积极进取性的，则可选择持续期较长的债券。二是利用上述公式，可以计算出持续期不同的债券的综合持续期，并进而计算出债券的总价值变化。综合持续期计算公式为：

$$D = \frac{\sum_{t=1}^{n} D_t \cdot PV_t}{\sum_{t=1}^{n} PV_t}$$

2. 广义的持续期

当我们将持续期理论用于分析商业银行贷款等其他资产与负债的利率风险，并进而用于分析银行股东权益变化的时候，便有了广义的持续期概念。

(1) 贷款的持续期计算。商业银行的资产中以贷款为主，而商业银行提供的贷款又是多种多样的。按贷款偿还方式分，可分为分期偿还贷款与一次清偿本息的贷款。一次清偿贷款，只有一次现金流入，所以其持续期就等于到期期限。对分期偿还的贷款来说，由于其发生的现金流有多次，其持续期的计算也就复杂一些。如果以 PVn 为各期的现值，tn 为第 n 年数，即加权值，则分期偿还的贷款持续期计算公式为：

$$贷款持续期 = \frac{PV_1 \times t_1 + PV_2 \times t_2 + \cdots + PV_n \times t_n}{PV_1 + PV_2 + \cdots + PV_n}$$

例如，某银行向一客户发放了一笔 5 年期贷款，金额为 80 万美元，利率为 10％，分期偿还，贷款本息总和为 112 万美元。银行与客户约定，第一、二、三、四、五年分别偿还 10 万美元、15 万美元、20 万美元、30 万美元和 37 万美元。其现金流状况如表 11-4 所示。

表 11-4 贷款现金流状况　　　　　　　　　　　　单位：万美元

年　数	现金流	现　值	加权现值
1	10	9.091	18.182
2	15	12.397	24.794
3	20	15.026	45.078
4	30	20.49	81.96
5	37	22.996	114.98
合　计	112	80	285.014

该贷款的持续期为：

$$D = 285.014 \div 80 = 3.563(年)$$

（2）负债的持续期及其计算方法。商业银行负债主要是存款和借款。以存款为例，按照提取方式不同，存款又可分为一次提取和多次提取两种。一次提取的多为定期存款，定期存款往往到期提取，发生一次现金流，其持续期即到期期限。活期存款和活期储蓄则可多次提取，因而只能在预知其现金流的时间和数额的情况下，才能计算出它的持续期。

计算存款与借款的持续期的意义在于：在市场利率变化的条件下，银行能预测出存款或借款的利息成本，从而有助于银行制定成本控制计划。存款及借款持续期的计算方法同前述资产存续期计算方法大致相同。

由于金融工具的现值取决于市场利率水平，在引入持续期概念后，则银行资产、负债的价值变动与市场利率变动之间存在以下关系：

设 PV_A 为资产现值，ΔPV_A 为资产价值变动额，Δi 为利率变动，PV_L 为负债现值，ΔPV_L 为负债价值变动额，则

$$\Delta PV_A = -D_A \times \frac{\Delta i}{1+i} \times PV_A$$

$$\Delta PV_L = -D_L \times \frac{\Delta i}{1+i} \times PV_L$$

二、持续期缺口

1. 持续期缺口的计算

持续期缺口在银行经营管理理论中，主要是指资产的综合存续期和负债的综合

持续期乘以总资产与总负债之比的积之间的差额。

若以 D_A 为各种资产的综合存续期；以 D_L 为各种负债的综合持续期；以 u 为总资产与总负债之比，则持续期缺口 $DGAP$ 的计算公式为：

$$DGAP = D_A - uD_L$$

$DGAP$ 有三种情况：为正，为负，为零。

2. 持续期缺口与股权市场价值变动的关系

在利率变动情况下，股权市场价值变动与持续期缺口状况有直接关系。其关系为：

当 $DGAP$ 为零时，总资产价值和总负债价值都以同样幅度随着利率变化而变化，因此对股权市场价值没有影响。

当 $DGAP$ 为负时，有两种情况：一是当利率下降时，总资产和总负债的价值都会上升，但总资产价值升幅小于总负债价值的升幅，导致股权市场价值下降；二是当利率上升时，则总资产价值与总负债价值都下降，但是总资产价值下降幅度小于总负债价值下降幅度，导致股权市场价值增加。

当 $DGAP$ 为正，也有两种情况：一是当利率下降时，总资产价值上升幅度大于总负债价值升幅，导致股权市场价值增加；二是当利率上升时，总资产价值下降幅度大于总负债价格下降幅度，导致股权市场价值减少。银行股权市场价值变动、持续期缺口与利率变动三者之间关系如表 11-5 所示。

表 11-5　银行股权市场价值变动、持续期缺口与利率变动三者之间关系

持续期缺口	利率变动	总资产价值变动	比较	总负债价值变动	股权市场价值变动
正	上升	减少	>	减少	减少
正	下降	增加	>	增加	增加
负	上升	减少	<	减少	增加
负	下降	增加	<	增加	减少
零	上升	减少	=	减少	不变
零	下降	增加	=	增加	不变

三、持续期缺口管理应用

持续期缺口管理的目标主要是使银行股权市场价值保持预期的状态。下面我们通过某家银行的实例来说明持续期缺口管理的应用。

设某家银行在初始阶段拥有三种资产：现金、3 年期的商业贷款和 9 年期的政府债券。3 年期的商业贷款利率为 14%，9 年期的政府债券利率为 12%；3 年期贷款的持续期为 2.65 年，9 年期政府债券的持续期为 5.97 年。该银行拥有两种负债：1 年期定期存款和 4 年期 CDs，定期存款利率为 9%，持续期为 1 年（定期存款到期偿还，

故其持续期即到期期限),CDs 的持续期为 3.49 年。该银行股本为 8 000 万美元,占资产总额的 8%。为了说明问题方便起见,这里假设该银行资产没有违约和提前还款,负债也不提前偿付,各种有价证券都支付年息。

表 11-6 某商业银行资产负债表

资产	市场价值（百万美元）	利率	持续期（年）	负债和股权	市场价值（百万美元）	利率	持续期（年）
现金	100			1 年期定期存款	520	9%	1.00
3 年期商业贷款	700	14%	2.65	4 年期 CDs	400	10%	3.49
9 年期政府债券	200	12%	5.97	负债总计	920		2.08
			3.05	股权	80		
总计	1 000			总计	1 000		

$$\text{商业贷款持续期} = \frac{\frac{98}{1.14} + \frac{98 \times 2}{1.14^2} + \frac{798 \times 3}{1.14^3}}{700}$$

$$= \frac{86 + 151 + 1\ 616}{700} = 2.65 \text{(年)}$$

$$\text{政府债券持续期} = \frac{\frac{24}{1.12} + \frac{24 \times 2}{1.12^2} + \cdots + \frac{24 \times 8}{1.12^8} + \frac{224 \times 9}{1.12^9}}{200} = 5.97 \text{(年)}$$

$$CDs \text{ 持续期} = \frac{\frac{40}{1.1} + \frac{40 \times 2}{1.1^2} + \frac{40 \times 3}{1.1^3} + \frac{440}{1.1^4}}{400} = 3.49 \text{(年)}$$

$$\text{资产综合持续期 } D_A = \frac{700}{1\ 000} \times 2.65 + \frac{200}{700} \times 5.97 = 3.05 \text{(年)}$$

$$\text{负债综合持续期 } D_L = \frac{520}{920} \times 1.00 + \frac{400}{920} \times 3.49 = 2.08 \text{(年)}$$

$$\text{预期净利息收入} = 700 \times 14\% + 200 \times 12\% - 520 \times 9\% - 400 \times 10\%$$
$$= 35.2 \text{(百万美元)}$$

$$\text{持续期缺口 } DGAP = D_A - uD_L = 3.05 - \frac{920}{1\ 000} \times 2.08 = 1.14 \text{(年)}$$

由于这家银行出现正的持续期缺口,该银行就要有利率风险。此时,如果市场利率上升 1%,该银行资产与负债的市场价值变动不等,未来的利息收入与利息支出变动也不相等。资产的市场价值总额将下降 2 700 万美元,负债的市场价值总额将下降 1 750 万美元,股权资本将下降 950 万美元(见表 11-7)。

表 11-7 当利率上升 1% 后该银行资产负债表

资产	市场价值（百万美元）	利率	持续期（年）	负债和股权	市场价值（百万美元）	利率	持续期（年）
现金	100			1年期定期存款	515.2	10%	1.00
3年期商业贷款	683.7	15%	2.64	4年期CDs	387.3	11%	3.48
9年期政府债券	189.3	13%	5.897	负债总额	902.5		2.06
			3.00	股权	70.5		
总 计	973				973		

其中，

商业贷款市场价值变动 $= \dfrac{-0.01}{1.14} \times 2.65 \times 700 = -16.3$（百万美元）

政府债券市场价值变动 $= \dfrac{-0.01}{1.12} \times 5.97 \times 200 = -10.7$（百万美元）

定期存款市场价值变动 $= \dfrac{-0.01}{1.09} \times 1 \times 520 = -4.8$（百万美元）

CDs 市场价值变动 $= \dfrac{-0.01}{1.10} \times 3.49 \times 400 = -12.7$（百万美元）

资产市场价值变动总额 $= -16.3 - 10.7 = -27$（百万美元）

负债市场价值变动总额 $= -4.8 - 12.7 = -17.5$（百万美元）

银行股权资本价值变动 $= -27.0 - (-17.5) = -9.5$（百万美元）

资产综合持续期 $D_A = \dfrac{683.7}{973} \times 2.64 + \dfrac{189.3}{973} \times 5.89 = 3.001$（年）

负债综合持续期 $D_L = \dfrac{515.2}{902.5} \times 1.00 + \dfrac{387.3}{902.5} \times 3.48 = 2.064$（年）

预期净利息收入 $= 683.7 \times 15\% + 189.3 \times 13\% - 515.2 \times 10\% - 387.3 \times 11\%$
$= 32.981$（百万美元）

可见，在市场利率上升 1% 后，该银行的净利息收入比原来减少 2.219 百万美元，银行股权资本价格也下降了 9.5 百万美元。同理可推得，当利率下降时，该银行的股权资本市场价值会上升，其净利息收入也会增加。如果该银行要使其股权价值不受利率变动的影响，就必须调整其存续期缺口，或者把资产综合持续期缩短 1.14 年，或者把负债综合持续期延长 1.14 年。

假设该银行选择延长负债综合持续期，则银行可以将 1 年期定期存款减少 280 百万美元，发行 5 年期定期存单 280 百万美元（假设该定期存单到期后一次性还本付息），则其资产负债表发生如下变动（见表 11-8）。

表 11-8 调整后的资产负债表

资产	市场价值（百万美元）	利率	持续期（年）	负债和股权	市场价值（百万美元）	利率	持续期（年）
现金	100			1年期定期存款	240	9%	1.00
3年期商业贷款	700	14%	2.65	5年期定期存款	280	10%	5.00
9年期政府债券	200	12%	5.97	4年期CDs	400	10%	3.49
			3.05	负债总额股权	920 80		3.31
合 计	1 000				1 000		

其中，

$$负债综合持续期 D_L = \frac{240}{920} \times 1 + \frac{280}{920} \times 5 + \frac{400}{920} \times 3.49$$

$$= 0.261 + 1.522 + 1.517$$

$$= 3.31(年)$$

持续期缺 $\Delta DGAP = 3.05 - \frac{920}{1\,000} \times 3.31 \approx 0$

那么，当所有的利率上升1%后，该银行资产负债表呈下列情形(见表11-9)。

表 11-9 利率上升1%后调整的资产负债表

资产	市场价值（百万美元）	利率	持续期（年）	负债和股权	市场价值（百万美元）	利率	持续期（年）
现金	100			1年期定期存款	238	10%	1.00
3年期商业贷款	683.7	15%	2.64	5年期定期存款	267	11%	5.00
9年期政府债券	189.3	13%	5.84	4年期CDs	388	11%	3.48
			3.00	负债总额股权	893 80		3.27
合 计	973			合 计	973		

显然，由于资产与负债的市场价值都下降了 2 700 万美元，所以该银行的股权价值仍保持不变。

除了上述调整办法外，还有很多办法可使持续期缺口为零，从而使银行股东权益不受影响，这种调整方法又被称为资产负债的"免疫"。

四、持续期缺口管理的评价

1. 持续期缺口的优点

(1) 为银行资产负债综合管理，特别是为利率风险管理提供了一个综合性指标。

在一般情况下,持续期缺口的绝对值越小,银行股权价值对利率变动的敏感性就越低;反之,则反是。所以,商业银行可以通过调整持续期缺口的值对资产负债进行合理配置。

(2) 持续期缺口是在考虑了每种资产或负债的现金流量的时间价值基础上计算出来的,避免了利率敏感性缺口模型中由于时间间隔划分不当出现的问题,从而使持续期缺口模型更具有操作意义。

2. 持续期缺口的缺点

(1) 持续期缺口计算中所需要的资产、负债等项目未来现金流的数值较难取得,其计算过程比较复杂,尤其是要对资产负债重新定价的时间进行分析,这在大多数中小银行看来,是难以把握的。因为在市场竞争中,中小银行多采取占有率定价法,以避免单独定价风险。它们在分析重新定价时间时,不仅要考虑本银行的目标,更要考虑大银行的动向,因而难以对重新定价时间作出准确分析。不能对重新定价时间作出准确分析,便也无从计算持续期缺口。

(2) 使用持续期缺口管理方法也要预测利率变动的时间及其幅度。一般还需要分析贴现率的变动,这使得存续期缺口管理方法应用遇到很大麻烦。

(3) 按麦考莱公式的要求,持续期是随着利率变动而变动的。因此,无论何时,利率变动一旦发生,银行就必须调整其资产负债结构,这意味着,银行很可能每周甚至每天都要调整其资产负债结构。即使利率相对稳定,由于持续期缺口会随着时间推移而变动,银行因此也必须经常对资产与负债的存续期进行调整,这要增加相当多的人力、物力投入,会提高银行经营管理成本。这是许多银行在使用持续期缺口管理方法之前不得不认真考虑的问题。

本 章 小 结

资产负债综合管理理论认为,单靠资产管理或负债管理都难以达到流动性、安全性、效益性的最优均衡,只有兼顾了银行的资产方和负债方,强调资产和负债两者之间的整体规划和协调搭配,通过资产结构和负债结构的共同调整以及协调统一管理,才能控制市场利率波动的风险,保持资产的流动性,实现利润最大化的经营目标。

利率敏感性缺口是指银行利率敏感性资产与利率敏感性负债的差额,利率敏感性缺口可用来反映银行资金的利率风险暴露情况。当利息率变动时,银行利率敏感性缺口的状况会直接影响银行净利息收入的变动。利率敏感性缺口管理主要有两种策略:一是进取性策略,二是防御性策略。

狭义的持续期是指债券的存续时间,它用适当的贴现率将债券的所有利息和本金等现金流转换为现值,表现了所有现金流量的金额及时间。当我们将持续期理论用于分析商业银行贷款等其他资产与负债的利率风险,并进而用于分析银行股东权益变化的时候,便有了广义的持续期概念。持续期缺口在银行经营管理理论中,主要是指资产的综合存续期和负债的综合持续期乘以总资产与总负债之比的积之间的差额。在利率变动的情况下,股权市场价值变动与持续期缺口状况有直接关系。持续期缺口管理的目标主要是使银行股权市场价值保持预期的状态。

复习思考题

1. 资产负债综合管理理论产生和发展的背景是什么?
2. 资产负债综合管理理论的主要思想和基本原理是什么?
3. 银行利率敏感性缺口的状况随利率变动如何影响银行净利息收入的变动?
4. 商业银行如何实施利率敏感性缺口管理?
5. 利率敏感性缺口管理方法的优缺点是什么?
6. 银行持续期缺口的状况随利率变动如何影响银行股权价值的变动?
7. 商业银行如何实施持续期缺口管理?
8. 全面比较利率敏感性缺口管理和持续期缺口管理两种方法的不同。
9. 在利率敏感性缺口管理方法下,如何防范利率风险?
10. 在持续期缺口管理方法下,如何防范利率风险?

第十二章　商业银行财务管理

商业银行的财务活动是指商业银行在经营过程中筹集资金、使用资金和分配资金的活动,而财务管理则是用价值形态反映商业银行的一切经营活动。财务管理主要是通过对各项资金的筹集和使用的管理,来扩大经营成果,提高经济效益,促进经营管理工作的加强和各项业务的开展。财务管理是企业管理的中心,它在商业银行——这一经营货币资金的特殊企业中同样发挥举足轻重的作用。商业银行财务管理同样是银行经营管理的一个重要组成部分,但它又是一项独立的管理工作,居于**银行管理的核心**。如何加强财务管理,进行成本控制,规避财务风险,实现**经营效益最大化的财务管理目标**,构成了商业银行财务管理的重要内容。

第一节　财务管理概述

所谓商业银行财务管理,就是指商业银行按照内外经营环境和客观经济规律的要求,对经营管理过程中的资金来源、资金运用和分配活动进行组织、控制、监督、分析、调节,从而达到最佳经营水平的一系列管理活动的总称。由于商业银行是经营货币资金的特殊企业,因而从某种意义上来说,其一切经营活动都是一定形式的具体的财务管理工作。就银行整体角度而言,财务管理是协调和监控各项业务活动,**把握银行经营管理水平的最关键、最核心的部分**。

一、财务管理的作用

1. 财务管理是商业银行落实其盈利性、流动性、安全性原则的主要途径

首先,要积极筹措资金并降低资金成本,最佳运用资金以提高银行的盈利水平,加速资金周转以提高资金的使用效率,有效地分配银行的经营成果,并进一步增加银行的经营实力,这一切都有助于商业银行盈利性的实现;其次,只有进行财务管理、合理地安排不同流动性负债与资产的比例,才能保障商业银行的流动性;再次,进行财务管理,有效地安排不同风险负债与资产的比重,选择合理的资产负债结构,以便从根本上控制和降低风险,提高商业银行经营的安全性;最后,进行财务管理,在银行各部门全面贯彻盈利性、流动性、安全性并进行最佳组合,才能保障商业银行经营活动的顺利进行。

2. 有效的财务管理是维护商业银行股东和债权人利益的要求

股份制商业银行的管理人员作为代理人,承担着股东作为委托人的受托责任,银行管理人员有义务谨慎经营,尤其应当实行严格科学的内部财务管理,对银行股东负责。股东有权利了解商业银行真实的经营情况和财务状况,这是其维护自身投资利益的权利,也是其投资决策的依据。因而,财务管理的好坏直接影响到股东对管理人员的信任程度和股东继续投资的热情。此外,对于商业银行的广大债权人来说,银行财务管理的质量和效果也是其考虑是否对商业银行投资的重要影响因素。对于上市的商业银行,按照监管部门的要求,要以规定的格式和内容定期和不定期披露其财务报表和会计政策及相关说明,给投资者以充分透明的信息才能通过市场约束来提高商业银行的经营管理。

3. 健全有效的财务管理有助于对商业银行的监管和宏观调控

商业银行是现代经济的核心,商业银行进行健全有效的财务管理,有益于国家宏观经济的健康发展和国家宏观金融的稳定与繁荣;拙劣的财务管理不仅会使银行自身经营活动陷入混乱,可能还会对一国甚至世界经济与金融活动造成危害。因此,世界大多数国家对商业银行的财务管理都有特别的要求,对其财务制度、财务程序等方面作了强制性的规定,并要求商业银行定期或不定期向监管部门上报某些财务报表及其其他资料,有足够的信息资料依据以实施对商业银行的宏观管理和调控,保证商业银行的稳健运行。

二、财务管理的步骤

虽然商业银行财务管理工作的质量对国家宏观经济会有所影响,但是从根本上说财务管理还是银行内部的经营管理活动,因此应当根据其本身内外经济条件和特点确定适合本银行的财务管理方法。一般说来,商业银行财务管理主要包括以下五个步骤。

1. 财务计划管理

商业银行的财务计划,包括收入计划、成本计划、利润计划、资金收支计划、税收计划、营业外支出计划等,是一定时期内银行财务活动的总目标和基本要求,是银行财务管理的根本依据。财务计划必须建立在财务预测和财务决策的基础之上。财务预测是结合银行内外经营环境及经营状况,对未来一段时间内银行的财务活动作出预测,并提出有关可行性方案的财务活动;财务决策则是在财务预测的基础上,根据商业银行整体的经营目标,拟定若干可行性方案,并对方案进行充分的分析、论证、判断,从而获得最优方案的财务活动;财务计划的编制过程实质上就是银行财务部门与其他有关部门或人员一起,落实财务决策并做出适当调整的过程。

商业银行的财务计划必须与其各项其他计划(如业务计划)保持综合平衡;各项财务计划之间也应相互平衡、相互衔接;总行与分行、财务部门与银行整体的财务计划之间也应相互协调、相互平衡。因此,财务计划的编制一定意义上说是一个系统工作,需要银行领导、财务部门和有关部门的共同努力。

2. 日常财务管理

日常财务管理是财务计划管理工作的延续。实际上就是商业银行在日常经营活动中执行财务计划、科学有效地经营的过程。财务计划执行情况的好坏,依赖于各个业务部门与管理部门在每一环节中能否认真负责地按有关计划开展经营。因此,财务计划及财务指标必须在各部门、各业务环节中进行分解;各部门还要在本部门内部进行进一步的分解层层落实,进行归口负责管理。进行日常财务管理,还必须在银行内部建立各项日常经营管理的规章制度。例如,确定本银行的贷款政策、日常成本管理办法、现金管理办法、借款政策等,以建立商业银行内部经营管理的正常秩序,理顺各部门、上下级之间的财务关系。此外,银行财务部门等还应当对本行总体和各部门的日常财务状况进行监督。

3. 财务核算

财务核算是对银行业务经营和管理活动的财务反映。财务核算是银行财务部门的日常工作,是监督各部门财务活动状况、评价财务计划执行情况的依据。财务核算的结果便是财务报表,一般按月、按季、按年编制。主要的财务报表有资产负债表、损益表、财务状况变动表、利息收支表等。财务报表是商业银行最高管理层、银行股东和债权人金融监管当局及社会公众了解银行经营管理水平的最重要的途径。

4. 财务分析

财务分析是对商业银行财务计划与经营实际情况等进行量的分解和质的剖析,以便客观地了解银行经营活动中的矛盾和不足,总结经验,促进商业银行的财务管理和业务经营。通过财务分析,可以了解银行财务计划的执行情况,评价财务计划及其完成状况的好坏;可以检查商业银行经营活动是否与国家经济政策与银行本身的经营方针相符合;可以了解本行与其他银行在经营上的差距,学习其他银行的先进经营管理手段和经验;可以掌握银行经营活动的全貌,有益于进一步挖掘潜力,促进银行经营管理水平的提高。因此,财务分析是商业银行财务管理的重要组成部分。

5. 财务评估

财务评估是商业银行在财务分析的基础上,对本身经营状况和各业务部门、各分支行经营管理水平的评价与估计。财务评估是商业银行内部的自我评估活动,以便提高效率、加强管理、促进经营。财务评估可以分为三个方面:首先,是对商业银行整体经营状况、整体的资金来源状况和资金运用效率的评估;其次,包括对商业银行各部门、各分支行经营绩效和工作成果的评估,并反映部门、分支行管理者领导水平和管理能力;最后,对商业银行的具体业务项目进行评估,评价某项业务的绩效,为改进、扩大或取消该业务提供依据。

三、财务管理的主要内容

1. 成本费用管理

有效地控制和降低成本是提高商业银行经营管理水平的关键。因此,成本费用管理是银行财务管理的重要内容。构成商业银行成本费用的因素很多,有存款利息支出、借款利息支出、银行职员工资支出、管理费用、固定资产折旧、出纳短款、营业外支出等。因此,成本管理是相当复杂艰巨的工作。成本管理的过程一般也按照我们上面所说的财务管理的步骤进行,有成本的计划(包括成本预测和成本决策)、成本的日常管理、成本核算、成本分析等。

2. 收入与利润管理

商业银行的财务管理的另一项重要内容就是收入与利润管理。一般来说,商业银行的收入来源有贷款利息收入、拆放同业的利息收入、投资收入、手续费或服务费收入、外汇买卖收入、结算罚款收入、出纳长款收入,以及营业外收入等。从根本上讲,商业银行获取收入的途径在于运用资金开展资产业务,尤其在于开展贷款与投资业务。

从理论上讲,获得最多收入的同时保持尽可能低的成本就能实现利润的最大化。在实际经营过程中,由于内外经营条件的不断变化,使得利润最大化状态不可能保持不变。因此,商业银行的利润管理实际上是根据客观经营环境的变化而不断变化的动态过程。同时,过分追求盈利性很可能不利于流动性和安全性目标的实现。因此,利润管理的目的其实并非仅在于获取最大限度的利润,而在于根据银行整个流动性和安全性的要求,获得尽可能多的利润。此外,商业银行的利润管理还包括进行合理科学的利润分配,既能给予股东合理的回报,又能为本行保留足够的有益于未来进一步发展的留存盈余,实现资本的内部筹集。由此可见,商业银行的利润管理并非仅仅是财务部门所能执行的,还需要银行董事会等做出决策。

3. 财产管理

财产管理也是商业银行财务管理的重要组成部分。一般而言,商业银行的财产分为固定资产和低值易耗品两种,因此财产管理主要是对固定资产和低值易耗品的管理,包括固定资产购买和租入的决策,对固定资产折旧、计价、转移、清理、出售、补偿、更新的管理,对低值易耗品的购买、取用、报废、补偿的管理等。此外,财务管理还包括对商业银行无形资产的管理,尤其对一些声名卓著的大银行而言,无形资产的价值较大,其管理亦更重要。

第二节 主要财务报表

银行经营货币资金的质量与效果,大都从资金运转中综合地反映出来,而通过合理有效地组织银行的资金运转,又可对银行的各项经营管理活动加以促进。银行资金运转情况主要是从其提供的真实、完整的会计报表中表现出来。因此,要对商业银行财务管理情况有一个比较清楚的认识,首先就要了解其对外提供的会计报表。商业银行的财务报表主要有三大类:资产负债表、利润表(损益表)与利润分配表、现金流量表。

一、资产负债表

商业银行的资产负债表是反映商业银行在某一特定日期财务状况的报表,它是一种静态报表。资产负债表可以提供某一日期资产的总额及其结构,据以了解商业银行拥有或控制的资源及其分布情况;可以提供某一日期的负债总额及其结构,据以了解商业银行所承担的现时债务及大致偿还时间的信息;可以反映所有者所拥有的权益,据以判断资产保值、增值的情况以及对负债的保障程度。还可以利用资产负债表中的相关数据计算出可以用于财务分析的数据,提供决策信息。

资产负债表是根据"资产=负债+所有者权益"这一会计恒等式编制的。该表提供的某一特定时日的财务状况,主要包括以下几项内容:银行在某一特定日期所掌握的全部资产与银行负担的全部负债;所有者在银行所拥有的各项权益;银行偿还债务的能力。资产负债表的格式,目前国际上通用的主要有账户式和报告式两种。账户式资产负债表分左右两方,左方列示资产项目,右方列示负债及所有者权益项目,资产负债表左右两边平衡。报告式资产负债表,是将资产负债表的项目自上而下排列,首先列示资产的数额,然后列示负债的数额,最后排列所有者权益的数额。同时,资产负债表还提供前后期的比较资料。

商业银行的资产负债表具体格式与内容见表12-1。

表12-1 ××银行2010年度资产负债表   单位:千元

资产		负债和股东权益	
流动资产		流动负债	
现金	3 924 454	短期存款	248 211 330
存放中央银行存款	54 986 875	短期储蓄存款	173 454 001
存放同业和金融性公款项	11 429 815	结构性存款	9 806 673
拆放同业和金融性公司款项	15 797 310	财政性存款	6 183 983
短期贷款	193 387 400	票据融资	25 349 599
进出口押汇	8 086 945	同业和金融性公司存放款项	25 053 158
应收利息	1 668 729	同业和金融性公司拆入	1 506 311
其他应收款	628 315	卖出回购款项	3 605 121
贴现	62 775 805	汇出汇款	2 950 145
短期投资	30 111 199	应解汇款	2 419 887
委托贷款及委托投资	16 191 254	委托资金	16 191 254
买入返售款项	11 132 001	应付利息	2 012 037
一年内到期的长期债权投资	13 763 016	存入保证金	46 201 735

续　表

资　　产		负债和股东权益	
流动资产合计	423 883 118	应付工资	949 031
长期资产		应付福利费	606 858
中长期贷款	102 200 025	应缴税金	2 465 677
逾期贷款	9 457 098	预提费用	56 950
减：贷款损失准备	−10 920 000	应付股利	10 530
长期债券投资	68 897 024	其他应付款	2 768 223
长期股权投资	143 464	流动负债合计	547 284 622
固定资产原价	8 582 476	长期负债	
减：累计折旧	−3 026 066	长期存款	8 121 242
固定资产净值	5 556 410	长期储蓄存款	15 237 198
在建工程	809 446	应付存款证	1 241 475
长期资产合计	176 143 467	应付可转换公司债券	6 500 000
其他资产		应付次级定期债务	3 500 000 000
长期待摊费用	91 245	长期负债合计	34 599 915
待处理抵债资产	677 657	负债合计	581 884 537
其他资产合计	768 902	股东权益	
递延税项		实收股本	6 848 182
递延税款借项	1 970 000	资本公积	8 128 383
		盈余公积	1 591 086
		未分配利润	4 313 299
		股东权益合计	20 880 950
资产总计	602 765 487	负债及股东权益总计	602 765 487

一般银行的资产负债表中都有一些附加内容，对表中有关事项加以说明，主要包括内容如下。

(1) 结构性存款为嵌入了衍生金融工具的客户存款，嵌入的衍生金融工具主要为利率掉期和期权合约。

(2) 应付次级定期债务和可转换公司债券：

发行的次级债和可转换公司债券按实际发行价格总额确认为负债。债券发行价格总额与债券面值总额的差额作为债券的折价或溢价，在债券的存续期间按直线法摊销。

应付次级债和可转换公司债券利息按期计提。利息费用，债券折价或溢价的摊销及发行费用计入当期财务费用。可转换公司债券转换为股票时，按可转换的股数与股票面值计算的总额转换为股本;债券的账面价值与转换为股本之间的差额,计入资本公积。可转换公司债券在赎回日可能支付的利息补偿金,在债券发行日至债券约定赎回届满日期间计提。

(3) 资产负债表日后事项:截至本报告日,本行无其他需要披露的重大资产负债表日后事项。

二、利润表与利润分配表

1. 利润表

利润表又叫损益表,它是反映商业银行一定会计期间经营成果的报表,是一种动态报表。通过利润表可以反映商业银行一定期间的收入实现情况,以及为取得收入而支付的费用情况;可以提供商业银行在该会计期间创造利润(或亏损)的信息。将利润表中的信息与资产负债表中的信息结合起来,还可以提供进行财务分析的基本资料。

利润表是通过一定格式来反映企业经营成果的。利润表的格式有两种,即单步式利润表和多步式利润表。根据我国《金融企业会计制度》,商业银行采用多步式利润表,即从营业收入开始,依次计算出营业利润、利润总额、净利润。利润表与利润分配表格式见表12-2。

表12-2 ××银行2010年度损益表　　　　　　　　　　单位:千元

一、营业收入	19 916 459
其中:利息收入	16 781 562
金融性公司往来收入	1 543 902
手续费收入	1 186 786
汇兑收益	404 209
二、营业支出	7 116 021
其中:利息支出	5 261 852
金融性公司往来支出	1 493 383
手续费支出	298 100
汇兑损失	62 686
三、营业费用	6 514 204
四、投资净收益	2 578 358
五、营业税金及附加	976 564
六、营业利润	7 888 028
加:营业外收入	105 244
减:营业外支出	22 624

续 表

七、扣除资产准备支出前利润总额	7 970 648
减：资产准备支出	2 958 426
八、扣除资产准备支出后利润总额	5 012 222
减：所得税	1 868 135
九、净利润	3 144 087

各项目之间的关系如下：

营业利润 = 营业收入 − 营业支出 − 营业费用 + 投资净收益

利润总额 = 营业利润 − 营业税金及附加 + 营业外收入 − 营业外支出

扣除资产损失后的利润总额 = 利润总额 − 各项资产损失

净利润 = 扣除资产损失后的利润总额 − 所得税

2. 利润分配表

利润分配表是反映商业银行在一定会计期间经营成果的分配情况的报表。它反映了商业银行在该会计期间所取得经营成果的最终分配结果。利润分配表格式如表12-3所示。

表12-3　××银行2010年度利润分配表　　　　单位：千元

净利润	3 144 087
年初未分配利润	2 323 057
可分配利润	5 467 144
分派2010年度股利	−525 027
建议提取2010年度法定盈余公积及法定公益金	−628 818
未分配利润	4 313 299

三、现金流量表

现金流量表是反映商业银行一定会计期间内现金和现金等价物流入和流出信息的会计报表，它是一种动态报表。通过现金流量表能够说明商业银行在一定会计期间内的现金流入和流出的原因；能够分析商业银行经营活动对商业银行经营成果和财务状况的影响及商业银行的支付能力、偿债能力和周转能力；能够评价商业银行的经营质量、经营特征；预测商业银行未来的现金流量、经营走势和潜在的发展能力。

现金流量表结构包括主表与补充资料。其中主表内容包括：一是经营活动产生的现金流量及净流量；二是投资活动产生的现金流量及净流量；三是筹资活动产生的现金流量及净流量；四是汇率变动对现金的影响；五是现金及现金等价物净增加额。补充资料包括将净利润调整为经营活动现金净流量；不涉及现金收支的投资和筹资活动现金和现金等价物的净增减额。

现金流量表的编制,首先应计算当期现金的增减额,然后分别计算影响当期现金流入和现金流出的所有非现金账户的当期增减额,再分别按经营活动、投资活动和筹资活动加以归类,由此构成现金流量表的基本结构。现金流量表的具体格式与内容见表12-4。

表12-4　××银行2010年度现金流量表　　　　　　　　　　单位:千元

经营活动产生的现金流量	
收回的中长期贷款	25 519 394
吸收的活期存款净额	76 380 612
吸收的活期存款以外的其他存款	134 389 497
收取的利息	17 742 530
收取的手续费	1 186 786
收回的已于以前年度核销的贷款	46 956
吸收的委托资金净额	6 207 886
收到的其他与经营活动有关的现金	1 160 471
经营活动现金流入小计	262 634 132
对外发放的中长期贷款	57 423 771
对外发放的短期贷款净额	36 825 685
对外发放的委托贷款净额	6 207 886
支付的活期存款以外的其他存款	105 069 770
存放中央银行存款准备金净额	8 095 305
向中央银行借款及拆入同业和金融性公司净额	26 604 705
原到期日超过三个月的	
同业和金融性公司存放净额	129 333
拆放同业和金融性公司净额	2 828 720
支付的利息	6 129 490
支出的手续费	298 100
支付给职工以及为职工支付的现金	2 809 951
支付的所得税款	815 795
支付的除所得税以外的其他税款	903 380
支付的其他与经营活动有关的现金	1 921 800
经营活动现金流出小计	256 063 691
经营活动产生的现金流量净额	6 570 441

续 表

投资活动产生的现金流量	
收回投资所收到的现金	70 886 425
取得债券利息收入所收到的现金	2 800 486
处置固定资产和其他资产所收到的现金	160 824
投资活动现金流入小计	73 847 735
购建固定资产和其他资产所支付的现金	2 002 159
债券投资所支付的现金	90 201 279
股权投资所支付的现金	43 703
投资活动现金流出小计	92 247 141
投资活动产生的现金流量净额	−18 399 406
筹资活动产生的现金流量	
应付存款证	1 241 475
应付可转换公司债券	6 500 000
应付次级定期债务	3 500 000
筹资活动现金流入小计	11 241 475
分配股利或利润所支付的现金	523 144
支付可转换公司债券发行费用	65 000
支付的发行长期债券利息	133 825
筹资活动现金流出小计	721 969
筹资活动产生的现金流量净额	10 519 506
汇率变动对现金的影响	−4 501
现金及现金等价物净增加额	−1 313 960

第三节 收入管理

我国商业银行财务管理主要是对商业银行经营活动中的各项资产、负债、收入、成本、盈利与分配等所进行的综合性管理。本节商业银行的收入管理主要介绍商业银行收入的构成、营业收入的管理原则、增加收入的途径。

一、收入的构成

广义上讲，商业银行的收入包括营业收入、营业外收入和投资收益。

营业收入是指商业银行在经营业务中由于提供贷款、资金、劳务、办理证券交易、外汇买卖等取得的收入，主要包括利息收入、金融企业往来收入、手续费收入、汇兑收益、其他业务收入等。

1. 利息收入

利息收入是指除金融企业往来利息收入以外的各项利息收入，主要是指各项贷款业务的利息收入。利息收入是银行收入的主要来源。商业银行发放的各项贷款，一般都应按贷款时确定的利率及计息期限计算利息，按期计提利息并确认收入。但是，发放贷款到期（含展期，下同）90天及以上尚未收回的，其应计利息停止计入当期利息收入，纳入表外核算；已计提的贷款应收利息，在贷款到期90天后仍未收回的，或在应收利息逾期90天仍未收回的，冲减原已计入损益的利息收入，转作表外核算。

2. 金融企业往来收入

金融企业往来收入是指商业银行与其他金融机构往来而发生的利息收入，包括存放在中央银行各项存款取得的利息收入、存放同业款项取得的利息收入、拆放同业款项取得的利息收入以及调拨资金取得的利息收入。金融企业往来收入应按让渡资金使用权的时间和适用利率计算确定。

3. 手续费收入

手续费收入是指商业银行在提供服务时向客户收取的费用，包括收取的转账结算手续费、收取的结汇手续费和收取的委托贷款手续费等。

转账结算手续费是商业银行办理转账结算业务时，按一定的范围和标准向客户收取的手续费。手续费采取当时计收和定期汇总计收两种方法。

结汇手续费是商业银行在办理贸易和非贸易外汇结算中根据具体业务情况，向客户收取的手续费，如信用证项下出口企业办妥出口来证交单时，银行要收取通知费、议付费，信用证项下进口，银行要向进口企业收取开证费和其他费用等。商业银行收取此项手续费，通过与具体业务一并收取。

委托贷款手续费是商业银行受委托方委托，按委托方指定对象发放贷款收取利息后，按一定比例计收的手续费。

4. 汇兑收益

汇兑收益是指发生外汇兑换、外汇买卖业务产生的收益。也就是说，已经收入的外币资金在使用时，或已经发生的外币债权、外币债务在偿还时，由于期末汇率与记账汇率的不同而发生的折合为记账本币的差额，期末汇率高于记账汇率而折合为记账本位币的差额为汇兑收益；反之，则为汇兑损失。

5. 其他业务收入

其他业务收入是商业银行从主营业务以外取得的营业收入。

营业外收入是指与业务经营无直接关系的各项收入，包括财产盘盈收入、固定资产清理净收益、罚款收入、出纳长款收入及结算差错款收入、证券交易差错款收入、教育费附加返还款、因债权人的特殊原因确实无法支付的应付款项等。

投资收益是指对外投资取得的收益,包括对外投资的利息收入,证券出售、转让的净收益,分得的股利收入等。

二、营业收入的管理原则

营业收入的管理是商业银行经营管理的一处重要环节。在营业收入的管理上应遵循以下原则。

1. 准确计算各项收入

商业银行的营业收入要严格按照国家有关法律、法规的规定准确计算,认真核实,正确反映,加强监督检查,以保证商业银行损益的真实性。在营业收入的确认过程中,要坚持权责发生制的核算原则,严格按制度规定的收入确认原则来确认收入的实现,并及时将实现的营业收入统一纳入商业银行的损益进行核算,不能将应计收入放在账外。按照我国《金融企业会计制度的规定》,金融企业提供金融产品服务取得的收入,应当在以下条件均能满足时予以确认:一是与交易相关的经济利益能够流入企业;二是收入的金额能够确切计量。收入的确认和计量应遵循权责发生制原则和配比原则。

2. 划清各种收入的界限

商业银行的各种收入必须根据其性质和来源并按照规定分别列入有关项目,不得截留或作其他账务处理。发生少收或多收收入时,要积极查找原因,并由有关经办人员提出凭证经有关主管人员批准后,从有关收入中退还或补收入账。除代理发行、兑付国债的手续费在扣减为之发生的各项费用后,可适当用于为开办此项业务必须添置的部分设备及奖励成绩突出者外,一切代办业务手续费、劳务费一律作为营业收入入账,严格禁止向借款人、银行客户以佣金、劳务费、手续费等名义坐支收入或进行私分。

3. 保证收入和成本相互配比

在营业收入确认的过程中,应当分期结算账目,并使各期的收入和成本相互配比,及时将实现的营业收入统一纳入银行的损益进行核算。营业收入一旦在本期实现,则不仅要将收入登记入账,而且要将其相关的成本转销,使两者口径保持一致。不允许只登记收入而不登记相关成本,也不允许只登记成本而不登记相关收入,不能将应计收入放在账外。

三、增加收入的途径

商业银行收入的多少、成本费用的高低,在一定程度上反映了银行的经营水平,也决定着银行的盈利水平。银行盈利水平的提高,主要依靠增加收入、降低成本与费用来实现。因此,商业银行收入管理的一个重点就是合理有效地提高收入水平。一般来说,商业银行主要通过以下途径来增加收入。

1. 扩大贷款量,合理确定贷款利率

由于银行营业收入的主要来源是贷款利息收入,在贷款利率一定的情况下,扩大贷款量能增加利息收入。当然,扩大贷款一般还要受以下因素制约:客户是否有贷款需求、银行是否有贷款资金来源、贷款规模是否符合资产负债比例管理的要求、贷款的风险程度等。因此,商业银行扩大贷款数量,既要讲求现实可能性,又要努力寻找机会,还要遵循贷款原则。此外,在利率市场化下,商业银行还要合理确定贷款的价格,即利率水平,使利率水平的确定既考虑到贷款的成本与收益,又考虑到不同贷款客户的风险状况等,还要采取一定的措施与方法来规避利率风险,以此使贷款利息收入能够有效提高。

2. 大力发展中间业务,实现经营收益多元化

中间业务是与资产业务、负债业务并列的支柱业务之一,它既能从源头稳定存款,又能带来相当可观的效益。中间业务的相对高收益和低风险特征,已成为当今世界银行业发展不可逆转的趋势,其收入在银行业务收入中所占的比例也呈逐年递增之势。尤其是在竞争加剧、银行存贷款利差日渐缩小的情况下,商业银行更应把发展中间业务作为一项重大经营战略。商业银行要以培育核心业务为突破口,针对客户需求,不断创新,大力开拓中间业务领域,扩大收入来源,改善收入结构,增强整体盈利能力。要从依靠传统中间业务(如支付结算、代收代付等)收费为主的格局转向传统中间业务收费、信息咨询、信托租赁及表外业务等现代中间业务收费并存的多元化收费格局。

3. 改善资产结构,增加投资收益

商业银行积极改善资产业务,增加投资收益是增加收入的另一途径。商业银行除了传统的国债投资外,还要扩大新的投资领域如货币市场基金、资产证券化投资领域等来获得更多的投资收益。

第四节 成本费用管理

商业银行为实现财务管理目标,除了要积极扩大收入来源外,很重要的一个方面就是加强成本费用的管理。成本费用管理主要是指银行通过加强成本控制,促进其效益最大化。本节的主要内容有:成本费用的构成;商业银行成本控制,包括成本控制的原则与程序、成本控制方法、成本分析方法等。

一、成本费用的含义与构成

1. 商业银行成本费用的含义

商业银行的成本是指银行在业务经营过程中发生的与业务经营有关的各项支出,是银行为提供劳务而发生的各种耗费,不包括为第三方或客户垫付的款项。它必须从商业银行业务经营活动所带来的营业收入中获得补偿。所以,银行的成本主要包括利息支出、金融企业往来支出、手续费支出等,那些与业务经营活动无关的支出

如各种罚款、捐赠等均不得计入成本。

商业银行的费用则是指银行为销售商品、提供劳务等日常经营活动所产生的经济利益的流出,如业务经营和管理人员的工资、奖金及各项费用等。

成本与费用是两个并行的概念,两者之间既有区别又有联系。成本是按所发生的特定业务归集的费用,是对象化了的费用。成本与所发生的一定种类和数量的业务量相联系;而费用是资产的耗费,它与一定的会计期间相联系,与发生何种具体业务无关。

2. 商业银行成本费用的构成

(1) 利息支出:商业银行以负债形式筹集的各种资金按适用利率应向企业和个人支付的利息,包括企业各项存款的利息支出、储蓄存款利息支出、贴现的利息支出等。

(2) 金融企业往来支出:各商业银行系统内及与中央银行、同业之间因资金往来而发生的利息支出,如商业银行向中央银行借款的利息支出、同业拆借的利息支出、同业存放款项的利息支出等。

(3) 手续费支出:商业银行委托其他单位办理存款、结算等业务所发生的手续费以及参加票据交换的管理费支出,各项手续费按规定标准据实列支。

(4) 固定资产折旧:商业银行按固定资产的价值和规定的折旧办法计提的固定资产折旧费。

(5) 业务宣传费:商业银行开展业务宣传活动所支付的费用。业务宣传费在营业收入(扣除金融企业往来利息收入)的规定比例(2‰)内掌握使用。

(6) 业务招待费:商业银行为业务经营的合理需要而支付的业务交际费用。支出比例根据营业收入额的一定比例,分档次控制最高限额。其中,全年营业收入在1 500万元以内的,不超过5‰;全年营业收入超过1 500万元不足5 000万元的,不超过该部分的3‰;全年营业收入超过5 000万元不足1亿元的,不超过该部分的2‰;全年营业收入超过1亿元的,不超过该部分的1‰。

(7) 各种准备金:商业银行的各种准备金包括贷款损失准备、投资风险准备金及坏账准备金等。

① 贷款损失准备包括一般准备、专项准备和特种准备。一般准备是根据全部贷款余额的一定比例计算的、用于弥补尚未识别的可能性损失的准备金;专项准备是对贷款进行风险分类后,按每笔贷款损失的程度计提的用于弥补专项损失的准备;特种准备是针对某一国家、地区、行业或某一类贷款风险计提的准备金。

② 投资风险准备金是从事投资业务的商业银行按投资余额一定比例提取的风险准备金。

③ 坏账准备金是按年末应收账款一定比例提取的主要用于弥补应收账款的坏账损失的一种准备金。

(8) 外汇、金银和证券买卖损失:银行在从事外汇、金银和证券买卖时发生的买卖损失。

（9）业务管理费：主要是指商业银行进行业务管理而发生的相关费用，其包括范围极其广泛，如电子设备运转费、钞币运送费、安全防卫费、保险费、邮电费、公杂费、职工工资、福利费、职工教育经费、工会经费、水电费、修理费、会议费、在成本中列支的税金、诉讼费等。

除上述这些项目的成本开支外，商业银行的下列开支不得计入成本：（1）购置和建造固定资产、无形资产和其他资产的支出；（2）对外投资支出及分配给投资者的利润，包括支付的优先股股利和普通股股利；（3）被没收的财产，支付的滞纳金、罚款、罚息、违约金、赔偿金，以及赞助、捐赠支出；（4）国家法律、法规规定以外的各种付费；（5）国家规定不得在成本开支中列支的其他费用。

二、成本控制

成本控制是根据目标成本及成本预算的要求，对业务经营过程中与成本形成有关的方面进行指导、监督、调节和干预，以保证目标成本和成本预算任务的实现。目标成本确定后，能否保证目标利润的实现，很大程度上取决于控制的水平。成本控制的目的就是要对成本受控对象进行调节、干预，使成本受控对象限制在施控主体预定的目标成本和成本预算范围内，并最终保证目标成本目标的实现。在成本施控过程中，应充分调动各级成本管理责任单位及人员加强成本管理、增加经济效益的积极性，以保证经营目标的一致性。

1. 商业银行成本控制的原则

（1）全面性原则。由于成本形成取决于管理人员的共同努力，因此成本控制要对成本形成的全过程进行控制，而且有效的成本控制与管理要求所有人员都要参与成本控制与管理。

（2）成本效益分析原则。现代的成本控制不是消极地进行成本控制，而应想方设法开辟财源增加收入。应根据成本的效益分析和本量利分析的原理，将成本与收益，以及成本、业务量与利润之间的关系结合起来，找出利润最大化的最佳成本和最佳业务量。只有这样，才能将损失和浪费消灭在成本控制前，从而有效地发挥前瞻性成本控制的作用。

（3）责权利相结合的原则。成本控制要达到预期目标，取决于各成本责任中心管理人员的努力。而要调动各级成本责任中心加强成本管理的积极性，有效的办法在于责权利相结合，即根据各责任中心按其成本受控范围的大小以及成本责任目标承担相应的职责，为保证职责的履行，必须赋予其一定的权力，并根据成本控制的实效进行业绩评价与考核，对成本控制责任单位及人员给予奖惩，从而调动全员加强成本控制的积极性。

（4）按目标管理的原则。目标管理原来是一种由企业管理部门把既定的目标和任务具体化，并据以对企业的人力、财力、物力以及生产经营管理工作的各个方面所进行的一种民主的、科学的管理方法。目标管理包括目标利润、目标成本、目标营业收入等许多方面的内容,而成本控制是目标管理中的一项重要内容。目标成本通常是在现有的条件下能够达到的比较先进的成本限额。以目标成本为依据进行管理,将各项费用、成本的开支范围限制在目标成本范围内,就会做到以较少的成本费用开支,获得最佳的经济效益。

(5) 按"例外"管理的原则。在管理会计中对那些不正常、不符合常规的关键性差异,叫做"例外"。日常成本控制工作的重点在于通过各种责任成本的实际数与预算数的差异分析,找出成本管理中存在的问题,并通过差异分析,找出影响成本变化的因素,并采取相应的对策措施。在实际工作中,由于成本差异产生的原因也是多方面的,为提高成本控制的效率,西方国家对成本指标的控制往往根据按"例外"管理的原则进行。这就是要求银行在实际成本控制过程中,为提高成本控制工作效率,成本管理人员不要将精力和时间分散在全部的成本差异上,而是应突出重点,将注意力集中在那些属于不正常的、不符合常规的关键性差异上。对于关键性的差异要查明原因,及时反馈给有关责任中心,采取相应对策加强管理。

2. 商业银行成本控制程序

商业银行成本控制包括事前、事中、事后控制三个阶段。这三个阶段工作内容如下。

(1) 事前控制。事前控制是指在经营活动之前,为保证目标成本和目标利润的实现,对商业银行经营成本所进行的控制。事前的成本控制主要是建立起成本控制制度,即根据银行发展的总目标和整体规划,确定目标成本,制定各种成本标准,包括各种变动与固定成本预算的限额,并将指标层层分解到各责任单位。在实务中,对于变动成本,通常通过编制弹性预算进行事前控制;对于固定成本,在实际工作中可按酌量性固定成本和约束性固定成本分别进行事前控制。

酌量性固定成本,如业务宣传费、培训费等,其伸缩性较大,可由银行管理部门根据不同时期的财力负担能力确定其开支金额的大小。对于此类固定成本的事前控制,主要是通过分项目,事先制定一个固定预算,确定一个总金额,作为事前控制的依据。

约束性固定成本,如折旧、保险费等项目,当银行的经营能力一旦形成,在短期内难以做出重大改变,因此对于它们的事前控制主要应放在它们未确定之前进行,对此类固定成本的支出,可根据支出预算中的数据,分项目制订固定预算,作为事前控制的依据。例如,银行计划在预算期内购置新设备,就要按此项目分别编制与此有关的固定费用预算,如折旧费、保险费、水电费等,作为今后控制实际发生数的标准。

(2) 事中控制。成本控制制度建立及责任成本确定后,关键在于成本的日常事中控制。事中控制,就是商业银行内部对负有成本经营责任的各级单位,在成本形成过程中,根据事前制定的成本目标和制度进行控制,并通过责任会计的建立,保证成本中心各项成本指标的实现。在执行过程中的控制,包括对一切费用开支进行随时审核,使成本费用开支控制在合理的范围之内。成本的控制,不仅对已发生的偏差予以纠正,还要对将发生的偏差加以预防;不仅要执行成本控制的标准,还要根据实际情况,修改标准,完善标准,使之适应业务需要。事中控制的主要内容及程序可概括为以下四个方面:第一,以各成本中心编制责任预算,作为日常成本控制的依据;第二,在日常工作中由对成本负有经营管理责任的单位遵照控制的原则,对成本实际发生情况进行计量、限制、指导和监督;第三,各个成本责任单位根据实际需要(按日、按旬、按周或按天)编制实绩报告,并将各自责任成本的实际发生数与预算数或标准成本进行对比,计算出成本差异;第四,各个成本责任中心根据业绩报告中产生的成本差异分析原因,采取措施来指导、限制当前的经营活动,或据以修订原来的标准成本或责任预算。

(3) 事后控制。银行管理部门根据各责任单位业绩报告中计算出来的成本差异进行详细分析,查明原因和责任归属,对各成本责任单位进行业绩评价与考核,保证责权利相结合,以利于成本控制工作的有效开展。

3. 商业银行成本控制方法

(1) 定额控制。对银行经营过程中发生的各种费用和支出按照定额标准进行控制。它要求首先制定各种费用支出的定额管理标准,在业务经营过程中严格按照标准审核开支,定期将实际支出与定额进行比较分析。若有超支,分析原因,采取措施,控制成本。但是,这种方法存在定额难以准确制定、管理方法比较僵化的特点,目前商业银行已较少采用此种方法来进行成本控制。

(2) 弹性成本控制。运用弹性预算控制成本的一种方法,弹性预算是根据量本利之间有规律的数量关系,按照一系列业务量水平编制的有伸缩性的预算。这种成本控制方法有利于商业银行根据其经营活动水平分别确定定额,据以反映预计应支出的费用额度。它比只按一种预定的经营活动水平编制的固定(静态)预算更灵活。弹性预算主要用于各种间接费用预算。它在成本控制中主要用于固定资产修理费、业务费和管理费中的其他间接费用。

编制弹性成本预算的方法主要有列表法和公式法。列表法即在确定的业务量范围内,划分出若干个不同水平,然后分别计算各水平下的预算成本,汇总列入一个预算表内,如表12-5所示。

表12-5 ××银行出纳部门弹性费用预算表   单位:万元

费用项目 \ 业务量水平	8 500	9 000	9 500	10 000
半变动费用				
钞币运送费	4 250	4 500	4 750	5 000
出纳短款	600	650	650	700
固定资产修理费	2 500	2 500	2 550	3 000

续表

费用项目 \ 业务量水平	8 500	9 000	9 500	10 000
业务用品费	1 700	1 800	1 950	2 000
低值易耗品摊销费	1 530	1 620	1 760	1 800
水电费	1 400	1 500	1 600	1 600
其他业务费	5 700	5 800	5 850	5 900
小计	17 680	18 370	19 110	20 000
固定费用				
固定资产折旧费	12 000	12 000	12 000	12 000
职工工资及福利费	1 500	15 000	15 000	15 000
其他业务费	3 000	3 000	3 000	3 000
小计	30 000	30 000	30 000	30 000
合计	47 680	48 370	49 110	50 000

公式法是指任何成本都可用公式 $Y=a+bX$ 来近似表示。只要在预算中列出固定成本 a 和单位变动成本 b，便可用此公式计算任一业务量 X 下的预算成本 Y。

(3) 相对成本控制。相对成本控制是把成本、业务量和利润三者之间的关系进行综合分析，用以控制成本的一种方法，又叫盈亏平衡点分析或保本点分析。由于采用此方法，控制成本的着眼点不仅仅局限于单纯控制经营成本，而是在考虑到业务和目标利润的情况下进行成本控制，因此称其为相对成本控制。此种控制方法简单方便，适用范围广，应用广泛。

银行营业收入用公式表示为：$R=F+V+P$

式中，R 为营业收入，F 为固定成本，V 为变动成本，P 为目标利润。

其中，变动成本 V 是由业务量确定，可用 $R \times V/R$（单位成本变动率）来代表，经过公式变形，可得：

$$R = \frac{F+P}{1-\dfrac{V}{R}}$$

这样，只要知道固定成本、单位变动成本率和目标利润，就可知道总成本应控制在多少范围之内。单位变动成本率的计算可用以前年度数据，根据前后两期营业收入的差额去除相应的成本差额求得。

4. 商业银行的成本分析方法

商业银行的主要成本分析方法如下。

(1) 趋势分析法。它是根据连续数期的财务报表，比较各期的有关成本费用的增减方向和幅度,从而揭示当期成本费用的增减变化及发展趋势。例如,根据本章表12-2可以发现该银行2010年度较2009年度成本费用下降。

(2)因素分析法。它是指在影响成本指标的几个相互联系的因素中,分别测定各因素对成本预算指标完成结果的影响程度的一种方法。

(3)比率分析法。它是以同一会计期间的相关的成本数据相互比较,求出它们之间的比率,以分析财务报表上所列的成本费用与成本项目之间相互关系,从而做出恰当评价。所使用的主要比率指标如下。

一是资金成本率指标,计算公式为:

$$资金成本率 = \frac{银行成本}{银行全部资金平均余额} \times 100\%$$

在这一公式中,银行全部资金包括银行吸收的各项存款、拆入资金、其他业务占用资金、银行自有资金等。该公式反映了银行组织资金的成本耗费水平。将本年度资金成本率计算出来后还可与以前年度进行比较,反映成本上升或降低的情况。

二是收入成本率指标,计算公式为:

$$收入成本率 = \frac{银行成本}{银行各项收入合计} \times 100\%$$

该指标是衡量银行盈利水平和成本水平的一个综合指标。如果收入成本率大于100%,表明总成本大于总收入,出现亏损;反之,则表明收支相抵仍有盈余。收入成本率越低表明盈利率越高。例如,根据本章表12-2数据计算该银行2009年度收入成本率为61%,2010年度收入成本率为60%,收入成本率降低,说明其盈利能力提高。

三是资金损失率指标,计算公式为:

$$资金损失率 = \frac{各项资金损失}{(信贷资金 + 各项存款 + 借用资金 + 上存资金)} \times 100\%$$

资金损失率的高低对商业银行经营成本的高低有明显的影响。因此,通过各项资金损失率的变动能够较好地反映银行成本控制的效果。采用资金损失率指标进行成本分析时,应根据各行业务情况确定不同的资金损失率,并进一步落实到各部门。对现金出纳部门,应分析其现金短款率,计算公式为:现金出纳短款率 = 出纳短款/(现金收入额 + 现金支出额) × 100%;对会计结算部门,应分析其结算赔款率指标,计算公式为:会计结算赔款率 = 结算赔款/处理会计传票张数 × 100%;对信贷部门,应分析其贷款损失率指标,计算公式为:贷款损失率 = 贷款损失/各项贷款平均余额 × 100%。

四是业务量指标,商业银行成本水平是其经营成本与业务量的比率。因此,在业务量一定的情况下,经营成本越少,成本水平越低;反之,经营成本越多,成本水平越高。在经营成本一定的情况下,业务量越大,成本水平越低。在确定业务量时,应根据各部门的性质而定,一般是采用各项业务收入或资金运用的平均余额。

第五节　利润及利润分配的管理

商业银行的利润反映一定时期的经营成果,利润分配则是对经营成果的一种分配。作为现代企业的商业银行,经营过程中追求股东财富价值最大化,势必要求给予投资者一定的回报。而如何分配利润又会影响到银行对投资者的吸引力问题,所以利润及利润分配管理也构成商业财务管理的重要一环。本节主要介绍利润的组成与计算,利润分配的管理,包括利润分配的顺序、股利政策等。

一、利润的组成与计算

商业银行的利润包括营业利润、利润总额和净利润。

1. 营业利润

营业利润是指商业银行在一定经营期限内提供货币或劳务而获得的收入超过所发生的成本的差额部分。它是反映商业银行一定时期内经常性获利能力的重要财务指标。它在数量上等于营业收入减去营业成本和营业费用再加上投资净收益后的净额。其中,投资收益是商业银行通过对外投资所获得的收益,商业银行对外投资而获得的股利、分得的利润等均应计入投资收益,但商业银行出售经营性证券而获得的收益应计入营业收入而不计入投资收益。

2. 利润总额

利润总额是指营业利润减去营业税金及附加,加上营业外收入,减去营业外支出后的余额。

(1) 营业税金及附加。营业税金及附加包括营业税、城市维护建设税和教育费附加。营业税以营业额为计税依据。营业税的计算公式为:应纳税额 = 营业额×营业税税率。商业银行的营业税率一般为收入的5%。在缴纳营业税的基础上,商业银行还应缴纳城市维护建设税及教育费附加,其计算公式为:应纳税额 = 应交营业税 × 适用税率。

(2) 营业外收入。营业外收入是指商业银行发生的与本行业务经营无直接关系的各项收入。其中,盘盈固定资产的净收益是指按照原价减去估计折旧后的差额。处置固定资产、无形资产、抵债资产净收益是指变卖这些资产所取得的价款减去处置费用后的数额与这些资产账面净值的差额。罚没收入是商业银行因对方违反有关法规而取得的罚没收入,包括因对方不履行合同而向其收取的赔款、赔偿金、违约金等形式的罚款收入,但不包括贷款的罚息或加息。教育费附加返还款是指自办职工子弟学校的银行,在缴纳教育费附加后,教育部门返还给商业银行所办学校经费补贴款。因债权人的特殊原因确实无法支付的应付款项,主要是指因债权人单位变更登记或撤销等无法支付的应付款项。

(3) 营业外支出。营业外支出是指与本行业务经营无直接关系的各项支出。它包括固定资产盘亏和毁损报废的净损失、处置无形资产的净损失、处置抵债资产净损失、抵债资产保管费用、债务重组损失、出纳短款、证券交易差错损失、职工子弟学校经费和技校经费支出、非常损失、公益救济性捐赠、赔偿金、违约金等。其中,非常损失是指商业银行由于自然灾害造成的各项资产净损失,但要扣除保险赔偿和残值,由此造成的清理善后费用也可在非常损失中列支。赔偿金、违约金是指商业银行未履行经济合同、协议而向其他单位支付的赔偿金、违约金等罚款性支出,但商业银行因向中央银行少交或迟交存款准备金而造成的加息不得在这里列支,按规定应当由商业银行在税后列支。

3. 资产损失

资产损失是指商业银行按规定提取或转回的贷款损失和其他资产损失。商业银行应定期或至少每年年度终了对各项资产进行全面检查,并根据谨慎性原则的要求,合理预计各项资产可能发生的损失,对可能发生的各项资产损失计提资产减值准备。所以,这部分内容有的银行又将其命名为资产准备支出。

按现行制度规定,商业银行主要应提取的减值准备包括贷款损失准备、应收账款的坏账准备、投资跌价准备、固定资产减值准备、无形资产减值准备、抵债资产减值准备及在建工程减值准备等。

4. 扣除资产损失后利润总额

扣除资产损失后利润总额是指利润总额减去提取的资产损失后的余额。

5. 所得税

所得税,是指商业银行应计入当期损益的所得税费用。应纳所得税额的计算公式为:应纳所得税额＝应纳税所得额×适用所得税税率。这里要注意的是应纳税所得额与税前会计利润并不等同,这主要是因为会计准则、会计制度与税法两者的目的不同,对收益、费用、资产负债的确认时间和范围也不同,从而导致两者之间产生差异,其差异主要有以下两种类型。

一是永久性差异。会计制度与税法在计算收益、费用或损失时的口径不同,所产生的税前会计利润与应纳税所得额之间的差异。这种差异在本期发生,不会在以后各期转回。例如,商业银行支付各项税收的滞纳金、违约金等按会计制度规定计入营业外支出,但按税法规定不得计入应纳税所得额;商业银行支付给职工的工资,按会计制度都应计入营业费用,但税务机关在计算应纳税所得额时按计税工资办理;业务招待费,会计上计入营业费用,但税法有扣除标准等。

二是时间性差异。会计制度与税法在计算收益、费用或损失时的时间不同而产生的税前会计利润与应纳税所得额的差异。这种差异发生于某一会计期间,但在以后一期或若干期内能够转回。例如,按照会计制度规定,对长期投资采用权益法核算的企业应在期末按照被投资企业的净利润以及其投资比例确认投资收益,但按税法规定,如果投资企业的所得税率大于被投资企业的所得税税率,投资企业从被投资企业分得的利润不要缴纳所得税,这部分投资收益不缴的所得税,须待被投资企业实际分得利润或于被投资企业宣告分派利润时,才计入应纳税所得额,从而产生应纳税时间性差异等。

正是由于会计利润与应纳税所得额之间存在上述这两种差异,因此银行在计算所得税时,要将会计利润进行相应纳税调整。永久性差异一般采用应付税款法,商业银行可以在缴纳所得税前增减有关收入或支出项目。时间性差异一般采用纳税影响会计法,需要计算递延税款。

6. 净利润

净利润是指扣除资产损失后利润总额减去所得税后的金额。

二、利润分配的管理

1. 商业银行利润分配顺序

商业银行实现的利润,要按国家的有关规定,在国家、银行、投资者三者之间进行分配。根据我国财务制度规定,商业银行在正确核算实现的利润,正确缴纳所得税后,必须遵循以下顺序对税后利润进行分配。

(1) 抵补商业银行已缴纳的在成本和营业外支出中无法列支的有关惩罚性或赞助性支出。这包括被没收的财务损失、延期缴纳各项税款的滞纳金和罚款、少交或迟交中央银行准备金的加息等。

(2) 弥补商业银行以前年度亏损。银行在5年限期内不能用税前利润弥补完的部分,可用税后利润进行弥补,商业银行历年提取的法定盈余公积金和任意公积金也可用于弥补亏损。

(3) 提取法定盈余公积金。商业银行按照税后利润加上年末未分配利润,减去以前年度亏损和罚没支出后的余额,按规定比率的10%提取法定盈余公积金。法定盈余公积金可用于弥补亏损,也可用于转增资本金。但是,法定盈余公积金弥补亏损和转增资本金后的剩余部分,不得低于注册资本的25%。

(4) 提取公益金。商业银行提取的公益金主要用于职工食堂、宿舍、浴室、幼儿园等福利设施的建设支出。国有商业银行提取公益金的比例由国家核定;股份制商业银行由董事会、股东大会决定提取比例;有限责任公司按税后利润的5%提取法定的公益金。

(5) 提取各项准备金和基金。从事存贷款业务的商业银行,按规定提取的一般准备应作为利润分配进行处理。

(6) 向投资者分配利润。可供投资者分配的利润减去提取的法定盈余公积金、法定公益金等后,如果是股份制银行,应作如下分配:应付优先股股利;提取任意盈余公积金;应付普通股股利;转作资本(或股本)的普通股股利。

(7) 未分配利润。可供投资者分配的利润,经过上述分配后为未分配利润(或为弥补亏损),未分配利润可留待以后年度进行分配,商业银行如发生亏损,可以按规定由以后年度利润进行弥补。

2. 股份制银行的股利政策

由于股份制银行的所有者为广大股东,所以股份制银行向其所有者分配利润有其特殊性。这其中很重要的一点就是股份制银行执行着独特的股利政策。银行股利政策主要是制定银行股利与银行净收入之间的合理比例,从而使股利能够随着银行净收入的增加而相应增长。并且,银行的股利政策还应尽量降低股利水平的波动,维持股利水平的稳定性。股份制银行的股利政策对银行的市场价值有着重要的影响,也是股份制商业银行利润分配管理中的一个重要问题。

(1) 影响银行股利政策的因素。

有许多因素会影响股份制银行股利政策的制定,如税法对股利和资本利得的不同处理方式,未来可供银行利用的投资机会,各种不同资本来源及其成本的权衡,股东对当期收入和未来收入的相对偏好等。具体来说主要有以下四种因素。

一是法律因素。公司股利政策在制定时往往受到《公司法》、《证券法》等法律的限制,为了保护企业债权人和股东的权益,在这些法律中作了一些限制。例如,规定企业不能用募集的经营资本发放股利;规定企业的年度税后利润必须提取法定盈余公积金,同时鼓励企业提取任意盈余公积金,只有当企业提取公积金累计额达到注册资本的50%时,可以不再提取;规定公司账面累计税后利润必须是正数才可以发放股利;企业发放给股东股利,必须保证有充分的偿债能力等。

二是公司因素。公司资金的灵活周转是公司生产经营活动得以正常进行的必要条件,因此正常经营活动对现金的要求便成为对股利的最重要的限制因素。这一因素对股利政策的影响程度取决于公司的变现能力、投资机会、举债能力、盈利的稳定性及公司的现有经营状况等因素。一般来说,支付现金股利过多会降低公司资产的流动性,因此公司现金股利的支付能力在很大程度上受其资产变现能力的限制。当然,由于各公司信誉度等各不相同,举债能力存在差异。举债能力强的公司可以较容易筹措资金来维持资金流动性,因而也会采取较为宽松的股利政策。另外,如果公司有良好的投资机会,必然需要大量的资金支持,因而会将大部分盈余用于投资,而少发股利。再者,如果公司盈利较为平稳,而且在可预测的时期内不会大幅度下降,其股利支付率通常较高等。

三是股东因素。股利政策必须经股东大会决议通过才能实现,股东对公司股利政策具有举足轻重的影响。股东因素影响股利政策主要来自是否追求稳定收入、是否担心控制权稀释和避税等方面。追求稳定收入的股东往往反对公司留利太多。对公司有控制权的大股东出于对控制权可能被稀释的担心,倾向于公司少分股利。这主要是因为公司大量分红后,如果未来经营资金紧张可能会采取增发股票的办法,这样有可能对老股东的控制权造成不利影响。如果规定公司股利须缴税,则出于避税考虑,大股东会反对过多分红,而追求未来股价上涨带来的收益。

四是债务因素。企业在进行大笔债务融资时,债权人往往对企业资金的运用(主要是对现金股利的分配)有一定的限制条件,如限制动用以前的留存收益进行股息支付,公司的利息保障倍数低于一定标准时不得向股东支付股利等。如果公司同债权人签订有限制性条件的协议,企业的股利政策就会受到影响。

(2) 股份制银行的股利政策。

在实际操作中,股份制银行采取的股利政策一般有以下四种。

一是稳定的股利政策。采用此政策意味着银行不论盈余量的多少,均维持一个稳定的股利发放水平,只有当银行认为未来股利的增加使它能够将股利维持在一个更高的水平上,银行才会提高年度股利的发放额。该政策的一个最为重要的原则是不要降低年度股利的发放额。如果银行确定一个稳定的股利成长率,则投资者对持有股票的不确定性降低,因此这一股利政策较受投资者欢迎。

二是剩余股利政策。这项政策要求银行首先应满足自身的最佳资本结构,然后才考虑股利的发放比率。在实际操作时,银行先确定筹资方案,然后尽可能使用留存收益来满足筹资方案中所需要的权益资本量,如果还有资本剩余才考虑作为股利发放给股东。

三是固定股利支付率政策。银行从其所获得的盈余中提取固定的百分比,以现金股利发放给股东。该政策的优点是盈余与股利的支付相配合,但它不利于股票价格的稳定,目前采用这项政策的银行很少。

四是低正常股利加额外股利政策。该政策是介于第一种和第三种股利政策之间的折衷的股利政策。在此政策下,银行每年只支付较少数额的正常股利,但在银行盈余较多的年份,股东还可以得到银行发放的额外股利。这种政策同时兼顾了股利发放的稳定性与灵活性,对那些盈余不很稳定的银行而言,该政策或许是比较理想的选择。

当然,具体到一家银行来说,究竟采用何种股利政策则要综合考虑上述多方面因素进行权衡比较后决定。银行决定实施一定的股利政策后,就需要筹集现金用于支付股利。为此,银行可以针对不同情况采取不同方法:银行如果在支付股利之前有现金流入,可先用于短期证券投资,这样既能满足银行支付股利日现金流出的需要,还可使银行有一笔投资收益。但是,这时要注意投资项目的流动性。如果预计在股利支付后不久会有现金流入,则可先采用短期借款等方式筹集支付股利所需要资金,然后有现金流入时归还借款。如果银行目前现金不足,而又无其他更好的借款办法,可采用股票股利代替现金股利的支付。

第六节 财务分析

商业银行财务分析是商业银行财务管理的重要组成部分。由于商业银行的各项经营活动及成果都通过一定的财务报表显示出来,因此商业银行财务分析也就是通过对商业银行的财务报表中所反映出来的财务状况和经营成果进行分析、研究和评价。

商业银行是以安全性、流动性和盈利性为经营宗旨的,追求三者的最佳结合,因此商业银行进行财务分析时也应侧重于这些方面的分析。商业银行财务分析的方法一般包括财务比率分析、财务报表的比较分析及财务指标的综合分析。

一、财务比率分析法

比率分析法就是将同一期会计报表上的若干重要项目之间的相关数字进行比较,用一个数据除以另一个数据求出比率,以说明会计报表上所列各有关项目之间的相互关系,进而评价其财务状况与经营成果。由于商业银行的经营活动错综复杂又相互联系,因而比率分析所采用的比率指标很多。

1. 流动性比率指标

流动性比率指标主要用于衡量商业银行流动性状况,具体包括如下指标。

(1) 存贷比率,即贷款额与存款额之间的比率,计算公式为:

$$存贷比率 = 各项贷款额 / 各项存款额 \times 100\%$$

存贷比率是分析商业银行流动性的总指标。存贷比率过高,表明银行贷款过多,可能无法保证客户的提存,从而预示着银行的流动性越差。存贷比率过低,说明银行虽然保证较强流动性,但可能有大量资金沉淀在银行,影响银行的盈利性。所以,存贷比率应保持恰当的比率,根据我国银监会 2004 年颁布的《商业银行资本充足率管理办法》规定,银行存贷比率不超过 75%。

(2) 流动比率,即流动资产与流动负债的比率,它既可用来衡量银行的短期偿债能力,亦可用于衡量银行营运资金的充足性。其计算公式为:

$$流动比率 = 流动资产 / 流动负债 \times 100\%$$

通过分析流动比率,就可以知道一元的流动负债,能有几元流动资产来清偿。流动比率越大,表明银行的短期偿债能力越强,银行的营运资金越充足;反之,则说明银行的偿债能力和营运资金欠缺。当然,流动比率并不是越大越好,如果太大,则意味着银行的资产得不到充分利用,将影响银行的盈利。一般而言,流动比率达到 0.8—2 较为合适。

(3) 清偿力比率,即流动性极强的资产与流动性极强的负债之间的比率,主要用于衡量银行到期的债务清偿能力。计算公式为:

$$清偿力比率 = 流动性极强的资产 / 流动性极强的负债 \times 100\%$$

公式中,流动性极强的资产是指 1 个月内(含 1 个月)可变现的资产余额,包含现金、存放中央银行款项、存放同业款项、1 个月内到期的同业净拆出款、短期证券等。流动性极强的负债是指 1 个月内(含 1 个月)到期的存款、同业净拆入款等。我国将流动性极强的资产定义为"流动性资产",将流动性极强的负债定义为"流动性负债",并且要求商业银行的该项比率不得低于25%。

2. 安全性比率指标

商业银行的经营面临着信用风险、利率风险、市场风险等诸多风险。衡量银行的安全性,主要就是看其经营面临的风险的程度。衡量银行安全性的具体指标如下。

(1) 风险资产比率,即风险资产与总资产之比,计算公式为:

$$风险资产比率 = 风险资产 / 总资产 \times 100\%$$

由于我国银行资产是以贷款为主,为反映资产的风险状况也可以不良贷款率来反映资产风险状况。其计算公式为:

$$不良贷款率 = 不良贷款 / 贷款总额 \times 100\%$$

不良贷款率越低,说明经营风险越小;反之,则经营风险越大。

(2) 资产负债率,即总资产与总负债的比率,计算公式为:

$$资产负债率 = 负债总额 / 资产总额 \times 100\%$$

资产负债率表明银行的资产总额中,债权人的投资额有多少,也就是银行每一元资产承担多少负债额。资产负债率越高,表明银行拓展经营的能力越强,但承担的风险越大;反之,该比率越低,债权人的债权越有保障。

(3) 资本充足率,即银行资本与加权风险资产平均余额的比率,计算公式为:

$$资本充足率 = 资本 / 加权风险资产平均余额 \times 100\%$$

由于资本充足率是在计算加权风险资产的基础上,将资本与其相比较而得出,银行为了提高抗风险能力,增强经营的安全性,要么增加资本,要么收缩资产规模,尤其是降低风险资产所占比重,或者双管齐下,因而该比率能准确反映出银行的抗风险能力。我国规定商业银行资本充足率不得低于8%。

(4) 利率风险比率,即利率敏感性资产与利率敏感性负债的比率。计算公式为:

$$利率风险比率 = 利率敏感性资产 / 利率敏感性负债 \times 100\%$$

若此比率等于1,不论市场利率如何变化,负债增加或减少的利息支出几乎可以由资产利息收入的相应增加或减少来抵补,银行利率风险几乎为0。事实上,由于负债利率与资产利率变动的不同步或变动幅度不完全相同,在此情况下利率风险只是较小,但并不能完全消除利率风险。若此比率大于1:当市场利率上升时,银行收益会增加;而当市场利率下降时,银行收益会减少,从而会给银行带来风险。若此比率小于1,情况相反。

3. 经营效率比率指标

经营效率可从资金的使用效率、资产的获利能力和成本费用的控制能力等方面分析。主要指标如下。

(1) 资产利用率,即商业银行营业收入与总资产的比率,计算公式为:

$$资产利用率 = 营业收入 / 平均资产总额 \times 100\%$$

资产利用率体现了银行资产的利用效率,资产利用率越高,银行资产的使用效率越高。

(2) 资本乘数,又叫财务杠杆比率或权益乘数,是银行资本与资产的比率,计算公式为:

$$资本乘数 = 平均资产 / 平均资本 \times 100\%$$

这一比率反映了银行资本的经营效率,即一定的资本量可以推动资产的倍数。该比率越高,资本的使用效率越高;反之,则说明资本未得到充分利用。

(3) 成本率或费用率,即总成本或总费用与各项业务收入之间的比率,计算公式为:

$$成本率或费用率 = 总成本(或总费用) / 各项业务收入 \times 100\%$$

成本率或费用率反映银行控制成本或费用的能力。该比率越高,银行业务收入中成本费用越大,获利便越少;反之,则银行经营效益越有保障。

4. 经营成果比率指标

经营成果比率是通过利润与财务报表上的有关项目相比较来加以分析,通过一系列比率指标的分析来判断银行经营成果的好坏。主要指标如下。

(1) 银行利润率,即净利润与营业收入之比,计算公式为:

$$银行利润率 = 银行净利润 / 营业收入 \times 100\%$$

该比率反映了银行营业收入中有多少作为利润留在银行,利润率的高低意味着银行利润状况的好坏。

(2) 资产利润率,又称为资产回报率,是银行净利润与平均资产总额之比,计算公式为:

$$资产利润率 = 银行净利润 / 平均资产总额 \times 100\%$$

资产利润率表明银行单位资产所能获得的净利润。这一比率是计算银行盈利性最常用、最重要的指标之一。这一指标越高,表明银行越善于运用其资产;反之,则说明资产运用效果越差。

(3) 资本利润率,也称资本报酬率或股权利润率,是净利润与资本的比率,计算公式为:

$$资本利润率 = 银行净利润 / 权益资本平均额 \times 100\%$$

资本利润率说明银行运用资本的结果,表明单位资本所能获得的净利润,它也是反映银行盈利性的一项重要指标。资本利润率越高,则银行资本的经营成果越高;反之,则资本未得到充分利用,经营成果就不好,最终将影响所有者的收益。

根据上述这些财务指标,结合本章第一节财务报表中相关数据,可对该银行进行财务比率分析,如表12-6所示。

表12-6 ××银行财务比率分析表

财务指标 \ 年度	2009年度平均	2010年度平均
流动性比率指标		
存贷比率	62.47%	63.69%
流动比率	0.83	0.77
清偿力比率	55.96%	55.92%
安全性比率指标		
不良贷款率	4.18%	2.91%
资产负债率	95.97%	96.46%
资本充足率	11.16%	8.69%
经营效率比率指标		
资产利用率	0.031	0.036
资本乘数	25.03	28.27
成本率	61%	60%
经营成果比率指标		
银行利润率	16.41%	15.79%
资产利润率	0.51%	0.57%
资本利润率	12.79%	16.10%

注:报告期资本充足率按照中国银监会2004年2月23日颁布的《商业银行资本充足率管理办法》规定的口径计算。

从表12-6中相关财务指标分析中可以看出,该行资产流动性较强,各项指标全部达到规定要求;经营风险较小,表现为不良贷款比例相对较低,资本充足率也在8%的要求之上。从经营效率指标上看,经营效率较高。从经营成果指标看,虽然主要的资产利润率与资本利润率指标都在提高,但与发达国家商业银行的经营成果相比,尚有一定差距。

二、商业银行财务的比较分析法

比较分析法根据银行连续几期的会计报表,通过比较各期相同项目的金额,分析各期有关项目金额及百分比的增减变化及其趋势,评价银行财务状况及发展前景。

在实际运用比较分析法进行分析时,可以采用绝对数进行比较,也可以利用相对数进行比较。

以本章第一节该银行为例,其比较资产负债表与利润表如表12-7所示。

表12-7 ××银行比较资产负债表　　　　　　　　　　　　单位:千元

报　告　期	2009-12-31	2010-12-31	增减额	增减幅度
流动资产				
现金	2 921 539	3 924 454	1 002 915	34.33%
存放中央银行存款	50 652 328	54 986 875	4 334 547	8.56%
存放同业和金融性公司款项	13 907 363	11 429 815	−2 477 548	−17.81%
拆放同业和金融性公司款项	15 430 477	15 797 310	366 833	2.38%
短期贷款	159 878 044	193 387 400	33 509 356	20.96%
进出口押汇	6 333 791	8 086 945	1 753 154	27.68%
应收利息	1 307 923	1 668 729	360 806	27.59%
其他应收款	694 344	628 315	−66 029	−9.51%
贴现	62 224 462	62 775 805	551 343	0.89%
短期投资	12 276 917	30 111 199	17 834 282	145.27%
委托贷款及委托投资	9 983 368 000	16 191 254	6 207 886	62.18%
买入返售款项	10 214 150 000	11 132 001	917 851	8.99%
一年内到期的长期债权投资	7 686 745 000	13 763 016	6 076 271	79.05%
流动资产合计	353 511 451	423 883 118	70 371 667	19.91%
长期资产				
中长期贷款	70 295 648	102 200 025	31 904 377	45.39%
逾期贷款	8 748 111	9 457 098	708 987	8.10%
减:贷款损失准备	−8 520 000	−10 920 000	−2 400 000	28.17%
长期债券投资	71 613 365	68 897 024	−2 716 341	−3.79%
长期股权投资	99 761	143 464	43 703	43.81%
固定资产原价	7 614 517	8 582 476	967 959	12.71%
减:累计折旧	−2 686 332	−3 026 066	−339 734	12.65%
固定资产净值	4 928 185	5 556 410	628 225	12.75%
在建工程	318 428	809 446	491 018	154.20%
长期资产合计	147 483 498	176 143 467	28 659 969	19.43%
其他资产				
长期待摊费用	131 029	91 245	−39 784	−30.36%

续 表

报 告 期	2009-12-31	2010-12-31	增减额	增减幅度
待处理抵债资产	1 249 832	677 657	−572 175	−45.78%
其他资产合计	1 380 861	768 902	−611 959	−44.32%
递延税项				
递延税款借项	1 517 000	1 970 000	453 000	29.86%
资产总计	503 892 810	602 765 487	98 872 677	19.62%
负债和股东权益				
流动负债				
短期存款	201 484 570	248 211 330	46 726 760	23.19%
短期储蓄存款	143 160 243	173 454 001	30 293 758	21.16%
结构性存款		9 806 673	9 806 673	
财政性存款	6 648 530	6 183 983	−464 547	−6.99%
票据融资	2 831 718	25 349 599	22 517 881	795.20%
同业和金融性公司存放款项	28 499 170	25 053 158	−3 446 012	−12.09%
同业和金融性公司拆入	795 490	1 506 311	710 821	89.36%
卖出回购款项	8 402 766	3 605 121	−4 797 645	−57.10%
汇出汇款	2 908 542	2 950 145	41 603	1.43%
应解汇款	3 017 376	2 419 887	−597 489	−19.80%
委托资金	9 983 368	16 191 254	6 207 886	62.18%
应付利息	1 520 117	2 012 037	491 920	32.36%
存入保证金	30 323 472	46 201 735	15 878 263	52.36%
应付工资	507 854	949 031	441 177	86.87%
应付福利费	440 641	606 858	166 217	37.72%
应缴税金	838 657	2 465 677	1 627 020	194.00%
预提费用	46 500	56 950	10 450	22.47%
应付股利	8 647	10 530	1 883	21.78%
其他应付款	2 352 708	2 768 223	415 515	17.66%
流动负债合计	464 408 808	547 284 622	82 875 814	17.85%
长期负债				
长期存款	8 361 305	8 121 242	−240 063	−2.87%
长期储蓄存款	12 861 259	15 237 198	2 375 939	18.47%
应付存款证	—	1 241 475		

续表

报告期	2009-12-31	2010-12-31	增减额	增减幅度
应付可转换公司债券	—	6 500 000		
应付次级定期债务	—	3 500 000		
长期负债合计	21 222 564	34 599 915	13 377 351	63.03%
负债合计	485 631 372	581 884 537	96 253 165	19.82%
股东权益				
实收股本	5 706 818	6 848 182	1 141 364	20.00%
资本公积	9 269 295	8 128 383	−1 140 912	−12.31%
盈余公积	962 268	1 591 086		
未分配利润	2 323 057	4 313 299	1 990 242	85.67%
其中：建议分派股利	525 027	753 300	228 273	43.48%
股东权益合计	18 261 438	20 880 950	2 619 512	14.34%
负债及股东权益总计	503 892 810	602 765 487	98 872 677	19.62%

通过以上比较资产负债表可以看出：该行2010年资产总额较上年增长了19.62%，其中，长期资产增长19.43%，流动资产增长了19.91%，资产增长较为平衡。但是，这其中委托贷款和委托投资增长了62.18%，短期投资增长了145.27%，涨幅巨大，说明该行资金运用方式多元化，大幅度增加了投资的力度。

在长期资产中在建工程增长154.20%，涨幅较大，说明该行2010年度固定资产投资热情高涨。与此同时，长期待摊费用、待处理抵债资产等都有较大幅度的下降，说明该行增加了对贷款抵押品等的处置力度，尽可能使银行免受资产损失。为了满足资产增加所需要的资金，负债和所有者权益也有不同程度的增长。其中票据融资涨幅惊人，说明2010年度该行利用票据方式融资来改变融资方式单一的局面，同时也促进票据的发展。长期负债增幅达到63.03%，这主要是发行大量可转债、次级债等长期债券所致。

通过计算分析可以看出（见表12-8）：该行营业收入较上年增加了46.59%，说明该行业务拓展幅度较大。营业支出较上年增长了36.84%，增长幅度低于营业收入，说明该行在成本、费用方面控制较好。但是，其中汇兑损失增长幅度达到130.57%，说明该行外汇风险未能很好规避，面临的外汇风险较大。在营业收入增加的同时，银行的营业利润、利润总额、净利润都有较大幅度增长，说明该行经营的盈利性较好。

除了上述这种比较分析法外，还可采用定基百分比分析法，即将银行连续几年的会计报表各项目或某些重要项目的数据集中在一起，同基期相应数据做百分比比较。具体做法是：首先选定某一会计年度作为基期，将基期会计报表中的各项数据的指数定为100,其他各年会计报表上的数据也均用指数表示,将以后各年度报表中相同项目的数据除以基期相应项目的数据,编制形成定基百分比会计报表,进而分析会计报表各要素的增减变动趋势,分析所得出的结论与上面这种比较分析法相同,在此不再举例。

表12-8 ××银行比较利润表　　　　　　　　　　　　　　　　单位:元

报 告 期	2009年	2010年	增减额	增减幅度
一、营业收入	13 586 052 000	19 916 459 000	6 330 407 000	46.59%
其中:利息收入	11 397 078 000	16 781 562 000	5 384 484 000	47.24%
金融性公司往来收入	1 069 091 000	1 543 902 000	474 811 000	44.41%
手续费收入	793 520 000	1 186 786 000	393 266 000	49.56%
汇兑收益	326 363 000	404 209 000	77 846 000	23.85%
二、营业支出	5 200 271 000	7 116 021 000	1 915 750 000	36.84%
其中:利息支出	3 865 852 000	5 261 852 000	1 396 000 000	36.11%
金融性公司往来支出	1 073 159 000	1 493 383 000	420 224 000	39.16%
手续费支出	234 073 000	298 100 000	64 027 000	27.35%
汇兑损失	27 187 000	62 686 000	35 499 000	130.57%
三、营业费用	4 816 439 000	6 514 204 000	1 697 765 000	35.25%
四、投资收益	2 660 274 000	2 578 358 000	−81 916 000	−3.08%
五、营业税金及附加	644 283 000	976 564 000	332 281 000	51.57%
六、营业利润	5 858 333 000	7 888 028 000	2 029 695 000	34.65%
加:营业外收入	88 921 000	105 244 000	16 323 000	18.36%
减:营业外支出	87 802 000	22 624 000	−65 178 000	−74.23%
七、扣除资产准备支出前利润总额	5 586 452 000	7 970 648 000	2 384 196 000	42.68%
减:资产准备支出	2 141 168 000	2 958 426 000	817 258 000	38.17%
八、扣除资产准备支出后利润总额	3 445 284 000	5 012 222 000	1 566 938 000	45.48%
减:所得税	1 215 374 000	1 868 135 000	652 761 000	53.71%
九、净利润	2 229 910 000	3 144 087 000	914 177 000	41%

三、财务指标的综合分析法

商业银行财务指标的综合分析,是将相互联系、相互补充的分析方法和分析程序所得出的个别结果,运用一个简洁的综合系统予以判断、融合、分析并得出概括性的结论,借以分析商业银行财务管理各方面活动的综合绩效,判断其财务状况。进行财务综合分析,要在单个报表分析的基础上,将银行作为一个完整的大系统,并将各要素分析所得到的一些信息如偿债能力、获利能力等作为银行财务状况的组成部分,借以判断银行的整体经营情况。为了较为全面地了解银行财务状况,必须借助于杜邦分析这一报表综合分析方法。

杜邦分析法,是指利用各个主要财务比率指标之间的内在联系,来综合分析、评价企业财务状况的一种分析方法。该种分析方法最早由美国杜邦化学公司的经理创造出来的,故称之为杜邦分析法或杜邦分析系统。杜邦分析法的关键是建立完整的、连贯的财务比率体系,并确定总指标即所谓的龙头指标,然后运用指标分解的方法建立起各个指标之间的相互联系,通过数据的替换,确定从属指标对总指标的影响。

采用杜邦分析法进行财务分析时,可将各种银行财务指标之间的关系绘制成杜邦分析图(如图12-1所示)。

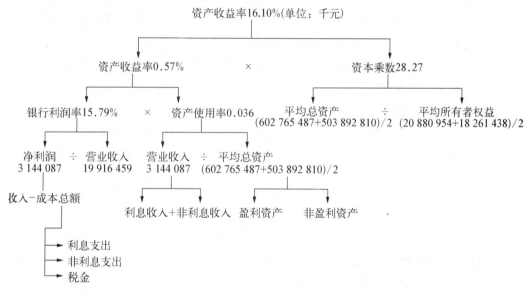

图 12-1 杜邦财务分析图

杜邦分析图中各主要比例之间的关系还可通过以下一组公式来表示:

$$资产收益率 = \frac{净利润}{平均总资产} = \frac{净利润}{营业收入} \times \frac{营业收入}{平均总资产}$$

$$= 银行利润率 \times 资产使用率$$

由此可见,资本收益率与银行的经营规模、成本水平、资产运营、资本结构等有着密切的联系,这些相关因素构成一个相互储存的系统,只有将这个系统内的各相关因素安排协调好,才能使资本收益率达到最大,才能实现银行收益最大化的理财目标。杜邦体系正是通过这种自上而下的分析、指标的层层分解来揭示各项财务指标间的相互关系,并查明各项主要指标变动的影响因素,有利于银行发现问题,改善经营决策,从而更充分地体现财务管理在银行经营管理和决策中的地位和作用。

本 章 小 结

财务管理是企业管理的中心，它在商业银行——这一经营货币资金的特殊企业中同样发挥举足轻重的作用，它对促进商业银行不断改善经营管理、提高经济效益等具有不可替代的作用。

商业银行的会计报表主要有三大类：资产负债表、利润表（损益表）和现金流量表。商业银行的收入主要包括利息收入、手续费收入、金融企业往来收入、汇兑收益等营业收入，投资收益及营业外收入。银行收入管理主要是正确核算银行收入，同时拓宽银行收入渠道，力争提高银行收入水平。

商业银行的成本主要包括利息支出、手续费支出、金融企业往来支出等成本开支及营业费用。商业银行成本管理主要是运用成本率等比率指标及比较分析法来分析成本，并尽可能在事前、事中、事后控制成本。商业银行的成本控制方法包括定额成本控制、弹性成本控制等。商业银行的利润主要是银行收入与支出的差额，包括营业利润、利润总额、净利润。股利政策是股份制银行收益分配管理中的一个很重要的方面，有很多因素会影响股利政策，股份制银行采取的股利政策主要有稳定的股利政策、剩余股利政策、固定股利支付率政策等。

商业银行财务分析主要是围绕银行经营过程中安全性、流动性与盈利性而展开。财务分析方法包括比率分析法、比较分析法及财务指标的综合分析法（杜邦分析法）。

复习思考题

1. 商业银行财务管理的作用体现在哪些方面？
2. 商业银行的资产负债表、利润表、现金流量表的结构分别是怎样的？各有何作用？
3. 商业银行的收入由哪几部分构成？
4. 简述商业银行成本费用的控制方法。
5. 商业银行的利润由哪几部分组成？如何计算？
6. 简述商业银行利润分配的顺序和原则。
7. 影响股份制银行股利政策的因素有哪些？
8. 商业银行比率分析指标主要有哪些？各有什么含义？
9. 论述杜邦分析法对银行财务分析工作的意义。
10. 我国商业银行财务管理中存在什么样的问题？应如何改进？

第十三章　商业银行的风险管理

商业银行以货币资金为经营对象,自有资本比例远低于其他企业,高负债经营是其最显著的特点。同时,作为金融中介,信息不对称现象广泛地存在于商业银行的经营活动之中。上述特点决定了商业银行风险的内生性和风险管理的重要性。

第一节　风险管理概述

银行风险相对于其他经济风险,有其自身的含义和特征,深入了解商业银行风险的属性,对于识别、控制和防范银行风险有突出的意义。

一、商业银行风险的概念及特征

所谓商业银行风险是指商业银行在经营管理过程中,由于受到内外部各种不确定性因素的影响,而导致损失的可能性。

1. 风险性是商业银行的内在属性

商业银行的风险是不以人的意志为转移的客观存在。商业银行的业务风险虽然有大小之分,但绝不存在绝对没有风险的业务。因为在市场经济条件下,社会主体的有限理性和机会主义倾向不可避免。前者容易限制信息的有效性和决策的及时性、准确性及完整性,而后者则容易产生道德风险和逆向选择。

商业银行作为从事资金融通活动的企业,主要负责在资金盈余和资金短缺主体之间进行资金调剂,从而实现资金资源的合理优化配置;同时,商业银行以各种金融工具为经营对象,其中既包括传统的金融产品,也包括在金融创新思想下出现的各种金融衍生工具。

在以金融工具为经营对象的复杂的资金融通活动中,各种不确定因素随时都有可能引发商业银行出现损失,因此商业银行的风险是与其经营活动相伴随的。如果商业银行在经营活动中面临的不确定性越大,则银行风险越大;反之,则越小。同时,由于不确定性因素可能分别来自外部和内部,商业银行的风险便有了系统性风险和非系统性风险之分。由于风险的客观存在,必须识别风险、衡量风险,并最终在管理风险过程中创造收益。

2. 银行风险在一定条件下可以预测和控制

商业银行的风险虽然客观存在,但在一定条件下是可以预测并加以控制的。首先,可以通过对可能产生风险的各种因素进行分析,从而获得对风险辨别有效的第一手数据;其次,运用数学、统计学等各种方法对历史资料进行分析,估算和预测银行风险发生的可能性和危害程度;最后,通过建立各种内部控制和外部监管制度,把银行风险纳入可控的组织框架内。

3. 风险积累到一定程度,可能带来危机的爆发

虽然银行风险在一定条件下可以预测和控制,但隐蔽的银行风险在某些情况下却不容易被察觉和及时发现。商业银行的风险形成过程不是瞬间完成的,而是逐渐累积的,这主要是源于商业银行的经营特性,银行通过不断地吸收存款来维持银行的运作。同时,其特有的信用创造功能可以掩盖其经营状况欠佳,甚至是经营亏损的事实,在信息不能充分及时披露的情况下,这样的局面可能会持续相当长的时间,此时如果监管当局不能及时采取措施,这种隐蔽状态下的风险会不断积聚。在国内外社会政治、经济等因素的影响下,来自经营体制、经营范围等各方面的风险因素逐渐增加,当某一时刻商业银行的信用循环链条发生断裂,个人的挤兑行为促发集体的非理性行为,使金融监管机构措手不及,由此可能对金融业甚至整个经济带来更大的损失。

4. 银行风险具有传染性特征

银行风险的爆发,其渗透传播的途径主要有三个方面:一是通过部分存款人的挤兑在市场中形成恐慌气氛,形成一定范围内的风险传染;二是单一银行机构的风险状态因为金融机构间的密切联系而形成连锁效应,当一个银行的资产价格发生贬损不能满足正常的流动性需要时,会通过金融同业、金融市场、市场主体的行为等途径迅速而广泛地传播,进而影响其他同业的正常经营,其极强的传染性和破坏性有可能导致一国全局性的金融动荡;三是在经济全球化、金融自由化的浪潮推动下,银行风险的传播途径更多,传播范围更大,银行风险所带来的影响将远远不止于银行本身,来自境内外的风险因素随着银行业务的扩展和渗透在与之相关的各个行业、部门进行传播,一国经济、金融不可能在封闭的状态下独善其身,这种渗透和传染将成为所有国家和地区商业银行运营过程中需要时刻关注的主要问题,这也正是在开放经济下银行风险更加难以管理的原因所在。

二、银行风险的种类

巴塞尔银行监管委员会在其公布的《有效银行监管的核心原则》中,将商业银行的风险分为以下八大类别。

1. 信用风险

传统意义上的信用风险是指交易对手无力履约或不按期履行合约而造成经济损失的风险。现代意义上的信用风险是指债务人或交易对手未能履行合约所规定的义

务或信用质量发生变化,影响金融产品的价值,从而给债权人或金融工具持有者带来经济损失的风险。商业银行面临的一个主要风险就是信用风险,信用风险不仅存在于贷款中,也存在于其他表内与表外业务,如担保、承兑和证券投资中。由于银行未能及时认定发生问题的资产、未能建立准备金注销这部分资产并且未及时停止计提利息收入,这一切都会造成严重的银行问题。

2. 市场风险

由于市场价格的变动,银行的表内和表外头寸会面临遭受损失的风险。按照既定的会计准则,这类风险在银行的交易活动中最明显,不管它们是与债务和股本工具有关,还是与外汇或商品头寸有关。市场风险的一个具体内容是外汇风险。银行作为外汇市场的造市者向客户公布牌价并持有各类币种的敞口头寸,在汇率波动剧烈时,外汇业务内在的风险特别是外汇敞口头寸的风险会增大。

3. 利率风险

利率风险是指银行的财务状况在利率出现不利的波动时面对的风险。这种风险不仅影响银行的盈利水平,也影响其资产、负债和表外金融工具的经济价值。其主要形式有以下四种。

(1) 重新定价风险,产生于银行资产、负债和表外头寸到期日(对固定利率而言)的不同及重新定价的时间不同(对浮动利率而言);

(2) 收入曲线风险,产生于收入曲线的斜率和形状的变化;

(3) 基准风险,即当其他重新定价特点相同时,因所依据的基准利率不同而产生的风险;

(4) 期权性风险(即期权风险),产生于银行资产、负债和表外项目中的或暗含的各种期权风险。

4. 操作风险

操作风险是指由于内部控制、人员和系统的不完备或失效,或由于外部事件的影响,造成直接或间接损失的风险。最重大的操作风险在于内部控制及公司治理机制的失效。这种失效状态可能因为失误、欺诈、未能及时做出反应而导致银行财务损失,或使银行的利益在其他方面受到损失,如银行交易员、信贷员、其他工作人员越权或从事职业道德不允许的或风险过高的业务。操作风险的其他方面包括信息技术系统的重大失效或诸如火灾和其他灾难等事件。

5. 流动性风险

流动性风险是指银行无力为负债的减少或资产的增加提供融资,即当银行流动性不足时,它无法以合理的成本迅速增加负债或变现资产获得足够的资金,从而影响了其盈利水平。在极端情形下,流动性不足会使银行资不抵债。

6. 法律风险

法律风险是指与银行有关的金融交易合约由于法律上的缺陷或不完善而无法履约,或者因为法律修订而使银行遭受损失的风险。同时,有关某一银行的法庭案例可能对整个银行业务产生更广泛的影响,从而增加该行本身乃至其他或所有银行的成本。在开拓新业务时,当交易对象的法律权力未能界定时,银行尤其容易受法律风险的影响。

7. 国家和转移风险

除贷款业务中固有的交易对象的信用风险外,国际信贷业务还包括国家风险,这指与借款人所在国的经济、社会和政治环境方面有关的风险。当向外国政府或政府机构贷款时,由于这种贷款一般没有担保,国家风险可能最明显。在向公共或私人部门提供贷款或进行投资时,将国家风险考虑在内十分重要。国家风险的一种表现形式是"转移风险",即当借款人的债务不是以本币计值时,不管借款人的财务状况如何,某些情况下他可能无法得到外币。

8. 声誉风险

声誉风险产生于操作上的失误、违反有关法规和其他问题。该风险对银行损害极大,因为银行的业务性质要求它能够维持存款人、贷款人和整个市场的信心。

三、银行风险管理的程序

商业银行风险管理的目的就是通过对风险的识别和衡量,找出预防、分散或转移风险的策略,从而以最小的代价将风险可能引致的不良后果降至最低。

1. 风险的识别

风险的识别就是商业银行从各种内外部环境因素中发现可能给银行带来损失的风险源。风险的识别是有效进行风险管理的重要前提和基础,主要包括分类与回归树分析法、德尔菲法、风险推导法。

(1) 分类与回归树分析法,以选定的某几项财务指标作为分析的对象,运用二分法,以图解的方式将银行风险逐层分解,银行据此可以清晰准确地判断风险的具体形态及其性质,为相关决策提供依据。该方法的假设前提是商业银行的借款人可以分为好坏两类,各自具有不同的特性,通过对银行以往贷款客户的相关资料和信息进行统计分析,总结出两类借款人在财务特性上的规律性,并将其用于日后的贷款客户分析中。

(2) 德尔菲法又称专家意见法,通过专家的经验判断来识别风险。当银行无法利用财务比率来识别风险时,可以通过设计调查方案的方式,将调查表格和有关银行经营状况的资料一并发放给若干专家,由专家独立地提出各自的意见和看法。银行将集中的信息进行整理后,将不同的意见及其理由再反馈给每位专家。专家在参考其他人的意见后进一步修改完善自己的意见。经过数个来回之后,专家对项目的风险和控制方案将渐趋一致。

(3) 风险推导法是将某项业务的各个主要环节可能面对的影响因素作出预测和判断,以分析和鉴定风险的可能性及主要特质。一般分为筛选、监测和诊断三个步骤:首先,将风险因素分类,确定应排除因素、须进一步研究的因素和明显可引起损失因素;其次,对筛选后的结构进行观测、记录和分析,掌握变动趋势;最后,根据监测的结果进行分析和评价,进而识别风险。

2. 风险的衡量与评估

在初步识别风险后,银行要对风险的程度进行定量分析,从而判断是否控制以及如何控制。风险的衡量和评估方法主要包括 VaR 法、回归分析法、假设检验法、压力试验法等。

(1) VaR 法即为在险价值法(Value at Risk),是指在一定时期,在正常的市场条件和给定的置信区间内,计算的商业银行资产组合头寸或负债组合头寸出现最大损失的估计值。巴塞尔委员会规定的时期标准是 10 天,置信区间是 1%,意味着银行有 99% 的把握保证在 10 天内其资产遭受损失不会超过某一特定的量(风险价值)。例如,在 10 天内,在给定置信区间 99% 的情况下,某银行的 VaR 估算值为 500 万美元,则表明该银行在 10 天内,风险损失超过 500 万美元的概率为 1%。

(2) 回归分析法是指通过建立风险损失和重要参数之间的函数关系,根据历史资料用最小二乘原理求出相关系数,从而得出回归方程。将计算期或计划期的各种参数输入回归方程,利用回归方程进行点估计和区间估计,以计算结果作为风险判断和预测的依据。

(3) 假设检验法是对未知参数的数值提出假设,然后利用样本提供的信息检验假设是否合理。基本思路是首先提出某种假设,然后构造一个事件使其在该假设成立的条件下概率很小;再做一个实验,如果上述事件果然发生,则拒绝假设,否则接受假设。

(4) 当金融市场出现金融危机、市场崩溃等极端情形时,经济变量间的稳定关系会遭到破坏,在险价值法的判断会出现极大误差,为了测量极端市场环境下的市场风险,可以利用压力试验法。压力试验法是测量市场环境因素发生极端不利变化时,金融机构资产组合的损失大小,主要识别会对金融机构产生致命损失的情形,并评估风险的大小。

3. 风险的控制和管理

对风险进行识别和评估后,应采取有效措施进行控制和管理。这主要包括风险预防、风险规避、风险分散、风险转移、风险补偿等。

(1) 银行风险的预防可以通过保持充足的资本金、提取一般准备金和特殊准备金等方式,增强抗风险能力。在日常经营管理过程中,加强外部监管和内部控制,严格制定和执行银行各项规章制度,规范操作和管理,强化激励约束机制,提高员工素质,从各方面预防损失的发生。

(2) 风险规避更多的体现为事前的控制,这是银行经过判断认为对风险可能引起的损失无力承受而主动放弃某个项目或方案。

(3) 对商业银行来说,风险分散的策略相对丰富。可以利用资产组合原理,通过资产种类和规模的扩大分散风险,也可以利用客户的多层次性、投资工具的多样性来分散风险。

（4）风险转移是指利用各种交易工具和交易方式将风险全部或部分地转移出去，主要包括贷款出售、资产证券化、期权交易、互换交易等方式。

（5）风险补偿是指当银行确认损失将要发生后，为了将损失降至最低，银行通过接管、占有、变现抵押物或者质押物的方式减少损失。

第二节 信用风险的度量与管理

对大多数的银行来说，信用风险都是最重要的风险种类之一。信用风险管理的失败不仅会使单一银行实力下降，甚至可能带来整个银行系统的崩溃，大量的金融危机都是因为信用风险而产生。因此，必须对信用风险本质进行深入分析，并对其进行准确的衡量和管理，才能有利于增强整个金融体系的稳定性。

一、信用风险的内涵

信用风险的内涵十分广泛，《有效银行监管的核心原则》中指出：信用风险是指交易对象无力履约的风险，即债务人未能如期偿还债务造成违约，而给经济主体经营带来的风险。它既包括由于借款人或交易对手违约而导致损失的可能性，还包括由于借款人的信用评级的变动和履约能力的变化导致其债务的市场价值变动而引起的损失的可能性。因此，通常状况下，信用风险的影响因素主要是交易对手的财务状况和风险状况。

债务人违约存在两种情况：一种是无力支付，还有一种是不愿履约。在市场比较完善的条件下，故意违约的情况比较少见，但如果商业银行的监督检查的力度较弱，则容易出现不愿履约的情况，这在转轨经济时期我国商业银行的资产业务中比较常见，很多企业利用改制的机会逃废银行债务。

商业银行的信用风险绝大部分来源于贷款业务。但是，由于贷款流动性较差，缺乏活跃的二级市场，银行对贷款资产的价值通常是按历史成本而不是市价的方法衡量，因此只有当违约实际发生后，才能在商业银行的资产负债表当中反映出来，在此之前银行资产的价值与借款人的信用状况及其变动并无太大的关系。在商业银行的实际经营过程中，信用资产不仅会因为交易对手的直接违约而发生损失，交易对手履约可能性的变动也会给资产组合带来风险。因此，现代意义上的信用风险不仅包括违约风险，还包括由于交易对手的信用状况或履约能力上的变化导致债权人资产价值发生变动遭受损失的风险。

风险产生于不确定性，信用风险也不例外。根据风险的产生，通常将其分为系统性风险和非系统性风险。前者主要表现为外在不确定性，具有偶然性和随机性特征，促发因素主要包括国内外政治、经济和社会因素等。系统风险很难通过投资分散化来化解,只能通过某些措施来转嫁或规避。非系统性风险则主要是由经济系统内的不确定性造成的,由于行为人主观决策及获取信息的不充分性等原因,如企业的生产经营状况、产品市场占有率、经营者的能力等都会影响企业的信用等级和还本付息能力,也可能由于银行内部管理不善而造成风险。这种风险通常是个性化风险,可以通过加强检查和监督,提高信息披露的准确性、及时性和完整性来达到减小风险的目标。

二、信用风险的度量

信用风险作为商业银行最基本、最主要的风险类型,长期以来受到各国银行及其监管部门的高度重视。加强商业银行信用风险管理的首要步骤是对风险资产进行准确地分析和度量。

1. 传统的度量方法

在20世纪80年代之前的分析方法通常被称为传统的度量方法,也被称为专家制度,这种方法的特点就是将商业银行的信贷决策交由训练有素并具有丰富经验的信贷专家决定,通过他们对行业的发展趋势、借款人的财务状况及偿还能力进行个人评判之后,作出是否贷款、贷款多少的决策。在此过程中,信贷专家的专业知识、工作经验等主观因素是非常关键的。比较常见的包括5C、5W、5P要素分析法等,虽然称谓不同,但是共同的特征都是利用信贷专家从不同的侧面对借款人的综合状况进行分析。有的将重点集中于借款人的道德品质、还款能力、资本实力、担保和经营环境五个要素;而有的却从借款人、借款用途、还款期限、担保物及如何还款五个角度进行要素分析。在综合定性分析的基础上,将每一要素进行评分,使信用数量化,最后确定借款人的信用等级,并作为贷款决策的重要依据。由于信用状况的变化通常可以从财务指标的变动中得到反映,因此在确定企业的信用等级之前,商业银行通常将信用等级的评判转为对企业财务状况的分析,通过对一系列反映企业偿债能力、资本结构、盈利能力、经营效率等各组指标进行分析和评判,及时发现反映企业状况下滑的预警财务指标,在此基础上判断借款企业的财务状况,从而确定其信用等级,为信贷提供依据。

传统度量方法存在一些内在缺陷。首先,过分偏重于信贷专家的定性分析,对每一笔贷款的决策信贷人员都不可避免地融入自身的偏好,这种非客观的决策可能产生谬误。其次,这种传统的信用分析方法不仅存在明显的时滞,而且在有限的定量分析中,采用的也是单一变量的测定法,虽然信贷人员综合运用了各种财务指标,将分析对象的各种财务比率与同类企业相关比率的平均值进行比较,但不能反映不同财务比率的重要程度差异,同时对借款人的强弱比率间的综合分析也无能为力。例如,某个借款人的盈利能力指标相对较低,但偿债能力指标又高出平均水平,此时如何作出恰当的评定决策,传统的分析方法很难作出合理的解释。最后,传统的分析方法还容易造成借款对象的过度集中。通常情况下,信贷专家的业务专长都集中于某一领域或者其相关行业。如果构建一个分散化的贷款组合,必须培养不同行业的信用分析专家,对银行来说成本是相当高的,也是不经济的。因此,在有限的信用分析人员所选择的分析对象中,必定具有较高的关联度,如果遭遇经济景气波动,行业集中的弊端会使商业银行处境艰难,并最终导致风险的集中。

2. 多变量信用风险度量方法

为了克服单一变量分析的缺陷,多变量信用风险分析模型应运而生。在数理统计方法指导下,通过对特定财务比率的分析,商业银行可以预测信用危机发生的可能性,并及时作出合适的信贷决策。比较常用的模型是建立在多元判别分析方法上的Z评分模型和ZETA模型。

多元判别分析方法的重点就是从若干表明观测对象特征的变量值(财务比率)中筛选出能提供较多信息的变量并建立判别函数。率先将该方法应用于财务危机、公司破产及违约风险分析的是美国纽约大学教授爱德华·阿尔特曼(Edward Altman),他在1968年通过对银行过去的贷款案例进行统计分析,对美国破产和非破产生产企业进行观察,采用了22个财务比率,经过数理统计筛选,选择出最能反映借款人财务状况、最有预测和分析价值的指标,设计出能够区别破产公司和非破产公司的判别函数,建立了著名的5变量Z评分模型,对借款人进行信用风险分析和评估。其判别函数如下:

$$Z = 1.2(X_1) + 1.4(X_2) + 3.3(X_3) + 0.6(X_4) + 0.999(X_5)$$

其中,X_1—X_5五个变量分别表示流动资金/总资产、留存收益/总资产、息税前收益/总资产、股权市值/总负债账面值、销售收入/总资产。阿尔特曼经过统计分析和计算,确定借款人违约的临界值为$Z=2.675$。小于此值,则借款人可能违约;相反,则将借款人归入非违约类。

1977年,阿尔特曼与赫尔德门(Haldeman)、纳内亚南(Narayanan)又对该模型进行了修正和扩展,建立了ZETA模型。新模型的变量增至7个,不仅适用范围增加,而且模型的准确程度不断提高。ZETA模型被广泛地应用于美国商业银行,取得了巨大的经济效益,日本、德国、英国、加拿大、巴西等许多国家的金融机构受此影响,都纷纷研制了各自的判别模型。

Z评分模型和ZETA模型都是以借款人的会计资料为依据进行多变量的信用质量评分,通过Z值的大小判断借款人在一定的时期内是否面临破产和违约,为商业银行提供了分析借款人经营状况的预警系统,但是这两种模型共同的特点是假设各变量之间存在线性关系,但实际生活中的经济现象是复杂多变的,而且很多并不表现为线性关系,使模型的准确性打了折扣。

3. 现代信用风险度量方法

进入到20世纪80年代,全球资本市场的深化速度逐渐加快,直接融资的比例迅速加大,融资的非中介化使商业银行受到了业务拓展的威胁。更重要的是,原有的信用分析方法因为不能涵盖分析对象在证券市场表现的差异,使分析结果的准确性下降。单一的财务比率反映的只是账面静态价值,对分析借款人资产的市场动态价值无能为力。陆续发生的债务违约和债务危机事件更是突出了信用风险的复杂性,原有的分析方法已经不能适应风险度量发展的需要,现代信用分析方法应运而生。它是指在资本市场理论的指导下,将工程化的思维和技术运用于信用风险管理领域,运用经济计量技术、模拟技术以及神经网络和专家系统对信用风险进行计量、定价、交易和套期保值。通过对信用风险进行工程化技术的处理,信用风险成为一种可以重新分解组合和买卖的具有经济价值的金融商品。现代信用风险的度量方法主要包括以下两种。

(1) 期权定价型的风险计量模型。

随着信用风险管理理论的创新,为了科学地量化信用风险,分析贷款的预期违约率、预期回收率和风险暴露,默顿(Merton)的期权定价模型和 KMV 公司的预期违约率模型(Expected Default Frequency,EDF)受到重视。

KMV 公司认为商业银行对企业的债权类似于商业银行向企业出售的对企业价值的看跌期权。期权标的是公司资产,执行价格是企业的债务价值。企业所有者相当于购买了一项违约或不违约的选择权,借款人借入价值为 D 的贷款相当于持有一个敲定价格为 D 的看跌期权。如果在有效期内,资产的价值小于 D,则期权会被执行,企业将资产转交给债权人处置,将所获收入用于偿债;相反,如果资产的价值大于 D,则看跌期权会被放弃,企业将选择偿还贷款,还债后还有剩余。

当商业银行向企业发放贷款时,由于企业有违约的可能,因此相当于发放贷款的同时附带出售了一个卖权,赋予该借款企业可以转让资产而不还债。由于以折现方式发放一笔面值为 D 的贷款所得到的支付和卖出一份执行价格为 D 的看跌期权所得到的支付相等,因此风险贷款的价值就相当于一个面值为 D 的无违约风险贷款的价值加上一个空头卖权。企业的违约风险越大,卖权的价值越大,债务的价值越低,因此信用风险的分析就集中于卖权价值的判断和卖权被执行概率的判断。当公司资产的市场价值降至其负债价值以下,即资不抵债时,那么该公司将被认定已经违约。一家公司的违约概率取决于公司资产相对于负债的市场价值差异的大小和资产市价的波动率。

在实践中,通过观察在一定标准差(资产市价与偿债价值的标准差)水平上的公司(其初始资产高于负债)在一年内有多少比例的公司破产,以此来衡量任一具有同样标准差公司的违约概率。但是,由于资产市值的估算又取决于股价波动率的估算,因此令人怀疑的是估算的股价波动率是否可作为公司资产价值估算的可信指标。

(2) 资产组合层次的计量模型。

现代资产组合理论表明适当地利用资产之间的相关关系可以有效地降低风险并改善资产组合的风险—收益状况。商业银行为了分散资产业务的风险,通常利用现代资产组合理论将贷款分别投向不同的产业、行业和企业,从而避免因为经济景气或行业景气向不利于己的方向变动而给商业银行带来损失。在前述方法中商业银行大都单纯关注单一贷款或投资项目的信用风险,而忽略贷款组合的风险评估。随着经济的全球化和金融风险的多样化,对贷款组合进行风险衡量成为商业银行经营制胜的关键。JP摩根公司的信用度量制模型(Credit Metrics^{TM})和瑞士信贷的信用风险附加(Creditrisk+)模型,都是用于评估信用风险敞口亏损分布以及为弥补风险所需的资本,但使用的方法有所不同。

信用度量制模型用于估算由于信用资产质量变化、信用等级转换、违约等导致的组合价值的波动以及价值的分布状况变化,并最终计算出信用资产组合的在险价值量(VaR)。风险管理者依据这一风险值调整头寸和决策以防范损失,该方法集计算机技术、计量经济学、数理统计学和管理工程学知识于一体,从贷款组合的角度,全方位衡量信用风险,组成了动态的量化风险管理系统。这种方法突破了KMV公司模型单纯分析贷款资产的局限,将范围扩展到包括贷款、信用证、授信额度、市场化证券、衍生工具、应收账款等几乎所有资产业务的信用风险的评估和计量,将不同类型产品的信用风险用一个指标进行汇总,以反映商业银行整体的信用风险。

信用度量制模型主要用于在一定时期和一定的置信区间内,计算信贷资产可能发生的最大价值损失;既可以用于单笔贷款风险测算,也可以用于贷款组合风险测算。

单笔贷款信用风险测算主要包括下列步骤:首先,求出借款人的信用等级转换概率。所谓信用等级转换概率是指借款人在一年后由初始信用等级转换到其他信用等级的概率。其次,估算未来不同等级下的贷款远期价值。贷款的理论价值随信用等级的变化而变化。如果信用等级下降,贷款现金流量的信用风险溢价上升,贷款价值下降;相反,贷款价值上升。再次,将不同等级的年末贷款价值与转换概率结合,得出贷款价值在年末非正态的实际分布。最后,计算贷款的在险价值。用于贷款组合风险测算的步骤与此类似。

Creditrisk+模型利用保险行业的统计精算技术评估贷款组合的损失分布,该模型的重点在于度量在违约和不违约两种状态下的预期损失和未预期损失,是一个违约模型。在该模型中,违约概率不再是离散的,违约被模型化为具有一定概率分布的连续变量;每一笔贷款被视为小概率违约事件,而且每一笔贷款的违约概率都独立于其他贷款的违约,从而使贷款组合的违约概率更像泊松分布。该模型分析两种不确定性,即违约概率的不确定性和损失大小的不确定性。将贷款的风险暴露凑成整数并被分出频段(次级组合),频段越小,精确度越高,通过计量违约概率和损失大小可以得出不同频段损失的分布,对所有频段的损失加总即为贷款组合的损失分布。

4. 巴塞尔协议中的信用风险衡量方法

为了使原有的风险权重体系进一步适应商业银行的发展,使商业银行面临的各项风险与资本准备更加精确紧密地联系起来,新资本协议提出了衡量信用风险的两种方法:标准法和内部评级法(IRB),其中,IRB法又分为基础IRB法和高级IRB法。

在标准法中，商业银行各种资产的风险权重依据外部评级的结果来确定，在由外部专业的信用评级机构进行信用评级的基础上，根据巴塞尔银行监管委员会（BCBS）制定的各等级所对应的风险权重，计算资本需求。例如，100%的风险权重意味着该项资产全额计入加权风险资产，其资本金要求为其价值的8%；而风险权重为20%的资产所需的资本金为其价值的1.6%。该方法主要针对一些业务复杂程度较低、活跃程度较低的、无力进行内部评级的银行。但是，外部评级机构的客观性、评级结果的可信度方面受到商业银行的质疑，评级机构也不希望将所有责任都由自己承担，因此新资本协议除了继续保留外部评级方式外，鼓励跨国性活跃银行、风险管理能力相对较高的银行建立内部风险评级体系，运用内部评级系统，决定自身对资本的需求。

内部评级法主要针对企业贷款，在银行同业拆借、项目融资和零售业务中也可以采用。通过内部评级，银行在分别对借款人和贷款交易进行评级的基础上，计算出不同等级借款人所对应的违约概率和不同等级贷款发生违约时的损失率，再根据违约概率和违约损失率计算出预期损失和非预期损失，预期损失通过贷款损失准备金抵补，非预期损失就通过资本金来抵补。内部评级法帮助商业银行确定每一项贷款的综合评级以及贷款可能遭受的损失程度，并据此进行贷款定价、计提损失准备金、配置经济资本和风险组合管理。

三、信用风险的管理

为了积极地管理信用风险，可以运用资产组合理论、套期保值理论、资产证券化方式和金融衍生工具加强资产管理的主动性，以达到分散、对冲和转移信用风险的目的。

1. 授信限额

商业银行应该针对单一信用风险敞口（包括特定的客户或关联集团，特定行业、国家、区域、授信品种等）科学地设置授信限额，达到控制信用风险集中的目的。

2. 增强行业分析水平

增强行业分析水平，重视信贷资产组合管理。根据授信业务的性质、风险程度等因素对授信业务进行多层次、多角度的横向和纵向相结合的动态分析监控，达到分散风险、优化授信结构、确定最佳的风险资产组合的目标。

3. 进行资产证券化及信用保险

资产证券化和信贷保险是减少信用风险的有效手段。美国商业银行为了防止银行资金向特定的产业和客户集中，根据自身能够承担的风险状况，陆续推出贷款证券化、贷款拍卖和转让等手段。由于银行在行业风险来临前，准确地衡量了自身的总体风险承受能力，并将不能承担的风险通过各种方式进行转移和处理，当行业真正进入深度调整时，银行所承受的风险已经十分有限，受到的损失也得到控制。通过开办信用保险，也可以达到降低银行信用风险损失的目的。如果商业银行遭受信用风险损失，可以要求保险公司提供一定的经济补偿，减少风险事件给银行带来的损失。

4. 采用信用衍生产品

所谓信用衍生产品，主要是指用来交易信用风险的金融工具，通过将信用风险从标的金融工具中剥离，将信用风险和该金融工具的其他特征分离出来，实现规避信用风险的目的。信用衍生产品主要包括违约期权、违约互换、信用联系型票据、货币互换、总收益互换等。所谓信用违约互换，就是商业银行根据自身对某笔贷款损失额度的预期，向保险公司或其他投资者购买信用违约保护，成为互换的买方，而卖方负责提供或有偿付：如果出现违约，由卖方负责补偿银行的损失。通过这种方式，银行可以将部分风险让渡出去。信用联系型票据和违约互换比较相似，但存在一个特殊目的机构，商业银行向该机构支付一定的费用作为违约保护，由该机构向投资者发行债券。如果出现违约情况，该机构向银行支付偿付款，同时停止向投资者支付债券利息，并返还相当于票面价值减去偿付款的余额。货币互换是根据两个银行在筹集不同币种的资金时筹资成本的高低不同，依据相对比较优势而进行的交易活动。总收益互换是指总收益付出方定期将参考债务的利息和费用收入支付给交易对手，对方则向其支付固定或浮动利率。

第三节 利率风险的度量与管理

一、利率风险概述

利率是资金的时间价值，对于以货币资金为主要经营对象的商业银行来说，利率的变动可能使商业银行的资产、负债及其他相关业务受到影响。

商业银行资产和负债对利率的敏感度不同，不仅会使银行的收益发生变化，也会使银行的资本发生变化，因此巴塞尔银行监管委员会在对信用风险进行统一管理的基础上，在《巴塞尔协议Ⅱ》中对包括利率风险在内的市场风险给予了高度的重视。

利率风险和商业银行所面临的其他风险有相似之处，主要产生于利率变动的不确定性。如何正确地测定利率风险缺口，对于利率风险的管理和控制具有重要的意义。

二、利率风险的度量

对商业银行利率风险的识别与衡量，其实就是对风险来源进行识别和对利率影响进行衡量。前者主要是对资产负债业务客户行使隐含期权的情况进行识别，后者则是在此基础上通过一定的技巧或技术手段对其影响进行评估。因此，风险识别与风险衡量往往紧密结合在一起。截至目前，国际上商业银行对利率风险的识别衡量模型已经从最初的定性评估发展到定量控制，并在金融工程技术的支持下日趋精确。

1. 重新定价模型

重新定价模型（Repricing Model）在本质上是一种从会计账面价值的角度出发所

进行的现金流量分析。重新定价模型又被称为资金缺口模型(Funding Gap Model)。由于它所分析的是在某一特定期间由利率敏感性资产所产生的利息收入,与利率敏感性负债所产生的利息支出间的缺口,因此它也就是传统资产负债管理理论中的缺口管理。所谓利率敏感性资产是指所有在一年内将重新定价或到期的资产,其中包括贷款、租赁、债券和其他生息资产。利率敏感性负债是指所有计划在一年内重新定价或到期的负债,其中包括定期存款及其他商业票据等。而利率敏感性缺口,就是指利率敏感性资产(RSA)减去利率敏感性负债(RSL)。若 RSA−RSL>0 则出现正缺口;反之,则出现负缺口。当利率下降时,若有正缺口,则银行有利率风险;反之,当利率上升时,若有负缺口,则银行有利率风险。其具体分析步骤是对所有资产负债业务的合约期限进行分组,并对不同合约期限的缺口进行衡量。当预测未来某一期限内将会发生利率调整,可能会导致资产负债业务重新定价的情况下,计算利率敏感性资产和利率敏感性负债规模之间的缺口,并对因为该缺口的存在,当利率变动时可能给银行带来的损益情况进行评估。

重新定价模型在 20 世纪 80 年代中期曾经非常流行,因为这种方法简单直观,但也存在诸多缺陷,主要表现为以下三点不足:首先,重新定价模型是对会计账面价值的现金流量分析,而未考虑利率变动对资产和负债所产生的市场价值效应。其次,个别利率敏感性资产及负债的特性在从事分组处理时,会由于过度的加总(Over Aggregative)而被抵销。在重新定价模型中,通常将一段较长的期限划分为若干个时间段,从而忽略了每一分组中有关资产和负债期限分布状况的信息。虽然在任一到期分组中利率敏感性资产和负债的价值可能是相等的,但是通常情况下,负债趋向于在分组的期限末重新定价,而资产则倾向于在期初重新确定利率。最后,无法解决资金回流问题。重新定价模型忽视了资产负债项目的动态情况和隐含期权对合约实际期限的影响。在商业银行的日常经营中,随着其不断吸收和偿还存款而不断发放和收回消费和抵押贷款,因此银行可以将贷款的回流资金以市场利率进行再投资,所以这种回流资金是利率敏感性的。

2. 到期模型

不同于重新定价模型中以会计账面价值来表示银行的资产与负债科目,到期模型(Maturing Model)是以市场价值来表示资产与负债科目,因此也被称为市场价值模型。所谓市场价值是指金融机构现有资产负债业务的市场净值或投资组合的市场净值。事实上,利率变动不仅影响未来利息收入或支出的现值,而且还将影响本金收入或支出的现值,从而影响金融机构投资组合的市场价值。该模型是根据当时的利率水准重新评估银行的资产与负债。就单一固定利率的资产与负债而言,根据到期模型,资产或负债与利率间的关系如下:

● 利率的上升(下降)一般会导致资产或负债的市场价值的下降(上升);
● 资产或负债项目到期日越长,那么当利率上升(下降)时,其市场价值的下降(上升)幅度越大;对于任意给定的利率增幅,随着资产或负债科目的期限的增加,其市场价值下降的比率递减。

以上关系也适用于资产或负债的组合。如同重新定价模型的利率敏感性缺口一样,到期模型也有到期缺口(Maturity Gap)。如果用 M_a 表示资产项目的加权平均到期期限,M_l 表示负债项目的加权平均到期期限,则 $M_a - M_l$ 为到期缺口。到期缺口也可用来衡量银行资产或负债科目的利率风险。如果缺口为正值,当利率上升时,资产和负债的市场价值都会下降,此时若长期资产多于负债,那么资产组合市场价值下降的幅度比负债组合市场价值下降得大,则银行也有利率风险。

该模型克服了只注重短期收益、只关心利息收入变化的缺点,充分考虑了长期总收入的风险,因此更能准确并提前揭示利率变动对金融机构的长期影响。该模型主要采取利率情景压力测试技术,对金融机构资产负债项目在未来一定期限内现金流的现值进行估计并比较每种利率情景下的市场价值,从而衡量潜在利率变动的影响。

从到期模型中可以判断只有资产与负债的现金流量发生的时机(Timing)与到期日相同,银行的利率风险才能够获得较大的规避(Immunization)。也就是说,金融机构使自己免疫利率风险的最佳方法是使其资产和负债的期限相互对称,使资产和负债的加权平均到期值之差为零。但是,在大多数情况下资产或负债现金流量发生的时机与到期日并不相同,因为只有当全部现金流都在期末支付或收到,期间不发生任何现金流时,持续期才等于到期期限,这与商业银行的实际经营状况是有很大差异的,因此便出现了持续期模型。

3. 持续期模型

由于影响利差收入的因素除了利率变化之外,在期间的现金流量及其分布结构也是一个重要因素。因此,1938 年麦考莱(Frederick Macaulay)提出了持续期的概念,持续期是以现金流的相对现值为权数计算的到期期限的加权平均时间。持续期是一种比到期期限更完善地计量资产或负债利率敏感性的方法,因为它考虑到了所有现金流的发生时间和资产或负债的到期期限。持续期模型(Duration Model)不只考虑资产或负债项目的到期日,而且也考虑了现金流量的到达时机。充分考虑资产负债工具中各种隐含期权对资产负债业务合约期限、资产负债价格的影响和调整,从而以金融机构资产负债业务的实际持续期或实效持续期为度量利率风险的基础。与重定价模型和到期模型相比更贴近商业银行业务实际,对商业银行所从事的资产、负债和中间业务的运作进行了全面深入的分析,因此其成为 20 世纪 80 年代以后利率风险衡量的重要模型,为商业银行的利率风险衡量提供了全新的分析思路。

三、利率风险的管理

利率风险管理的目的并不是完全消除利率风险,而是通过业务经营和资金管理策略,将风险控制在一定范围之内。在商业银行利率风险管理的过程中,通常划分为表内管理和表外管理两个主要方面。前者表现为对资产负债表的各项业务进行结构调整,后者则是通常利用利率衍生工具交易来回避和减小风险,两者有效地发挥作用还要依赖于商业银行内部分工明确、合理有效的组织结构。

1. 高度重视利率风险的分析和管理

利率市场化条件下,商业银行的收益与利率、汇率、费率的水平和变动的相关性日益密切。作为商业银行的高层管理人员,必须对利率风险识别和管理进行有效地指导和监督,建立科学的利率风险预测体系和控制体系,建立系统、规范的利率风险管理组织体系。

从商业银行的内部组织结构看,应该建立与利率市场化相适应的管理体系。西方商业银行大都设有专门的决策机构——资产负债管理委员会,即 ALCO,由其掌握整个机构利率风险管理的最高决策权,并通过其下设的资产负债管理部负责利率风险的日常监管,而其他业务部门则按要求定期将本部门的金融产品内含的利率风险转移至资产负债管理部门;也有银行成立专门的利率风险管理委员会或管理小组,具体负责预测利率的走势、分析利率变动对商业银行经营的影响、制定最佳的利率风险防范措施。

2. 调整和监控资产负债表内业务

利率作为货币资金的价格,商业银行又作为经营货币资金的金融机构,商业银行的主营业务发生发展的全过程一直与利率风险相伴随。作为利率管理部门的首要任务就是充分熟悉银行内的各项业务品种、价格、期限。重新定价模型、持续期模型、到期模型都需要对银行资产负债表内的所有项目进行深入细致的分析和计量,这样才有利于对风险的识别和确认。

随着积极的资产、负债管理策略的逐渐深入,在资产业务方面可以通过资产证券化和资产出售等方式,对资产实行重新定价,避免固定利率资产因为市场利率波动而给商业银行带来损失;同时,商业银行可以自主地调整资产期限结构,使其与负债期限结构相匹配。在负债业务方面则可以适当改变被动负债的方式,开发主动负债工具,以完善商业银行的资产负债结构。为了控制利率风险,商业银行也可以调整业务组合,将重心转移到对利率不甚敏感的非利差收入方面,包括各种中间业务和表外业务,从而改善收入结构,提高商业银行的总收入水平。

3. 利用利率衍生工具管控风险

自 20 世纪 80 年代以来,金融衍生工具中的利率衍生工具的使用有力地帮助金融机构及其他市场主体规避了利率风险。利率衍生工具主要包括利率期货、利率期权和利率互换等,这些工具可以及时有效地完成利率风险的转移。其中,应用利率期货交易套期保值较常用,商业银行的套期保值行为有宏观和微观之分。宏观套期保值是指对商业银行的资产和负债风险缺口的净值部分(如利率敏感性缺口、持续期缺口)进行套期保值,实现商业银行利率风险极小化的目标;微观套期保值是针对银行的个别资产和负债业务项目进行单独的套期保值业务处理,将该业务项目的风险损失控制在最低限度。

第四节 操作风险的度量与管理

在全球范围内,操作风险受到了金融界的高度重视。其实这一风险并非最近产生,而是时刻伴随着商业银行经营过程的始终。

一、操作风险概述

巴塞尔银行监管委员会对操作风险的正式定义是:由于内部控制、人员和系统的不完备或失效,或由于外部事件的影响,造成直接或间接损失的风险。这一概念包括了法律风险,但并不包含战略风险和声誉风险,主要目的在于尽量减小分配在操作风险方面的管理资本。

由于操作风险的计量和模型仍处于最初级阶段,巴塞尔银行监管委员会以损失类型的方式进一步细化了操作风险,以利于数据收集和风险计量工作的开展。

(1) 内部欺诈(Internal Fraud):至少包括一名内部人员参与的意图欺骗、盗用财产或以欺诈手段规避规则、法律或公司政策。比如,故意虚假报告头寸、雇员偷窃、雇员自身账户的内部交易等。

(2) 外部欺诈(External Fraud):第三方欺骗、盗用财产或以欺诈手段规避法律。比如,抢劫、伪造、开立空头支票、计算机数据被窃用而造成的损害等。

(3) 雇佣实践和工作安全性(Employ Practices & Workspace Safety):与雇佣、健康安全法规以及契约相关的人身损害赔偿金的支付请求、与差别待遇争议有关的赔偿金支付。比如,工人赔偿请求、违反雇员健康和安全规则、工会活动、歧视性赔偿请求以及各种应对客户承担的责任。

(4) 客户、产品和业务实践(Client, Products & Business Practices):由于无意或疏忽,不能满足特定客户的合理业务需求,或者由于产品本质、产品设计因素造成的失误,包括违背信托、错误使用顾客私人信息、银行账目的不合适的交易活动、洗黑钱、未授权产品的出售等。

(5) 有形资产的损害(Damage to Physical Assets):由于自然灾害或其他事件导致有形资产的损害,包括恐怖活动、破坏行为、地震、火灾、洪水等。

(6) 业务中断和系统失灵(Business Disruption & System Failure):如软硬件失效、电信问题、应用程序过时等。

(7) 执行、交付和过程管理(Execution Delivery & Process Management):失败的交易过程、过程管理出错、与合作伙伴和供方的关系破裂,包括数据录入错误、抵押物管理失败、不完整的法律文件、未授权的对客户账户的接触、合作伙伴的不当操作以及供方纠纷等。

巴塞尔银行监管委员会还对商业银行的业务种类进行了标准化划分,主要包括以下 8 个大类：公司金融、贸易与销售、零售银行业务、商业银行业务、支付与清算、代理服务、资产管理、零售经纪业务。8 个种类的业务品种具体如下。

（1）公司金融(Corporate Finance)：兼并和收购、证券承销、资产证券化、公司调查和研究、政府债券和高收益债券、辛迪加安排、首次公开发行股票、二次私募发行等。

（2）贸易与销售(Trading & Sales)：固定收益债券、股权、外汇、商品、投融资、自有头寸证券、租赁与回购协议、经纪、债务等。

（3）零售银行业务(Retail Banking)：个人存贷款业务、信托和不动产、投资建议、信用卡服务、其他银行服务等。

（4）商业银行业务(Commercial Banking)：项目融资、房地产、出口信贷、贸易融资、保理、贷款、租赁、担保、汇票等。

（5）支付与清算(Payment & Settlement)：支付和征收、资金转账、清算和结算。

（6）代理服务(Agency Services)：契约、存款收据、证券借贷、发行和支付代理。

（7）资产管理(Asset Management)：可自由支配的资金管理和不可自由支配的资金管理，主要是指对机构和个人客户的开放或封闭的资产组合的构建和调整。

（8）零售经纪(Retail Brokerage)：执行和全方位服务。

操作风险是琐碎的、庞杂的，覆盖银行业务的方方面面。操作风险主要表现为以下特点：第一，与商业银行的其他风险不同，操作风险主要是由人为因素引发，在上述 7 类损失事件中，除了自然灾害及偶发事件造成的损害和系统错误两项之外，其他损害均与人有关。第二，在所有操作风险损失事件中，发生概率高的大都是小损失事件，而高额损失事件的发生概率通常较低，发生概率和损失额度之间的反比关系，使对危害程度高的大额损失事件的数量分析存在一定的难度，不利于商业银行建立数量分析模型，对其进行准确的预测和判断。即使是发达国家，在这方面也是刚刚起步。

二、操作风险的资本分配

新巴塞尔协议规定，为应付操作风险可能带来的损失，银行要保有相应的最低资本金准备。计量操作风险对应的资本金，主要包括三种方法，即基本指标法(Basic Indicator Approach)、标准法(Standardised Approach)和高级测量法(Advanced Measurement Approach)。

1. 基本指标法

分配操作风险资本的最基本方法就是基本指标法，即用一个单一的指标——总收入——作为衡量覆盖一个机构所有操作风险暴露的代表，风险敏感度较低。每个银行持有的操作风险资本等于总收入乘以一个固定的百分数，总收入是指商业银行前三年所有业务产生的利息净收入和非利息净收入总和的算术平均数，而固定的比例由委员会制定，一般定为 15%。这个方法简单实用，但是对各个商业银行的特色和特征并没有完全地反映出来。因此，这个方法可能更适合于业务活动比较简单的小型商业银行，对于活跃的跨国性银行和具有特殊操作风险的银行来说，应使用覆盖更加全面、更加复杂的方法。

基本指标法的计算方法使其存在不可避免的缺点，那就是这种方法不具备风险敏感性，同时缺乏对银行计量和管理操作风险的激励机制。

2. 标准法

标准法相对于基本指标法更进了一步，主要是将银行的业务活动进行标准化划分。这样，就能通过其广泛的业务活动划分，区别反映银行各项业务的风险收益。在计量方法上却和基本指标法一样，采用的也是收入乘以固定比例的方法，固定比例同样是由监管当局制定。

如前所述，将商业银行的业务分成 8 大类别，分别计算出每一类别的业务收入，委员会针对每一类别的操作风险资本要求制定出不同的比例，每一类业务前三年收入的算术平均数乘以其所对应的固定比例，就可以得到每一类业务对应的操作风险资本要求，将所有业务的资本要求加总，就是商业银行操作风险的总资本要求。标准法的复杂程度和风险敏感度居中。这种方法要求商业银行对各个业务条线的操作风险进行实时监控，并积累大量操作风险数据。

这 8 个类别的固定比例分别为：公司金融业务，系数为 18%；交易与销售业务，系数为 18%；零售银行业务，系数为 12%；商业银行业务，系数为 15%；支付与清算业务，系数为 18%；代理业务，系数为 15%；资产管理业务，系数为 12%；零售经纪业务，系数为 12%。

但是，这样的业务类别划分并不能简单地适用于所有银行的具体情况，同时对各类业务的应计收入计算起来更为复杂。

3. 高级测量法

银行的业务日益复杂，对更加完善的风险管理方法提出了强烈的需求。大的机构更加依赖于精确的计量模型来评估风险、并在机构间分配资本。银行监督管理者也鼓励银行既可以通过直接监督来进行等级评定，也可以将模型应用于管理过程等方式开发自身的风险管理模型。

高级测量法中，又可以细分为内部测量法、损失分布法和计分卡法等。内部测量法的思路是首先将商业银行的业务划分为若干类型，再列出每种业务类型所对应的操作风险损失类型，如上文所提到的公司金融等 8 类业务和内部欺诈等 7 类风险。然后，在每一个业务类型/损失类型组合中，监管者制定一个暴露指标（Exposure Indicator, EI），用来衡量每一个业务类型所暴露的操作风险。若按上述分类，则存在 56 个组合。除此以外，对每一个业务类型/损失类型组合来说，银行在内部损失数据基础上，测量出代表损失事件概率的参数（PE）和假设损失事件发生后造成损失额度的参数（LGE）。$EI \cdot PE \cdot LGE$ 的乘积用来计算预期损失（EL）。监管当局为每一个业务类型/损失事件类型组合提供了一个因数 γ，用来将预期损失转化为资本需求。

整个银行资本需求总量就是所有乘积的简单加总：

$$资本需求 = \sum i \sum j [\gamma(i,j) \times EI(i,j) \times PE(i,j) \times LGE(i,j)]$$

其中，i 代表业务类型，j 代表风险类型。

为了简化监管程序，银行向监管者提供预期损失的组成部分数据，即 EI、PE、LGE，而不是其乘积 EL。在相关信息的基础上，监管者计算 EL，可以通过 γ 调整非预期损失，从而使其达到合理水平。

内部测量法为单个银行应用内部损失数据提供了方向，这种计算资本需求的方法不是由监管当局统一制定的。应用此法时，监管者提供数量和质量标准，确认计量方法的整合性、数据质量的可靠性和内部控制环境的充足性。内部测量法将给银行更大的激励，不断去收集内部损失数据，提高该方法的准确性。损失分布法和计分卡法对数据和模型的要求更高，目前在商业银行很少被采用。

采用高级测量法须得到监管当局的核准，并且要符合一系列定量和定性的标准，巴塞尔委员会对采用高级测量法的银行不设定操作风险最低资本要求，并允许银行在设计操作风险计量系统时出现合理的偏差，目的在于鼓励国际化大银行提高风险管理的水平，但同时要求至少达到与计量信用风险的内部评级法（高级法）相同的水平。高级测量法是三种方法中复杂性和风险敏感度最高的方法，对银行的管理、数据和人员的要求也最高，适用于规模大、复杂程度高，或业务高度专业化的银行。目前，发达国家和地区的大型商业银行都认识到了操作风险管理的重要性，投入大量资源进行数据收集，着力开发有效的风险计量模型，力争在规定时间全面实施新协议。

三、操作风险管理

为了有效地对操作风险进行全过程、全方位的管理和监督，必须从内部控制和外部环境两方面加以完善。

1. 合适的风险管理环境

合适的风险管理环境是成功实现操作风险管理的重要保证。在商业银行已经建立科学的内部组织结构的基础上，董事会和高层管理人员各尽其职，权责分明。董事会应该对银行操作风险有全方位的了解，清晰地划分出风险种类、制定并且定期检查银行操作风险管理框架。框架中应包括操作风险定义，识别、评估、监控和控制操作风险的原则。银行内部的高级管理人员应对执行董事会通过的操作风险管理框架负责，这是整个机构全方面风险管理成功的关键。高级管理人员应保证将该框架在整个机构范围内统一贯彻执行，使所有分支机构的员工都能明确自身在操作风险管理中的责任。高级管理人员还有责任制定政策、规则和程序，用于管理银行的所有产品、业务活动、过程和系统。

合适的风险管理环境与严格的监督密不可分，西方国家商业银行的高层监督大多由董事会、管理委员会或审计委员会来完成。除此以外，设置内部监督团体和监察人员同样重要，如风险经理、风险委员会、产品检查委员会、内部审计等。不同的内部监察人员则包括财务控制官、首席信息官、内部审计员等，由他们协助董事会和高层管理人员共同完成风险管理环境的建设。

2. 缜密和流畅的风险管理过程

风险管理过程的缜密和流畅是操作风险管理的关键。一个完整的操作风险管理过程大致包括识别、评估、监控、缓解或控制四个阶段。银行应该识别和评估所有产品、业务活动、过程和系统固有的操作风险。同时，还要确定在新产品、业务活动、过程和系统被引入和使用之前，其固有的操作风险已经被充分的评估。银行应该采用某个程序，来定期监控操作风险全貌和具体的风险暴露，并定期将相关信息报告给高层管理人员和董事会，做好操作风险的前期预警工作。银行应制定政策、规则和程序来控制和减轻具体的操作风险，并定期检查其风险限制和控制战略，通过使用合适的策略，根据其风险承受能力和风险全貌来调整其风险状态。银行还应具备适当的应急处理计划和业务持续性计划，来保证其在遭遇严重的业务中断时具有继续经营和限制损失的能力。

3. 完善和严格执行的内部控制制度

内部控制是管理操作风险最主要的工具。由于操作风险的产生大多数是与内部人为因素有关，因此防范操作风险的关键是内部控制制度的完善。内部控制制度是金融机构的一种自律行为，是金融机构为完成既定的工作目标和防范风险，对内部各职能部门及其工作人员从事的业务活动进行风险控制、制度管理和相互制约的方法、措施和程序的总称。

操作风险是一种几乎覆盖银行所有部门、所有人员的全方位风险，因此需要制定出要求银行全体人员遵守的统一的规章制度。这种制度既要有权威性和全面性，又要有整合性和可操作性，在商业银行内部形成一定的内部控制文化。

4. 市场约束和外部监管

商业银行有责任定期向股东披露各种必须公开的信息，股东可以通过"用脚投票"的方式对银行的风险管理能力提出质疑。在发达的内部控制权市场和职业经理人市场中，市场并购的压力促使高层管理人员对操作风险管理不敢掉以轻心。同时，权威的评价机构和会计审计机构通过其对银行业的各项指标的收集、分析和判断，向公众及时提供有效的信息，从外部形成一定的约束。监管当局对商业银行的风险监督检查也可以对商业银行起到加强内部风险管理的目的。

第五节 银行风险管理的新发展

随着经济全球化趋势的不断深入，企业经营区域逐步跨国化，股权逐步多样化和复杂化,业务领域逐步多样化,IT 技术和电子商务的发展更是对商业银行风险管理提出了新的要求。随着商业银行外部经营环境、业务对象变化以及银行本身业务范围拓展、经营管理思路的转变,商业银行风险管理呈现出新的特点,主要表现在以下几个方面。

一、银行业风险管理的新特点

1. 强调全面风险管理

所谓全面风险管理是指对整个银行体系内各个层次的业务部门,各个种类风险的通盘管理。管理范围包括信用风险、市场风险和操作性风险等不同风险类型,公司客户、零售客户、金融机构客户等不同客户种类,资产业务、负债业务、中间业务等不同性质业务风险。将商业银行各个业务部门调动起来,对各类风险进行衡量和管理。在银行系统内实现风险管理理念的统一、目标的统一和标准的统一,实现风险管理的全面化、系统化。由于风险存在于每一个业务和环节,要求每一个员工都要有风险管理的意识和自觉。

2. 强调全球风险管理

国际活跃银行都是经营地域遍布全球的跨国公司,由于政治、经济、社会因素导致的国别风险成为危及银行业安全的重要因素。商业银行的国际化发展趋势要求风险管理体系必须是全球化的,应该根据业务中心和利润中心建立相适应的区域风险管理中心,与国内的风险管理体系相互衔接和配合,对各国、各地区的风险进行甄别,对风险在国别、地域之间的转化和转移进行评估和风险预警。

3. 强调全新风险管理方法

目前,国际活跃银行风险管理的重点已经从信用风险,扩大到既重视信用风险又重视市场风险和操作性风险;信用风险管理的重点从关注单笔交易、单项资产和单个客户,扩大到既重视单笔交易和单个客户的风险管理,又高度关注所有信用敞口的总体风险控制。为了避免各类风险在地区、产品、行业和客户群的过度集中,国际性活跃银行采取统一授信管理、资产组合管理以及资产证券化、信用衍生产品等一系列全新的风险管理技术和方法,防范和转移各类风险,风险管理越来越多地体现出客观性和科学性的特征。

4. 强调重视表外业务风险

商业银行为增强自身竞争实力,迅速开发和拓展表外业务,业务种类和交易规模不断增加,这是商业银行对市场竞争程度的一种必然反应。由于表外业务风险是银行整体风险的一部分,随时可能转化为表内风险,而且有些金融衍生交易类业务潜在风险较大,为实现商业银行整体经营风险的下降,完善风险内控机制,必须在强化表内业务风险监管的同时,严格防范表外业务风险,实行表内表外业务统一监管,银行监督管理部门应动态跟踪商业银行表外项目的发展和变化,对表外科目对应的所有内容,从表外科目设置、核算和统计情况,到表外业务管理情况、表外业务统计情况等进行不定期检查和监控,力图全面掌握银行对表外项目的信息管理、数据汇总程序、记账原则、已开展的表外业务数量、表外业务形成的垫款或损失、有关的内控措施及控制效果等情况。

二、我国商业银行风险管理的新方向

从商业银行内部管理来看,要围绕风险管理的文化、体系、理念、技术等方面进一步加以完善。我国商业银行在风险管理中应注意以下问题:

第一,风险管理范围由国内管理向全球管理转变。随着经济全球化的深入,我国银行业将逐步融入国际金融市场,风险管理正在由只管国内向管理全球转变,形成全球的风险管理体系,在全球范围内对所承担的各种风险进行统一的衡量。

第二,风险管理对象由单笔贷款向企业整体风险转变,由单一行业向资产组合管理转变。目前,随着经济活动的变化,企业经营特征、资本运作的形态发生了深刻的变化,以审核企业的资产负债表为主要内容的信用风险管理方法已经不能适应防范风险的要求,子公司、关联公司、跨国公司等复杂的资本运营模式使风险的表现形式更为复杂和隐蔽,这就要求风险管理要由对单笔贷款的管理向对企业的整体风险管理转变,不仅要对财务情况进行审查,还要关注企业的经营管理、股权结构、对外投资以及全部现金流。同时,要把风险管理的视角从一个企业扩大到整个行业、市场的变化,在微观分析的基础上强调系统性风险的研究。在这些工作的基础上,最终过渡到资产组合的风险管理和资本制约下的组合模型的管理。

第三,健全风险管理体系。风险管理体系主要包括风险管理组织体系、政策体系、决策体系、评价体系等。我国商业银行要在股份制改造的基础上,逐步建立董事会领导下的风险管理组织体系。改变行政管理模式,实现风险管理横向延伸,实现管理过程的扁平化。风险管理方式在坚持定性与定量分析相结合的基础上,加强运用模型与定量分析工具,有效控制业务风险。

第四,要提高风险管理技术。内部评级和资产组合管理是风险度量的重要技术。国际先进银行的经验表明,内部评级的准确与否直接关系到风险定价、盈利性分析、资产组合分析与提取准备金、决定经济资本和监管资本等方面工作;利用资产组合模型度量整个银行资产的未预期损失,利用地区、行业、产品等之间的相关关系进行风险分散,通过证券化、衍生工具等进行资产负债管理,降低银行的风险敞口。

第五,落实《巴塞尔协议Ⅲ》。落实《巴塞尔协议Ⅲ》的要求是我国银行业风险管理的调整方向。目前《巴塞尔协议Ⅲ》的内容更加广泛而复杂,不仅提高了对银行最低资本要求,还加大对银行监管力度,也代表着最新的银行风险监管理念。

本 章 小 结

商业银行风险是指商业银行在经营管理过程中，由于受到内外部各种不确定性因素的影响，而导致损失的可能性。风险性是商业银行的内在属性，银行风险在一定条件下可以预测和控制，风险积累到一定程度，可能带来危机的爆发，银行风险具有传染性特征。

银行风险与银行危机、银行稳定、货币危机、金融危机等既有联系又有区别。

根据银行风险的性质，可以将银行风险分为信用风险、市场风险、操作风险、流动性风险和法律风险等。商业银行风险管理的目的就是通过对风险的识别和衡量，找出预防、分散或转移风险的策略，从而以最小的代价将风险可能引致的不良后果降至最低。风险管理的程序包括风险的识别、风险的衡量与评估、风险的控制和管理。

当前银行业风险管理呈现出全面风险管理、全球风险管理、全新风险管理方法、重视表外业务风险等新特点，我国商业银行也应从中得到启示，探讨风险管理的新方向。

复 习 思 考 题

1. 何谓银行风险？它有何属性和特征？
2. 辨析与银行风险相关的几个概念。
3. 信用风险有何内涵？信用风险如何衡量？
4. 信用风险应怎样管理？
5. 利率风险的三个衡量模型有何区别？
6. 如何理解操作风险的内涵？
7. 操作风险的资本如何分配？
8. 流动性风险的含义是什么？如何衡量流动性风险？
9. 风险管理有何新特点？
10. 我国风险管理应注意哪些问题？

第十四章 商业银行营销管理

方兴未艾的金融改革和银行竞争,以及需要重新开拓的负债市场,亟待改进的资产管理方式,为商业银行的优化管理和经营提供了广阔的实践背景。银行营销以其全新的思维方式和经营理念在银行界受到广泛关注,银行营销管理逐渐成为未来商业银行管理的重要内容。

第一节 银行营销管理概述

银行营销理论在 20 世纪初期便引起西方金融界的重视。它产生在市场营销理论之后,是市场营销理论在银行界、在金融市场中的具体化。

一、市场营销与银行营销

1. 银行营销的内涵

据菲利普·科特勒的论述:"市场营销是个人和集体通过创造并同别人交换产品和价值以获得其所需所欲之物的一种社会过程。"银行营销是指银行以金融市场为导向,通过识别客户需要,选择目标客户,运用整体营销手段向客户提供满意的金融产品和服务,从而实现商业银行的利益目标的过程。银行营销并不是将一般市场营销原理及技术简单地应用于银行业务中,而是将营销理论的整体思维和手段措施与银行业的特性相结合,它已经超越了银行在各个方位、各个层次的横向、纵向分割管理,而将战略、组织、人事,以及存、贷款业务,中间业务的管理融合贯通在一起,形成覆盖银行所有层面的全方位管理。该理论是在银行利润的增减变化、银行同业及内外的竞争、业务市场占有率的扩展、金融体制的改革、金融监管的加强等一系列客观条件下产生的一种新的管理方式,将营销观念渗透于银行管理的各个领域,形成一套以市场营销为导向的管理理念。

2. 银行营销的特点

金融业属于第三产业,即服务业的范畴,因此银行营销相对于实物产品营销来说,更倾向于服务营销的范围。它具有以下特点。

(1) 基本无形性。

银行服务大多属于不能预先用五官直接感触到的特殊消费,在很大程度上是抽象的和无形的,如银行贷款、结算、咨询业务等,无法像实物产品一样通过观察其外观及测试性能,快速准确判断其质量和价格是否合理。在现代经济生活中,银行业也出现了实物产品与服务的相互融合,体现了很少的有形性,如各类银行卡的出现,增强了顾客对银行的感性认识。

(2) 无一致性。

实物产品要求通过统一的设计标准使产品的质量保持一致,而银行服务是不标准的,且极具可变性。由于银行服务不能统一设计,其质量完全取决于银行员工的气质、修养、业务能力和知识水平。即使是同一名员工提供服务,服务质量也会受体力和心情的影响而很难保持一致性。

(3) 不可分割性。

一个实物产品的生产和消费往往是可分割的,即生产在先,消费在后;然而,银行服务的提供,则大多与客户享受服务同时进行,客户参与到过程之中。如在大量的银行中间业务中,银行在为客户提供代发工资业务的同时,客户便享受到工资及时准确入账的服务。

(4) 无存货性。

一个厂家可以先生产产品,然后储存在仓库里等待销售,银行服务却不能先储存再消费,它是一种在特定时间内的需要,并且通常是瞬间需要。但是,银行服务同样存在存货成本,若银行的信贷资产不能得到高效合理的运用,必将对银行的资产收益产生重大影响。

二、商业银行营销管理发展历程

1. 广告、服务和创新阶段

市场营销的原理和方法在银行业的渗透始于20世纪50年代后期,1958年在全美银行联合会议上,首次提到市场营销观念在银行的应用,标志着银行营销观念的诞生。但是,最初只体现为通过雇佣广告代理商和促销专家,增加广告和促销预算等手段来吸引更多的新客户。同时,为了使客户成为忠实的长期客户,对员工进行培训,推行微笑服务,改进建筑装饰。随后,一些银行逐渐意识到其经营业务本质是为了满足客户不断发展的金融方面的需要,便从金融创新角度向客户提供新的、有价值的服务。此时正值20世纪70年代中期,西方金融业发生大变革阶段,利率市场化逐步推进,综合经营开始盛行,资本市场迅猛发展,金融管制的松动使银行等金融机构可以绕过管制提供新的金融产品或服务。金融创新使银行经营范围拓宽,风险得到规避,利润显著增加,同时带动银行营销理论进一步深化。

2. 市场定位阶段

当银行都注重广告、友好服务和金融产品创新时,便站在了同一起跑线上,迫使各家银行重新审视各自的经营策略以进一步发展。由于当时的任何一家银行不能向客户提供所需要的全部服务,不能同时成为所有客户心目中的最佳银行,众多银行便努力在市场上确定自己的位置,并与其他竞争者区别开来。通过业务定位、服务对象定位、形象定位等各种手段突出各自服务重点,帮助客户了解相互竞争银行之间的真正差异,便于客户挑选最适宜的、能最大限度满足其需要的银行。

3. 营销分析、计划和控制阶段

这是一种比较高级的银行营销观念,显示了现代市场营销的本质。众多银行在广告、友好、创新和定位诸方面都做得很完善,但却缺少一个健全的营销计划和控制制度,致使自己的优势地位渐渐丧失。此后,银行家逐渐意识到银行营销不仅仅是广告、友好、创新和定位,更重要的是要加强对金融营销环境的调研和分析,制定出长期和短期的战略目标和营销计划,并通过营销控制,以谋求银行内部条件与外部环境的动态平衡,达到实现银行目标的目的。至此,银行营销真正进入现代市场营销阶段。

三、西方商业银行营销管理的特点

金融市场竞争的加剧,使银行服务供给严重不足,需求旺盛的局面不复存在,银行服务从卖方市场转向买方市场,银行界不得不关心市场上客户的需求,迫切需要银行营销策略给予指导。

1. 树立现代银行营销观念

最初的银行营销大多围绕 4P 观念,即从产品(Product)、价格(Price)、分销(Place)、促销(Promotion)四个层次拓展市场。关注新产品的开发、分销渠道的建立以及广告和公众关系手段的普遍运用等。现代的银行营销则从深层理论和实践研究入手,将市场营销置于更高的位置,提高到前所未有的战略高度。进入现代市场营销阶段,商业银行更加重视从整体上进行营销分析、计划、执行和控制,通过对金融市场营销环境的调查和分析,选择目标市场,进行市场定位,优化营销策略组合,制订出长期规划、战略目标及短期营销计划,并严格按照计划组织实施,随时监控执行中出现的新情况和新问题,不断修正,从而日臻完善。

2. 将识别和满足客户需要放在营销管理的首位

市场营销就是以满足人类各种需要和欲望为目的,通过市场变潜在交换为现实交换的活动。其流程图如图 14-1 所示。

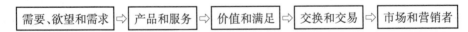

图 14-1 市场营销定义

因此,识别并满足客户需要是现代商业银行开展营销业务的起点。在此基础上,进行市场细分,设计金融产品,送达客户手中,取得银行收益。在日益严峻的竞争压力面前,抓住顾客是首要方面。银行突破原有思维,从顾客的角度出发,以满足广大客户日益丰富的金融市场需求为目的,不断开发设计出新的金融产品和服务,以达到稳定老客户,增加新客户,扩大市场占有率,取得理想经营利润的目标。

3. 以创新产品和特色服务为银行营销的突破口

银行若要在竞争中取胜,必须根据市场环境的变化,不断推出特色服务和创新产品,达到既满足客户需要,又标识自己的银行和产品的目的。例如,汇丰银行为高收入客户开立一种 Asset Vantage 账户,最低金额为 26 000 美元,由训练有素的职员在贵宾室为客户提供专门服务;在吉隆坡则以 2 500 美元的下限将中等收入的消费者纳入伙伴计划。此外,对需要消费信贷的亚洲客户提供 Power Vantage 账户,对小型企业家开立 Business Vantage 账户。这些措施使汇丰保持并扩大了市场份额,提高了市场竞争力。

4. 促销方式及手段日益翻新

银行营销是引导金融产品和服务从银行到达客户手中所进行的企业活动。因为,现代市场营销不仅要求银行发展适合客户需要的金融产品,制定适当的价格,使目标客户在适当的地点易于取得,而且要求银行善于与目标客户沟通,开展促销活动,通过广告、推销、公共关系和宣传报道等促销手段的综合运用向目标客户介绍其产品的优点,说服和吸引客户前来"购买",接受其产品。通过促销手段的适当组合与运用赢得客户信任,树立银行良好形象。

5. 高度重视人才和电子化建设

服务是银行竞争的关键,而人才和电子化对于提高服务水平、增强竞争力具有极其重要的作用。银行的业务、市场、客户都是多元的而且千变万化,需要银行培养和储备不同专长、高层次、有竞争能力的各类人才,形成引进人才、留住人才、用好人才的良性循环机制。同时,在电子化建设方面以满足客户需求为目标,为风险防范提供技术手段,建立起系统性、全方位覆盖的电子网络和电脑模型,达到业务操作技术电子化、评估体系电子化、监控体系电子化、统计体系电子化、信息传递电子化、客户服务电子化,以配合渗透银行各个方位的营销活动,提高营销业绩和质量。

第二节 产 品 策 略

菲利普·科特勒认为产品是指能够提供给市场从而引起人们注意,供人取得、使用或消费,并且能够满足某种欲望或需要的任何东西,包括实物、服务、保证、意识等各种形式。

一、银行产品概述

整体产品具有三个层次:核心产品,即通过产品的自然属性满足消费者的物质需求;有形产品,即核心产品的实现形式,包括式样、品牌、商标、包装、特色五个方面;延伸产品,即购买者在使用产品过程中所享受有形产品以外的利益,包括保证、服务、运送等内容。若将有形产品与延伸产品合并,统称边缘产品,可以通过图 14-2 说明核心产品与边缘产品之间的关系。企业如果想要提高市场竞争力,就应从各方面加强产品管理,特别是成本低、影响力较大的附加值方面。

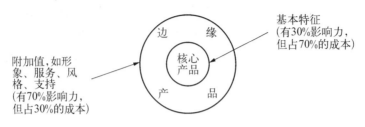

图 14-2 产品层次图

所谓银行产品,是商业银行向社会提供的引人注意的、可能获取的、可以使用或消费的一切产品和服务,并与货币信用紧密联结在一起,实质是有形产品和无形服务的综合体。

在整个银行体系中,有形的产品相对较少,最常见的是各类银行卡。银行业作为第三产业,虽然经营对象是货币资金这种特殊产品,但是也像其他服务业一样,具有服务需求弹性大、提供的产品基本无差异的特点,由此导致银行产品极易被模仿,而且大多不受知识产权保护,同质性和趋同性特征非常明显。整个银行业呈现出金融产品"你有,我也有"的局面,产品"克隆"的速度非常快,客户很难通过银行产品区分商业银行的优劣,这种现象在发展初期更加明显。对于商业银行来说,若要彰显自身的特质,必须坚持个性化服务、差异化产品的发展路径。以银行品牌为手段,适应金融市场不断变化的需求,努力向各类客户提供个性鲜明的金融产品。

二、银行品牌的作用

商业银行产品创新的步伐日益加快,银行产品营销已日益超越产品的物质表层,将着眼点放在品牌营销上。对于商业银行来说,产品品牌是银行或其部门所开发的金融产品或服务的名称或其他标识符号,是一个范围很广的概念,目的在于区别于其他金融机构的相关产品和服务。产品品牌的作用主要表现在以下四个方面。

1. 有利于客户对金融产品和服务特色的识别

由于金融产品的无形性和同质化,金融机构的产品特色比较难以识别和建立,而产品品牌作为金融服务的有形线索能向市场提示特色产品和服务,从而有利于产品和服务特色的识别和建立,并对产品的营销起到决定性的推动作用。

2. 有利于保护知识产权,促进产品创新

对于商业银行来说,金融产品创新一方面需要付出高昂的研究开发成本,另一方面还要承担相当大的创新风险。因为,金融业属于高智力行业,开发新产品需要研发人员具有新颖的创意和充足的时间。同时,在金融新产品推广时,还需要向客户作出细致明确的解释和说明,这样就使研发人员尽力开发的金融产品可能很快被复制,而该机构却不能充分享受创新所带来的回报。在某种程度上,抑制了金融创新的活跃。

鼓励创新的最有效方式是知识产权专利制度。有品牌的金融产品和服务创新，经过注册后可以拥有受法律保护的知识产权，因此品牌化有利于促进金融产品创新，增强市场的竞争，促进整个行业水平的提高。

3. 有利于拓展营销渠道和市场

商业银行服务渠道的拓展往往通过开设分支机构，而银行一旦拥有著名品牌，这种分支机构就会很快得到客户的认可，因为服务渠道的拓展与品牌的知名度直接相关。在竞争激烈的银行产品背后附加金融品牌，不仅增加了产品的附加值，提高银行的美誉度，而且为银行带来了可观的业务收入。

4. 有利于商业银行的关系营销

商业银行的名牌产品对于保持老客户、吸引新客户或发展社会关系都十分有利。金融品牌尤其是名牌，可以不断提醒老客户对商业银行的忠诚；品牌有助于老客户进行口头宣传，因为名牌产品已经得到了老客户的普遍认同，因此可以伴随良好的口碑使客户队伍不断扩大，有利于发展新客户；同时，品牌可以传播机构形象，为吸引其他客户带来极大的便利，从而有利于发展商业银行与各类客户的关系。

三、银行产品品牌的建立和发展

1. 商业银行产品品牌特色化、个性化

由于商业银行以货币资金为经营对象，因此对产品品牌的包装显得特别重要，如何创造产品差异化成为品牌管理的关键。加紧建立和完善业务创新管理机制，根据市场客户需求，研究开发并向客户提供具有自身特点的差别化、个性化商业银行产品和服务，是品牌管理的第一要素。

随着商业银行同业竞争的日趋激烈，如何在激烈的市场竞争中脱颖而出，抢占先机，众多商业银行将目光集中于资源整合和产品创新，而理财业务成为各家机构的首选。在开拓业务的同时，商业银行注重发展自己的特色，力图创造出富有自己个性特征的品牌。例如，台湾富邦银行的 DIY 信用卡，就是从客户的需求出发，将包括富邦银行、富邦人寿和产险的整个富邦资源整合，将信用卡与居家火险、家庭不动产保障相结合，这种新主张得到了大批客户的青睐。

2. 商业银行产品的名称设计

商业银行产品和服务的名称好坏直接关系到品牌的建立和发展。有响亮名称的新产品的上市以及随之建立起来的完善售后服务体系，可以使该品牌很快成为市场的新宠，迅速获得客户的喜爱和欢迎，使商业银行市场从产品种类竞争向"品牌"竞争转变。

3. 商业银行产品品牌的视觉形象

品牌的视觉形象主要是指产品的标准字体及相关的标志、标准图形、标准色彩等。设计良好的产品品牌视觉形象，有利于表现产品理念，有利于产品品牌的建立、推广和促进产品营销。

4. 商业银行的评级和获奖

商业银行的评级,有利于商业银行产品品牌的建立和发展。因为等级评定可以直接向客户明示服务规模、质量和水平等服务信息。一家商业银行等级的提高,显然有利于商业银行产品品牌的建立和发展。在美国,有独立的评级公司对银行业进行评级。由于人们对银行偿付能力和财务状况的日益重视,得到较高评级的商业银行更容易获得市场认可。因而,评级公司的评级对银行业和客户已产生越来越重要的影响。

5. 商业银行的行业排名

商业银行的行业排名也可以直接向客户明示服务规模、质量和水平等服务信息。一家商业银行的排名上升,显然有利于其产品品牌的建立和发展。例如,著名的英国《银行家》杂志的排名,对全世界的银行业产生了一定的影响。

6. 商业银行品牌来自细致周到的服务

商业银行产品是客观的,但商业银行产品品牌来自无时无刻的服务。品牌和服务是连接产品和客户之间的桥梁。从商业银行本身来看,必须既强调品牌又强调服务,两者互相促进。如果品牌背后没有服务的跟进,品牌将会黯然失色,甚至退出市场。商业银行应该力图实现两者相得益彰,通过优质的服务彰显品牌实力,提升品牌的美誉度;反过来,通过品牌展示服务,提高服务质量。因为虽然产品可以仿照,但是品牌不能复制,服务更是很难克隆。良好的服务会使商业银行在竞争中始终保持自信从容的心态。

四、银行新产品及产品开发途径和程序

所谓商业银行新产品,是指商业银行向市场提供的比原产品有根本不同的产品或服务。新产品开发是每个商业银行面临的一项重要任务,它关系到银行的生存和发展。如何识别新的市场需求机会,提出合适、有效的新产品开发方案是商业银行提高竞争力的关键因素。

1. 商业银行新产品种类

(1) 仿制新产品。

产品的基本原理和性质特点是仿照市场上已有的新产品,只是有局部的改进和创新。

(2) 改进新产品。

对老产品的功能、结构和性质等方面作出改进。例如,商业银行将原来的活期和定期存款的优点融合起来,推出"个人通知存款"这种新的存款业务。

(3) 换代新产品。

采用新科技或新技术手段,使产品特性有重大突破。例如,手机银行业务和网上银行业务的出现。

(4) 全新新产品。

应用新原理、新技术和新方法创造出前所未有的产品。随着科学技术的突飞猛

进，商业银行产品的全新创造速度明显加快。

2. 商业银行产品开发的途径与程序

商业银行产品开发的途径主要包括独立型开发、协作型开发、技术引进型开发。

(1) 独立型开发。

独立型开发是由本机构独立进行商业银行新产品开发的全部过程。这种方法主要适用于经济实力与研发实力较雄厚的大型商业银行，而中小型商业银行则可以通过这种方法进行复杂程度不高的或仿制型、改进型产品的开发。

(2) 协作型开发。

协作型开发是由商业银行、高等院校或科研机构协作进行新产品的开发。这种方式被大、中、小型商业银行广泛地采用。商业银行产品涉及各个方面，通过多头协作，可以互补短长，发展群体优势，通常情况下，会收到比独立开发更好的效果。例如，上海春秋旅行社与工商银行合作推出免息旅游贷款；交通银行天津分行与天津肿瘤医院等多家医院建立了业务合作关系，联合推出了"康复之光"医疗贷款。这些都是协作式开发的成功实例。

(3) 技术引进型开发。

技术引进型开发是通过引进国外技术、购买专利来开发新产品。发达国家的商业银行经过百余年的发展，银行产品种类繁多，而且大多数经过了市场的检验。如果通过技术引进方式开发新产品，对我国商业银行迅速接近世界先进水平，进入国际市场将起到重要的作用。

新产品的开发程序是否科学合理，直接关系到产品的成败。对任何一个商业银行来说，在组织上和营销方面作出适当的调整，建立一套合理的新产品开发程序是非常关键的。从新产品的构思到产品进入市场是一个漫长的过程，大致要经过以下六个阶段。

(1) 新产品创意的搜集。

开发新产品的关键在于从众多的构思当中选取最合适、最有发展前途的构思。所谓构思，是指对能够满足现有客户或潜在客户某种需求的新产品所作的各种设想。西方营销学家的调查发现，60%的设想来自客户、竞争对手和情报资料，其余的40%则来自商业银行内部。因此，充分征求、研究客户对商业银行服务的意见和看法，是新产品开发成功的保证。

一方面，外部渠道。既然2/3的创意来自外部，因此其重要性不容忽视。第一，客户提出的各种意见和建议。由于客户具有切身感受，因此实用性和可行性较高。另外，商业银行也可以通过向客户进行正式的市场调研来直接获取创意的来源。第二，竞争对手或联营公司。出于竞争或合作的考虑，商业银行之间的业务往来日益频繁。商业银行、证券公司、保险公司、信托公司之间，商业银行和信用卡公司之间经常会合作开发新的银行产品。第三，商业银行也可以从商业银行制度变迁、商业银行学科的研究成果或其他文献资料当中获取创意。

另一方面,内部渠道。第一,几乎所有的商业银行都有独立的研发部门,由商业银行专家根据经济发展和经济环境的变化适时推出银行新产品方案。第二,市场营销部门。因为营销部门的工作人员直接与客户打交道,因此可以倾听客户的意见,对市场的问题进行直接接触和研究。第三,商业银行其他内部人员,包括高级管理人员和广大工作人员。前者具有丰富的知识和工作经验,开拓创新意识很强;而后者直接与客户接触,就近了解客户的真实需求,促进创意的产生。

(2) 创意的筛选。

进行创意筛选的目的在于剔除那些与商业银行发展目标或资源不协调的新产品构思。筛选过程通常包括两个阶段:第一阶段,从所有的创意中,根据构思是否适合本机构的发展规划、业务专长和资金实力,来剔除那些明显欠妥的建议,这种迅速、准确的判断有助于商业银行节省资源;第二阶段在余下的产品构思中进行进一步的审查,利用评分表方法评出等级,在对一系列因素作出适当评价的基础上慎重地作出决策。

(3) 新产品概念的形成与测试。

产品构思经过筛选后发展成为产品概念。产品构思只是商业银行在研究、发展的基础上准备向市场推出可能产品的设想。产品概念则是指具有确定特性、能增进消费者利益并乐于为消费者接受的实际产品,它包括产品功能、产品质量、产品价格以及名称和商标等内容。

一个产品构思可以转化为许多不同的产品概念。同一个产品构思,如果考虑到:潜在客户的范围、客户可能遇到的问题、新产品提供的原因、产品的特点与功能以及利益概况等内容,就会演化组合出许多不同的产品概念。商业银行如果对发展出来的每一个产品概念进行市场定位,就可以分析出该产品与市场上哪些现有产品发生竞争,并据此制定出产品或品牌定位策略。

商业银行要从众多的产品概念中选择最具竞争力的最佳产品概念,就需要了解客户的意见,进行产品概念测试,通过购买者的反应来检验新产品。概念测试通常采用概念说明书的方式,印发给客户,要求客户就一些问题提出意见。然后,分析客户是否了解商业银行所提供的新产品和服务、该产品和服务是否符合客户的需要、对该产品和服务是否接受并喜欢、对新产品和服务有哪些改进的意见等。通过概念测试反馈的意见将有助于进一步剔除不合适的产品概念,同时完善充实可行概念,使之更加满足客户需要。

(4) 商业分析。

新产品概念经过测试后,就可以评价新产品方案的商业吸引力。商业分析也称为效益分析,对新产品概念从效益上进行分析,预测其市场份额、成本、利润和投资收益率,从而判断其是否符合商业银行的发展目标。目的在于在发生进一步的开发费用之前剔除不能盈利的新产品概念。因为经过了上述筛选和测试阶段,大部分的新产品构思已经逐渐被淘汰,因此商业分析的焦点集中于为数较少的几个方案上。在进行新产品商业分析时,通常可采取的方法包括盈亏平衡法、投资回收期法、资金利润率法、利润贴现率法、新产品系数法等。由于上述方法各有优缺点,商业银行可以根据具体情况选用,也可同时使用。

(5) 新产品的设计和市场测试。

新产品通过商业分析之后,就可以进入实际开发阶段,使新产品概念转变为实际的产品或服务。研发部门可先行开发出少量的样品或在某个区域进行新服务项目的试点,对新产品进行产品测试和消费者测试。产品测试主要用来测定新产品潜在客户接受程度的大小,通过客户对新产品或服务的反应情况,对产品和服务以及营销活动做进一步的改进和完善。市场测试主要通过商业银行的分支机构进行实地推广产品,或让部分客户尝试新产品或服务来考察营销方案是否可行。通过测试,可以判断该产品的开发是否取得成功,是否可以整体推出。

(6) 正式引入市场。

正式引入市场也被称为商业化阶段,使该项产品或服务成为商业银行的正式业务种类,向市场全面推出。商业银行需要制定出一系列的广告和销售促进计划、销售渠道计划、销售人员和中间商的培训计划等,以促进新产品的推出。由于此阶段耗资最大,费用比例较高,获利的可能性较小,因此一般情况下,商业银行可以采取分阶段逐步进入市场的策略。先在主要市场或地区推出,再扩大到全国甚至国际市场,以避免太大的损失。

五、商业银行产品组合管理

产品组合是指一个企业生产或经营的全部产品的组合方式。每项产品被称为产品项目,同类产品项目构成产品线。

商业银行产品组合,通常具有两个方面的含义:一方面与金融工程有关,是指将基本商业银行产品组合成为具有特定属性的、新的商业银行产品;另一方面的含义则是指商业银行所提供的所有银行产品和服务的组合方式。银行产品组合是银行业不断创新、提高自身效率的必然结果,银行产品组合的应用范围来自商业银行实践并应用于商业银行实践。银行产品组合主要应用于三大领域:一是新型银行产品的设计与开发;二是新型交易手段和设施的开发,其目的是为了降低交易成本,提高运作效率,挖掘盈利潜力和规避商业银行管制;三是为了解决某些银行问题或实现特定的经营目标而制定出创造性的解决方案。银行产品组合的构件是各种现有的银行产品和交易手段。如果把传统的银行产品(如存款、贷款)比作建筑房屋的基础材料的话,那么各种新型银行产品组合就是这些基础材料组建的楼房和大厦。不同的结构组合就会形成造型不同的高楼大厦,从而丰富商业银行的业务品种,增强竞争能力。

商业银行产品组合的形式多种多样,根据市场需求、竞争对手、自身条件和经营能力等各方面因素,进行合理选择,并不存在统一固定的模式。

1. 银行产品横向组合

商业银行在发展过程中,在基本产品上附加其他关联产品,使其流动性、安全性或收益性等方面得到改善,以更好地适应市场需求,以达到扩大市场占有率、增加收益的目的。

例如,商业银行可以融保险、证券等产品为一体,增加产品品种,拓展经营范围,寻找新的利润增长点。商业银行可以与保险公司签定相关协议,把储蓄品种与保险条款相结合,使客户在资金保值增值的同时,享受到家庭财产、人身意外伤害保险等服务。银证合作也是商业银行拓展业务、扩大市场的有效途径,通过与证券公司的全面合作、优势互补,商业银行可以进一步增强自己的竞争能力。

通过以上组合方式,商业银行可以实现为客户提供存贷款、现金管理、证券投资(股票、债券、基金等)、外汇买卖、纳税策划、遗产策划、保险信托、退休保障在内的多种商业银行产品组合。这样,商业银行在创新产品的同时,就可以满足客户投资、储蓄、防范风险、保值增值等多方面的需要,提供全方位的服务。

2. 银行产品纵向组合

商业银行在经营过程中,根据目标市场变化和市场竞争态势,可以对自身的各种银行产品实施有效组合,以实现充分利用银行资源,提高经济效益的目的。例如,建设银行广东省分行在推行社区商业银行服务的过程中,在强化产品管理的基础上,将个人银行业务、中间业务、房地产信贷业务、银行卡业务、电子银行业务等有关个人银行业务的产品,依据产品管理、考核和客户需求进行产品打包,并按满足不同社区类型以及不同客户群体的金融需求进行产品组合,营销人员可以根据社区类型、客户群体的不同营销产品和服务。

比如,根据社区客户的商业银行需求,将商业银行产品进行打包。按照目前的产品目录,打成七个产品包:A. 代收代付产品包;B. 储蓄产品包;C. 龙卡产品包;D. 电子银行产品包;E. 个人理财产品包;F. 个人贷款产品包;G. 外汇产品包。个人贷款产品包又可以分出一般住房贷款(F1)、消费贷款(F2)、助学贷款(F3)、商业用房贷款(F4)等。

3. 银行产品销售组合

银行产品销售组合是指在产品销售过程中,把与主导产品有直接关系或间接关系的产品组合在一起销售,以方便购买,促进销售。从方便消费者的角度出发,考虑得愈周到愈受欢迎。在产品性能相同的情况下,根据消费者的不同需要,组成不同的产品销售组合方案,以尽量满足消费者在同一地点、同一时间享受完整的商业银行服务,一定会赢得更多的消费者,使商业银行在激烈的市场竞争中,扩大市场份额,提高市场竞争力。上海农行认识到时下购房、教育、旅游已成为普通百姓家庭中的"盘中餐",适时推出个人消费信贷六大系列套餐,深受消费者的欢迎。只要消费者选择其中任何一个项目,便可以优先得到其他五个项目的配套服务。

4. 银行产品生产组合

适应现代科技和网络社会的发展,银行产品的生产也发生了日新月异的变化。商业银行电子化的发展,为商业银行运用先进科技创新银行产品和服务提供了有利条件。商业银行当前除了建立和完善 ATM 网络、IC 卡、自助银行、电话银行等系统外，积极拓展接触面广、便利性强的家居银行、网络银行、手机银行等新兴业务。银行立足于市场，根据客户需求对产品进行创意、设计和构思，不断推出有个性、有特点的项目，并且可以充分利用电脑网络的普及，为客户提供更加全面、快捷、安全的贴身服务。

综上所述，商业银行在经营过程中，采取产品垂直多样化、水平多样化等产品组合策略，拓展面向个人、企业以及国际市场的商业银行服务领域，并及时制定和调整各类产品不同生命周期、不同品牌包装的营销策略，从而达到提高竞争力的目的。

第三节 定价策略

价格是产品实现价值的工具，定价是银行营销组合中最活跃、最关键的环节。在银行业务日益电子化、综合化的情况下，一种银行产品定价成功与否，直接关系到银行的整体竞争力和生存能力，对定价问题应给予重视。

一、银行产品价格构成

银行产品定价的主要内容包括确定存贷款利率水平和各项服务的收费标准，银行产品的价格构成主要包括利率、汇率和手续费水平。

1. 利率

利率是银行产品的主要价格。存贷款利差收入是大多数银行的主要利润来源。利率的种类非常多：按照时期的长短可以分为长期利率和短期利率；按照在有效期内是否变化可以分为固定利率和可变利率；按照决定因素可以分为市场利率和法定利率；按照是否扣除通货膨胀因素可以分为实际利率和名义利率。商业银行在定价过程中，最重要的利率包括以下三种。

(1) 基准利率。

基准利率一般由一国的中央银行确定，主要是指再贷款利率和再贴现利率。基准利率可以影响市场资金的供求，是实现一国货币政策目标的重要工具。科学合理的基准利率有利于指导商业银行的产品定价，正确反映社会资金供求状况。

(2) 银行同业拆借利率。

同业拆借利率是商业银行及其他金融机构为了解决短期资金需求、调整头寸而进行的资金融通。同业拆借市场信用程度高、流动性强、时效性好，其利率水平也成为市场资金供求关系的反馈信号。

(3) 存贷款利率。

作为以吸存放贷为主要业务内容的商业银行，存贷款利率成为最重要的银行定价对象。存款利率的高低直接决定银行的融资成本，而贷款利率是否恰当则关系到银行的业务规模大小和主营利润高低。

2. 汇率

汇率是指两国货币间的汇兑水平。随着国际资本流动的加快,商业银行的业务国际化倾向更加明显。汇率成为银行必须认真对待的价格因素之一。

汇率的分类角度同样很多:按是否可以变动分为固定汇率和浮动汇率;按交割日期的不同可以分为即期汇率和远期汇率;从银行买卖的角度出发则可分为买入汇率、卖出汇率和中间汇率。

3. 手续费

商业银行在主营存贷款业务的基础上,利用其资金、信息、人员和技术的优势可以开展种类繁多的中间业务,从而收取手续费收入。大量的中间业务无需动用银行资金,银行只是作为受托人的角色代为办理各项经济事务,风险较低。常见的中间业务包括结算类、代理类、信托类、咨询类、租赁类、衍生工具类等。随着银行业竞争的加剧和产品创新速度的加快,商业银行的利润来源逐渐由存贷利差收入向服务收费转移。

二、影响产品定价的主要因素

1. 成本因素

银行产品定价的主要方法是成本加成法,因此成本是定价的基础和关键。银行定价主要考虑以下四种成本。

第一项是开发成本,主要发生在商业银行新产品和服务被初次引入时期,需要较长时期的分摊;第二项是管理费用,主要包括广告费、利息支出、管理人员工资等;第三项为直接固定成本,主要是指土地、设备、建筑物等;最后一项是可变成本,如销售佣金、原材料等。

对于商业银行来说,每一项产品和服务都有一定的利润要求。但是,商业银行产品和服务的价格与成本的联系并没有一般的工商企业紧密。商业银行的定价策略一般是建立在整体利润最大化的目标之下,因此在日常经营中会出现某些银行产品和服务的定价与其成本之间的关联度很小,银行开发和引入低费服务或者免费服务的目的在于通过交叉销售的方式完成高利润产品对市场的占有。

2. 需求弹性

需求弹性理论说明市场对价格变化的反应,银行可以参考这一理论选择适当的定价策略。一般来说,对金融产品的需求直接与价格有关,对价格反应比较敏感。如果市场需求是有弹性的,那么降低服务的价格就会增加服务的使用量;如果市场需求是缺乏弹性的,那么降低服务价格不会对服务量有较大影响。因为存在类似的或可替代的产品,消费者一般也了解可替代产品的价格。随着银行竞争日益激烈,银行广告宣传增加,许多客户也开始注意比较各家银行的价格,银行产品的需求弹性也相应加大。个别银行的需求弹性反映了客户根据服务价格转换银行的可能性。银行在定价时要充分考虑银行各类产品和服务的需求价格弹性差别,对于需求价格弹性较大的产品和服务应该谨慎定价和调价。

3. 经营目标

最大化利润目标一般对中长期定价政策有主要影响,但在危机时期生存目标比盈利目标更重要。银行也经常需要考虑短期目标,例如以某一市场或某种产品作为主导。要实现这些目标均可以通过价格调整和其他营销策略加以配合,价格也可用来改变银行形象,如果银行想走高档路线,可使某些大众化的产品价格高于竞争对手,但服务素质也要相应跟上。

除上述因素以外,竞争对手的定价策略、政府相关政策的变动、宏观经济环境的发展变化等都会对银行产品定价产生影响。

三、银行产品定价策略

1. 使用动态分析法进行市场细分

首先要准确地进行市场细分,以便确定一般时期内银行的目标收益来自哪些客户;其次要对每个客户的不同业务品种进行细分,明确客户的哪些业务是银行当期目标收益的主要来源;最后,也是最重要的一点,就是要用动态的分析进行市场细分,以便给予为银行带来最大收益的客户和业务品种以最大的价格优惠,并为他们提供最优质的服务。

2. 渗透性定价

这种方法主要用于价格敏感和可薄利多销的市场,以防止竞争者争取较大的市场占有率。通过定出较低的价格以争取初始市场占有率。待市场份额基本稳定后,将价格提高到一定的水平,从而保持一定的盈利性。这是一种先低后高的策略,商业银行力图通过市场占有率的提高和形成规模经济,来阻止竞争者加入市场,增强市场竞争力。

3. 非价格价值定价

这种策略可以改变银行在定价中所处的被动地位,增加银行的主动权。提高银行产品及服务附加值是银行在定价中掌握主动权的一个重要手段。如果客户对银行产品及银行提供的服务满足程度很高,银行就可以较低成本制定更高的价格,对客户的价值与客户满足程度密切相关。对客户的价值可分为货币价值及非价格价值。非价格价值就是指客户对银行提供的服务、便利等愿意支付的对等报酬。银行产品及服务的便利性、安全性、与银行的关系等,都是影响对客户的价值判断的因素,在定价时要充分考虑。

第四节 分销策略

在适当时间、适当地点将顾客所需的金融产品送达顾客手中,这是对银行的基本要求。银行销售主要通过设置分支机构、信用卡及自动化分销渠道来实现。

由于新技术的发展提供了金融产品传递的新渠道,开辟了新市场,对银行业的分销提出了新的要求。近几年,银行业的分销策略迅速变化,以适应变化着的客户需求。

一、商业银行分销渠道结构

商业银行以货币资金为经营对象,其产品和服务具有特殊性,因此其分销渠道的设立同样具有自身特色。商业银行的分销渠道可以分为内部渠道和外部渠道。内部渠道是指银行的分支机构;外部渠道则表现为银行的代理机构。按照分销渠道是否包含中间商来划分,可以分为直接渠道和间接渠道。前者没有中间商的参与,银行产品和服务直接由银行的分支机构提供给客户;后者通常有一级或多级中间商的参与,产品和服务由一个或多个商业环节销售给客户。随着科技的发展,信用卡、ATM、POS、电话银行、手机银行、网上银行逐渐成为间接渠道的主体。

1. 分支机构直接销售

合理布局机构网点是商业银行提高经济效益的前提,根据银行发展战略,遵循效益优先、规模适度、经济合理的原则对经营机构和营业网点进行必要调整。

2. 信用卡分销

信用卡随着金融现代化的产生而产生,并有规模和市场占有率逐渐扩大之势,成为现代支付系统中重要的支付介质和支付工具,构成了银行间接销售渠道中非常重要的一部分。

3. 电话银行

电话银行充分利用电话在时间上的及时性和空间上的无限性,为客户提供包括账户查询、修改密码、挂失、转账等各项服务,并有人工坐席,随时应对客户的各种疑问,并提供咨询。

4. 网络银行

网络银行利用Internet(互联网),发展一批极有潜力的客户,促使银行与客户的业务往来更加密切。随着电脑的普及和互联网费用的下降,互联网在银行业的使用是必然的趋势。银行利用网络可以介绍银行历史、运作及业务,可以和客户形成实时互动,向客户提供一系列普通服务方式难以提供的一揽子服务。

二、影响商业银行分销渠道选择的因素

1. 顾客的特性

顾客的特性主要是指顾客的人数、地理分布、购买频率、购买数量以及对不同的促销方式的敏感性等因素。如果顾客人数多、地理分布广、购买频率高、购买数量大,则商业银行可以通过设立较多的分支机构或者委托更多的中间商来销售产品。

2. 产品特性

如果银行的产品对场所、氛围的要求比较高,在保证安全性和技术性方面非常关

键,则可以选择以直接渠道为主要渠道;如果诸如消费结算、代理缴费、电子货币等中间业务要大力发展,则应该选择间接渠道,利用代理商或中间商,尽可能扩大与市场的接触,以满足产品对市场的占有的需要。

3. 银行的特性

银行的特性主要是指银行的规模、管理能力、声誉、经营策略、经营目标、产品组合等因素。银行的规模和管理能力直接决定了银行对分销渠道选择和管理控制的能力。一般情况下,实力雄厚、规模大的银行,有能力在市场中设立分销机构,进行直接销售。相反,中小规模的银行则更多地借助于大银行的渠道优势,通过中间渠道完成业务拓展。

4. 中间商特性

商业银行在选择中间商时,更多地考虑中间商的社会地位、与顾客沟通和服务的能力,以及中间商的信誉、人员素质、软硬件环境等。商业银行择优选择最能达到营销目标、能满足消费者需求的中间商。

5. 环境特性

银行在选择分销渠道时,应综合考虑社会经济发展状况、政府有关金融营销方面的各项政策法规、金融机构及其产品的互补和竞争状况等。

第五节 促销策略

对银行客户来说,怎样获得金融商品和服务是营销过程中最为重要的问题。那么,对银行来说,就是如何将这些金融商品和服务提供给顾客的问题。只有理解和掌握了促销技巧,才能成为成功的营销者。

一、银行促销概述

商业银行促销,主要是指商业银行通过适当的方式向顾客传达银行产品和服务的信息,引发和刺激顾客的购买欲望和兴趣,促进其购买和使用的行为。

银行促销的方式可分为人员促销和非人员促销两种。人员促销是商业银行通过推销人员向客户推销产品和服务;非人员促销是银行通过一定的媒体传递产品或服务的相关信息,以促使顾客产生购买欲望,发生购买行为。非人员促销方式主要包括广告、公共关系和营业推广等。通常情况下,商业银行和其他企业一样,将人员促销和非人员促销结合使用。

二、人员促销

所谓人员促销是指银行的销售人员向潜在的客户作口头宣传和介绍,以达到推销商品、扩大销售的目的。通过人员促销,可以与客户面对面接触,有利于及时交换意见,促进交易的达成;同时可以加深双方的了解和信任,激发客户的忠诚感和信任度;销售人员在促销过程中,还可以将顾客的各种反应及时地反馈给商业银行,为银行调整经营决策提供最直接的参考依据。但是,与其他促销方式相比,人员促销方式的成本相对较高。

根据银行业务的不同类型,人员促销主要表现为以下三种类型。

(1) 在营业大厅设立专业咨询柜台,由业务熟练的员工向客户介绍产品和服务。

(2) 采用"客户经理"方法,向客户提供个性化服务。客户经理是指在银行市场营销过程中,代表银行专门从事特定的客户关系管理,利用银行资源和营销手段,为满足特定客户需求提供全方位金融服务的营销人员。客户经理与顾客接触,是集业务员、咨询员和情报员三位于一体的人员,要向客户推销产品,与顾客谈判费用,达成交易,并提供一系列售后服务。

(3) 全员促销。要求银行所有员工将自己视为推销员,发挥个人的社会关系和联系渠道,利用任何时机直接或间接主动地寻找新客户,并对潜在客户提供更多的销售努力,推销银行产品和服务。

三、广告宣传

商业银行进行广告宣传就是通过支付一定费用,利用特定媒体传播银行产品与服务的广泛信息,起到通知、劝说、引起客户注意的作用。

商业银行的产品和服务大多具有无形性的特征,相对抽象,而且各银行产品具有极高的相似性,因此银行借助于广告进行宣传非常必要。广告不仅可以激发顾客的欲望,而且可以突出每个银行各类产品和服务的特点和优势,更有利于提升银行的形象,提高银行的声誉和信誉。

广告媒体是广告借以传达给受众的沟通方式,是商业银行传递广告信息的工具。随着科学技术的发展,广告媒体的种类日益繁多,主要包括报纸、杂志、广播、电视、户外广告、网上广告等。上述媒体各有特点。报纸广告成本较低,传播面广,但表现能力较差;广播广告和报纸广告具有类似的特点;电视广告能把形象、声音和动作结合起来,能够迅速吸引观众的注意力,但是成本较高;户外广告持续时间长,但针对性较差,信息容量小,表现形式有限;网上广告信息传播不受时空限制,可传播图、文、声、像,与信息使用者之间可以形成互动关系,但是该种信息渠道可信度受到质疑,尚没有更多的受众。

选择合适的广告媒体,对提高广告效果、发挥广告的促销作用十分关键。在选择时,应考虑以下要素。

(1) 银行对信息传播的要求。其中包括传播的频率、效果和目标受众对时间的要求。如果银行要求每天播放数次,则可以选择广播、电视和互联网等;如果间隔一段时间的广告,可以选择报纸、杂志、广播、电视等。

(2) 产品的性质。不同的银行产品和服务具有不同的促销特点和顾客群体。对于需要进行详细说明和介绍的产品,可以选择报纸、广播、网络等;对于银行形象的传达,则可以通过户外广告、电视等。

(3) 消费者的习惯。顾客对媒体的选择有各自的习惯和标准,商业银行在选择广告媒体前,应充分了解目标客户接触广告媒体的习惯,做到有的放矢。

(4) 广告媒体的传播效果。各类媒体的信息传播范围和影响力各有不同,对商业银行来说,应尽量选择效果好、声誉好的媒体。

(5) 广告成本和银行的支付能力。不同的广告媒体收费标准不一;即使是相同的媒体因为播出时段的不同,版面的不同,收费标准也有差别。商业银行应结合自身的实力作出合适的选择。

四、公共关系

公共关系就是有意识、有计划、持续地建立和保持商业银行与公众之间的相互了解,以便树立银行的良好形象,从而促进产品销售。公共关系具有长期性、战略性特点,是一个主动创造形象的过程。广告宣传试图直接操纵购买者的意见,而公共关系则着重给出信息,确保银行的经营活动被人理解。

公共关系是商业银行与其他相关公众之间的相互关系,主要包括银行与外部的顾客、政府机关、同业机构及其他公众的关系,也包括银行内部的公共关系。

从客户角度来划分,银行的公共关系包括个人客户关系和企业客户关系。对于大量的零售业务,可通过有效的客户组织战略,把客户纳入银行的外围组织系统,使银行与客户更为紧密地结合。可以通过信用卡会员制,向持卡会员提供各种特别服务,如新产品推荐、优先销售、优惠价格等,加强客户与银行之间的相互了解,培养客户对银行的忠诚;也可以着手建立客户的信息反馈系统,了解客户金融需求;还可通过会员顾客宣传银行的产品和服务,以取得意想不到的促销效果。对于日益扩展的私人银行业务,最好采取面对面直接接触方式,同顾客细谈,讨论每个业务细节,建立良好的客户关系。对于企业客户来说,公共关系尤其重要。银行对优良客户的争夺日趋激烈,各家银行都在努力保留基本客户群,为企业提供优质的服务。银行通过驻厂信贷员、行长—经理联系制度在形式上建立了公共关系。重点是确实帮助企业确定正确的发展策略和市场定位,深入分析企业的问题区域,并且提出解决或改善问题区域的政策性建议;银行利用财务管理的优势,做好企业理财咨询工作;利用信息优势,积极帮助企业扩大市场份额,提高产品质量和声望;通过签订银企合作协议,在共同发展中结成深厚、长远、互利的银企关系。

银行与政府的关系主要体现在各级政府对银行的发展是否从法规、政策、配套环境等方面予以支持。与同业机构的关系更多地体现为如何更好地处理竞争和合作的关系。

银行内部的公共关系主要是指银行内部的员工关系和职能部门、各科室的关系。银行内部员工的和谐、友善的工作关系对银行的生存和发展有重要的意义。银行可以通过满足员工的物质和精神需求、对员工的劳动成果给予肯定和赞赏等途径建立良好的内部员工关系。同时,正确处理领导和员工的关系,从根本上保证充分发挥每一位员工的最大潜力和工作积极性。银行各职能部门、各科室之间的关系也是银行内部公共关系的重要一环。只有处理好各部门之间的关系,才能使各部门紧密联系,团结协作,步调一致,共同为银行的发展努力。

五、营业推广

营业推广又称销售促进,是指能够有效地激发顾客购买和提高销售效率的辅助性、短暂性促销措施的总称。银行的营业推广针对客户主要可以采取以下促销措施。

(1) 赠品。为了鼓励顾客购买或使用某种银行产品和服务,通过附送礼品或有价证券的方式进行促销。

(2) 有奖销售。银行在一定时期内,对消费银行产品数量达到一定标准或购买某些指定产品的顾客发放兑奖凭证,中奖者得到一定奖励。如信用卡消费积分达到一定幅度,可以获得各种奖励。

(3) 专有权益。银行赋予其客户某种特殊的权益或方便,如商业银行对重要客户实行贵宾级待遇。

(4) 联合销售。商业银行利用一些与生产或流通部门相关的服务项目,与这些企业开展联营活动。通过利用联盟企业的各种现有资源优势,有助于提高商业银行的竞争优势,保持市场份额。

(5) 折价优惠。为了吸引具有"求廉"动机的客户,在产品或服务的原价基础上打折后再销售,可以使顾客得到直接的实惠,促销效果较好。

(6) 免费服务。商业银行还可以通过提供免费的服务项目来刺激需求,吸引客户。

当然,银行还可以通过报纸、广播和电视发表评论,召开新闻发布会、记者招待会,开展赞助活动等形式进行宣传,树立银行形象,达到促销目的。这些方式可信度较高,相当于免费广告宣传,可对那些对广告宣传反感的客户产生影响。另外,赞助活动因其大多支持体育事业、希望工程和贫困地区发展,对提升银行形象和威望有极大促进作用。

第六节 营销管理最新发展

全球经济金融发展的步伐逐渐加快,商业银行的经营方式和经营策略呈现出新的特点,在营销方面也出现了一些新的变化和趋势。

一、银行营销管理的新趋势

1. 更加重视现有顾客的满意和忠诚

现代营销理论更加重视顾客价值开发,由原来的强调市场占有率转变为注重顾客的长期价值。传统的营销作为一种交易模式,强调如何将尽可能多的产品和服务提供给最广范围内的顾客,过分重视新客户而容易忽视老客户。而现代银行营销则更加强调顾客价值为主,将重点放在现有顾客的满意度和忠诚度的提高上面,努力使现有客户多买或只买本银行的商品,将客户留在银行。

2. 个性化营销逐步取代大众化营销

随着居民生活水平的提高和社会保障体系的完善,消费者的行为更加理性,消费行为趋向复杂化和个性化。商业银行营销所要解决的问题是如何为顾客提供个性化服务。只有努力开展个性化营销,才能突出银行的经营管理水平,才能真正地吸引并留住客户。

3. 关系营销前景广阔

商业银行的关系营销强调银行为了建立、维系、发展与其运作过程中相关的外部市场和内部市场的长期友好关系,而制定详细、适当的营销计划,实施直接、有效的营销活动。关系营销强调银行与客户之间的关系,体现保持客户忠诚的思想,同时以更广阔的视角认识和银行相关的各方,通过合作共赢的方式与银行的外部市场和内部市场建立紧密持久的关系。

4. 内部营销不可或缺

银行内部营销是指将用于外部的营销思想、营销方法用于银行内部,以使银行的每个员工、每个部门形成顾客导向的内部最大合力来满足最终顾客的需求。内部营销是外部营销的前提,管理者将管理思想、观念同员工进行交流,职能部门之间进行信息交换,有助于银行内部形成强大的合力,不仅激励员工具有顾客导向意识,而且有利于各职能部门协调发展。

5. 全球营销是大势所趋

经济全球化、金融全球化的趋势不可阻挡,商业银行应将全球看成统一的大市场,通过对市场的调研,进行市场细分,并选择自己的目标市场。只有在全球化战略的指导下,才能占得先机,在更广泛的竞争中,更强大的竞争对手面前,取得竞争的优势。

二、我国商业银行营销策略新选择

1. 商业银行要牢固树立正确的市场营销观念

长期以来,国有商业银行一直是在政府宏观经济政策的庇护下成长,中国银行业始终处于垄断地位,银行不需要去推销自己的金融产品,开拓市场,客户会主动地向银行求助。但是,在金融业竞争异常激烈的今天,商业银行的各项业务已由原来的卖方市场逐步转变为买方市场,而且随着外资金融机构准入,资金来源多元化,国有商业银行在我国金融业中的霸主地位将会改变。因此,商业银行必须改变传统观念,牢固树立营销观念,变"等客上门"为"营销上门",主动面对和参与市场竞争,以全方位、多功能的服务方式走出去向客户推销具有自身特色的金融产品和新业务组合,建立以客户为中心的管理模式,掌握业务经营的主动权,扩大营销范围,提高市场占有率,建立稳固的客户群体,保持可持续发展。

2. 发现、分析和评价市场,进行目标市场定位

商业银行的市场营销活动是围绕客户的需要而展开的,客户的欲望和未被满足的需要就自然成为商业银行营销的机会。然而,客户的需求和欲望是不断变化的,任何时候客户的需求都不可能得到完全的满足,都存在着可利用的市场机会。商业银行的市场营销就是崇尚以客户为中心,以满足客户需求为己任,对市场需求进行不断的分析研究,并根据自身的实力和服务方式在市场竞争中所处的位置,设计、开发出既满足客户需求也适应自身发展需要的金融产品和服务。银行在市场定位过程中,要按照人口、心理、行为等标准对全球市场进行细分,根据自身在各细分市场上的竞争状况分别确定其市场地位,从而为针对不同的行为人采取不同对策的差异化营销战略的制定提供前提和基础,如深圳一家银行在进行市场细分的基础上试推出以女性为主要对象的金融服务,开办了全国第一家以女性理财为服务特色的银行,就是对目标市场的有效选择。

3. 实施一体化的市场营销战略

为了确保市场营销的成功,降低成本、提高效益,系统地制定营销战略,确保存贷款等传统资产负债业务与代理、结算、担保、咨询等中间业务一体化,全方位占领市场。另外,科学合理地做好产品组合,提高市场营销的综合经济效益。所谓产品组合是指银行将所经营的全部产品线和产品品目进行组合或搭配。由于产品组合会受到银行的经营规模、竞争力、市场前景、金融法规及银行自身管理水平等诸多因素的限制,因此在实际运作中银行的产品组合选择首先要考察自身的实力、目标和条件。如果银行具有较强实力,目标在于占领市场和增加销售,则产品组合中应增加所提供产品品目的数量,即增加产品组合长度,多开发新的产品;同时对于规模较大、实力雄厚的银行,可以选择较宽的产品组合,反之则选择较窄的产品组合。

本 章 小 结

银行营销是指银行以金融市场为导向,通过识别客户需要,选择目标客户,运用整体营销手段向客户提供满意的金融产品和服务,从而实现商业银行的利益目标的过程。

商业银行产品开发的途径主要包括独立型开发、协作型开发、技术引进式开发。新产品的开发程序是否科学合理,直接关系到产品的成败。从新产品的构思到产品进入市场是一个漫长的过程,大致要经过新产品创意的搜集、创意的筛选、新产品概念的形成与测试、商业分析、新产品的设计和市场测试、正式引入市场。

商业银行产品组合的形式多种多样,根据市场需求、竞争对手、自身条件和经营能力等各方面因素,进行合理选择,并不存在统一固定的模式。主要包括银行产品横向组合、银行产品纵向组合、银行产品销售组合、银行产品生产组合。银行产品定价的主要内容包括确定存贷款利率水平和各项服务的收费标准,银行产品的价格构成主要包括利率、汇率和手续费水平。

商业银行促销,主要是指商业银行通过适当的方式向顾客传达银行产品和服务的信息,引发和刺激顾客的购买欲望和兴趣,促进其购买和使用的行为。银行促销的方式可分为人员促销和非人员促销两种。营销管理最新发展呈现以下趋势:更加重视现有顾客的满意和忠诚、个性化营销逐步取代大众化营销、关系营销前景广阔、内部营销不可或缺、全球营销是大势所趋。

复习思考题

1. 何为银行营销?其特点是什么?
2. 银行营销经历了哪些阶段?
3. 银行品牌的作用是什么?
4. 如何建立和发展银行品牌?
5. 银行新产品开发的途径有哪些?程序如何?
6. 银行产品价格有哪些因素组成?
7. 影响产品定价的主要因素是什么?
8. 银行分销渠道有哪些?影响渠道选择的因素是什么?
9. 商业银行应该如何促销?
10. 银行营销管理的最新发展趋势表现在哪些方面?

第十五章　商业银行战略管理

随着经济全球化、金融全球化和金融自由化的趋势日益明显,我国金融业遭遇到了前所未有的挑战和冲击。加入世界贸易组织的过渡期已经悄悄过去,以商业银行为主体的我国金融机构体系将面临更加变幻莫测的外部环境和更加猛烈的全方位、多角度竞争。在新的形势下,如何审时度势,谋求长远发展,实施战略管理势在必行。

第一节　战略管理概述

所谓战略,即指作战的谋略。最早应用于排兵布阵、指挥战争方面,后来,这种军事战略思想被引入经营管理领域,出现了现代企业战略管理。

一、企业战略和战略管理

所谓企业战略,是指从不同环境出发,为企业的各种活动指明基本的方向。或者将其理解为企业为了实现长远的目标,在客观地分析内外部环境的基础上所作出的谋划和对策。

1. **战略的特点**

企业在战略制定过程中,应明确战略的特点,从而保证战略的完整性和可实施性。战略的特点主要表现在四个方面。

(1) 全局性。任何一个企业战略的制定都是从全局出发,将企业置放在一定的高度,高瞻远瞩,从企业整体出发,从全局实现对局部的指导。

(2) 长远性。战略是企业的长远规划,并非短期行为。战略筹划面向未来,因此必须有长远的眼光,战略制定者应该具备超常的预测能力和准确的判断能力。

(3) 阶段性。战略是一个长远的规划,必须分步骤、分阶段实施。具备可操作性的战略都是分阶段的。在总目标的基础上,有分阶段的目标和实施的具体方案,使战略制定和企业经营管理更好地契合。

(4) 稳定性。战略的长期性特点决定了其具有稳定性特征。战略不能朝令夕改,其稳定性和连续性是战略实现的基本保证。但是,稳定并不意味着一成不变,当遇到突发情况时,可以适当应变,显示出灵活性和应变性特点。

2. 战略管理

战略是一个静态的概念,而战略管理是一个动态的过程。费雷德·大卫教授在《战略管理思想》一书中将战略管理定义为:一门着重制定、实施和评估管理决策和行动的具有综合功能的艺术和科学。具体地讲,是指提出一个机构业务的主体任务,确认一个机构的外界机会和威胁,确定机构内部的强势和弱势,建立一个长远目标,形成可供选择的几种战略和选择可操作的战略方针。战略管理比较注重一个机构或企业长期、稳定和持续地发展,其时间跨度一般在5年以上。同时,在战略实施过程中又将重点放在研究年度目标上,使战略管理在行动上具体化,在时间上呈现出阶段性,使长期目标与近期目标相互结合、相辅相成。

战略管理包括各种重要决策如何作出以及如何实施的全部过程。对于一个企业来说,战略管理主要包括以下内容:首先,综合分析企业的内外部环境和自身资源状况,在此基础上,制定合理的发展目标和战略规划;其次,为了实现长远的发展目标,将战略规划分步骤实施,表现在具体业务和经营中的组织和管理过程;最后,战略谋划在实施过程中可以随着环境变化和内部资源改变而修正和完善,在适应内外部因素变迁的过程中实现企业长远的发展目标。

二、银行战略

商业银行作为以货币资金为主要经营对象的企业,其稳定和健康发展同样离不开战略的制定和管理。虽然经营对象比较特殊,但是商业银行的战略和一般企业战略并无本质的区别。对于银行管理者来说,为了保证银行在激烈的竞争环境中得以生存和发展,在分析内外部环境的基础上所作出的谋划和对策即为银行战略。

商业银行的战略从总体上看包括银行总体发展战略和银行基本职能战略。银行总体发展战略主要包括:(1)创业战略。在银行创业初期,重点对资本筹措、设备购买和人员选聘等进行谋划。(2)营运战略。银行进入正常营运阶段之后,在争取客户、扩大规模、增强竞争力方面设计战略。(3)转换战略。在内外部环境发生转变时,银行为了适应变化的环境,在经营方向、业务结构以及机构网点等方面作出调整,顺应时机,完成转换。银行基本职能战略主要包括并购战略、人力资源开发战略和营销战略等。

三、银行战略管理过程

将战略思想引入银行管理中是基于银行业经营复杂性及竞争压力的逐渐加大。银行特别需要制定战略以便建立一种新体制,保持金融活力。通过制定全面的发展指标和整体目标,为银行勾勒远景,作为银行制定重要决策的理论框架,从而对银行未来市场产品、机构设置、盈利能力和风险防范等产生影响。因此,战略管理是商业银行整体管理的出发点和前提,通过制订战略,着眼于长期发展,注重创造性地分析和解决问题,回答谁是客户、为客户提供何种金融产品和服务,以及银行如何满足市场需求等问题。

因此,银行战略管理就是指商业银行最高决策者在对银行全部因素进行系统分析的基础上制定有效的规划,在组织设计、人才开发和资源合理配置方面将规划按步骤实施,以实现战略目标的整个过程。一般将其划分为以下三个阶段。

1. 战略分析阶段

在制定具有长远性和稳定性的战略之前,必须进行外部环境和银行自身分析,以使战略更加具有针对性和可行性。

商业银行在进行外部环境分析时,可以从宏观环境和竞争趋势分析。从宏观的角度,对政治、经济、社会等因素进行重点分析,包括国内外经济形势、经济金融政策、资本市场发展、国民收入水平等。从行业竞争的角度,以同业间的竞争、潜在竞争者的进入、资金供需双方的市场意识等为主要分析对象。

银行作为经营货币资金的特殊企业,同其他企业一样,在社会经济环境中开展市场营销活动。外部环境力量的变化,既可以给银行带来市场机会,又可能形成某种环境威胁。同时,处于更富有竞争性的金融市场中的商业银行,需要对自身进行整体、全方位的评价,以认清区别于竞争对手的优势和劣势,从而全面、正确地认识和把握竞争形势,这对于银行捕捉市场机会,回避和克服环境威胁,审时度势、趋利避害地制定战略具有重要意义。商业银行要在竞争中取胜,就必须充分了解自身,做好 SWOT 分析,即优势(Strengths)、劣势(Weaknesses)、机会(Opportunities)、威胁(Threats)分析。

2. 战略制定阶段

竞争是制定战略时应当关注的焦点,战略管理权威迈克尔·波特(Michael Porter)指出:"制定发展战略的重点就是如何对付竞争。"因此,制定发展战略的基础就是要理解竞争,明确决定竞争力的主要因素以及相对于这些因素,一家银行存在的弱点和优势等。

商业银行的战略制定要以市场和客户为推动因素,确定银行未来的发展方向和目标客户群。在战略制定和形成过程中,董事会、中高层管理人员,甚至是一线员工都可以为战略的最终形成作出贡献,其中,董事会在战略制定中居于核心地位。

3. 战略实施阶段

商业银行战略方案一经选定,管理者的工作重心就要转到战略实施上来。战略实施是贯彻执行既定战略规划所必需的各项活动的总称,也是战略管理过程的一个重要部分。如果精心选择的战略不付诸实施,或不认真地组织实施,则以前的努力将付诸东流;反之,不但可以保证好的战略取得成功,而且还可以克服原定战略的某些不足,使之趋于完善,获得成功。

四、银行战略设计原则

通过对银行竞争形势的 SWOT 分析,有利于银行更清晰地认识内外部环境,发挥优势，扭转劣势，抓住机遇，迎接挑战，制订出适合商业银行长期发展的战略规划。

商业银行战略具有规划和引导商业银行发展前景的重要作用，其设计需要遵循以下五项原则。

1. 前瞻性原则

战略为银行提供未来五年以上的中长期发展目标，因此战略的制订必须具备长远的目光。对全球经济发展、国内经济形势、人民生活及科技发展水平、本行业的未来竞争趋势作出充分、合理、大胆的预测，以使战略内容体现超前性更重于现实性，与未来经济的发展相协调。

2. 科学性原则

随着电子信息技术的不断发展，战略决策的制订更加依赖于信息来源的可靠性、分析过程的科学性及分析结果的准确性。只有建立在科学性原则基础之上的战略才会在实践中具备可行性，对实践具有指导意义。

3. 可行性原则

战略管理的过程是将战略规划分段实施，使长远目标在行动上具体化。因此，必须针对具体国情和客观环境的各种制约因素，立足于银行自身发展态势，制定出操作性较强的战略目标，以提升银行业竞争地位，使战略价值得以最终体现。

4. 合法性原则

所有战略均以预测未来为特征。虽然世界范围内金融业的发展趋势是向自由化、市场化迈进，金融创新会一步步突破金融管制而使银行成为"金融百货公司"或"金融超市"。在制订商业银行战略时，应以金融业发展进程为基础，确定银行业发展目标及实施步骤，使银行始终遵循合法化经营原则，做到创新性与合法性相结合。

5. 稳健性原则

战略规划可能会因为环境因素的变化而作相应的调整，但必须坚持相对稳定性。因为战略决策投入了相当多的资金和人才，其工作具有指导意义，若朝令夕改只会造成银行管理的混乱和利益的损失。另外，金融业作为经济生活的核心，发挥经济调控作用的同时蕴含着巨大的系统性和非系统性风险，金融业的全球化使危机短时期在世界范围内迅速传递，战略的制订应给银行自身发展设立风险屏障，从而避免风险，使得银行稳妥健康发展。

第二节 并购战略管理

银行业的并购由来已久，20 世纪 90 年代中期以来，国际银行业的并购表现出超大规模性、强强联合性、跨国性和跨行业性等特征。大规模的银行并购逐渐改变了全球银行业的竞争格局。经过数次的并购浪潮之后，银行业的发展趋向是大型化、综合化和国际化，与之相伴随的却是全球银行业的数量在减少。大部分国家或地区的银行业务或绝大部分银行业务由少数几家银行控制,银行业的竞争主要是在大银行之间进行,而且竞争更加激烈,国际银行业趋向垄断。商业银行若想在国际竞争中占领一席之地,必须重视并购战略管理。

一、银行并购概述

所谓银行并购,是指具有独立法人财产权的银行以现金、股权或其他形式,通过市场购买、交换或其他产权交易方式获得对方银行的产权,实现其控制权的行为。

银行并购可以从不同角度分类。根据并购出资方式不同,可以分为现金并购、非现金并购、混合并购和杠杆并购。各种支付工具有其不同的特点。

(1) 现金并购。现金并购是指收购银行采用现金作为支付工具购买目标银行的股权或资产。从收购银行角度看,现金支付的最大优势在于支付速度快、无交易成本。在敌意收购中可有效地对付目标银行的反收购,因为其没有充足的时间研究反收购策略并采取措施。同时,对于来自第三方的争购,现金并购方式也使其难以在短时间内筹集大量资金与之抗衡。但是,现金支付需要收购银行有充足的现金流与通畅的融资渠道来支持,同时也会增加收购银行的财务费用。

从目标银行股东角度看,现金之所以优于有价证券而更具吸引力,是因为现金不存在流动性或变现问题。但是,现金支付会使目标银行股东无法推迟资本利得的确认,从而提早了纳税时间,不利于享受税收优惠。

银行并购的规模较大,所需现金较多,一般银行难以承受,故很少银行采取现金收购方式。

(2) 非现金并购。非现金并购是指收购银行采用本银行股票或债券作为支付工具购买目标银行的股权或资产。主要包括以下四种支付工具。

第一,普通股支付工具。普通股支付也即换股并购。收购银行向被收购银行股东增发新股以换取被收购银行的大部分股票,取得对被收购银行的控股权。收购银行可以采取发行新股的方式替换被收购银行原来的股票,从而达到收购的目的;也可以由收购银行将库存股票用来替换被收购银行的股票。

从收购银行角度看,普通股支付不需动用大量现金,可以降低筹资成本;如果收购的是市盈率低的目标银行,可提高并购后银行的每股收益。但是,普通股支付存在一定的缺陷,为并购而发行新股会稀释原有股东的权益;发行新股须经股东大会与证管部门的批准,发行手续烦琐,使得竞争对手有时间来组织竞购,或目标银行有时间采用反收购策略;由于风险套利者的运作,往往会导致收购银行股价的下跌。

从目标银行股东角度看,普通股支付推迟其资本利得的确认,可以继续享受税收优惠;可以分享并购所带来的资本增值。但是,普通股支付会给目标银行股东带来变现风险。

换股并购常见于善意收购,当收购银行与目标银行规模实力大体相当,善意的换股并购的成功可能性较大。由于多数银行规模较大,因此大多数银行采取普通股作为支付工具。

第二,优先股支付工具。优先股支付在实际并购操作中常用的是可转换优先股。从收购银行角度看,可转换优先股支付不需动用大量现金,不会挤占营运资金,而且优先股转换成普通股的价格往往高于普通股现时市价,因此它是一种低成本、高效率的支付工具。但是,可转换优先股支付工具有普通股支付所具有的缺陷,而且其股利水平固定,如果并购后银行营运不理想的话,无疑会增加股利支出负担。

从目标银行股东角度看,可转换优先股支付既享有固定收益,又具有是否转换成普通股的选择权,一般较易为目标银行股东所接受。

第三,债券支付工具。债券支付在实际并购操作中常用的是可转换债券。从收购银行角度看,可转换债券支付不需动用大量现金,不会挤占营运资金,融资成本较低,而且债券转换成普通股的价格往往高于普通股现时市价,并且可以推迟新股东加入而稀释原有股东权益的时间。但是,当并购后银行营运不理想,债券转股失败的话,银行将会背上沉重的债务包袱。

从目标银行股东看,虽然可转换债券的固定利率较低,但它比可转换优先股更具灵活性,风险更小,更易为目标银行股东所接受。

第四,认股权证支付工具。发行认股权证对于收购银行来说,可以延期支付股利,为收购银行提供低成本的股权基础。对认股权证持有者来说,由于认股权证价格较低,而且其发行主体发展前景看好,持有者可以通过在适当的时机以高价将认股权证出售而获益。

(3) 混合并购。混合并购是指收购银行采用现金、股票、认股权证、可转换债券等多种支付工具购买目标银行的股权或资产。由于单一支付工具存在着不可避免的缺陷,结合运用各种支付工具,方能扬长避短。但在混合支付时,必须防范可能发生的风险,其风险源在于各种支付工具是否搭配合理。只有搭配合理,才能真正扬长避短。

(4) 杠杆并购。杠杆并购是指通过增加银行的财务杠杆完成收购交易的一种收购方式,其实质就是举债收购。收购银行以被收购银行的资产和未来现金流为抵押,向其他金融机构贷款,利用贷款完成对目标银行的收购。对于收购银行来说,只需付出较少自有资金就可以完成收购,其股权回报率要远远高于普通资本结构下的股权回报率。但是,由于大量资金依赖于利率很高的贷款或垃圾债券,使收购银行的债务压力增大。对目标银行来说,若在被收购之前存在亏损,可以采取递延支付形式,冲抵被收购后各个年份产生的利润,降低了应税基础。杠杆收购需要投资银行、并购双方以及其他机构共同努力,难度较高。

二、银行并购的效应

1. 交易费用效应

交易费用效应又称内部化效应,起源于科斯的产权理论。该理论的基本前提是把交易作为经济分析的基本单位,提出了市场的有限理性、交易者的机会主义动机、不确定性和市场不完全等假说,认为市场运作的复杂性导致了市场交易费用的提高。为了节约交易费用,企业并购是较好的选择。根据这一理论,企业与市场是两种不同的但可以互相替代的资源配置机制。如果一项交易通过企业的方式进行组织的费用小于其在市场机制下的费用,则该交易将会选择以企业的方式来完成,即企业对市场机制的代替。随着并购活动的进行,企业规模越来越大,组织企业内部活动的费用也随之增加,当企业规模扩大到一定程度时,组织费用的边际增加额与交易费用的边际减少额相等,企业将不会再通过并购来扩大规模。因此,交易费用理论认为,并购的边际条件是企业边际交易费用节约额等于边际组织费用增加额。在市场竞争中,实现并购的这种均衡可以导致企业生产经营的有效组织和资源的有效配置。并购使得银行将部分市场交易行为内部化以节约市场的交易成本。

2. 协同效应

银行并购的协同效应主要表现在两个方面。

一是经营协同效应。该效应假定在行业中存在着规模经济,并且在合并前,企业的生产经营水平未达到规模经济的要求。通过实施并购,可以发挥出潜在的规模经济。对于商业银行来说,随着银行业务规模、人员数量、机构网点的扩大而发生的单位运营成本下降、单位收益上升的现象被称为规模经济。伴随着银行并购,银行主要增加的是可变成本,而固定成本相对稳定,从而单位平均成本下降。

二是财务协同效应。财务协同效应是指当收购企业拥有充足的现金流但又缺乏投资机会时,其资本的边际收益率是较低的,提高其资本边际收益率的有效途径之一是并购那些现金匮乏但资本的边际收益率较高的企业。财务协同效应还可表现在,企业并购后,随着规模的扩大将导致负债能力的提高,融资成本的下降。对商业银行来说,合并可以部分消除非系统性风险,使现金流量稳定,部分亏损业务可由其他业务的盈利来弥补,增强银行抵御外部经济冲击的能力。另外,并购还可以引起杠杆率的提高,起到节税的作用。

3. 多元化效应

该理论认为企业为了避免专业化生产单一产品所造成的经营风险,将经营范围通过并购而快速扩展到多种产品,实行对外扩张。对于一个企业而言,资产是一种相对稳定的生产要素,把固定成本分散到较多的产品与服务上,可以降低成本,提高收益;对于季节性需求的产品,生产互补性产品可以提高资产利用率;由于市场需求的变化,生产产品的多样化可以弥补由于需求变化而引起设备利用效率的损失;当面临长期或周期性需求下降时,企业通过多元化并购可以抵消生产能力的下降。

对于商业银行来说,提供"一站式"服务可以提高银行的服务水平,增强银行的竞争能力。影响深远的花旗银行和旅行者集团的合并使并购双方实现了多元化效应。旅行者集团可以利用花旗集团的 3 000 个银行分支机构,推销其共同基金、退休基金、各类保险、投资咨询等服务,更重要的是利用花旗集团的庞大海外分支机构体系弥补自身在海外业务中的不足；而花旗集团可以利用旅行者集团在共同基金、退休基金、各类保险方面的广大客户，推销其消费者贷款、外汇买卖、债券交易产品和服务，扩大国内市场份额。

三、银行反并购策略

对于目标银行来说，当面临被收购的危险时，也并非束手就擒，可以通过一系列的手段和措施，增加收购的难度和成本，使收购银行自动放弃。

当一家银行成为并购的目标银行，而又不愿意接受并购条件，或者因为其他原因反对并购，就会采用反收购策略。这种情况在敌意收购中尤为明显。因此，相当多的银行为了防止沦为目标银行，或者为了抵抗敌意收购，通常会采取反收购策略，常见的反收购策略包括以下三个方面。

1. 整顿

目标银行之所以受到并购的威胁，最根本的原因是其自身存在某些致命弱点或重大缺陷。一般而言，这类银行具有以下特点：(1) 市盈率较低的银行。在多数情况下，市盈率是衡量银行并购效果的重要指标，市盈率低的银行并购的效果较好。因为目标银行在市场上以协议价格出售股份，收购银行付出的代价要比公开标购小得多。(2) 具有协同效应的银行。并购银行可以利用目标银行的客户基础、经销渠道，通过交叉销售，在没有增加相应成本的前提下，提高效率，增加效益。(3) 经营亏损的银行。并购银行通常业绩良好，盈利能力较强。如果被收购银行近期发生亏损，合并后可以冲抵收购银行的部分利润，达到减少应纳税额的目的。(4) 有盈利潜力的银行。由于管理不善或其他可控因素导致的目标银行利润偏低，收购银行可以通过加强管理，使其利润有较大的改善。对进行杠杆并购的收购银行非常有吸引力。(5) 管理层出现分歧的银行。某些银行在经营进入低谷或敏感阶段时，可能会出现部分高层管理人员反对银行现行经营策略的情况，导致银行暂时陷入低谷，此时是实施并购的较好时机。

因此，要避免被并购，银行首先要做的工作是推行有效的管理，这不仅涉及银行的组织结构与业务结构，有效的财务管理也很关键。

2. 收购前的预防性策略

这里的预防性策略是指为避免被收购而事先采取措施，通过合理的股权结构、制定各种条款等给潜在的收购方设置障碍。

(1) 建立合理的股权结构。

从预防并购角度出发，合理的股权结构的建立有以下三种做法。

第一，自身持股。自身持股是指银行的发起人、大股东、关联方以及管理层持有本银行股票，并达到控股程度。这种策略可以是在银行设立时采用；也可以是上述各方通过增持股票来实施。

第二，交叉持股。交叉持股是指关联银行或友好银行之间互相持有对方银行的股权,一旦发生并购,任何一方都有援助的义务。这种策略常发生在母子银行之间或银行集团的各子银行之间。通过交叉持股,使双方流通在外的股权都大量减少。

第三,员工持股计划。员工持股计划的本意是通过让广大员工持有本银行股票来提高凝聚力和积极性。在反收购中,由于员工持股使银行内部集中大量的股权,增加了收购成本,成为一道有力的反收购防线。因为银行员工考虑到自身的工作和前途,通常不会轻易出售本银行股票。

(2) 制定"拒鲨条款"。

"拒鲨条款"是指在银行章程中规定某些条款,以增大银行被并购的难度。其主要内容如下。

第一,董事会轮选制。董事会轮选制的目的在于维护董事会成员与决策的连贯性。该条款规定,每次董事会换届选举只能改选更换部分董事。这样,要更换现有董事会的全部成员必须经历相当长的时期。收购银行即便获取了控股权,在短期不能夺取对目标银行的控制权。

第二,绝对多数条款。绝对多数条款是指银行章程中规定凡是任命或辞退董事、决定银行合并或分立、出售银行资产等重大事项必须经过绝对多数的股东的同意方能生效。当银行面临并购威胁时,将赞同并购所需的股份数,由一般简单多数提高到 2/3 或 3/4 的比例,以增加银行被并购的难度。

第三,限制表决权条款。限制表决权条款是指在股东大会限制大股东的表决权,内容包括:一是规定大股东的投票不能超出一定数量或不能高出一定比例;二是采取累积投票制,即在股东大会上投票人可将所有候选人的票数累积起来,集中投给一位候选人,从而保证中小股东能选出自己的董事,这也是削弱收购银行控制权的方法之一。

第四,"金降落"条款。"金降落"条款规定,一旦因为银行被并购而导致董事、总经理等高层管理人员被解职,银行将提供相当丰厚的解职费、股票期权收入和额外津贴作为补偿。"金降落"条款的实质是提高收购成本。当金降落费用高昂时,可演化成一种"毒丸",令收购方无利可图,或增加收购方现金支付上的负担,从而逼迫收购方知难而退,起到反并购的效果。

第五,"锡降落"条款。"锡降落"条款是指普通员工享受的离职保护,一般根据员工的工龄长短、领取相应的解职费。虽然锡降落的人均金额远低于金降落,但因其受惠人数众多,有时总金额会超过金降落,同样可以起到反收购的作用。

(3) 设置"毒丸"。

"毒丸"是指银行为避免敌意收购对投资者利益的损害,而给予银行股东或债务人的特权,这种特权只有在敌意收购发生时才生效。例如,向银行股东发放权证发生敌意收购时,股东可凭权证以优惠价(通常是按市价的 50%)认购目标银行或收购银行的股票;或在发行债券及发生借贷时订立条款,一旦发生敌意收购,债权人有权要求目标银行提前偿债或将债券转为股票。赋予认购目标银行股票权利的毒丸又被称为"向内翻转型";而赋予认购收购银行股票权利的毒丸被称为"向外翻转型"。

(4) 甩掉包袱。

银行存在一些严重亏损、效益不好的部门或业务,不仅会造成银行股价长期低落,还会破坏银行的市场形象,成为收购银行的并购对象。目标银行必须及早摆脱被动局面,及时处理这些部门和业务,赢得本行股东的支持和拥护,共同抵御收购者。

(5) 安排"白护卫"护驾。

"白护卫"是指目标银行的友好银行。安排"白护卫"护驾的典型做法是,目标银行与充当"白护卫"护驾的友好银行签订不变协议,即允许"白护卫"在目标银行遭到收购时以优惠价格认购大宗目标银行具有表决权的股票或得到更高的投资回报率。

目标银行除了寻找友好银行充当"白护卫"外,还可寻求"白护卫"基金的支持。

3. 收购时的反抗性策略

这里的反抗性策略是指在并购行为发生时,目标银行所采取的阻碍收购银行并购的措施。

(1) 资产重组。

第一,出售"皇冠明珠"。目标银行遭遇并购的原因可能是因为拥有令收购方感兴趣的资产、业务或部门。这些被称为"皇冠明珠"的资产、业务或部门主要包括:① 深具盈利潜力但被市场严重低估的资产;② 发展前景广阔,有条件在短期内形成规模和拥有高市场份额的业务;③ 对收购银行的发展形成竞争威胁或供需环节威胁的业务或部门;等等。如果目标银行无力与之抗衡,可以出售"皇冠明珠",使收购方失去并购的兴趣,或达不到并购的目的。

第二,"小鱼吃虾米"。这里的"小鱼吃虾米"是指目标银行通过购入收购方不愿拥有的或可能受反垄断禁止的资产以达到反收购效果的策略。该策略的作用为:一是改变了目标银行的经营范围,使收购银行在收购目标银行时将面临反垄断诉讼;二是扩大目标银行的经营规模,使收购银行必须筹集更多的资金来完成收购。

(2) 资本结构重组。

第一,杠杆资本结构重组。杠杆资本结构重组是指目标银行通过提高债务比重和降低股权比重,改变资本结构来实施反并购策略。采用这一策略的目标银行一方面大量举债,利用借入资金向外部股东支付大额现金股利;另一方面向内部股东(指管理层与员工)以增加股份的形式支付股利。采用这一策略可以同时达到两个效果:一是增加了目标银行的债务比重,从而降低对收购银行的吸引力;二是股权向内部人员集中,增加了收购银行控股目标银行的难度。

第二,管理层杠杆收购。这里的管理层杠杆收购是指目标银行的管理层以本银行资产或现金流作抵押,融资收购本银行股权,以保持本银行的控制权。这种策略的优点是目标银行可以保留并且经营不受太大的影响。

(3) 直接反击。

第一,帕克曼式反标购。帕克曼式反标购是指作为收购对象的目标银行为挫败收购方的企图,宣告对收购银行实行标购,拟夺取收购银行的控制权,反守为攻,使收购银行被迫转入防御。这种策略实质上是目标银行与收购银行的角色互换与角色对称。帕克曼式反标购的优点在于:原目标银行可进退自如,进可吃掉原收购银行,退则可迫使原收购银行自保而丧失收购能力与机会。这是目标银行先下手为强的反收购策略,通常要求目标银行有强大的资金实力和外部融资能力,否则风险较大。

第二,自我标购。自我标购是指目标银行以高于敌意收购方要约价的价格,以现金或有价证券作支付,向市场回购本银行股票的策略。目标银行大量回购本银行股票,必然减少在外流通的股票数量,使收购方收购目标银行的难度提高,甚至无法收购到足以控股的股票数量;同时,由于目标银行大量回购本银行股票,势必提升剩余股票的每股收益与市价,迫使收购方相应提高收购价格。

(4) 寻求支持。

第一,"白护卫"的庇护。目标银行为免受敌意收购方的控制但又无其他良策时,可以寻求一家友好银行,由其出面与敌意收购方展开标购战。这种策略虽可使目标银行避免直接与敌意收购方开展激烈的并购与反并购之争,但最终仍会导致目标银行独立性的丧失。

第二,提起法律诉讼。诉诸法律是指目标银行以收购方违反某种法律法规为由向司法部门、证管部门以及反垄断委员会等政府机构提出诉讼。诉讼最常见的理由有:公开收购手续不完备;收购要约内容不充分;违反《反垄断法》等。这一策略运用得当,进可使收购方知难而退;退可使目标银行争取到司法程序提供的时间机会,部署下一步反收购的计划。

尽管反收购的手段多样,但目标银行在运用某一具体策略时,必须注意以下问题:① 考虑到现行法律法规的支持;② 考虑到银行股东及债权人的利益;③ 考虑到本银行的资本实力与融资条件;④ 考虑到某一具体策略运用可能带来的影响;⑤ 各种策略运用效果的比较;等等。

第三节 人力资源开发与管理

银行业是一个智力型行业,人力资源的开发和管理成为银行业发展和提高商业银行竞争力的核心和关键。人力资源被视为商业银行最重要的资产,成为核心资源。商业银行在激烈的竞争环境中把握竞争机遇,必须依靠人力资源的质量。只有有效地开发人力资源,科学合理地管理人力资源才是银行战略管理获得成功的根本保证。

人力资源管理起源于英国的劳工管理,后来经美国人的发展,将其改为人力资源管理。人力资源管理的范畴主要包括:人与工作的匹配,使事得其才,人尽其用,做最有效的使用;人的需求与工作报酬的匹配;人与人的协调合作,发挥团队的作用;工作与工作的协调合作,使权责有序,发挥整体优势。

一、人才

对于商业银行而言,所谓人才,是指具有较强的创造能力、能够为银行带来更多的价值或财富、为银行所迫切需要的人员。商业银行人才管理战略的目标就是培养出一大批具备合理梯队的优秀的银行家队伍和国际化高级金融人才队伍。利用人才提高银行的竞争地位,吸引顾客,提高市场占有率和国际影响力,利用过硬的人才队伍保证银行快速稳健发展。

二、人力资源开发与管理

由于市场需求的多元化发展,商业银行不仅要向客户提供大量较为廉价的、标准化的商品型服务,如储蓄、信用卡、保管箱、结算等,而且要着力开发满足特殊需要的、高附加值的产品,如个人理财、资产管理、投资咨询等,这无疑对商业银行的人员素质提出更高的要求。银行现有人员大多熟悉传统银行业务,对新兴的商业银行业务或投资银行业务难以驾驭,知识结构与业务能力有待不断更新和提高,为此,需要银行在引进和使用人才、人才培训、人才激励方面尽快采取措施,赢得竞争优势。

1. 选择人才

选择人才是人力资源开发与管理的首要环节。商业银行在选人的过程中,应该不仅要面向高学历、高层次人才,使领导班子中具有学士、硕士以上学位的占相当的比例,对博士更要高度重视。将这些人才放在高精尖攻关的重要岗位上,充分发挥他们的特长,使银行在各方面都能始终保持领先地位。同时,要注意吸收复合人才和专业人才。银行是联系社会百业的中介机构,通过这些人才,银行可以对市场、产业、行业、产品及企业进行有效分析和研究,更好地把握市场发展的脉络,判别方向,规避风险,使银行的"三性"得以有效实现。

人才选择有多种途径,主要包括内部选拔、公开招聘、熟人介绍等形式。

内部选拔有两种形式:内部提升和内部调用。前者是指当商业银行比较重要的岗位需要人才时,可以将内部符合条件的员工从较低级的岗位晋升到较高级的岗位。这种方式有利于调动广大员工的积极性,提高效率,形成积极向上的企业文化;缺点在于不利于在广阔的范围内选择优秀人才,使银行缺乏新鲜血液的补充。所谓内部调用,是指当银行需要招聘的岗位与员工原来的岗位层次相近,或略有差距时,把员工调到同一层次或上下层次岗位工作的过程。内部调用可以利用员工对工作岗位的熟悉性,尽快满足新岗位对人才的需求。

内部选拔是一种费用低廉、手续简单的人员选择方法,在内部人员合适并充足时可以采用,但是如果大规模选拔人才,则应该采取其他方法。公开招聘是指银行向社会公开招聘计划,通过应聘人员的公平竞争,择优录用合适人员的过程。这一过程一般包括发布广告、接受应聘资料、招聘测试、筛选并录用等几个主要步骤。当然,还可以通过熟人介绍、利用职业介绍机构或猎头招聘人才等方式来完成对人才的选择。

2. 人才培训

商业银行要重视制定人才开发规划和目标,多层次、多形式、多渠道培养人才。首先,对银行员工进行分层次培训,要确定不同的培训目标、选择不同的培训教程、设计不同的培训评估方案。借鉴德意志银行的经验,每年对全行 2/3 以上的工作人员进行各种培训,并分层次进行。对低层次职员主要学习银行基本知识和本身从事岗位的业务、操作知识;对中层次职员重点学习银行业务知识和会计知识等;对高层次的职员主要学习如何发展银行业务、开创新的金融产品和对银行有效的管理等,一律考试合格后上岗。在培训过程中,应该注意提高现有员工的素质,加大培训力度,及时将国内外商业银行最前沿、最实用的知识传达给员工,特别是对包括客户经理、风险管理、会计主管等重点岗位在内的员工进行全方位、高标准培训。其次,在培训过程中,可以利用多种形式相结合,其中岗位轮换是一种常见的方式。通过安排职员在银行内部同一层次上多种不同的岗位上轮流工作,使员工掌握多种操作技能与业务知识,成为业务多面手,形成人才素质与职位需求的最佳组合。最后,在培训渠道上也要力求有效性,可以采取"请进来、走出去"等多种办法,既可以建立培训基地,邀请知名人士、专家讲学,也可以安排到大银行参观学习,以案例学习、召开研讨会等方式进行培训。在中高层管理人才的培训方面,采取与高等院校联合培训的形式,为银行家、理论工作者提供一个双方深入交流和发挥双方资源优势的舞台。商业银行可以与国内外知名学府签订联合办学协议,挑选优秀人才进行重点培养,在理论教学和银行实践两方面进行专业培训,为银行的发展壮大储备金融人才。为尽快发展和扩大国际金融业务,可适当拓展海外培训渠道,加强对高级管理人员和高级客户经理的海外培训。通过选派部分高级管理人员和客户经理赴海外留学的方式进行培训。

3. 人才激励

人才激励是人才管理的关键环节,是建立在竞争机制基础上的一种鼓励行为。人才激励的方式多种多样。一是目标激励,根据商业银行经营目标,制定人才任期目标,具体规定工作数量、质量、时限、效益、权利、责任,并采取定性评鉴与定量测评、横向了解与纵向评绩、直观测试与民主评议、静态分析与动态观察相结合的方法,对银行人才进行多层次、多角度的综合考核、全面衡量、分析对比、正确评价。二是精神激励,对于在金融工作中的优秀人才,要给予考核、评职、晋升技术职务优先的奖励,培养先进典型;赋予员工公平的升迁机会。银行不能根据员工的关系、性别、年龄来决定员工的晋升,而是要根据员工的能力和业绩,将平等的发展机遇留给每一个员工。三是物质激励,物质激励首先体现在好的工资待遇方面。为了留住人才,商业银行应该让员工认识到该行提供的薪水在其他银行是不能获得的。商业银行通过每年对薪资进行调查,并根据结果进行员工薪水的调整,使员工价值得到充分体现,同时商业银行达到人尽其才的效果。在通常情况下,只有商业银行提供的工资待遇在同行业极具竞争力,才能吸引最优秀的人才,否则很难吸引一流人才。其次,除了良好的工资待遇之外,诸如带薪休假、商业保险、住房补贴、交通补助等完善的福利待遇也可以让银行长期留住真正优秀的人才。当然，对于优秀人才还可以给予必要的奖励，对作出重大贡献的人才要进行特别奖励，各级行可建立奖励基金专门奖励金融人才。最后，西方发达国家银行业的实践经验表明员工持股计划和股票期权都是卓有成效的激励手段。员工持股计划既可以让员工更好地享受企业的经营成果，又可以进一步调动员工参与企业经营管理的积极性，还可以对企业管理层形成约束；而股票期权则属于长期激励行为，主要针对公司高层管理人员。四是反向奖励，对于不思进取、工作任务完成差的员工采取经济处罚、批评教育、降级使用等措施，以鞭策后进。

4. 人才任用

人才任用是人才管理的重心，是"胜任"与"重用"的有机结合，在人才的任用上要坚持动态管理和重任励才原则。银行人才的素质与工作能力要与工作环境、工作职位、工作需要相结合，使之能正常合理地流动，保持人才与其工作岗位相匹配。所谓的重任励才即通过对人才现有工作能力和潜力的分析，对人才施加压力或委以重任，以促使员工发挥创造力，使潜在能力变为工作实力。

5. 职业银行家阶层的培育和造就

职业银行家专门以金融资产增值为主要经营目标，以追求利润的最大化为动力，娴熟地运用自己的智慧与创造力，并将其知识财产与银行企业的物质财产完美地融合，在竞争激烈的金融市场上，主动营造经营机会，并根据市场需求变化情况，及时地调整银行的经营策略，以及合理地、科学地进行金融要素的重新组合；同时，又能独立地、成功地组织与管理银行内部的业务经营，并相应地承担一定的银行经营风险。在银行经营管理过程中，银行家发挥着极大的先导、中坚、凝聚和社会传播作用。

第四节 最新发展

自 20 世纪 70 年代以来，国际银行业发生了巨大的变化，突出表现为商业银行业务竞争全球化、业务发展个人化、业务处理电子化、资金配置非中介化、业务经营混合化、业务风险复杂化。

银行战略作为银行的总体规划，统和了银行的各项目标和政策，使银行全员为了共同的目标而努力。市场的发展变化要求商业银行的战略管理要不断创新。

对于商业银行而言，生存和发展是永恒的主题。商业银行在规模上的外延式扩张主要通过资本市场运作，进行相应的并购活动来实现。并购产生的效应使银行的资产和资本显著扩张，增强社会公众的信心；抗风险能力增强，应付突发事件的能力也较强；大银行的市场影响力较大，更容易吸引顾客，抢占市场；大银行的单位运行成本更低，节省成本的优势更加明显。国际银行业的并购方兴未艾，银行并购战略和反收购的战略也层出不穷。

商业银行在未来的组织方式上将呈现出以下五个特征。第一,组织活动以团队为职能单位,团队成员将来自各个职能部门或者科室,各部门之间保持协作和合作关系,信息可以在部门间横向纵向流通,银行与客户、供应商及其他银行利益相关者之间保持良好紧密的关系。第二,银行内部管理层次减少,但管理幅度增加。第三,在激烈的竞争中和日趋复杂的外部环境下,商业银行将打破常规,更多地强调发挥员工的主动性和自觉性,采取灵活方法进行企业管理。第四,未来银行员工的职业途径、激励系统、价值观等将呈现出更加多元化的特征。第五,在商业银行全球化、国际化的发展趋势下,如何降低劳动力成本,协调员工之间的关系是人力资源管理的重点。

在面临新的经营环境条件下,商业银行战略管理理论将会呈现如下六个特点和发展趋势。

1. 制定公司战略的竞争空间在扩展

商业银行必须从全球的角度、从跨行业的角度、从无边界的范围内来考虑配置自身的资源,以获得最佳的管理整合效果。

2. 公司战略具有高度的弹性

战略弹性是基于公司自身的知识系统对不断变化的不确定情况的应变能力,员工的知识结构及其组合的方式和机制是战略弹性的核心部分。因其具有难以模仿性,战略弹性一旦建立,就确立了公司的战略优势。

3. 不过多考虑战略目标是否与公司所拥有的资源相匹配

商业银行不能简单地平均分配资源,而是要创造性地通过各种途径来整合资源,通过与知识的组合来克服资源的限制,从而为顾客多创造价值。

4. 由公司或公司联盟组成的商业生态系统成为参与竞争的主要形式

未来的竞争是不同商业群落之间的竞争。对于一个单独的商业银行个体来讲,竞争更体现在加入或营造有影响力的、能为自己带来实际价值的公司生态系统,在竞争与合作的和谐环境中,寻求一个更为有利的地位。

5. 制定战略的主体趋于多元化

信息传播方式的网络化决定了每一个个体在整个网络系统中都是信息传播的一个节点,高层主管不再居于信息传播的中心,普通员工可以有更多的机会参与公司的战略制定,他们具有既是决策参与者又是决策执行者双重身份的特征。

6. 战略理论研究的视角趋于多元化

由于公司战略管理中的复杂性,使得人们从不同学科、不同视角去研究公司战略管理理论。但从研究方法的角度来看,寻找一种普遍适用的公司战略管理理论几乎是不可能的,系统思考是应对复杂性和变化的最有效的手段。

21世纪的银行间竞争,实质上是银行学习能力的竞争,归根结底是商业银行人力资本的竞争。未来的人力资源管理是一种战略型人力资源管理,即围绕银行战略目标而进行的人力资源管理。商业银行将致力于为众多的利益相关者服务,其中包括银行的股东、客户、员工和战略伙伴等。因此，未来的人力资源将由传统的银行业务型人才向适应商业银行综合化发展要求的复合型人才转变。大多数经营管理者和员工应逐渐由习惯于做传统银行业务，转变为对零售银行业务、资产管理业务、基金业务、保险业务、投资银行业务、衍生交易业务等现代银行业务专业知识和经验的积累，以适应经营转型和综合化发展的需要。为了适应银行转型和综合化发展的需要，还要加强对高层管理人员和员工的培养力度，有计划地从国内外引进一批具有深厚专业知识基础、良好从业背景和丰富实践经验的复合型高级专业人才和高级管理人才。

随着中国加入世界贸易组织，银行业面临着机遇与挑战，消费者对金融产品和服务的需求逐渐多样化，而风险也日渐复杂，这就需要银行员工整体素质的提高。因此，在寻求结构转型、追求经营业绩的努力中，中国各商业银行应站在战略的高度，结合自身业务的发展实际，按照不同岗位需求，制定不同内容和形式的分类培训计划，使全体员工在经济全球化以及金融发展的新趋势下，不断学习新政策，认清新形势，接受新理念，汲取新知识。同时，也应把培训和提高员工素质视作企业文化的建设，创造学习风尚，打造学习型银行，塑造可持续发展的比较优势，从而促进银行的健康发展和效益的有效增长，实现发展战略的稳步转型，使得我国银行业不断增强自身的竞争力，逐渐与国际银行业接轨。

本 章 小 结

所谓企业战略，是指从不同环境出发，为企业的各种活动指明基本的方向；或者将其理解为企业为了实现长远的目标，在客观地分析内外部环境的基础上所作出的谋划和对策。战略具有全局性、长远性、阶段性、稳定性的特点。

商业银行的战略从总体上看包括银行总体发展战略和银行基本职能战略。银行总体发展战略主要包括并购战略、人力资源开发战略和营销战略等。战略管理包括战略分析阶段、战略制定阶段、战略实施阶段。银行战略设计原则包括前瞻性原则、科学性原则、可行性原则、合法性原则、稳健性原则。

银行并购的效应包括交易费用效应、协同效应、多元化效应，其管理重点在于并购模式和支付手段的选择；人力资源管理主要包括：人与工作的匹配，人的需求与工作报酬的匹配，人与人的协调合作，工作与工作的协调合作等内容。商业银行的人才战略主要包括选择人才、人才培训、人才激励、人才任用、职业银行家阶层的培育和造就。

为了适应银行转型和综合化发展的需要，还要加强对高层管理人员和员工的培养力度，有计划地从国内外引进一批具有深厚专业知识基础、良好从业背景和丰富实践经验的复合型高级专业人才和高级管理人才。

复习思考题

1. 什么是企业战略？企业战略有何特点？
2. 银行战略管理过程包括哪几个阶段？
3. 商业银行战略设计的原则是什么？
4. 根据银行并购的出资方式不同，可以分为几种类型？
5. 银行并购的效应主要有哪些？
6. 常见的银行反并购策略包括哪几个方面？
7. 试述预防性策略的具体内容。
8. 试述反抗性策略的具体内容。
9. 人力资源开发和管理包括哪些内容？
10. 新时期银行战略管理应注意哪些问题？

第十六章 商业银行内部控制

当前商业银行经营风险加剧,金融风险不断产生,严重威胁着金融业的安全和经济的正常发展。实践表明,金融危机与银行倒闭的一个很重要原因就是金融机构内部控制不严所致,内部控制作为防范风险的一项重要措施日益受到人们的关注。本章主要阐述内部控制的概念、要素、特征,商业银行内部控制的构建,商业银行内部控制的评价及与之相关的商业银行内部审计。

第一节 内部控制概述

内部控制是20世纪中叶随着经济的发展而建立起来的一种重要管理方法。它的内容与定义随着现代经济管理技术的进步和管理范围的不断拓宽而不断丰富和发展。不论怎样,商业银行在其自身内部通过采取一定的制度安排及方法措施所形成的内部控制,在一定程度上可以防范和控制风险的发生。所以,内部控制是商业银行进行有效风险管理的基础。

一、内部控制的概念与发展

作为经济活动中的控制来讲,控制是管理者为实现一定的经济目的或目标,保证其活动正常进行而采取的协调、考核、监督等行为的总称。在经济活动中,控制主要就是内部控制。从企业经营管理的角度讲,所谓内部控制,一般是指企业为了有效实现经营目标,保证生产经营活动高效率地进行,保护财产物资的安全完整,确保会计信息的准确可靠而对企业内部各种经济业务活动制定并实施的一系列相互联系、相互制约的措施、程序和方法的总称。内部控制的作用主要体现为规范经营行为,有效防范风险,提高经营效率。

内部控制的概念实际上是一个伴随经济发展而不断发展变化和日渐丰富的概念。内部控制的理论与实践的发展经历了一个漫长的时期,大体上可以分为以下四个阶段。

1. 第一阶段

内部控制的雏形——内部牵制。古罗马帝国库房采取的"双人记账制度",我国西周时期的内部牵制都是内部控制雏形的表现形式。20世纪初期,西方资本主义经济得到了较大的发展,生产关系和生产力的重大变化促进了社会化大生产程度的发展,加剧了企业间的竞争,如何加强企业的内部控制管理成了影响企业生死存亡的关键因素。因而,一些企业在非常激烈的竞争中逐步摸索出一些组织调节、制约和检查企业生产活动的办法,即当时的内部牵制,它基本上是以查错防弊为目的,以职务分离和账户相互核对为手法,这也是现代内部控制理论中有关组织控制、职务分离控制的雏形。

2. 第二阶段

内部控制的初步形成——控制系统。该阶段由内部牵制逐渐演变成由组织结构、职务分离、业务程序、处理手续等因素构成的控制系统。内部控制的该阶段的发展是随着资本主义经济的发展而形成的。竞争的日趋激烈,使得各级管理人员不得不进行全面企业管理的探索。企业经营管理者从内部牵制原则出发,尝试着从组织结构、业务程序、处理手续等方面对其所属部门的人员及工作进行组织、制约和调节。至此,控制系统得以形成。

3. 第三阶段

内部控制的发展——内部控制结构。该时期的代表是1988年美国AICPA发布的《审计准则公告第55号》,它以"内部控制结构"代替"内部控制",并提出内部控制结构的三要素:控制环境、会计系统和控制程序。

4. 第四阶段

内部控制的完善——内部控制整体框架。美国"反虚假财务报告委员会"发起成立的一个赞助组织委员会(COSO)在1992年发布的《内部控制——整体框架》的报告中提出内部控制是由董事会、管理层以及其他员工为达到财务报告的可靠性、经营活动的效率和效果、相关法律法规的遵循等三个目标而提供合理保证的过程。同时,提出内部控制包括控制环境、风险评估、控制活动、信息与交流、监督评审等五个相互联系的要素。这也是目前关于内部控制最具权威的概念。

1998年,巴塞尔委员会在吸取各成员国经验的基础上,参照美国等国的理论,针对银行失败的教训,颁发了一份旨在适用于银行一切表内外业务的《商业银行内部控制框架》,提出了银行内部控制系统的框架和13项原则。其中,对内部控制的定义,进一步强调董事会和高级管理层对内部控制的影响,强调组织所有各级人员都必须参加内部控制的过程。其核心内容主要体现在以下三个方面。

第一,控制活动是银行日常经营必不可少的部分,高级管理层必须建立一个适当的控制结构,以确保有效的进行内部控制、限定每个业务层面的控制活动。

第二,内部控制的实施操作状况应该始终得到有效的监督。高级管理层应当不间断地监督商业银行内部控制的整体效果。

第三,金融监管当局应适时对内部控制系统做出客观地评价。金融监管机构应要求所有银行无论规模大小,都拥有有效的内部控制系统,此系统应当与其表内表外业务的性质、复杂程度以及风险相一致,并反映银行环境和状况的变化。如果监管机构认定银行的内部控制系统不充分,应立即对该银行采取措施,以保证内部控制系统及时得到改善。

巴塞尔银行监管委员会把内控的三大目标分解为操作性目标、信息性目标和遵从性目标。操作性目标主要考察各种活动的效果和效率;信息性目标明确要求实现财务和管理信息的可靠性、完整性和及时性;遵从性目标主要看是否符合现行法律和规章制度。

我国根据巴塞尔委员会《商业银行内部控制框架》的精神,由中国人民银行在2002年4月公布的《商业银行内部控制指引》中指出:内部控制是商业银行为实现经营目标,通过制定和实施一系列制度、程序和方法,对风险进行事前防范、事中控制、事后监督和纠正的动态过程和机制。

二、对内部控制定义的理解

在理解和把握内部控制概念时要注意以下四点。

1. 内部控制是通过企业的管理层和职员来推行的

内部控制是由人来实现的,它并不是各种管理制度、规章、条例、操作方法等的简单堆积,它牵涉企业各部门中每一层次的人员。内部控制是通过企业的管理层和职员来推行的,内控的目标、控制机制也是由人来制定的,反过来内部控制又影响、制约人的行为。

2. 内部控制有助于企业实现经营管理目标

内部控制能帮助企业达到其经营管理目标,预防资源损失,保证其财务报表可靠和遵循相关的法令,维护企业的声誉等。总之,内部控制能帮助企业实现其目标,少走歪路。

3. 内部控制用于实现机构的战略目标。

这类目标可笼统地归纳为管理和经营的有效性、财务报告的可靠性和对现行法规的遵循性三个方面。

4. 并不存在真正完美无缺的内控机制

内部控制对机构的经营管理所能提供的仅仅是基本的保证,而不是绝对的保证。因为,一方面,任何一个内部控制系统均可能存在先天的局限性,如制定内部控制时的考虑不周、技术能力的缺陷等使内部控制系统存在一定局限性;另一方面,政府的政策调整、经济情况的变化等不在管理层的控制范围内,可能造成内部控制系统不能适应形势发展的需要。

三、内部控制的组成要素

现代内部控制理论赋予了内部控制宽广的职能,强化了内部控制的作用。COSO委员会认为,内部控制包括控制环境、风险评估、控制活动、信息与交流和监督评审五大要素。巴塞尔委员会则在内部控制中强调了管理层的监督和控制文化;在控制活动方面又突出了职责分离的重要性;该委员会特别对信息与交流作了更多的解释;除了监督评审活动外,还把缺陷的纠正这种被 COSO 委员会认为并非内控的活动也归纳为内控活动。表 16-1 为 COSO 委员会与巴塞尔委员会关于内部控制五大要素的描述。

表 16-1 关于内部控制组成要素的描述

COSO 的分析	巴塞尔委员会的分析
控制环境	管理层的监督与控制文化
风险评估	风险的识别与评估
控制活动	控制活动与职责分离
信息与交流	信息与交流
监督评审	监督评审活动与缺陷的纠正

另外,我国颁布的《商业银行内部控制指引》参照 COSO 与巴塞尔委员会关于内部控制的框架,也将内部控制构成要素分为以下五种:内部控制环境;风险识别与评估;内部控制措施;信息交流与反馈;监督评价与纠正。

将以上几种主要观点结合起来,内部控制的构成要素如下。

1. 控制环境

控制环境是指对企业内部控制实施效果具有极大影响的环境因素的总称。控制环境奠定了企业的文化,影响企业员工的控制意识。影响控制环境的因素包括:企业员工的操守、价值观和能力,管理层的管理哲学与经营风格,管理层对权责的分派和组织与培养员工的方式,企业的董事会或监督委员会独立于管理层的程度等。

巴塞尔委员会为此提出了有关管理监督和控制文化的三项原则。

原则一:董事会应当负责批准并定期审查整个经营战略和重大政策;理解经营的主要风险,确定这些风险的可接受水平,保证高级管理层采取必要步骤,识别、衡量、评审和控制风险;批准组织的结构;并确保高级管理层不断评审内控系统的有效性。在确保建立和维护充分和有效的内控系统方面,董事会负有最终的责任。

原则二:高级管理层负责执行由董事会批准的战略和政策,维护一种组织结构,能够明确责任、授权和报告关系;确保所委派的责任能有效地执行;确定适当的内控政策;并监督评审内控系统的充分性和有效性。

原则三:董事会和高级管理层负责按照高标准促进员工的职业道德和完整性,在机构中建立一种控制文化,在各级人员中强调和说明内控的重要性。银行机构中的所有人员都需要理解和发挥他们在内控程序中的作用。

2. 风险评估

风险评估是识别和分析那些妨碍实现经营管理目标的困难因素的活动,对风险的分析评估构成风险管理决策的基础。风险评估包括关注对整体目标和业务活动目标的制定和衔接,对内、外部风险的识别与分析,对影响目标实现的变化的认识和各项政策与工作程序的调整。巴塞尔委员会提出了以下有关风险的识别与评估的一项原则。

原则四:有效的内控系统需要识别和不断地评估有可能阻碍实现目标的种种相关风险。这种评估应包括银行和银行集团所面对的全部风险(如信贷风险、国家和转移风险、市场风险、利率风险、流动性风险、经营风险、法律风险和声誉风险),需要不时调整内控,以便恰当地处理任何风险。

3. 控制活动

控制活动是为了合理地保证经营管理目标的实现,指导员工实施管理指令,管理和化解风险而采取的政策和程序,包括高层检查、直接管理、信息加工、实物控制、确定指标、职责分离等。巴塞尔委员会有关控制活动和职责分离的有两项原则。

原则五:控制活动应当是银行日常工作的不可分割的一部分。有效的内控系统需要建立适当的控制结构,明确定义各经营级别的控制活动。这些活动应当包括高层审查;对不同部门或处室的活动的适当控制;物理控制;检查对敞口限额的遵从情况;对违规经营的跟踪与处理情况;批准和授权制度;查证核实与对账制度。

原则六:有效的内控系统需要适当分离职责;人员的安排不能发生责任冲突。要识别和尽量缩小有潜在利益冲突的地方,并遵从谨慎和独立的监督评审。

4. 信息与交流

信息与交流存在于所有经营管理活动中,使员工得以搜集和交换为开展经营、从事管理和进行控制等活动所需要的信息,包括管理者对员工的工作业绩的经常性评价。在信息方面要注意内、外部信息的搜集和整理;在交流方面也要注意内、外部信息的交流渠道和方式;在信息技术的发展中注意控制信息系统。巴塞尔委员会有关信息与交流的有三项原则。

原则七:一个有效的内控系统需要充分的和全面的内部财务、经营和遵从性方面的数据,以及关于外部市场中与决策相关的事件和条件的信息。这些信息应当可靠、及时、可获,并能以前后一致的形式规范地提供使用。

原则八:有效的内控需要建立可靠的信息系统,涵盖公司的全部重要活动。这些系统,包括那些以某种电子形式存储和使用的数据的系统,都必须受到安全保护和独立的监督评审,并通过对突发事件的充分安排加以支持。

原则九:有效的内控系统需要有效的交流渠道,确保所有员工充分理解和坚持现行的政策和程序,影响他们的职责,并确保其他相关信息传达到应被传达到的人员。

5. 监督评审

监督评审是经营管理部门对内控的管理监督和内审监察部门对内控的再监督与再评价活动的总称。监督评审可以是持续性的或分别单独进行的,也可以是两者结合起来进行的。主要应关注监督评审程序的合理性、对内控缺陷的报告和对政策程序的调整等。巴塞尔委员会在监督评审活动和缺陷的纠正方面提出下述三项原则。

原则十：应当不断地在日常工作中监督评审内控的总体效果。对主要风险的监督评审应当是银行日常活动的一部分，并且各级经营层和内部审计人员应当定期予以评价。

原则十一：对内控系统应当进行有效和全面的内部审计。内审需要独立进行，应有通过适合的培训和得力的人员进行。内审作为内控系统监督评审的一部分，应当向董事会或其审计委员会直接报告工作，并向高级管理层直接报告。

原则十二：不论是经营层或是其他控制人员发现了内控的缺陷，都应当及时地向适当的管理层报告，并使其得到果断处理。应当把内控系统的缺陷报告给高级管理层和董事会。

此外，巴塞尔委员会还针对监管当局对内控系统的评价提出下列一项原则。

原则十三：银行的监管人员应当要求所有的银行，不论其规模如何，都具有有效的内控系统，而且该内控系统符合他们的表内外活动的性质、复杂性和内在的风险；内控制度应当随银行所处环境和条件的改变而得到调整。凡监管者确定某银行的内控系统不能充分或有效地针对银行的具体风险内容（例如，不能涵盖巴塞尔委员会内控文件所载的全部原则），监管者就应当采取适当的行动。

以上五大要素与前述三大目标有机地相结合，构成了完整的内部控制整体框架。我国商业银行也必须适应形势，从内控的三大目标出发，去考察本行上述五大要素的各个方面，看是否建立了健全的内部控制及这些制度的贯彻实施情况。

四、内部控制的特征

根据以上内部控制的定义与组成要素的分析，可以发现内部控制存在以下四个特征。

1. 全面性

内部控制是对企业组织一切业务活动的全面控制，而不是局部性控制。它不仅要控制考核财务、会计、资产、人事等政策计划的执行情况，还要进行各种工作分析和作业研究，并及时提出改善措施。

2. 经常性

内部控制不是阶段性和突击性工作，它涉及各种业务的日常作业与各种管理职能的经常性检查考核。

3. 潜在性

内部控制行为与日常业务与管理活动并不是明显的割裂开来，而是隐藏与融合在其中。不论采取何种管理方式，执行何种业务，均有潜在的控制意识与控制行为。

4. 关联性

企业的任何内部控制，彼此之间都是相互关联的，一种控制行为成功与否均会影响到另一种控制行为。一种控制行为的建立,均可能导致另一种控制的加强、减弱或取消。

第二节 内部控制的构建

内部控制是提高企业经营效率、防范经营风险的重要手段。在外部经营环境日趋复杂化和银行业竞争日趋激烈的今天,面对银行业危机频发的形势,探究如何建立完整有效的商业银行内部控制系统,成为商业银行经营管理过程中所要研究的一个重要问题。围绕这一问题,本节在介绍了商业银行内部控制的目标、原则与商业银行内部控制主要内容的基础上,介绍如何构建具体的商业银行内部控制。

一、商业银行内部控制的目标与原则

1. 商业银行内部控制的目标

所谓内部控制目标,就是商业银行内部控制最终所要达到的目的,它是引导内部控制活动的航标。商业银行在建立有效的内部控制系统时,只有先确立目标,才能为内部控制指明方向,也才能在保证内部控制效果的同时,最大限度地降低内部控制的成本。一般来讲,商业银行内部控制的目标主要包括四个方面:一是确保国家法律规定和商业银行内部规章制度的贯彻执行;二是确保商业银行发展战略和经营目标的全面实施和充分实现;三是确保商业银行风险管理体系的有效性;四是确保业务记录、财务信息和其他管理信息的及时、真实和完整。

2. 商业银行内部控制的原则

所谓内部控制原则,就是商业银行在内部控制活动中所要遵循和体现的基本准则,是商业银行构建内部控制,决定内部控制的内容、范围等事宜的基本依据。总体来说,商业银行的内部控制应体现下列五项原则。

(1) 有效性原则。

要使商业银行内部控制充分发挥其作用,并在各部门、各岗位得到认真贯彻执行,就必须使其建立的内部控制具有有效性,即各种内部控制制度应当具有高度的权威性,同时它必须切实可行,并真正落实到实处,成为所有员工严格遵守的行动指南。任何人不得拥有不受内部控制约束的权力,内部控制存在的问题应当能够得到及时反馈和纠正。

(2) 审慎性原则。

商业银行内部控制的核心是有效防范各种风险。为了保证这个核心,将各种风险控制在许可的范围之内,建立内部控制就必须以审慎经营为出发点和落脚点。商业银行应充分考虑业务过程中各个环节存在的风险,对于容易发生风险的环节,要实施特别的控制程序来避免或减少风险,同时还要设定在风险发生时要采取哪些措施来控制和补救。

(3) 全面性原则。

全面性原则即内部控制应当渗透到商业银行的各项业务过程和各个操作环节,覆盖所有的部门和岗位,并由全体人员参与,任何决策或操作均应当有案可查。这主要是由于商业银行的各种业务之间存在紧密联系,所以在业务活动中只要有一个环节失控,即便其他环节控制得再好,也有可能导致风险的发生。因此,只有坚持全面性原则才能使内部控制发挥预期的作用。

(4) 及时性原则。

内部控制建立之后,一般应保持相对的稳定,这是制度本身的要求,否则就会令人无所适从,控制的效力将大打折扣。但是,内部控制是一个动态的过程,它必须随银行的目标、经营环境的变化而变化。尤其是在设立新的机构或开办新的业务,均应当体现"内控优先"的思想,即及时性原则,及时对内部控制进行补充修改,这样才能使内部控制的有效性、全面性得到落实和保证。

(5) 独立性原则。

虽然商业银行业务经营的各个环节是紧密联系的,它们之间有操作上的连续性,但从控制上来看,各个环节的操作又是相互独立的,它们之间是相互核查、相互控制的关系。因此,在建立业务过程的内部控制时,要保持各个环节的相对独立性,即体现独立性原则。同时,内部控制作为一个独立的体系,应独立于所控制的业务操作系统,直接的操作人员和直接的控制人员必须适当分开,分别向不同的管理人员负责。此外,为使内部控制更加有效,内部控制的监督、评价部门应当独立于内部控制的建设、执行部门,并有直接向董事会、监事会和高级管理层报告的渠道。

二、商业银行内部控制的主要内容

根据国内外金融机构内部控制的实践和经验,结合商业银行内部控制的目标与原则,一般来讲,商业银行内部控制应包括以下五个方面内容。

1. 良好的控制环境

完善的商业银行内部控制首先要求有良好的控制环境。良好的控制环境包括正确的经营管理思想和目标、严密有效的组织结构、良好的企业文化与优秀的员工队伍、合理的授权制与责任划分等。

(1) 管理层拥有正确的经营管理思想和目标。

管理层在控制环境中发挥着重要的作用,其经营管理思想与目标是商业银行经营活动的基础和指南,也是进一步制定发展目标的方向。如果管理层不愿意设立适当的控制或不能遵守已建立的控制,那么控制环境将受到很不利的影响。商业银行应制定符合国家经济金融方针政策和法律规范的经营目标,坚持"安全性、流动性、效益性"相统一的经营原则。

(2) 严密有效的组织结构。

商业银行应当建立良好的公司治理以及分工合理、职责明确、报告关系清晰的组织结构，这是实现内部控制有效性的前提条件。商业银行董事会、监事会和高级管理层是商业银行的重要机构，他们应当对内部控制承担重要的责任。董事会要负责审批商业银行的总体经营战略和重大政策，确定商业银行可以接受的风险水平，批准各项业务的政策、制度和程序，任命高级管理层，对内部控制的有效性进行监督；董事会应当就内部控制的有效性定期与管理层进行讨论，及时审查管理层、审计机构和监管部门提供的内部控制评估报告，督促管理层落实整改措施。高级管理层负责执行董事会批准的各项战略、政策、制度和程序，负责建立授权和责任明确、报告关系清晰的组织结构，建立识别、计量和管理风险的程序，并建立和实施健全、有效的内部控制，采取措施纠正内部控制存在的问题。监事会在实施财务监督的同时，负责对商业银行遵守法律法规的情况以及董事会、管理层履行职责的情况进行监督，要求董事会、管理层纠正损害银行利益的行为。

（3）良好的企业文化。

商业银行应当培育良好的企业精神和内部控制文化，从而创造全体员工均充分了解且能履行职责的环境，为保证内部控制的贯彻实施创造条件。

（4）授权与责任控制。

首先，责任划分。责任划分就是为每一部门及每一岗位明确规定其应承担的责任和工作范围，以便建立职责分离、横向与纵向相互监督制约的机制。在进行责任划分时要注意：权力和责任应明确地授予具体的个人或部门，各个岗位应当有正式、成文的岗位职责说明和清晰的报告关系。另外，各类人员应给予相当的责任，避免出现某人的责任超过其能力或未能充分挖掘其潜力的情况。

其次，授权控制。授权是指银行在处理经济业务时，任何交易或业务必须经过适当的批准方可进行。商业银行应当根据不同的工作岗位及其性质，赋予其相应的职责和权限，授权应适当、明确，并采取书面形式，各级各类人员应在各自岗位上，按照所赋予的权限开展工作，并对各自所承担的职责负责。

（5）人力资源管理和控制。

内部控制最终是依靠人来实现和完成的，人的因素关系到能否胜任控制需要和实现控制目标的问题。拥有良好品质、训练有素的人员可以在一定程度上弥补内部控制的某些不足，这一点对于商业银行来说尤其重要。银行作为一种从事货币经营的特殊企业，可以说内部控制能否发挥作用，完全取决于人员素质高低。人力资源控制包括：员工招聘、作业标准制定与实施；培训计划；考核与晋升、休假与工作轮换等。

2. 有效的风险控制机制

商业银行经营过程中会涉及诸多风险，对风险的识别、评估与控制也就构成了商业银行内部控制的核心。为此，商业银行应当设立专门的风险管理部门，制定并实施识别、计量、监测和管理风险的制度、程序和方法，以确保风险管理和经营目标的实现。商业银行还应建立涵盖各项业务、全行范围的风险管理系统，开发和运用风险量化评估的方法和模型,对各类风险进行持续的监控。同时,利用一整套比例指标,来对风险进行早期预警,以实现商业银行的控制目标。

3. 统一有效的控制程序

为实现有效的内部控制,商业银行需要设立统一有效的控制程序,主要包括以下三个方面内容。

(1) 不相容职务相分离。

不相容职务是指某些职能如果只由一人负责执行,就有可能给银行的运营造成风险损失。不相容职务相分离的核心就是"内部牵制",在这种制度下任何一个员工或部门的工作与其他部门或员工的工作相联系,并受到其他部门与人员的监督。例如,现金、有价证券的保管与账务处理相分离,资金交易业务的审批与具体经办相分离,电子数据处理系统的技术人员与业务经办人员及科技人员相分离等。

(2) 严格、明确的决定程序和办事程序。

这是指所有的重要业务、重要事项和重大决策都必须严格按规定程序进行,并应保留可核实的记录,防止个人独断专行、肆意妄为,超越或违反程序都应受到处罚。

(3) 完善的会计控制体系。

从会计控制的意义上来讲,会计部门是商业银行内部控制的第一监控防线,它能否真实、全面、及时地记载每一笔业务,正确地进行核算,是决定商业银行业务能否健康发展的基础。为此,商业银行应当建立有效的核对、监控制度,对各种账证、报表定期进行核对,对现金、有价证券等有形资产及时进行盘点,对柜台办理的业务实行复核或事后监督把关,对重要业务实行双签有效的制度,对授权、授信的执行情况进行监控。还应当按照规定进行会计核算和业务记录,建立完整的会计、统计和业务档案,妥善保管,确保原始记录、合同契约和各种报表资料的真实、完整。

4. 可靠和高效的信息交流与反馈机制

信息和交流控制是指对各种会计信息和其他相关信息之间的传递机制的控制。商业银行应当实现经营管理的信息化,建立贯穿各级机构、覆盖各个业务领域的数据库和管理信息系统,做到及时、准确提供经营管理所需要的各种数据。通过这种信息交流和反馈机制,确保董事会、监事会、高级管理层及时了解本行的经营和风险状况,确保每一项信息均能够传递给相关的员工,各个部门和员工的有关信息均能够顺畅反馈。

5. 合理有序的监督审查制度和应急应变措施

合理有序的监督审查制度是发现商业银行内部控制问题的有效手段,也是保障商业银行安全、稳健经营的必要措施。这种监督检查制度除了包括商业银行各部门、各岗位在业务运作过程中的相互检查,及时发现内部控制存在的问题,并迅速予以纠正外,还包括内部审计。内部审计是银行内部的独立机构,是对银行业务的综合监督,该部门有权获得商业银行的所有经营信息和管理信息,并对各个部门、岗位和各项业务实施全面的监控和评价,对违反操作规程和内部控制规定的行为及其部门、岗位与人员进行处罚和处理等。

此外,在商业银行的业务与经营活动中,难免会有一些突发性的事务发生。所以,商业银行应当建立有效的应急制度,在各个重要部位、营业网点发生供电中断、火灾、抢劫等紧急情况时,应急措施应当及时、有效,确保各类数据信息的安全和完整。

三、商业银行内部控制的构建

由于商业银行内部控制最终要落实到各项业务环节中,因此在构建具体的内部控制时,应根据上述商业银行内部控制的目标、原则与基本内容,结合不同业务的经营特点,对各业务环节的控制措施作进一步的优化。

1. 授信业务的内部控制

商业银行授信业务内部控制的重点是:实行统一授信管理,健全客户信用风险识别与监测体系,完善授信决策与审批机制,防止风险的过于集中和过高的资产风险。具体内部控制的五个方面内容如下。

(1) 建立客户评价体系,健全客户信用风险识别与监测系统。商业银行应当以风险量化评估的方法和模型为基础,开发和运用统一的客户信用评级体系,作为授信客户选择和项目审批的依据,并为客户信用风险识别、监测以及制定差别化的授信政策提供基础。

(2) 授信的岗位职责。商业银行授信岗位设置应当做到分工合理、职责明确,岗位之间应当相互配合、相互制约,做到审贷分离、业务经办与会计账务处理分离。

(3) 授信的管理。商业银行应当建立统一的授信操作规范,制定贷前调查、贷时审查、贷后检查等环节的工作标准和操作要求。商业银行应当建立有效的授信决策机制,包括设立审贷委员会,负责审批权限内的授信。审贷委员会审议表决应当遵循集体审议、明确发表意见、多数同意通过的原则,全部意见应当记录存档。在实际审批授信时,应当根据风险大小,对不同种类、期限、担保条件的授信确定不同的审批权限,审批权限应当逐步采用量化风险指标。为防止授信风险的过度集中,还应通过实行授信组合管理,制定在不同期限、不同行业、不同地区的授信分散化目标,及时监测和控制授信组合风险,确保总体授信风险被控制在合理的范围内。同时,设立独立的授信风险管理部门,对不同币种、不同客户对象、不同种类的授信进行统一管理,避免因分散管理可能导致的信用失控。

(4) 建立贷款风险分类制度,规范贷款质量的认定标准和程序,确保贷款质量的真实性。

(5) 建立授信业务风险责任制,明确规定各个部门、岗位的风险责任和相应处罚措施。对违法、违规造成的授信风险和损失逐笔进行责任认定,并按规定对有关责任人进行处理。

2. 资金业务的内部控制

商业银行资金业务内部控制的重点是:对资金业务对象和产品实行统一授信,

实行严格的前后台职责分离,建立风险监控和管理制度,防止资金交易员从事越权交易,防止欺诈行为,防止因违规操作和风险识别不足导致的重大损失。具体内部控制的四个方面内容如下。

(1) 资金业务的组织机构控制。商业银行资金业务的组织结构应当体现权限等级和职责分离的原则,做到前台交易与后台结算分离、自营业务与代客业务分离、业务操作与风险监控分离,建立岗位之间的监督制约机制。

(2) 资金业务经营权限与额度的控制。商业银行在确定资金业务经营权限时要考虑以下三个因素。一是商业银行的经营管理水平。根据经营管理水平,核定各个分支机构的资金业务经营权限。二是交易对手的状况。根据授信原则和资金交易对手的财务状况,确定交易对手、投资对象的授信额度和期限。三是交易额度的确定。商业银行应当充分了解所从事资金业务的性质、风险、相关的法规和惯例,明确规定允许交易的业务品种,确定资金业务单笔、累计最大交易限额以及相应承担的单笔、累计最大交易损失限额和交易止损点。高级管理层应当充分认识金融衍生产品的性质和风险,根据本行的风险承受水平,合理确定金融衍生产品的风险限额和相关交易参数。

(3) 资金交易业务的风险控制。商业银行应当建立完备的资金交易风险评估和控制系统,制定符合本行特点的风险控制政策、措施和量化指标,开发和运用量化的风险管理模型,建立资金交易风险和市值的内部报告制度,对资金交易的收益与风险进行适时、审慎评价,确保资金业务各项风险指标控制在规定的范围内。要充分考虑到极端的市场价格变动、市场流动性降低以及主要交易对手倒闭等问题,制定市场出现大幅异常波动和可能出现最坏情况时的应对措施。商业银行还应当完善资金营运的内部控制,资金的调出、调入应当有真实的业务背景,严格按照授权进行操作,并及时划拨资金,登记台账。另外,商业银行应当建立资金业务的风险责任制,明确规定各个部门、岗位的风险责任。

(4) 交易员的培训与激励机制。交易员上岗前应当取得相应资格或经过培训。商业银行应建立对资金交易员的适当的激励机制,并加强对资金交易员的日常管理。资金交易员应当严格遵守交易员行为准则,在职责权限、授信额度、各项交易限额和止损点内以真实的市场价格进行交易,并严守交易信息秘密。

3. 存款及柜台业务的内部控制

商业银行存款及柜台业务内部控制的重点是:对基层营业网点、要害部位和重点岗位实施有效监控,严格执行账户管理、会计核算制度和各项操作规程,防止内部操作风险和违规经营行为,确保商业银行和客户资金的安全。具体内部控制的两个方面内容如下。

(1) 商业银行存款账户的开立、变更与关闭。商业银行应当严格执行账户管理的有关规定,认真审核存款人身份和账户资料的真实性、完整性和合法性,对账户开立、变更和关闭的情况定期进行检查,防止存款人出租、出借账户或利用其存款账户从事违法活动。

（2）商业银行柜台业务的管理。主要包括"印、押、证"三分管制度，大额定期存单的管理制度，柜员职责制度，柜台账户处理和账户管理工作，柜台业务复核制度及反洗钱工作等。

4. 中间业务的内部控制

商业银行中间业务内部控制的重点是：开展中间业务应当取得有关主管部门核准的机构资质、人员从业资格和内部的业务授权，建立并落实相关的规章制度和操作规程，按委托人指令办理业务，防范或有负债风险。下面介绍五种主要的中间业务的内部控制。

（1）支付结算类业务的内部控制。商业银行办理支付结算业务，应当根据有关法律规定的要求，对持票人提交的票据或结算凭证进行审查，并确认委托人收、付款指令的正确性和有效性，按指定的方式、时间和账户办理资金划转手续。

（2）代理类业务的内部控制。商业银行办理代理业务，应当设立专户核算代理资金，完善代理资金的拨付、回收、核对等手续，防止代理资金被挤占挪用，确保专款专用。

（3）信用卡业务的内部控制。商业银行发行信用卡时，应当建立客户信用评价标准和方法，并严格按照授权进行审批。发卡机构应当建立和健全内部管理机制，完善重要凭证、信用卡卡片、客户密码、止付名单、技术档案等重要资料的传递与存放管理，确保交接手续的严密。商业银行受理信用卡存取款或转账业务时，应当对其资金交易设置必要的监控措施，防止持卡人利用银行卡进行违法活动，对持卡人的透支行为建立有效的监控机制，业务处理系统应当具有实时监督、超额控制和异常交易止付等功能。商业银行应当对银行卡特约商户实施有效管理，规范相关的操作规程和处理手续，对特约商户的经营风险或操作过失制定相应的应急和防范措施。

（4）基金托管类业务的内部控制。商业银行从事基金托管业务，应当在人事、行政和财务上独立于基金管理人，双方的管理人员不得相互兼职。商业银行应当以诚实信用、勤勉尽责的原则保管基金资产，严格履行基金托管人的职责，确保基金资产的安全，并承担为客户保密的责任。商业银行应当确保基金托管业务与基金代销业务相分离，基金托管的系统、业务资料应当与基金代销的系统、业务资料有效分离。商业银行应当确保托管基金资产与自营资产相分离，对不同基金独立设账，分户管理，独立核算，确保不同基金资产的相互独立。

（5）商业银行咨询顾问类业务的内部控制。商业银行开展咨询顾问业务，应当坚持诚实信用原则，确保客户对象、业务内容的合法性和合规性，对提供给客户的信息的真实性、准确性负责，并承担为客户保密的责任。

5. 会计系统的内部控制。

商业银行会计内部控制的重点是：实行会计工作的统一管理，严格执行会计制度和会计操作规程，运用计算机技术实施会计内部控制，确保会计信息的真实、完整和合法,严禁设置账外账,严禁乱用会计科目,严禁编制和报送虚假会计信息。主要会计控制内容与前面商业银行内部控制基本内容中会计控制相同,在此不再赘述。

6. 计算机信息系统的内部控制

商业银行计算机信息系统内部控制的重点是:严格划分计算机信息系统开发部门、管理部门与应用部门的职责,建立和健全计算机信息系统风险防范的制度,确保计算机信息系统设备、数据、系统运行和系统环境的安全。具体内部控制如下。

(1) 组织控制。商业银行应当明确计算机信息系统开发人员、管理人员与操作人员的岗位职责,做到岗位之间相互制约,各岗位之间不得相互兼任。

(2) 管理控制。商业银行应当对计算机信息系统的项目立项、开发、验收、运行和维护整个过程实施有效管理,开发环境应当与生产环境严格分离。技术部门与业务部门之间应当进行沟通协调,确保系统的整体安全。商业银行应当建立和健全网络管理系统,有效地管理网络的安全、故障、性能、配置等,并对接入国际互联网实施有效的安全管理。商业银行应当严格管理各类数据信息,数据的操作、数据备份介质的存放、转移和销毁等均应当有严格的管理制度。

(3) 操作控制。商业银行应当对计算机信息系统实施有效的用户管理和密码(口令)管理,员工之间严禁转让计算机信息系统的用户名或权限卡,员工离岗后应及时更换密码和密码信息。商业银行应当对计算机信息系统的接入建立适当的授权程序,并对接入后的操作进行安全控制。商业银行应当尽可能利用计算机信息系统的系统设定,防范各种操作风险和违法犯罪行为。商业银行应当建立计算机安全应急系统,制定详细的应急方案,并定期进行修订和演练。数据备份应当做到异地存放,条件允许时应当建立异地计算机灾难备份中心。

第三节　内部控制的评价

商业银行内部控制评价是指对商业银行内部控制的构建、实施和运行结果开展的调查、测试、分析和评估等系统性活动。通过对商业银行内部控制的评价,可以发现银行内部控制中存在的问题,不断完善内部控制,确保内部控制得到有效运行,促进商业银行经营管理水平的提高,保证其发展战略和经营目标的实现。本节主要介绍商业银行内部控制评价的标准与方法。

一、商业银行内部控制的评价标准

商业银行内部控制评价包括过程评价和结果评价。过程评价是对内部控制环境、风险识别与评估、内部控制措施、监督评价与纠正、信息交流与反馈等内部控制要素的评价。结果评价是对内部控制目标实现程度的评价。

1. 商业银行内部控制的过程评价

(1) 内部控制环境评价。

评审人员应根据控制环境的各要素,判定被检查单位是否存在积极的控制环境。

第一,商业银行公司治理。商业银行公司治理结构应当完整,各自要承担相应内部控制责任。主要检查内容:商业银行是否建立了以股东大会、董事会、监事会、高级管理层等为主体的公司治理组织架构,各机构是否规范运作、分权制衡;董事会、监事会和高级管理层对于内部控制的责任是否明确;董事会和高级管理层是否在银行内部培育良好的内部控制文化,提高员工的风险意识和职业道德素质,建立通畅的内外部信息沟通渠道,确保及时获取与内部控制有关的人力、物力、财力信息以及技术等资源。

第二,内部控制目标和内部控制政策。商业银行应在各项业务和管理活动中制定明确的内部控制目标与政策,规定内部控制的方向和原则,并为制定和评审内部控制目标提供指导。主要检查内容:商业银行的经营宗旨和发展战略是否合理、合法、合规并且一致;商业银行是否建立可测量的内部控制目标和内部控制政策;内部控制目标是否符合内部控制政策,并体现对持续改进的要求;商业银行的内部控制政策是否传达给适用岗位的员工,指导员工实施风险控制措施;商业银行的内部控制政策是否定期进行评审,确保其持续的适应性和有效性。

第三,组织结构。商业银行应建立分工合理、职责明确、报告关系清晰的组织结构,明确所有与风险和内部控制有关的部门、岗位、人员的职责和权限,并形成文件予以传达。主要检查内容:商业银行的组织结构是否合理,各组织机构是否有必要的信息流去管理银行的活动;是否根据责任分离的原则设置机构或岗位;是否设立有关管理委员会,这些机构是否照章办事。

第四,授权与责任。高级管理层要负责执行董事会批准的战略和政策,能够明确各级人员的责任、授权和报告关系,确保所委派的责任能有效执行。主要检查内容:是否有必要的职责分离,以及横向与纵向相互监督制约关系;是否建立相应的授权体系,实行统一法人管理和法人授权;是否有完整的报告路线。

第五,企业文化。商业银行应培育健康的企业文化,对企业文化的内涵、组织机制、传播机制、评估机制以及活动机制做出明确的规定,向员工传达遵守法律法规和实施内部控制的重要性,引导员工树立良好的合规意识和较强的风险意识,促进员工职业道德水平的提高,规范员工行为,营造良好的内部控制环境。主要检查内容:所有员工是否都了解自己在内部控制中的作用,全面参与内部控制体系建设;员工是否遵纪守法,遵循行为规范和职业道德。

第六,人力资源。商业银行应完善人事制度和程序,确保与风险和内部控制有关人员具备相应的能力和风险意识。主要检查内容:商业银行是否规定所有岗位的职责、权限和人员适任条件,明确关键岗位、特殊岗位、不相容岗位及其控制要求;商业银行是否制定并保持培训计划,以确保高级管理层和全体员工能够完成其承担的内部控制方面的任务和职责;培训计划是否定期评审,并考虑不同层次员工的职责、能力和文化程度以及所面临的风险;商业银行是否对员工引进、退出、选拔、绩效考核、薪酬、福利、专业技术职务管理等日常人事管理做出详细规定,并充分考虑人力资源管理过程中的风险。

检查人员在控制环境方面要特别注意以下四方面的问题:

第一,董事会或高级管理层是否给予内部控制充分的关注,管理层是否向各方人员充分说明内部控制的完整性和严肃性;

第二,银行是否存在积极的控制文化;

第三,银行员工的能力是否与他们的权力、责任相匹配;

第四,高级管理层的经营风格、授权、责任、组织与业务发展的思路与方式是否适当。

(2) 风险识别与评估的评价。

风险识别与评估应包括银行所面对的全部风险。评估人员要集中注意银行所设立的工作目标、分析风险和处理变化等方面的管理程序,包括管理和业务活动之间的联系及相关问题。

第一,风险识别。商业银行应建立和保持一定程序,以持续对各类风险进行有效的识别。主要检查内容:识别外部风险的机制是否完善,如银行是否建立识别和分析经济政治形势的变化而给银行经营管理可能带来风险的机制,包括经济形势的波动、行业变动趋势等;识别内部风险的机制是否完善,如部门内部风险监控与报告机制是否健全,银行对资产组合情况的关注度,组织结构的复杂程度、机构变革等;各级管理层和员工是否熟悉各业务流程中的风险控制点,能否识别每一重要业务活动所面临的风险;能否及时发现由于员工的思想道德和业务素质所产生的风险,尤其是高级管理层中内部人违规的情况并重视对员工的教育。

第二,风险分析。主要是估量风险的重要性、概率和频率,以及研究如何管理风险。主要检查内容:是否评估风险的后果、可能性和风险级别以及是否开发并运用风险量化评估的方法和模型;风险管理的计算机系统是否足以保证目标的实现。

第三,对由于变化而产生的风险的管理。主要检查内容:商业银行是否根据需要调整内部控制方案,以便恰当处理任何新的或过去未加控制的风险。检查人员在风险识别与评估方面要特别注意以下几方面的问题:银行是否识别和评估影响目标实现的内、外部风险;是否建立了影响银行目标实现的不确定因素的识别机制;各项政策和工作程序是否按需要进行调整。

(3) 控制活动评价。

评价控制活动,必须与管理层针对风险所下的指令一起考察。

第一,在风险管理方面应检查以下内容:银行经营方面的控制活动是否与风险评估过程联系起来,是否恰当地实施了控制;控制活动能否保证管理指令的执行;是否对每一个重要业务活动包括对计算机信息系统实施了整体控制。

第二，检查和评价控制活动中所采取的各种形式。如高层检查工作的情况，管理人员的管理活动，检查交易的准确性、完整性和授权，资产的实物控制和定期核算，经营或财务方面工作指标的确定，员工中职责的划分，以及政策的制定及其实施的程序等，要求通过控制活动确保所制定的政策有效执行。

检查人员在控制活动方面要特别注意：是否通过控制活动确保了所制定政策的执行；是否采取了行动以防范相关的风险；银行的各项经营和管理活动是否都有适当的控制。

(4) 信息与交流方面的评价。

对商业银行信息与交流进行评价时，评估人员必须考核经营和管理部门对信息与交流的重视程度和操作情况，信息和交流是否满足银行的要求。

第一，信息。对信息的考核具体包括下列几个方面。

- 是否取得内外部信息，并把与银行的既定目标有关的信息提供给管理阶层。例如，考核银行是否设有取得外部信息的机制；管理层为履行其职责是否知道必需的信息。
- 是否及时把信息提供给适当的员工，使他们能高效地执行任务。例如，考核信息的提供是否及时，是否能使各项活动及时得到有效的监督。
- 是否制定或修正信息系统，使之与银行的整体策略和目标相适应。例如，考核是否设有在新的信息出现时可加以辨认的机制；是否有相当的高层管理人员来决定信息的需求；是否有长期信息科技计划，该计划是否和银行策略相联系。
- 管理阶层对设置必要的信息系统是否支持。例如，考核在发展新的信息系统或强化现有的信息系统时的投入情况。

第二，交流。主要考核内、外部信息的交流情况。

- 银行内部交流。应检查员工在控制责任方面的交流效果，如有关的业务文件是否能及时传达到相关的部门和人员；档案资料保管是否完整和齐全；有关人员是否根据调查研究和档案资料进行定期分析，按报告制度规定及时全面地向主管或职能部门报告发现的重大问题和解决问题的措施；是否为员工设立交流渠道等。
- 银行外部交流。检查银行是否执行客户经理制；为了解客户需求变化而与客户和其他外部单位交流信息的渠道是否畅通和有效；管理层在接到来自客户、监管人员及其他外部单位交流的信息后是否及时采取适当的后续行动。

检查人员在信息与交流方面要特别注意：是否建立了各种信息系统以识别和捕捉各种所需信息；信息是否上传下达或横向地在银行各部门间以及在银行与其他外部机构之间交流；信息的交流是否及时。

(5) 监督评审。

监督评审用以判断内部控制是否持续有效。为了对内部控制的持续有效性进行评审，应当考虑对内部控制进行持续性监督评审活动和个别的监督评审活动，或者将两者相结合。

第一,持续性监督评审。持续的监督评审在正常的营业活动中出现。主要检查内容:银行各部门是否建立和不断完善自我检查制度,明确规定检查的频率、时间、范围和标准;各部门是否高度关注各方面的信息,并向决策层及有关部门报告相关监督信息;管理层是否能及时获知控制是否有效的信息;定期询问员工是否理解和执行银行的行为守则,并定期实施重要的控制活动。

第二,个别的监督评审。主要检查内容:银行内部控制进行个别评审的范围和频率;评审方法是否合乎逻辑和合理。

(6) 缺陷的报告。

内部控制缺陷要由下而上报告。评价时,主要看银行是否存在获取报告来发现内部控制缺陷的机制;报告书是否合格;银行对提出问题和建议所采取的后续措施。

检查人员在监督评审方面要特别注意:是否建立了适当的程序,以便随时或定期地评价内部控制的组成部分;获取和报告所发现的内控缺陷的机制是否存在;是否按需要纠正内控缺陷,及时调整政策程序。

2. 内部控制的结果评价

内部控制的结果评价主要通过对银行内部控制结果指标的评价来衡量银行的内部控制目标是否实现及实现的程度。结果评价主要包括资本利润率、资产利润率、收入成本比率、资产质量指标、大额风险集中度指标、资本充足指标、流动性指标、案件损失指标八项指标。这些指标多在第十二章财务分析中进行过阐述,在此不再重复。

二、内部控制评价程序

内部控制评价程序一般包括评价准备、评价实施、形成评价报告和评价结论反馈等步骤。

1. 评价准备

为了对商业银行内部控制做出准确真实的评价,在评价实施前要做好一系列准备工作。主要是组成评价组。评价组的成员构成应考虑到相关人员的背景和能力,必要时可聘请相应的业务或管理专家。评价组要根据内部控制评价的安排制订评价方案,评价方案应明确本次评价的目的、范围、准则、时间安排和相应的资源配置。评价组还应准备必要的工作文件,用于评价实施过程的参考和记录。这些工作文件可以包括评价问卷、抽样计划、被评价机构的内部控制体系文件等。

2. 评价实施

评价实施是内部控制评价的核心阶段,在此阶段评价组要按照确定的评价方案实施评价。在评价实施过程中,应当通过适当的方法收集与评价目的、范围和准则有关的信息,对被评价项目进行测试,评价证据应当予以记录。

内部控制评价的实施分为了解内部控制体系阶段和实施测试阶段。

(1) 了解内部控制体系阶段。

在此阶段评价组首先应调查了解被评价机构内部控制的基本情况,确定评价范围,确定被评价机构的内部控制体系的健全程度,然后决定实施测试所采取的方法。

调查了解银行内部控制的方法主要有:收集并审阅相关的内部控制文件,检查内部控制形成的记录,询问高层管理人员,观察被评价单位的业务和内部控制的运行情况,了解管理人员及执行人员对内部控制的态度和认识等。在调查内部控制的过程中,还需要采用适当的方法把了解到的内部控制描述下来,作为随后测试的基础,同时供日后参考之用。这种描述方法主要有文字描述法、调查表法和流程图法。

一是文字描述法。它是通过现场询问、观察等手段将了解到的内部控制情况用文字形式描述下来的方法。一般先以文字表述其内部控制的内容,再由评价人员对这个系统的控制情况进行判断分析,以确定其健全性。文字描述法的优点是:方法简便,易于操作,对内部控制的描述连贯等。但也有缺点,如记录耗时、记述内容冗长,难以很快将被评价单位内部控制中的弱点反映出来,以及记录文字水平的高低会影响到记录情况的真实性等。尤其对经营环节较多、规模较大的银行来说,文字描述往往显得过于烦琐或不易理解。

二是调查表法。它是以内部控制调查表的形式来了解被评价单位内部控制状况的方法。内部控制调查表一般是评价人员针对各项具体的控制措施事先拟定一系列问题,并列于设计好的表格中,然后通过一定的方式填制问卷,请被评价单位的有关人员回答,从中检查和分析某项控制措施是否存在,并以此作为评价内部控制是否健全的依据。内部控制调查表的结构一般分为:"调查问题"、"调查结果"和"备注"三个部分。调查问题是根据内部控制的具体内容及关键控制点来拟定。调查结果则分为"是"、"否"、"不适用"三栏。"是"表示肯定回答;"否"表示否定,即指明存在有关控制缺陷;"不适用"表示所提问题不适应该单位的实际情况。调查表法的好处是有利于提高工作效率,节省工作时间;但调查表法也存在着格式固定,缺乏弹性,对较复杂的内部控制或一些特殊情况往往不能充分说明的缺点。

三是流程图法。它是用特定的符号,辅之以简要的文字或数字,根据业务处理流程等加以联结,将内部控制用图示的形式,直观地进行描述的一种方法。该方法的优点是:形象直观,能够清晰完整地反映内部控制情况。流程图法也有不足之处:其一,编制时需要技术熟练和花费较多时间;必须对业务程序有透彻了解,否则编制不当,反而难于理解或引起误解。其二,流程图法仅仅反映静态内部控制,不能像文字叙述法那样直接提示有关内部控制功能的实际执行情况及其薄弱环节。

上述三种方法各有优缺点,在实际运用中将这几种方法同时运用效果更佳。

通过上述方法了解了被评价机构内部控制的设计和执行情况后,还要初步评价该机构内部控制的充分性和制度的合规性,即评价主要活动和重要的风险是否被充分识别,相关制度是否符合法律法规和监管要求,各部门、各岗位是否严格执行了有关规定,内部控制能否达到控制目的和要求。接下来进入测试阶段。

(2)实施测试阶段。

实施测试是在了解内部控制的基础上对被评价机构的内部控制开展的进一步评

价活动。实施测试侧重于评价内部控制的运行与绩效,具体可以采取符合性测试和指标分析等,其中,对内部控制过程评价主要采取符合性测试法;对内部控制结果评价,主要采取指标分析法。

符合性测试是获得评价证据以证实内部控制在实际中的合规性、有效性和适宜性,即相关规定在实际中是否被一贯执行,控制措施能否达到控制目的,控制措施是否恰当。符合性测试分为以下两种形式:

一是业务测试,即对重要业务或典型业务进行测试,按照规定的业务处理程序进行检查,确认有关控制点是否符合规定并得到认真执行,以判断内部控制的遵循情况;

二是功能测试,即对某项控制的特定环节,选择若干时期的同类业务进行检查,确认该环节的控制措施是否一贯或持续发挥作用。

符合性测试的具体方法包括抽样法、穿行测试法、凭证检查法等。其中,抽样法是通过抽取一定的样本业务或事项来测试被评价银行内部控制的建立、执行和监督情况。抽取样本的多少取决于被评价机构或被评价项目的风险、业务频率、重要性等。可在根据业务频率确定抽样量的基础上,再根据被评价项目的风险和重要性进行调整。穿行测试法则是评价人员在审查的某一系统中抽取部分典型业务,从头到尾检查其处理过程,验证是否与记录的内容相一致,判断既定的控制措施是否贯彻。实地观察法是评价人员根据业务流程,到金融机构某些业务部门即重点控制环节进行实地观察,核实其内部控制执行情况,同时将各方面观察结果进行归纳、评价,从而判定该部门内部控制的执行情况和执行结果。凭证检查法则是评价人员通过检查凭证要素,对金融机构内部控制的实际执行情况和执行结果进行了解和掌握。

指标分析法是收集被评价机构内部控制结果指标的相关信息,进行核实、对比分析和趋势分析,从而对内控目标实现情况做出评价。

3. 形成评价报告

此阶段评价组要根据评价及测试情况,在综合评价的基础上,出具被评价机构的内部控制评价报告。报告内容主要包括:概述、评价组工作开展情况、被评价机构内部控制状况、综合评价、存在问题及原因、整改意见等。评价组撰写评价报告,应重点分析以下三个方面。

一是对被评价机构的内部控制现状,存在问题与上次评价结果和连续多次评价结果进行趋势比较分析,找出本期新出现的薄弱环节,分析判断该银行内控的薄弱环节是否已得到改进和加强;

二是将被评价机构存在的主要问题、缺失与同类银行进行比较,对于普遍存在且受外围环境制约的问题,在评价结论中作为可谅解因素列出;

三是对被评价机构内部控制有效性进行分析评价后,监管部门应根据分析评价结果和已采取措施的有效程度,提出今后的监管建议。

此外,评价报告应根据内部控制评价对象的层次,突出重点和关键点。例如,对商业银行总体的评价应突出管理方面的问题和薄弱点以及制度规定方面的缺失,而对分支机构的评价应侧重执行方面的问题。

4. 评价结论反馈

评价组对被评价机构内部控制做出综合评价后,应召集被评价机构管理层和部门负责人会议,核对数据和事实,征求意见,在现行法律和政策规定基础上统一认识。评价组要将本次评价的评审报告和结论报送授权的监管机构。监管机构根据评价组的结论,依据有关法律和规定,对被评价机构做出评价结论和处理决定,以书面形式正式发送被评价机构并限期改正反馈。

三、内部控制评价方法

内部控制评价方法是为实现评价目的,对商业银行的内部控制进行分析和评价而采取的技术和手段的总称。

按国际上通行的标准,商业银行内部控制评价包括静态评估与动态评估相结合、定性评价与和定量评价相结合的方法。其中,静态评估就是上面所提到的内部控制过程的评估,动态评估就是内部控制结果的评估。下面着重介绍定性评价与和定量评价相结合的方法。这种方法中定性评价主要涉及以下三个方面内容。

1. 健全性评价

健全性评价是测试商业银行内部控制的客观存在性和全面系统性。主要方法有以下三种。

(1) 理想模式评价法。在这种方法下评价人员首先要根据有关的法律法规、商业银行操作规程、内部控制的原理和自身经验,设计出一种规范化的理想控制模式。然后,将被评价单位的内部控制与理想的内部控制模式进行比较,从而对被评价单位内部控制的健全性进行比较。我国目前主要采用这种方法对商业银行内部控制进行评价。

(2) 概率模式评价法。评价内部控制的健全性,不仅取决于内部控制设计上的合理性与严密性,还要受检查人员的业务水平和检查程序是否科学的影响。概率模式评价法就是在评价中将上述两项因素的影响概率考虑进去,利用概率论中的方法来计算并评价内部控制设计的合理性。

(3) 行为科学评价法。内部控制是由人设计出来的,所以内部控制的性质和形式会受到这些设计者行为观点的影响。因此,评价内部控制的可靠性,应首先考虑这些制度设计者的可靠性,只有对设计者的各种动机和目的了解清楚以后,才可能对他设计的内部控制的可靠性做出恰当评价。行为科学评价法就是利用内部控制和行为科学之间的关系来对内部控制进行评价的。

2. 符合性评价

对内部控制进行健全性评价,解决了控制过程中控制点是否齐全的问题,然后测试内部控制规定的控制点在实际活动中是否执行,或是执行中是否适用,这就是对内部控制进行的"符合性评价"。具体的方法如下。

(1) 流程调查。按照内部控制的主要流程对其各控制点的实际执行情况进行全面检查，也就是前面提及的穿行测试法。通过内部控制的流程检查，可以验证各项业务是否按规定程序处理，业务处理程序中规定的各项措施是否真正发挥了控制功能。

(2) 重点检查。针对内部控制中的某些控制点，采取重复验证、证据检查、实地观察等方法，来判断控制点贯彻执行与发挥作用的程度。通过对各主要控制点分别采用不同的方法进行测试，可以对整个内部控制的符合性进行评价，但要注意的是，由于采用这种方法仅检查了部分控制点，因此在进行评价时要考虑样本的代表性问题。

3. 功能性评价

通过对内部控制进行符合性评价，证实了其中的控制点是否存在和贯彻执行的程度，也清楚了各个控制点在业务活动的运行中是否发挥作用。一般来说，内部控制的定性评价至此已基本完成，但为了更深入地查明某些关键控制点发挥作用的程度，对系统的有效性进行更深入的了解，还需要进行功能性评价。主要方法有：

(1) 否定验证。根据被评价单位关键控制点在实际执行中体现出来的效果来判断内部控制的执行情况。如果执行良好，在一定期间内未发生事故或重大问题，说明该单位业务环节的控制功能强，否则就是失控或控制功能弱。

(2) 重点检查。有重点地对关键控制点的执行效果继续加以测试，进一步判断关键控制点的效果。

除了进行上述定性评价外，还要引入被评价机构的资本充足率、资产流动性、资产质量指标等定量指标来评价内部控制的执行效果。

经过定性和定量双重评价，就可以对商业银行内部控制进行综合评价与评级。

四、商业银行内部控制的评级

商业银行内部控制评价结论的得出有赖于对其进行的综合评价。为确保内部控制评价结果的正确性和可比性，借鉴国外复合评级的方法：首先要细化定性标准，将之划分为若干档次，给出被评价单位的定性评价等级；紧接着设计定量标准，给出被评价单位的定量评价等级；最后，将上述两方面综合起来考虑，确定被评价机构的最终评价等级。中国银行业监督管理委员会2004年颁布了《商业银行内部控制评价试行办法》，自2005年2月1日起施行，我国商业银行内部控制评价的评级方法如下。

1. 进行内部控制的过程评价

将内部控制过程评价的标准分为500分，其中：内部控制环境100分、风险识别与评估100分、内部控制措施100分、信息交流与反馈100分、监督评价与纠正100分。上述五部分评价得分加总除以5，得到过程评价的实际得分。

内部控制过程评价的具体评分标准如下：

(1) 被评价对象的过程和风险已被充分识别的，可得该项分值的20%。

(2) 在满足前项的基础上,被评价项目的过程和对风险的控制措施被规定并遵循要求的,可得该项分值的 30%。

(3) 在满足前两项的基础上,被评价项目的规定得到实施和保持,可再得该项分值的 30%。

(4) 在满足前三项的基础上,被评价项目在实现风险控制的结果方面,控制措施有效且适宜的,可再得该项分值的 20%。

(5) 在测试过程中遇有业务缺项或问题"不适用"时,应将涉及的分值在评价项目总分中扣减。为了保持可比性,在得出其余适用项的总分后,还应将该评价项目的总得分进行调整。

$$调整后评价项目总得分 = 所有适用项目得分/(评价项目总分 - 不适用项目总分) \times 100\%$$

2. 进行内部控制的结果评价

结果评价指标的量化评价可以通过非现场的方式进行。结果评价主要包括十项指标:资本利润率、资产利润率、成本收入比、大额风险集中度指标、关联方交易指标、资产质量指标、不良贷款拨备覆盖率、资本充足指标、流动性指标、案件指标等。内控结果评价指标的标准分值为 500 分,转化为百分制后得出实际得分。

3. 综合确定内部控制的结果

根据过程评价和结果评价综合确定内部控制的总分。其中,过程评价的权重为 70%,结果评价的权重为 30%,两项得分加总得出综合评价总分。

4. 确定内部控制评价等级

根据综合评价总分确定被评价机构的内部控制评价等级,应按评分标准对被评价机构内部控制项目逐项计算得分,确定评价等级。定级标准为:

一级:综合评分 90 分以上(含 90 分)。被评价机构有健全的内部控制体系,在各个环节均能有效执行内部控制措施,能对所有风险进行有效识别和控制,无任何风险控制盲点,控制措施适宜,经营效果显著。

二级:综合评分 80—89 分。被评价机构内部控制体系比较健全,在各个环节能够较好执行内部控制措施,能对主要风险进行识别和控制,控制措施基本适宜,经营效果较好。

三级:综合评分 70—79 分。被评价机构内部控制体系一般,虽建立了大部分内部控制,但缺乏系统性和连续性,在内部控制措施执行方面缺乏一贯的合规性,存在少量重大风险,经营效果一般。

四级:综合评分 60—69 分。被评价机构内部控制体系较差,内部控制体系不健全或重要的内部控制措施没有贯彻执行或无效,管理方面存在重大问题,业务经营安全性差。

五级:综合评分 60 分以下(不含 60 分)。被评价机构内部控制体系很差,内部控制体系存在严重缺失或内部控制措施明显无效,存在明显的管理漏洞,经营业务失控,存在重大金融风险隐患。

第四节 内部控制与内部审计

商业银行的内部审计也就是商业银行对自身的检查。内部控制作为一种管理活动,它与内部审计之间存在密切联系。这主要是为了保证内部控制的持续性和有效性,内部审计部门对内部控制负有再监督的责任。可以说,内部审计既是银行内部控制中的有机组成部分,也是监督和评价内部控制的主要手段,更是建立良好的公司治理机制的重要内容。本节主要介绍商业银行内部审计的基本知识,阐述商业银行内部控制与内部审计的关系,并介绍商业银行内部审计风险及其防范。

一、商业银行内部审计概念

1. 商业银行内部审计的定义

2001年,国际内部审计师协会(IIA)在其制定并修改的《内部审计实务标准》及《职责说明》中认定:"内部审计是一种独立、客观的保证和咨询活动。其目的在于为组织增加价值和提高组织的运作效率。它通过系统化和规范化的方法,评价和改进风险管理、控制及治理过程的效果,帮助组织实现其目标。"

上述定义将内部审计的作用延伸到了管理领域。从内部审计本质上看它是一种反馈机制,管理者或决策者可借以弥补各种程序上的缺陷,避免内部控制、财务状况乃至整个企业发生重大的业务偏差。对商业银行来说,随着其业务规模的不断扩大、业务品种的不断增加和业务操作的日趋复杂,经营风险日益加大,银行管理层单靠自身力量已无法高效及时地实施管理,而内部审计正是借助于它的检查、评价与反馈机制,成为管理层实施管理时的得力助手。这就正如前美国会计总署署长舍耶曾经说过:"现代内部审计人员所做的事,只不过是银行总经理想做而未能做到的。"

2. 商业银行内部审计的内容

正确把握商业银行内部审计的基本内涵,需要把握以下六个方面内容。

(1) 商业银行内部审计的目的。

商业银行内部审计目的是在于为组织增加价值和提高组织的运作效率,在这一过程中借助其特有的监督评价功能,可以改进商业银行内部控制,有效防范经营风险,实现预期经营目标。

(2) 商业银行内部审计体制。

独立性是内部审计的灵魂。内部审计人员只有独立于他们所审查的活动之外,才能正确地实施审计,才能做出公正的、不偏不倚的鉴定和评价。为了保证内部审计的独立性,按照国际惯例,要求内审部门对首席内审执行官负责。首席内审执行官对审计委员会负责。审计委员会成员全部由外部独立董事组成,与公司及管理层无利害关系。因此,对商业银行来说,从总行到分行的内部审计都应垂直管理、独立运作。内审部门有独立的内审预算和人事任免权。

(3) 内部审计范围。

从广义上讲,内部审计人员应关心银行所有的经营活动。在实务中,为了使内审人员有限的时间和精力得到最有效的利用,有关专业团体列出了内部审计的具体范围。根据巴塞尔委员会内审报告,内部审计的范围一般包括:检查和评价内部控制系统的充分性和有效性;审查风险管理程序和风险评价方法的应用和有效性;审查和管理财务信息系统,包括电子信息系统和电子银行服务;审查会计记录和财务报告的准确性和可靠性;审查保护资产的方法;审查银行与风险估计相关的资本评估系统;审查已经建立的系统是否遵循法律和监管要求;行为准则和政策、程序的执行情况;评价经营活动的效益和效率;测试交易和特定内部控制程序的功能;测试监管报告的可靠性和时效性;执行特别调查等。

(4) 内部审计标准。

内部审计标准是衡量业务活动是否真实、合法、合理、有效的尺度或依据,它包括法律、命令、法规、政策、规范、业务处理惯例等。国外商业银行内部审计活动一般都接受和遵循注册会计师协会、注册内部审计师协会、信息系统审计和控制协会和本国银行协会所提出的审计专业标准、指南及职业道德规范。在此基础上,各银行特别是一些大银行都制定适合本行的规范化、标准化、程序化的内审制度及程序方面的实施准则和细则,由此保证内部审计部门在审计目标确定、审计计划制定、报告渠道、工作底稿安排和内部审计管理等方面的科学性和规范性,也为监管部门和外部审计对本行内部审计进行评价提供依据。

(5) 内部审计流程。

内部审计流程是指内部审计人员完成一项内部审计工作的全部过程。一个完整的内部审计流程大致可划分为五个步骤:评估风险并制定审计计划、确定对内部控制的依赖程度(含内控测试)、执行实质性测试(直接获取审计证据)、得出审计结论并提出有针对性的管理建议书、后续审计。

(6) 内部审计人员。

为了保证内部审计人员能够切实有效地实施内部审计必须满足两个要求。一方面,要求内部审计人员具备专门的内审资格,如内审人员必须了解熟悉银行业务及审计方法,还需要接受专业机构的外部培训和银行内部培训,同时还需要不断了解新的金融产品、相关业务流程及其风险。另一方面,要求赋予内审人员一定的权力,如:有权接触银行的一切记录、财产和人员;有权从有关人员处获得必要的信息和解释;有权向其直接领导反映检查中所发现的问题等,保证内审人员可以有超脱地位。相应地,内审人员也有收集有关资料,制定内部审计方案,有效实施内部审计,撰写内部审计报告,进行内部审计管理等方面的职责。

二、商业银行内部控制与内部审计的关系

商业银行内部控制与内部审计存在着密切的关系：一方面,商业银行内部控制关系到银行内部审计工作的安排和整体审计策略；另一方面,内部审计既是银行内部控制体系中的有机组成部分,也是监督和评价内部控制的重要手段,通过内部审计可以促进银行内部控制更加有效和完善。

首先,对内部控制的评审是现代内部审计工作的基础。这是因为,内部控制的"质"与内审工作的"量"密切相关。具体说来,内部控制设计良好,健全完善,经过评价在实际中又是严格执行,取得有效结果的,则内审人员就可以推断其经营风险相对较小,审计范围和数量可以大大缩小。反之,审计范围和数量就要扩大。

其次,内部审计是银行内部控制体系中的有机组成部分,通过内部审计可以促进银行内部控制更加有效和完善。

对内部控制的监督和评审是内部控制的一个重要组成部分,如果把这种监督评审视为内控的"宝塔",则内部审计部门的工作就处于内控宝塔的顶尖部位。内部审计部门的独立性和权威性,加上其系统的垂直性,赋予了该部门对内部控制进行再监督和再评价的重要职能。内审人员通过对内部控制各方面的检查评价,并将检查结果直接反映到高级管理层,可以促进被审计单位加强管理,使其内部控制不断得到完善。

三、商业银行内部审计风险及其防范

1. 商业银行内部审计风险

银行在利用内部审计对内部控制和经营管理活动进行监督和评审时,还必须考虑到内部审计风险。内部审计风险是指当反映被审计单位及其经济活动事项的财务报告存在重大错报、漏报,内部控制存在重大漏洞、缺陷或未被有效执行,或者经营管理存在重大舞弊时,内部审计人员经过审计未能发现或失察,且发表不正确或不恰当审计意见的可能性。

内部审计风险按其形成的原因不同分为三种。一是固有风险,是指在不考虑内部控制的情况下,被审计单位整体财务报表和各账户余额或某项业务发生重大差错的可能性,即由于被审计单位经济业务的特点和会计核算工作本身的不足而形成的审计风险。二是控制风险,是指由于被审计单位内部控制不够健全完善,内部控制行为不力,不能及时有效地防止、发现某个账户或某种业务中的重大错弊而形成的审计风险。三是检查风险,是指由于审计人员审查的审计程序与审计方法存在缺陷,在对被审计单位账户余额和业务细节进行审计后,仍然没有发现误报和差错而形成的审计风险。具体来说,形成商业银行内部审计风险的因素主要有以下三个方面。

（1）内部审计人员的业务素质和职业道德水平。现代内部审计是一项涉及面非常广泛的专业活动,不仅要求内审人员必须具备丰富的专业知识,包括银行会计、审

计、定量分析、内部控制的检查和评价、电子数据处理等方面的知识,还要求具有丰富的实践经验,而审计后的意见和结论在很大程度上取决于内部人员的判断,如果内审人员总体素质偏低,将直接影响到内审工作开展的深度和广度,就有可能形成内部审计风险。

(2) 内部审计对象的复杂化和业务范围的扩展。在市场经济条件下,商业银行由于经营规模的扩大,经营环境的日趋复杂,经营风险的日渐加大,为内部审计带来了更多的困难。随着信息化程度的提高,被审计银行的信息资料也越来越多,差错和虚假的信息掺杂其中,失察的可能性随之增大,审计风险也随之增加。

(3) 内部审计程序和方法。现代审计信息的数量越来越多,范围越来越广,所采取的程序和方法是否科学、适用,直接影响到审计质量,形成银行内部审计风险:一是常用的抽样审计以"个别"推断"整体",必然与实际情况存在着或大或小的差距,使审计结论产生偏差;二是由于现代审计强调成本效益原则,审计人员可能会选择认为对审计结论影响较大、成本较小的审计程序,而这可能导致一些影响审计意见正确性的程序被放弃,使审计结论出错,引起审计风险;三是目前内部审计采用的审计方法往往依赖被审计银行内部控制的有效性,这本身就蕴藏着一定风险,如果被审计银行内部控制有效性欠缺,又会加大内审工作难度,导致潜在风险。

2. 商业银行内部审计风险的防范

内部审计风险的存在会影响到内部审计作用的发挥。为此需要采取一些行之有效的防范控制措施,将其控制在较低的程度和水平。

(1) 在保证独立性与权威性的基础上,加强内部审计质量控制管理。要建立一套银行内部审计质量管理系统。一是建立健全各项规章制度,特别是在审计方案的制定、证据的收集、报告的撰写等环节上进行深化和细化,加大检查和复核力度。这样,项目的审计质量有了基本保证,审计风险就会得到较好的防范与控制。二是增强审计作业实施的质量控制。主要是建立一套规范化、标准化的商业银行内部审计工作标准,使整个内部审计工作步骤清晰,分工明确,责任清楚,同时不断强化内审人员的审计风险意识。三是要建立更为具体的商业银行审计质量考核评价体系。设立考评指标,对审计小组的工作业绩、项目审计质量进行考评。根据考评结果,进行奖励和惩罚,并有针对性地对项目及人员安排进行调整,这样可以促进审计质量的提高,减少差错的出现,从而减少内部审计风险。

(2) 运用现代审计技术方法,防范和控制内部审计风险。一是引进先进的以风险为导向的风险基础审计模式,以风险的分析与控制为出发点,以保证审计质量为前提,统筹运用各种测试方法,综合各种审计证据,以控制审计风险。二是加强计算机管理与运用审计,完善非现场审计。要在逐步参与到计算机系统开发、推广维护及控制有效性检查评价的同时,努力开展对系统抗攻击、防侵害能力的检查,不断提高电脑审计的深入性。以审计方法的创新,来提高审计质量,降低内部审计风险。

(3) 全面提高内审人员综合素质,加强内审队伍建设。审计人员的素质包括学识、工作经验、执业技能和职业道德对内部审计风险有着重要的影响。要保证和提高审计质量，降低内部审计风险，就要加强内审队伍建设。这主要从以下三个方面着手：一是建立商业银行内部审计职业准入制度和从业资格制度，确保内审人员达到履行其职责所需要的专业胜任能力。二是建立银行内审人员职业教育和后续教育制度，针对工作需要，系统地、有计划地组织各层次的业务培训。三是建立对内审人员恰当的激励约束机制。要制定相应的银行内审人员责任管理办法，对各级内审人员在工作中的责任进行明确规定，并规定明确的奖励处罚标准或措施。这也是减少内部审计风险的重要方面。

第五节 内部控制的最新发展

伴随着商业银行管理体制的不断改革和商业银行业务经营的不断创新，目前世界商业银行内部控制与内部审计出现了一些新的发展趋势。了解这些新的发展趋势，对于完善我国商业银行内部控制，改进我国商业银行内部审计工作具有重要意义。

一、内部控制的国际发展趋势

巴塞尔委员会制定的银行内部控制框架反映了国际银行业对内部控制有下述发展趋势。

1. 强调高级领导层的控制责任

首先，董事会要充分理解公司的主要风险，正确设定风险的可接受水平；并定期督导高级管理层识别、估量、监督和控制这些风险；确保内控系统的有效性；建立独立的审计委员会帮助董事会行使这方面的职责。

其次，高级管理层负责制定识别、估量、监督和控制风险的程序，通过维护某种组织结构去明确职责、权限和报告关系；确保职责的有效执行；制定有效的内控政策；并监督评审内控的充分性和有效性。

2. 大力提倡和营造一种"控制文化"

一方面董事会和高级管理层负责促进在道德和完整性方面的高标准，并在机构中建立一种文化，向各级人员强调和说明内控的重要性。另一方面银行中的所有员工都需要理解他们在内控程序中的作用，并在程序中充分发挥他们的作用。有效内控系统的一项实质性内容就是建立强有力的控制文化。

3. 充分关注对银行全部风险的评估

明确银行是承担风险的机构，需要不时调整内部控制，以便恰当地处理任何新的或过去不加控制的风险，并对银行不能够控制的风险采取正确的防范措施。

4. 控制活动是银行日常工作之一

控制活动已被当作银行日常工作不可分割的一部分，而不是对经营管理的额外补充。有效的内控系统能够迅速采取应变措施,避免不必要的成本;建立适当的控制结构,明确定义各经营级别的控制活动。特别强调:适当分离职责;识别和尽量缩小有潜在利益冲突的地方,并遵从谨慎的和独立的监督评审。

5. 非常强调信息与交流

首先是保证信息的完整性、可靠性和可获得性,并能够前后连贯一致。其次是信息系统应受到安全保护和独立的监督评审,防止突发事件;特别注意有效地控制电子信息系统和信息技术的使用。另外,建立有效的交流渠道,确保相关信息的正确传达。

6. 注意强调缺陷的纠正

注意加强监督评审活动,并强调缺陷的纠正。银行经营管理人员应不断地而不是间断性地在日常工作中监督评审银行内控的总体效果和主要风险;对内部控制定期进行独立、有效和全面的内部审计,并将结果向高级领导层直接报告;及时报告并果断处理所发现的内控缺陷。

7. 内控评价也是日常监管工作之一

对内部控制的评价已成为监管当局的日常监管工作和现场检查监督的一部分。监管当局应要求所有银行都具有有效的内控制度,充分和有效地化解银行的风险(特别是主要风险);监管当局应检查高级领导层的内控态度、内部审计部门的有关工作和外部审计的检查结果等,对不符合要求的银行采取措施。

二、国际银行业内部审计的趋势

银行内部审计的一项主要职责就是对银行内部控制体系进行检查和评价。从巴塞尔委员会的调查结果来看,国际银行业内部审计的评价目标和工作范围明显出现了一些新趋势,主要表现在以下三个方面。

(1) 评价财务信息的可靠性和完整性以及开展财务审计的工作逐渐被注册会计师所承担。虽然多数被调查的国家报告,对会计记录进行审计属于内部审计工作范围,但银行财务报告审计并没有被一些国家的银行包括在内部审计的范围之内。在这种情况下,审计财务报告被看作是银行外部审计师的唯一职责,在这方面,内部审计的作用只限制在为外部审计师提供支持。

(2) 遵循法律和监管要求的发展趋势日益增强,即由一个独立的法律和合规职能部门进行评价,而不是由内部审计部门来做。

(3) 提高内部审计部门的质量和效率是首席内部审计师最优先的任务之一。主要的发展趋势是审计师的专业分工更加精细,这是为了更接近被审计的业务(如购并),加强审计和对内部模型的评估,并更加强调风险导向的审计。

根据上述国际银行业内部控制与内部审计发展的趋势,可以发现我国在这些方面还存在一定缺陷。为此,我国各类商业银行都有必要重视内部控制的建设与实施,充分认识内部控制对商业银行经营管理的重要性。同时,加强内部审计工作,促进商业银行内部控制的更趋完善。在内部审计工作方面,要尽快出台根据国际惯例,符合我国国情的内部审计工作指引,加强内部审计中心的地位和权威。此外,设法提高业务经营人员、管理层和内部审计人员的专业素质和水平,使内部控制与内部审计的作用能充分发挥。

三、我国内部控制管理的发展趋势

商业银行的内控建设已经越来越引起银行监管当局和银行工作者的重视。研究商业银行的内控管理趋势,对商业银行提高内控管理具有重要意义。

1. 监管当局对内控越来越重视

2002 年,为促进商业银行建立和健全内部控制体系,防范金融风险,保障银行体系安全稳健运行,中国人民银行制定了《商业银行内部控制指引》:提出内部控制是商业银行为实现经营目标,通过制定和实施一系列制度、程序和方法,对风险进行事前防范、事中控制、事后监督和纠正的动态过程和机制;明确要求商业银行内部控制应当贯彻全面、审慎、有效、独立的原则。《指引》分别对内部控制的基本要求、授信的内控、资金业务的内部控制、存款及柜台业务的内部控制、中间业务的内部控制、会计的内部控制、计算机信息系统的内部控制、内部控制的监督与纠正进行了说明。人民银行与银监会分设后,为强化股份制商业银行内部控制建设,建立可持续发展的长效机制,按照"管法人、管风险、管内控、提高透明度"的监管新理念,银监会确立了"总分结合、上下联动、持续跟踪"的股份制商业银行监管模式,2004 年先后组织 10 个检查组,对 10 家股份制商业银行总行的内部控制状况进行了现场检查。2005 年针对国内商业银行频繁发生重大金融案件,商业银行自身免疫力不高,内部控制存在严重缺陷,没有形成系统的内部控制制度,缺乏主动的风险识别与评估机制,内部控制措施零散、不系统,监督检查环节不到位,内部控制结果不稳定,缺乏对内部控制持续改进的驱动力,风险管理的长效机制没有从根本上得到建立的现状,银监会出台《商业银行内控评价试行办法》,旨在通过建立一套对商业银行内部控制评价的框架和方法,规范和加强对商业银行内部控制的评价,督促其进一步建立内部控制体系,健全内部控制机制,形成风险管理的长效机制,保证商业银行安全稳健运行。

2. 商业银行内控建设的认识不断提高

商业银行对内控的认识有了较明显提高,依法经营、合规经营已经成为所有商业银行的共识。各商业银行主动研究和应对监管要求的变化和法律法规的变化,对商业银行的法律法规约束的重要性有了较大的提高,在经营管理活动中基本能够主动执行,而不再是想不想执行、愿意不愿意执行的问题。对内控的内容已经从单一会计内控向全面内控转化,从信贷风险控制向全面风险控制转变,从被动接受监管向主动适应监管转变。

3. 商业银行内控的组织进一步健全

各股份制商业银行明确了董事会是内部控制的最终负责人,进一步明确了董事会、监事会、行长经营管理层在内控中的作用、职能和地位,银行内部也形成风险管理部门、会计部门、信贷审查审批部门、稽核部门、营销部门共同防范风险的组织体系,已逐步塑造和形成"全员共同参与内控、以强化内控促效益、业务发展坚持内控先行"为主旋律的内控文化。

4. 强化了内控问题的整改机制

内控的目的是通过对存在问题的不断整改,强化商业银行内控有效性和提高内控效率。各商业银行都强化了内控的整改机制,高度重视内控的自查和检查,对自查检查出的问题积极整改。对监管当局检查出的问题高度重视,有的商业银行组织了专门的整改督导小组,定期向董事会、监管当局汇报整改工作,董事会还对此进行了专门评估。各家银行内控问题的整改率较高。

5. 完善了内控制度建设

完善的制度是商业银行内控的基础。内控不到位,有制度不全的问题,也有制度不落实的问题。特别是对新业务、新产品往往是先作业务后定制度。目前,"制度先行"理念已经得到了各商业银行的深入贯彻。各商业银行纷纷加大了制度建设的力度,不断建立和完善制度。有的专门制定了制度督查办法,强化制度的执行力和效力。

6. 业务管理模式不断引进现代商业银行模式

西方现代商业银行为商业银行的内控和发展积累了许多好的经验和教训,值得我们借鉴和思考。目前已有商业银行借鉴国际大银行的先进经验,开始了矩阵式、扁平化的管理模式改革试点,正在建立业务条线垂直管理模式,搭建"以客户为中心"经营模式的信息平台和管理平台。这些都将为商业银行的内控建设提供了业务平台。

7. 风险管理的内涵和外延得到拓展

我国商业银行风险管理理念已经从仅仅关注信用风险逐步向信用风险、道德风险、利率风险、汇率风险和操作风险同时关注的方向转变。风险评估和管理的方式,也由原来以经验判断为主向以先进的量化模型进行科学测算为基础转变。风险决策更加科学,更富有理性。

8. 内部稽核在商业银行内控体系中的作用更加突出

稽核工作是商业银行内控体系中的重要组成部分,是在银行内部以业务第三方的角度重新审视内控和风险,从战略和业务两个方面对内控进行强化,从内部对银行内控体系及执行情况进行自觉的、常规的监督、评价和修正,及时发现风险隐患、提示和揭示风险,督促业务部门进行整改,提出内控制度、内控体系完善的建议,对各部门内控制度运行机制和运行状况进行评价、评估和校正。因此,各银行普遍增强了稽核力量,加大了稽核频率,拓宽了稽核面,稽核的权威性和力度明显增强。有的银行探索了稽核派驻体制。

本 章 小 结

内部控制商业银行提高经营效率,进行有效风险管理的基础。商业银行内部控制是商业银行为实现经营目标,通过制定和实施一系列制度、程序和方法,对风险进行事前防范、事中控制、事后监督和纠正的动态过程和机制。

商业银行内部控制的目标主要有:确保国家法律规定和商业银行内部规章制度的贯彻执行;确保商业银行发展战略和经营目标的全面实施和充分实现;确保商业银行风险管理体系的有效性;确保业务记录、财务信息和其他管理信息的及时、真实和完整。商业银行内部控制应体现出有效、审慎、全面、及时、独立原则。

商业银行内部控制的主要内容包括:良好的控制环境,有效的风险控制机制,统一有效的控制程序,可靠和高效的信息交流与反馈机制以及合理有序的监督审查制度和应急应变措施。在构架商业银行内部控制时可结合各项业务的具体经营特点与内部控制基本要求而定。

商业银行内部控制评价包括过程评价和结果评价。过程评价是对内部控制环境、风险识别与评估、内部控制措施、监督评价与纠正、信息交流与反馈等体系要素的评价。结果评价是对内部控制主要目标实现程度的评价。内部控制评价程序一般包括评价准备、评价实施、形成评价报告和反馈等步骤。内部控制评价主要采用静态评价与动态评价相结合,定性评价与定量评价相结合的方法,最终对商业银行内部控制进行综合的评价与评级。

伴随着商业银行管理体制的不断改革和商业银行业务经营的不断创新,目前世界商业银行内部控制出现了强调高级领导层的控制责任,充分关注对全部风险的评估等发展趋势,国际银行业内部审计也出现了提高内部审计部门的质量和效率是首席内部审计师最优先的任务之一等新趋势。

复 习 思 考 题

1. 什么是商业银行内部控制?对这一概念应如何理解?
2. 简述商业银行内部控制的基本要素。
3. 简述商业银行内部控制的基本内容。
4. 商业银行内部控制的目标与原则是什么?
5. 如何构架商业银行内部控制系统?
6. 说明商业银行内部控制评价的过程。
7. 如何理解商业银行内部控制与内部审计的关系?
8. 你认为商业银行内部控制的发展趋势对我国有什么启示?

主要参考文献

[1] 史建平、吴治民,《商业银行业务与经营》,中国人民大学出版社,2010
[2] 杨有振,《商业银行经营管理》,中国金融出版社,2003
[3] 熊继洲、楼铭铭,《商业银行经营管理新编》,复旦大学出版社,2008
[4] 戴国强,《商业银行经营学(第3版)》,高等教育出版社,2007
[5] 黄亚钧、吴富佳、王敏,《商业银行经营管理》,高等教育出版社,2000
[6] 彼得·S·罗斯、西尔维娅·C·赫金斯,刘园译,《商业银行管理》,机械工业出版社,2001
[7] 李健,《商业银行学》,立信会计出版社,1998
[8] 戴相龙,《商业银行经营管理》,中国金融出版社,1998
[9] 庄毓敏,《商业银行业务与经营(第3版)》,中国人民大学出版社,2010
[10] 夏博辉,《金融机构财务分析》,中国金融出版社,2001
[11] 戴维·H·弗里德曼,《存款经营》,中国计划出版社,2001
[12] 张淑芳、李春,《商业银行经营管理》,化学工业出版社,2010
[13] 朴明根,《银行经营管理学》,清华大学出版社,2007
[14] 陈红玲、程呈,《商业银行经营管理》,经济科学出版社,2006
[15] 李杨勇、朱雪华,《商业银行资产负债管理》,清华大学出版社,2007
[16] 邢天才、高顺芝,《商业银行经营管理》,东北财经大学出版社,2004
[17] 王淑敏、符宏飞,《商业银行经营管理》,清华大学出版社,2007
[18] 陈浪男,《商业银行经营管理》,中国金融出版社,2003
[19] 刘毅,《商业银行经营管理学》,机械工业出版社,2006
[20] 李春、曾冬白,《商业银行经营管理实物》,东北财经大学,2009
[21] 甘当善、王应贵,《商业银行经营管理(第2版)》,上海财经大学出版社,2009
[22] 郑先炳,《西方商业银行的最新发展趋势》,中国金融出版社,2001
[23] 朱新蓉、宋清华,《商业银行经营管理》,中国金融出版社,2009
[24] 葛兆强,《商业银行经营管理十论》,经济管理出版社,2012
[25] 高顺芝、丁宁,《商业银行经营管理学》,东北财经大学出版社,2012
[26] 陆静,《商业银行经营管理》,清华大学出版社,2011
[27] 吴念鲁,《商业银行经营管理(第2版)》,高等教育出版社,2009
[28] 陈四清,《商业银行经营管理论丛》,中国金融出版社,2010
[29] 孙桂芳,《商业银行经营与管理》,立信会计出版社,2011
[30] 郭玉侠、闫晶怡,《商业银行业务与经营》,哈尔滨工业大学出版社,2011

图书在版编目(CIP)数据

现代商业银行经营管理/薛誉华,郑晓玲主编. —上海:复旦大学出版社,2012.12(2019.1重印)
(通用财经类系列)
ISBN 978-7-309-09258-5

Ⅰ.现… Ⅱ.①薛…②郑… Ⅲ.商业银行-经营管理-高等学校-教材 Ⅳ.F830.33

中国版本图书馆 CIP 数据核字(2012)第 226499 号

现代商业银行经营管理
薛誉华　郑晓玲　主编
责任编辑/宋朝阳

复旦大学出版社有限公司出版发行
上海市国权路 579 号　邮编:200433
网址:fupnet@fudanpress.com　http://www.fudanpress.com
门市零售:86-21-65642857　团体订购:86-21-65118853
外埠邮购:86-21-65109143　出版部电话:86-21-65642845
江苏省句容市排印厂

开本 787×1092　1/16　印张 25　字数 520 千
2019 年 1 月第 1 版第 2 次印刷
印数 4 101—7 200

ISBN 978-7-309-09258-5/F·1873
定价:45.00 元

如有印装质量问题,请向复旦大学出版社有限公司出版部调换。
版权所有　侵权必究